メキシコ革命とカトリック教会

近代国家形成過程における
国家と宗教の対立と宥和

国本伊代 著

中央大学出版部

装幀　道吉　剛

目　　次

序章　メキシコ革命とカトリック教会
　　——研究テーマの設定と展開についてのメモ——……………… 1
　　1．研究課題と問題意識　1
　　2．メキシコ革命とカトリック教会の問題　5
　　3．キリスト教諸国における多様な政教関係とメキシコの事例　9
　　4．メキシコ革命研究の進展　12
　　5．メキシコにおける国家と教会に関するこれまでの研究　18

第Ⅰ部　革命以前の政教関係

第1章　メキシコ建国期（1810-1854年）における国家と
　　　　カトリック教会 ………………………………………………… 25
　　はじめに　25
　　1．メキシコの独立とカトリック教会　26
　　2．宗教保護権をめぐる抗争　31
　　3．19世紀前半の自由主義思想と反教権主義　40
　　む　す　び　48

第2章　レフォルマ革命（1854-1876年）とカトリック教会 ……… 49
　　はじめに　49
　　1．レフォルマ革命の勃発とフアレス法およびレルド法　50
　　2．1857年憲法の制定過程と反教権主義条項　59
　　3．レフォルマ戦争と改革諸法　64
　　4．メキシコ市における教会所有不動産の解体と都市空間の変容　72
　　む　す　び　81

第3章　ディアス時代（1876-1911年）とカトリック教会 …………… 83
　　はじめに　83
　　1．ディアス時代におけるカトリック教会に関する伝統史観の検討　83

2．教会「再建」への道　*89*
　　3．ディアス大統領と教会首脳　*99*
　　4．カトリック教会の社会活動　*106*
　　5．教育とカトリック教会　*110*
　　　む　す　び　*118*

第Ⅱ部　革命期の政教関係

第4章　革命勃発とカトリック教会 …………………………… *121*
　　はじめに　*121*
　　1．革命勃発の背景とマデロ運動　*122*
　　2．国民カトリック党（PCN）の結成とカトリック勢力の政治進出　*130*
　　3．国民カトリック党（PCN）とウエルタ反革命政府　*138*
　　　む　す　び　*143*

第5章　内戦期のカトリック教会 ………………………………… *145*
　　はじめに　*145*
　　1．内戦の展開　*146*
　　2．教会の破壊と聖職者追放の実態とその理由　*151*
　　3．教会組織の崩壊と新しいカトリック勢力　*158*
　　　む　す　び　*160*

第6章　メキシコ革命憲法制定議会と代議員
　　　　――代議員の選出と制憲議会の特徴―― ……………… *163*
　　はじめに　*163*
　　1．制憲議会代議員の選出過程　*164*
　　2．218名の代議員の実像　*168*
　　3．議会運営委員会構成員から分析する制憲議会の特徴　*176*
　　　む　す　び　*183*

第7章　1917年革命憲法の反教権主義条項とその審議過程 ……… *185*
　　はじめに　*185*

1．教育の自由に関する第3条の審議過程　*186*
　　2．「信教の自由」を保障した第24条の審議過程　*194*
　　3．宗教団体と聖職者の活動を規制した第130条の審議過程　*198*
　　4．第27条における教会問題　*202*
　　む　す　び　*204*

第III部　対決から協調へ

第8章　国家と教会の対決から協調への20年（1920-1940年）……*207*
　　は じ め に　*207*
　　1．革命憲法の修正をめぐる国家と教会の全面対決にいたる過程　*209*
　　2．カリェス大統領と反教権主義憲法条項の実施　*220*
　　3．クリステーロの乱と1929年の「和平協定」　*227*
　　4．「和平協定」後の国家とカトリック教会の関係　*233*
　　む　す　び　*238*

第9章　「非公式の協調時代」と1979年のローマ教皇の
　　　　　メキシコ訪問 ……………………………………………… *241*
　　は じ め に　*241*
　　1．戦後メキシコ社会の変容とカトリック教会　*241*
　　2．ローマ教皇の訪問要望とメキシコ側の反応　*248*
　　3．メキシコ政府の「ローマ教皇受け入れ公式表明」から
　　　　改憲論へ　*252*
　　4．メキシコにおけるヨハネ・パウロ2世　*257*
　　む　す　び　*259*

第10章　サリナス政権による1992年の憲法改変と
　　　　　カトリック教会……………………………………………*261*
　　は じ め に　*261*
　　1．反教権主義条項改変への道　*262*
　　2．サリナス改革における反教権主義条項の改変過程　*268*
　　3．改変された反教権主義条項と教会の新しい地位　*274*
　　む　す　び　*278*

終　章 ……………………………………………………………… *281*

　　確立したメキシコにおける政教分離とカトリック教会　*283*

補　論 ……………………………………………………………… *289*

　　現代メキシコ社会とカトリック教会
　　　——1990年代のアンケート調査が描くメキシコ人と宗教——　*291*

　　　は じ め に　*291*
　　　1．国際比較でみる現代メキシコ社会と宗教　*294*
　　　2．メキシコ人にとってのカトリック信仰と教会　*300*
　　　3．国勢調査にみるカトリック社会の変容　*307*
　　　む　す　び　*314*

各章注（序章～補論）　*315*

表一覧　*341*

図一覧　*342*

アルファベット略字一覧　*343*

資料1　レフォルマ革命からメキシコ革命にいたる時期の司教区別
　　　　主任司教名・大司教名とその在任期間　*344*

資料2　1916-1917年制憲議会代議員名簿　*347*

資料3　メキシコ革命（1920-1940年）で接収された宗教団体の
　　　　不動産一覧　*353*

資料4　1992年の憲法改変による宗教関係条文（第3条, 第5条, 第24条,
　　　　第27条第II項と第III項および第130条）の改変部分の旧条文との対比
　　　　一覧　*361*

参 考 文 献　*379*

あ と が き　*415*

事 項 索 引　*417*

人 名 索 引　*422*

序章　メキシコ革命とカトリック教会
―― 研究テーマの設定と展開についてのメモ ――

1．研究課題と問題意識

　本研究の目的は，1910年に勃発したメキシコ革命が約30年に及ぶ改革政策の遂行の過程で実施した農地改革をはじめとする根本的な社会・経済改革と並行して進めた「国家による宗教団体（カトリック教会）の管理体制」の確立過程と，その管理体制が1992年の憲法改変によって大きく変更されるにいたる経緯を考察することにある。

　このテーマを設定した理由は次の通りである。20世紀末においても国民の88％（2000年国勢調査）がカトリック信者であり，カトリックの伝統文化とカトリック的な精神風土が深く根づいているメキシコにおいて，社会と文化の基軸であるはずのカトリック教会が国家によって富と特権を徹底的に剥奪され，法的にはその存在すら，革命憲法が制定された1917年から憲法の反教権主義条項が大幅に改変された1992年まで否定されていたという事実に，筆者が強い関心をもったからである。しかも，革命勢力に参加した幅広い層の国民のほとんどがカトリック信徒であったにもかかわらず，メキシコ革命の動乱期に展開された革命勢力によるカトリック教会と聖職者に対する攻撃は激しかった。その上，わずか半世紀前のレフォルマ革命（1854-1876年）において，メキシコのカトリック教会はすでに国教の地位を失っており，300年に及んだ植民地時代に蓄積した富と権力を剥奪されていただけではなく，1859年以降はメキシコとの外交関係を断絶したローマ教皇庁からも孤立していたからである。

　それでは，1910年に勃発したメキシコ革命はカトリック教会の何を問題視したのだろうか。革命闘争の過程で，カトリック教会と聖職者はどうしてあれほ

どまでに過酷な扱いを受けたのだろうか。革命の理念を成文化した1917年憲法は，第3条で教育の非宗教性を明記し，第5条で修道院の廃止を規定し，第24条で信教の自由を謳い，第27条第Ⅱ項で教会が不動産を保有することを禁じた。そしてさらに第130条において，宗教団体と聖職者の活動と行動を詳細に規制した。革命憲法のこのような反教権主義条項は，憲法制定の過程でどのように審議されて成立したのだろうか。制定された革命憲法の反教権主義条項の撤廃を要求して教会がすべての宗教サービスを停止した「ストライキ」と，信徒集団が武装蜂起したクリステーロの乱（1926-1929年）は，約3年間に及んだ。アメリカの介入によって国家と教会首脳との間で合意した「和平協定」でこの宗教戦争は終結し，1930年代以降の国家と教会は「非公式の協調関係」と呼ばれる，法律を遵守した不干渉・不介入の関係を保ったとされる。しかしその実態はどのようなものだったのだろうか。1992年の憲法改変によって，革命憲法の反教権主義条項が大幅に削除され，教会が長年求め続けてきた法人格が宗教団体に認められ，聖職者に参政権（投票権のみ）が与えられたが，この憲法改変が決断された背景には何があったのだろうか。

　以上のような問題意識に対して明快な解答を提示したいという筆者の探究心から，本書のテーマは設定された。しかし，メキシコ革命におけるカトリック教会の問題を取り上げるには，19世紀後半のレフォルマ革命はいうに及ばず，植民地時代における教会のあり方を考察する必要が当然ながら出てくる。なぜなら，16世紀初期のエルナン・コルテス（Hernán Cortés）の率いるスペイン人征服者のメキシコ到来と同時に，カトリック教会のアメリカ大陸進出ははじまり，教会はスペイン植民地時代300年間を通じて，絶対的な支配者として植民地社会に君臨したからである。そのような地位をカトリック教会が保有した理由は，ローマ教皇とスペイン国王の間で結ばれたコンコルダート（政教協定）にあった。新大陸の領有権を保障することと引き換えに，ローマ教皇がスペイン国王に対して「新大陸の住民のキリスト教への改宗の義務」と「新大陸のカトリック教会を保護・管理・監督する権限」を委嘱したため，スペイン国王のアメリカ大陸の領有権が正当化され，王権と教会は合体して植民地を統治した

からである。300年に及ぶこのスペイン植民地時代に，カトリック教会は莫大な富を蓄積し，実質的に王権を上回る権力と影響力を植民地社会で行使したことは広く知られた事実である。しかし本書では，このような植民地時代のカトリック教会の活動と役割にまで言及することは避け，独立国家メキシコの近代国家建設の過程における国家と教会の関係を検証した上で，1910年に勃発したメキシコ革命における国家と教会の対立の原因と，その後の経過を考察する。そのために本書は，第Ⅰ部（第1章～第3章），第Ⅱ部（第4章～第7章），第Ⅲ部（第8章～第10章），終章および補論で構成される。

　第Ⅰ部は3章からなり，メキシコ革命における教会問題の歴史的背景を整理するために，建国期，レフォルマ革命期，ディアス時代という3つの時期に分けて国家と教会の関係を考察する。第1章では，独立運動期を含めた19世紀前半の建国期に制定された4つの憲法における教会の位置づけと，19世紀前半のメキシコの自由主義思想におけるカトリック教会観を検証する。続く第2章では，近代国家建設の過程で自国の後進状態の主要な原因をカトリック教会に帰したメキシコの自由主義者たちが，内的な信仰問題を除くカトリック教会の影響力を，政治的にも，経済的にも，社会的にも，排除しようと取り組んだレフォルマ革命によって，組織としてのカトリック教会が崩壊するにいたる過程を考察する。第3章では，レフォルマ革命の自由主義理念を受け継いだディアス独裁時代（1876-1911年）に復興したとされるカトリック教会の「復興」の実態を，聖職者育成問題とカトリック教会の「社会活動」と総称された新たな活動，および公教育の進展状況を考察することによって，「ディアス時代の教会復権の定説」を改めて検証する。

　第Ⅱ部は，本書の中核をなす第4章から第7章の4つの章で構成されている。まず第4章で，革命勃発と政治の民主化を求めたマデロ政権（1911-1913年）の成立によって，先のレフォルマ革命で政治的，経済的影響力を失ったカトリック教会が，国民カトリック党（Partido Católico Nacional = PCN）という政党を結成し，反革命政権を支持したことで，革命動乱期に護憲派勢力の攻撃の対象となった理由を検証する。続く第5章では，革命勢力と反革命勢力が激しく武力抗

争を展開した内戦時代に，護憲派勢力によって行なわれた教会関係の建物の破壊と聖職者の迫害・追放の実態に焦点をあて，革命動乱期にカトリック教会が，物理的にも，組織的にも，崩壊した状況を考察する。そして，外国勢力を巻き込み内戦を制圧したカランサ (Venustiano Carranza) の率いる護憲派勢力が制定した1917年の革命憲法に関して，第6章で制憲議会がどのような代議員たちによって構成されていたかを検証し，続く第7章で革命憲法に盛り込まれた反教権主義条項がどのように審議され，成立したかを考察する。

第Ⅲ部では，以上のような敵対的な政教関係を明記した革命憲法に対するカトリック教会と信徒による反発と抵抗が，宗教戦争として捉えることができるクリステーロの乱を経て教会と革命政権の巧妙な協調体制へと変質し，1992年の憲法改変にいたる過程を，第8章から第10章で検証する。

まず第8章では，1926年に制定された革命憲法の反教権主義条項の実施細則の公布に反発したカトリック教会が，宗教サービスの停止という実力行使に訴え，信徒たちが武装蜂起して政府軍と3年にわたって戦ったクリステーロの乱 (1926–1929年) と呼ばれる宗教戦争の実態とその収束にいたる過程を検証する。アメリカの介入によって対決が収束される過程で教会首脳は国家との協調の道を選択し，武装蜂起に訴えて教会を擁護しようとした敬虔な信徒たちを見捨てた。その後，教会は表面的には革命憲法を遵守し，反教権主義を貫く歴代革命政権との協調関係を築き上げていった。しかし，この協調関係を外部から確認することは難しく，1980年代に入るまで歴代革命政権の反教権主義的姿勢は堅固であるとみられていた。この時代の政教関係を，本書では「非公式の協調関係」として捉え，その「非公式な協調関係」を「公式な協調関係」へと転換させる契機となった1979年のローマ教皇ヨハネ・パウロ2世のメキシコ訪問に焦点をあてて考察したのが，第9章である。

第10章では，革命勢力が1929年に結成した革命国民党 (Partido Nacional Revolucionario = PNR) を継承している制度的革命党 (Partido Revolucionario Institucional = PRI) による一党独裁体制の弱体化と経済的混乱を経験した1980年代に，カトリック教会は政治の民主化と人権問題を追及する非政府組織とし

ての発言力を強め，政治への影響力を増大して，革命憲法の反教権主義条項を1992年に大幅に改変させることに成功した過程を考察する。

　以上のような第Ⅰ部から第Ⅲ部，全10章に分けて取り上げるメキシコ近現代史における国家と教会の対立関係とは対照的に，メキシコ国民は20世紀末においても日常生活の中で宗教（カトリック）を意識し，また信仰を実践している，世界でもっともカトリック的な国民のひとつであることを，世界各国の国民がもつ宗教を含めた価値観を比較研究したイングルハート（Ronald Inglehart）が明らかにしている[1]。このイングルハートが提示した世界的な水準でみても非常に高いメキシコ国民の宗教心とカトリック教会に対する敬意は，メキシコ革命によって確立した強固な反教権主義的国家とどのような関係があるのだろうか。この疑問に答を与えるために，最後に補論という形で，1990年前後に実施されたメキシコ人の宗教と信仰に関係する3つの世論調査の結果を利用して，メキシコ国民の宗教心，価値観，幸福感，カトリック教会と聖職者に対する姿勢などを考察する。

2．メキシコ革命とカトリック教会の問題

　メキシコ革命を簡略に定義すると，革命は20世紀前半のメキシコで起こった，民主主義を希求し，半植民地的経済社会構造の改革を目指した，急進的で民族主義的な改革運動である。ここでいう民主主義とは，政治への参加の権利が保障された政治体制を意味し，メキシコ革命においては，35年に及んだディアス独裁体制（1876-1911年）の打倒を目指したマデロ（Francisco I. Madero）による運動が，まさに民主主義を求めた政治運動であった。政治の民主化を求めたマデロ運動が，メキシコ革命勃発の導火線となって独裁者ディアス（Porfirio Díaz）を倒し，マデロが短期間政権をとったのちに暗殺されると，マデロ運動を継承して1857年の自由主義憲法の擁護を掲げた護憲派勢力が台頭し，革命動乱を制した。しかしそれで革命が終結したわけではなかった。ディアス体制が成し遂げた自由主義経済理念に基づく経済発展は，メキシコに新たな植民地的経済社会構造をつくりあげており，このディアス時代に顕著となった経済問

題と社会問題の解決が革命の動乱過程で課題として急浮上し，革命闘争に積極的に参加した農民と労働者勢力からその解決が求められたからである。

　メキシコ革命が打破しなければならなかった半植民地的経済社会構造とは，温存されたスペイン植民地時代の経済社会構造に加えて，19世紀第4四半期に顕在化した，一部の特権的メキシコ人と外国資本に牛耳られた経済開発と経済成長によって強化された搾取と抑圧のもとで，国民の圧倒的多数が生きる経済社会構造である。とりわけ，大量に流入したアメリカ資本をはじめとする外国資本は，鉄道の建設と地下資源の開発を独占し，メキシコ人労働者を差別し，酷使した。そのような外国資本の行動と，それを支援するアメリカ政府をはじめとする諸外国政府の対メキシコ政策への反発が，革命動乱期にはメキシコの国益を守ろうとする意識と行動へと転換されて，新しいメキシコ・ナショナリズムが台頭した。その新しい民族意識と社会改革運動が，メキシコ革命の基軸のひとつとなった。

　固有名詞化されている，このような「メキシコ革命」は，狭義には35年に及んだディアス独裁体制の打倒を目指した1910年11月のマデロによる武装蜂起にはじまり，1917年2月の革命憲法の制定によって終結したとされる。より広義に捉える「メキシコ革命」は，民主的政治体制の確立，外国資本の支配下にあった基幹産業の国有化と大規模な農地改革を実現した，カルデナス大統領時代（1934-1940年）の終了をもって終結したとする。ただし，革命の理念を成文化した1917年の革命憲法における農地関係と教会に関する条項が大幅に改変された1992年の憲法改変によって，メキシコ革命は終結したとする見方も存在する[2]。筆者もそのような見方をとるひとりであり，したがって本書の展開も，農地の所有関係と政教関係を根本的に再編する憲法改変が行なわれた1992年までとしている。

　メキシコ革命の解釈と定義については，かつて少数の研究者が定義した「プロレタリア革命」として捉えることには明らかに無理があるが，フランス革命やアメリカの独立革命と同様の「ブルジョア革命」として定義することにも問題がある。メキシコはすでに1821年にスペインによる植民地支配から解放さ

れており，独立によって形式的ではあっても，三権分立と議会制民主主義体制をすでに導入していた。そしてレフォルマ革命（1854-1876年）によって徹底的に実施された，国土面積の半分とも推定されたカトリック教会保有の土地[3]の国有化と，その市場化による有産階級の創出という，19世紀の自由主義者たちの理念がある程度実現していた。このレフォルマ革命時代に着手された自由主義経済改革は，ディアス時代の経済発展に結実した。そして，このディアス時代の経済発展によって台頭した特権的グループによる権力の独占に挑戦し，政治の民主化を求めたブルジョア層による政治の民主化運動が，メキシコ革命の出発点であった。メキシコ革命は，数百年に及ぶ長期の絶対王政を打倒したフランス革命，ロシア革命，中国の辛亥革命などとは異なり，35年間メキシコを統治した独裁者ディアスの追放を目指す政治の民主化運動としてはじまり，形式的に存在していた政治参加を保障した民主主義体制が，革命によって正常化されたという意味でも，先に挙げた世界史に残る大革命とは大きくその意味を異にする。

しかしメキシコ革命を引き起こしたマデロによる民主化運動は，半植民地的状況のもとで抑圧と極貧に苦しみながら暮らす農民と労働者を巻き込み，その武力抗争の過程で根本的な社会改革を目指す運動へと発展し，メキシコの経済を支配していた外国資本を追放するという，民族主義的社会革命へと変容した。そして革命の動乱を制したカランサが率いる護憲派勢力が19世紀メキシコのリベラリズムを継承する勢力を中核としていたことから，革命が社会主義体制を選択することはなかった。この間に顕在化したのが，革命勃発時には予想すらできなかったほど激しい反教権主義運動である。

メキシコにおける反教権主義運動の根は古い。メキシコの歴史で使う反教権主義とは，カトリック教会が保有した富と権力と社会的影響力を剥奪し，内的な個人の信仰を除く公的領域から宗教を排除しようとする思想と行動を意味する。政治と宗教が相互に独立し，干渉し合わない原則として用いられる徹底した政教分離を指し，フランスで用いられるライシテ（laïcité＝世俗性，非宗教性）の概念に近い意味をもっている。公的領域から宗教を排除するが，必ずしも宗

教そのものを否定するものではない[4]。

　独立後のメキシコにおいて反教権主義的政策がはじめてとられたのは，1833-1834年のゴメス=ファリアス（Valentín Gómez Faríaz）が断行した自由主義改革であった。主として教会の保有する膨大な土地の有効な活用と，教会が独占する教育の世俗化を求めた，このゴメス=ファリアスの改革は，第1章で取り上げるように失敗したが，それを受け継ぎ，さらに徹底して教会と聖職者の特権と富を剥奪したのがレフォルマ革命であった。このレフォルマ革命については，第2章で詳しく考察する。

　メキシコ革命勃発の引き金を引いたのはマデロを代表とする政治の民主化を求めたグループであったが，この政治の民主化がカトリック教会と信徒集団の政治的行動を促し，やがてレフォルマ革命の理念を成文化した1857年の自由主義憲法を擁護する護憲派勢力と，復権を狙うカトリック勢力との対立へと発展した。

　護憲派勢力は，自由と平等を謳った1857年の自由主義憲法の擁護を掲げ，暗殺されたマデロの後継者を目指して蜂起したカランサのもとに結集した勢力であり，必ずしも急進的な改革勢力ではなかった。しかし，1913年から1915年にかけて全国に広がった革命動乱の過程で，カランサの率いた護憲派勢力は農地改革・労働問題への対応・教育改革・女性問題への取り組みに着手して革新勢力へと変容し，1917年の革命憲法を制定した。この革命憲法の特徴のひとつとなった反教権主義は，レフォルマ革命によって組織として，また物理的に，崩壊の危機に瀕したカトリック教会がディアス時代を通じて達成した一定の復活とマデロの蜂起にはじまる政治の民主化の過程で政治力を取り戻したことへの，メキシコ・リベラリズムの反撃の結果としてと捉えることができる。

　1917年の革命憲法で規定された反教権主義は，信教の自由と政教分離を憲法の理念とする欧米先進諸国の憲法の中でも，もっとも厳しい反教権主義条項をもつフランスの法規定に匹敵する厳しさを有している。しかし，フランスが1905年に公布した「国家と宗教の分離法」の内容のほとんどは，メキシコでは1850年代のレフォルマ改革諸法で規定され，1873年の憲法改正によって1857

年憲法に付加されており（第2章参照），さらにメキシコの革命憲法は，宗教団体に法人格を認めなかったという点でも，社団法人格を認めたフランスの場合よりも厳しい反教権主義的要素をもっていた[5]。

　メキシコ革命勃発の引き金を引いたマデロも，革命動乱を制したカランサも，独立以来たびたび政争の中心的課題となった国家と教会の問題はレフォルマ革命によって解決したと考えていた。独立革命は，スペインによる植民地支配からの解放と独立を達成したが，植民地時代にメキシコ社会を支配したカトリック教会から権力と特権を奪うことを必ずしも課題とはしなかった。それを最大の課題としたレフォルマ革命は，信教の自由を確立し，教会の資産を接収して有産階級の形成を目指し，公教育制度の整備と教育の非宗教化に取り組み，教会と聖職者の特権を剥奪しただけでなく政治への介入を禁止した。したがって，19世紀メキシコ・リベラリズムの信奉者であったマデロとカランサが，レフォルマ革命によって教会問題は解決したと考えていたとしても不思議ではない。筆者の強い関心のひとつは，前述のようにマデロもカランサも，レフォルマ革命によって「教会問題は決着した」としていたものが，なぜメキシコ革命の動乱期に急浮上し，1917年の憲法において厳しい反教権主義条項が制定されたのかという点にある。

3．キリスト教諸国における多様な政教関係とメキシコの事例

　国家と宗教の関係は，古くて新しいテーマである。政教関係のあり方は，21世紀初頭の世界各国の実態からみても多様である。ヴァチカン市国にはじまり，イスラム教国に典型的にみられるような宗教的権威と世俗的権威が融合した政教一致の国家から，社会主義国家のような宗教を否定するものまで存在する。

　欧米先進諸国におけるキリスト教（カトリックとプロテスタント）と国家の関係に限定しても，その関係のあり様は多様である。比較憲法学者が使う類型によると[6]，政教一致型と政教分離型に大別され，それぞれがさらに細分化される。すなわち政教一致型はヴァチカン市国にはじまり，今日のイギリスやノルウェーに代表されるような，教会と世俗国家権力が形式的に合体している国教

制度までを含んでいる。それに対して政教分離型は，信教の自由を保障し，宗教団体の運営に国家権力は関与せず，また宗教も政治に関与しないことを明確に憲法で謳った関係である。しかし，憲法学者はこの政教分離型をさらに，アメリカ型の「友好的分離型」，フランス型の「完全中立的分離型」，社会主義体制における「敵対的分離型」に分けている。

アメリカ型分離主義は，国教を認めず，宗派の多元性を容認し，宗教団体の活動の自由を保障するだけでなく，国家と宗教の関係が好意的・友好的で，国民の宗教的信仰への関心度が強く，多元的な宗教の相互間には宗教的寛容が存在するとされる。これを「市民宗教」と定義する研究者もいる[7]。このアメリカにおける国民の宗教性に関しては，本書の補論で若干ではあるが言及している。

フランス型分離主義は，宗教に対して中立的であると同時に，反宗教政策に基づく非友好的な完全分離主義であるとされる。これは，国家と宗教は互いに相容れないものであるとする考えに基づいている。このフランスの完全政教分離主義は，フランス革命にはじまる共和主義・自由平等思想と，ローマ・カトリック教会の超世俗的な反共和主義思想との間で闘われた激しい対立・抗争の歴史の中で形成されたものであった。政教分離の徹底は，教会活動の大幅な制限，信徒の信仰生活への社会的制約など，現在でも引き継がれている。このフランスの宗教のおかれた立場を改めて世界に示した最近の事例として，「フランスに住むイスラム教徒の女子生徒のスカーフを被っての登校」が拒否された事件が，記憶に新しい[8]。

社会主義国における政教関係は，理念としては宗教の存在そのものを否定するものである。しかし旧ソ連邦や東欧諸国における社会主義体制の崩壊によって，それらの国々では宗教がすでに復活している[9]。ラテンアメリカの唯一の社会主義国キューバの場合，国家と宗教の関係は紆余曲折を経ながらも，キューバ独自の500年の歴史の中で培われてきた宗教の多様性と寛容性が現代キューバ社会で息づいており，憲法学者が一律に分類するような「敵対的分離型」にあてはめることは難しい。

以上のような類型化にはそれぞれ幅があり，細部では微妙な差異があるが，

近代メキシコにおける政教関係はフランス型分離主義にもっとも近い。フランスにおける「政教分離体制」は1789年の大革命によってはじまり，1905年の「国家と宗教の分離法」で確立したが，それと類似した経緯をメキシコがたどったのが，1850年代から1860年代に経験したレフォルマ革命における政教分離と信教の自由の確立を経て，1910年にはじまるメキシコ革命によってさらに強化された，反教権主義体制の確立である。すなわち国教を定めず，またいかなる宗教にも財政的支援をせず，公的領域に宗教的表示物をとりつけることや礼拝堂における政治的集会を禁止し，聖職者による法律批判や公務員への中傷を禁止し，公教育における宗教教育を禁止するなど，フランスとメキシコは宗教団体と信徒に対して厳しい規制を課している。

　メキシコ近現代史における政教関係は，信仰の統率者である組織としての教会と主権国家の対立の歴史であり，国家主権を脅かすカトリック教会の政治的，経済的，社会的影響力の剥奪のための対決の歴史であったと捉えることもできる。そしてこの対決が，国民の生活から切り離されて闘われるということはありえなかった。したがって独立以来，国家と教会の関係が緊迫するたびに，多数の信徒が動員され，最悪の場合には教会組織の尖兵として信徒たちは，国家が統帥する国軍と戦うために戦場に駆り出された。レフォルマ戦争（1858-1860年）とクリステーロの乱（1926-1929年）は，この意味ではカトリック信徒が国家と教会の対立のために二分されて戦った内戦であり，宗教戦争であった。

　メキシコのカトリック教会は，近代主権国家を建設するという大事業の過程で戦われたおよそ1世紀にわたる独立革命，レフォルマ革命，メキシコ革命を通じて，自由主義理念に基づく近代国家建設を目指す自由主義信奉者集団に抵抗した。この長い年月をかけて成立した現代メキシコでは，同様の政教関係を経験した欧米のキリスト教諸国と比較しても，徹底した政教分離を確立している。それを規定した1917年の革命憲法は，第3条で教育の自由を謳い，宗教が教育に関与することを禁止した。第5条では，基本的人権である個人の自由を束縛する強制労働と関連して，修道院の存在が否定された。信教の自由を謳った第24条では政教分離を徹底し，宗教団体に対する法人格を否定した。そ

の結果，宗教団体は法的にその存在が否定された。第27条第Ⅱ項では教会の不動産所有が禁止され，さらに第130条において教会および聖職者の行動を詳細に制約した諸条件が明記された。このような宗教に関連した憲法条項は，「教育の自由」を謳った第3条が1934年に「教育は社会主義教育とする」と改変され，さらに修正されたという例外を除いて，1992年まで一度も修正されなかった部分であった。

4．メキシコ革命研究の進展

　1910年の革命勃発以来，現在までに刊行されたメキシコ革命に関する出版物は，学術研究書および論文だけに限定しても膨大な数にのぼり，その全部に目を通すことはほとんど不可能であるといっても過言ではない。さらに，体系的でなく客観性に裏づけされているとは言い難いジャーナリスティックな報告書，体験記，ドキュメンタリー，主要な役割を担った人物たちの自叙伝などを含めると，これまでに多くの研究者が目を通し，引用してきた文献記録に限定しても，ひとりの研究者が網羅的に再検証することすら不可能なほど，膨大で多様な資料が刊行されている。21世紀初頭の現在，これらの資料の多くが図書館や資料館に収集されているだけでなく，多様な種類の未刊行の文献資料へのアクセスも可能となっているだけに，メキシコ革命研究は多様化と細分化が進み，地方史研究と学際的研究の進展と共に多元性が高まっている。

　このようなメキシコ革命研究の現状の中で，本書では未刊行資料および1次資料を含めて刊行された文献資料に依拠し，先行研究を踏まえて先に設定したテーマを考察し，独自の解釈を加えた。参照した資料は巻末の参考文献一覧にまとめたが，目を通すことができなかった関連文献は膨大である。なお，本節の以下で言及する文献については，すべて注を省略することにしたため，巻末の参考文献一覧を参照していただきたい。

　メキシコ革命を分析した研究書が刊行されるのは1920年代になってからである。革命動乱期を脱した1920年代に入ると，全国を動乱の嵐に巻き込み，人口の約10％を失った1910年代の経験を記録し，また分析を試みて将来を展

望しようとする作業がはじまった。これらの研究は主として，刊行された個別の体験と観察に基づく記録と報告書などを情報源としており，現在の多様化し，精緻化した研究水準からすると多くの問題を抱えているが，メキシコで進行中の革命運動の本質を捉えようという姿勢によって書かれ，現在でも貴重な資料として引用されるものもある。この研究萌芽期の1920年代から20世紀末にいたる約80年に及ぶ期間に刊行された主要なメキシコ革命研究業績から，筆者は研究動向の展開を次のように整理する。

1920年代から1990年代にいたるメキシコ革命研究は，1950年代と1970年代に大きな転換期を経験している。1920年代から1940年代をメキシコ革命研究の第1期とすると，1950年代から1970年代は第2期にあたり，1980年代以降を第3期として，研究動向を整理することができる。そして1990年代に，メキシコ現代史は「メキシコ革命の終焉」[10]を受けて，革命を完全に過去のものとして扱う新しい段階に入った。

1920年代にはじまる革命研究の萌芽期である第1期に刊行された主要な業績を独占したのは，アメリカの研究者による，革命を肯定的・楽観的に捉えたメキシコ革命史観であった。ディアス独裁体制を革命の原因とみなして，フローレス=マゴン（Ricardo Flores Magón）が率いたメキシコ自由党（Partido Liberal Mexicano）の反ディアス体制闘争やサパタ農民軍による革命の成果を評価し，メキシコ革命が農民革命であることを強調する傾向が強かった。アメリカの研究者がメキシコ革命に強い関心を抱いたのは，当然である。アメリカの政府と経済界がメキシコに多大な利害関係をもち，地理的に隣接したアメリカにとっては，メキシコの現状を知り将来を展望することの必要性が高かったからである。政府関係者，実業界，宗教界，ジャーナリスト，研究者らが，動乱のメキシコに強い関心をもった。革命勃発直前に書かれたターナー（John Kenneth Turner）の『野蛮なるメキシコ』(*The Barbarous Mexico*) と，革命動乱期に書かれたリード（John Reed）の『反乱するメキシコ』(*Insurgent Mexico*) は，現地を取材して書かれたルポルタージュとして有名な古典的著作である。いずれもメキシコの現状を克明に描写したが，共にアメリカ人の「野蛮で，無秩序なメキ

シコ」観の原点となった代表的な書物でもあった。

　しかし，この1910年代の革命動乱とその本質を客観的に分析しようとする研究が試みられた1920年代になると，アメリカの研究者はメキシコ革命を肯定的に受け止めはじめた。1920年代と1930年代に研究成果を刊行し，メキシコ革命研究の第一人者となったのは，プリーストリー（Herbert I. Priestly），ハケット（Charles W. Hackett），グリューニング（Ernest Gruening），タンネンバウム（Frank Tannenbaum），キャルコット（W. H. Callcott），パークス（Henry Parkes），シンプソン（Eyler N. Simpson）らである。この第1期の流れは，1950年代から1960年代にかけて，クライン（Howard F. Cline），カンバーランド（Charles C. Cumberland），ロス（Stanley R. Ross），ウォーマック（John Womack, Jr.），クァーク（Robert E. Quirk）らに受け継がれた。これらの研究者の業績は，テーマと依拠した資料に多様性はあるが，基本的にはメキシコ革命を肯定的に捉えて，諸悪の根源となったディアス独裁体制を打破した革命運動が，やがてはメキシコの抱える諸問題を解決するという楽観的な将来像を予測したものであった。

　一方，この間にメキシコにおいても，多くのメキシコ革命に関する論考・主張が新聞・雑誌に掲載され，書物が刊行された。しかしそれらのほとんどは，著者たちが拠って立つ主義・主張が強く打ち出されており，客観的な論拠に基づいた分析的記述とは言い難いものであった。ただしこれらの記事と出版物は，後世の歴史研究者には貴重な1次資料としての価値をもっている。なぜなら，革命を体験した著者の思想的・政治的主張が明確に示されているからである。その代表的な例は，メキシコ市のフス出版社（Editorial Jus）によって刊行された一連の出版物であろう。また，ディアス時代に政権の中枢近くにいたベーラ=エスタニョール（Jorge Vera Estañol）が主張した，「マデロによってはじめられたメキシコ革命はメキシコの悲劇であった」とする否定論から，カリェス大統領に仕えたアルフォンソ・トーロ（Alfonso Toro）の，革命政権の施政を全面的に擁護する著作まで，主観的な記述と主張を展開した書物が多い。

　1950年代から1970年代にかけての第2期は，このようなメキシコ革命論に異論を提示した，メキシコの研究者たちの執筆活動ではじまった。その中心的

なグループが，メキシコ大学院大学（El Colegio de México）に集まった歴史研究者たちである。同大学院大学の創設に関わったコシオ=ビリェガス（Daniel Cosío Villegas）を中心として，20世紀末にメキシコの歴史学界の重鎮となる若手研究者が参加した『メキシコ近代史』(Historia Moderna de México) 9巻は，メキシコ革命研究に大きな転換をもたらした業績のひとつである。ディアス時代を1854年のアユトラ計画で始まるレフォルマ革命の延長として捉えたこの研究は，メキシコ革命の原因をディアス独裁体制に求めたそれまでの研究を根本的に見直す契機となったからである。1955年から1965年にかけて刊行された『メキシコ近代史』は，1960年代から1970年代に活発化する，メキシコ国内におけるメキシコ史研究に大きな影響を与えた。

　メキシコ革命研究の視点を転換させる契機となった別の動きは，アメリカ人研究者が提示してきた革命楽観論とは対照的な革命批判論である。それらの革命楽観論批判は，革命勃発以来半世紀を経た時点においても解決されない，貧困と格差問題への疑問と，革命政権の腐敗と汚職の体質に対する強い疑念に由来していた。この問題意識，すなわち革命の成果に対する異論は，すでに1940年代に経済学者シルバ=エルソク（Jesús Silva Herzog）やコシオ=ビリェガスによって提示されてはいたが，メキシコ革命をどう評価するかという，メキシコ人の革命観と現状認識へ大きな刺激を与えたのが1966年にアメリカで出版されたスタンレー・ロス編の『メキシコ革命は死んだのか』(Is the Mexican Revolution Dead?) である。1972年にメキシコで出版された同書のスペイン語版は，初版2万部が直ちに売り切れ，10万部が増刷されたほど，メキシコ人に大きな影響を与えた[11]。初版の発行部数が1,000～1,500部というのが現在でも常識であるメキシコの出版事情から考えても，同書がいかに多くのメキシコ人の関心を引いたかが分かる。『メキシコ革命は死んだのか』は，著名な歴史研究者・政治家・政治評論家・経済学者など20名のメキシコ人とアメリカ人の，多様な分野の第一線で活躍する人びとのメキシコ革命論を，それぞれの著作から抜粋してまとめたもので，メキシコ革命の解釈とその問題点を，簡潔かつ網羅的に理解することができるものとなっていることも，広く読者を集めた理由であっ

たと思われる。この，メキシコ革命を再検討しようとする研究者たちの姿勢は，1969年にモレロス州のオアステペック保養地で開催された，第3回メキシコ研究国際会議における研究発表と活発な意見交換となって，多様化する革命解釈への道筋を開いた[12]。

このようなメキシコ革命研究の第2期にあたる1950年代から1970年代のメキシコは，高度経済成長期にあった。第2次世界大戦後のメキシコで工業化が進み，高度経済成長が国民の間でも実感された時期であったと同時に，1940年までに進められた農地改革をはじめとする，公平と公正を目指す社会改革の政治が大きく転換した時期であった。シルバ＝エルソクが指摘したメキシコが抱える経済の不均衡と貧困問題や，コシオ＝ビリェガスが指摘した民主政治の危機が，急速に表面化していた。このような状況の中で，「1940年に革命は終結した」と捉え，その成果を否定的に分析する視点と，メキシコ革命は継続中であるとする楽観的視点とが共存していたのが，この時期のメキシコ国内の状況を体験的に分析したメキシコ人研究者の研究の特徴でもあった。

この間の1960年代から1970年代は，メキシコ国内で革命資料の整備が進展し，研究者の層が拡大して，メキシコ革命研究の深まりと多様化が顕著となった時期であった。マデロやカランサの未刊行文書を収集し整理したコンドゥメックス文化財団（Fundación de Cultura de CONDUMEX）が，メキシコ市北部のコンドゥメックス銅線工場の敷地内に設立したメキシコ歴史研究センター（Centro de Estudios de Historia de México de CONDUMEX）を研究者に公開したのは1966年である。1970年代に入ると，メキシコ外務省の外交資料室が保管する1910年から1920年の革命動乱期の外交文書が研究者に公開され，国立公文書館（Archivo General de la Nación）における資料整備も急速に進展した。こうしてメキシコ革命の研究は，新たな資料によって深まり，新しい事実関係の発掘によって修正され，大きく進展した。そして国立メキシコ革命歴史研究所（Instituto Nacional de Estudios Históricos de la Revolución Mexicana = INEHRM）が精力的に刊行するメキシコ革命研究の出版物や，メキシコ国立自治大学（Universidad Nacional Autónoma de México = UNAM）とメキシコ大学院大学の研究

者による研究成果の刊行に加えて，イベロアメリカ大学（Universidad Iberoamericana）をはじめとする私立大学や地方の大学の研究者の研究成果が出版され，メキシコ人研究者による革命研究の成果は膨大なものとなった。

このように，膨大な1次資料が広く研究者に提供されたこの時期のもうひとつの特徴は，研究手法の多様化である。「革命の生き証人」の貴重な歴史証言を記録しようとする動きは，カリフォルニア大学のウィルキー（James W. Wilkie）教授によってはじめられたオハイオ州立大学ラテンアメリカ口述史センター（Oral History Center for Latin America）とメキシコの国立人類学・歴史学研究所（Instituto Nacional de Antropología e Historia）による，膨大な数にのぼるインタビュー記録の蓄積となった。また個々の研究者も，革命を生き抜いて老齢に達した人物とのインタビューで事実関係を確認し，それらの記録が新たな革命研究に活用された。1967年には，計量歴史学という新しい研究手法でメキシコ革命の成果を分析したウィルキーの『メキシコ革命──1910年以降の連邦政府支出と社会の変容』（*The Mexican Revolution: Federal Expenditure and Social Change since 1910*）がメキシコ研究に大きな刺激を与えた。同様の研究手法で，スミス（Peter H. Smith）が1973年に発表した1917年の革命憲法の制定過程を分析した論文「革命における政治──1916-1917の制憲議会」（"La política dentro de la Revolución: El congreso constituyente de 1916-1917"）も注目された。

1980年代にはじまる第3期に入ると，量的に顕著となった地方史研究の成果によって，メキシコ革命史観に新たな側面が付加された。それは，従来の研究の多くが連邦政府の動向を中心として展開された政治史として書かれ，しかも革命の主役的人物を中心にして描く傾向が強かったのに対して，地方からみた革命は新しい視点を提示したからである。各地方を舞台にして展開された，独自の革命という側面を示す「多様なメキシコ革命論」が，地方史研究の進展によって浮上した。すでに国立メキシコ革命歴史研究所は，各州の革命運動をまとめたシリーズを刊行しているが，多くの州の研究者たちが地元に保管されている資料を分析した地道な研究成果を発表しており，メキシコ革命が中央政権をめぐる抗争とは異なる側面を有していたことを実証している。同時に，地方

史は文化・社会人類学者のフィールドワークによってまとめられた個別研究によって補強され，革命研究の幅と深みが急速に広がっている。

これらの多様化し，細分化された研究を側面から助けたのが，研究者，専門司書，アーキビストたちによって1960年代から1970年代にかけて刊行されたさまざまな資料案内である。28巻からなる『メキシコ革命歴史資料』(*Documentos históricos de la Revolución Mexicana*)，4巻からなる『原典メキシコ革命史』(*Fuentes para la historia de la Revolución Mexicana*)，『メキシコにおける歴史研究の25年』(*Veinticinco años de investigación histórica en México*)などによって，研究者は貴重な原典に比較的容易に接することが可能となったからである。1973年に出版されたグリーンリーフ（Richard E. Greenleaf）とマイヤー（Michael C. Meyer）共編の『メキシコ史についての調査研究』(*Research in Mexican History*)と，1982年に刊行されたラート（W. Dirk Raat）の『メキシコ革命—解説付き研究案内』(*The Mexican Revolution: An Annotated Guide to Recent Scholarship*)は，メキシコ革命研究に取り組む研究者にとって貴重な手引書となった。前者はメキシコとアメリカの主要な図書館，資料室，研究所の案内書で，当時のメキシコ史研究のための必携の実用書となった。後者は文献目録で，メキシコ革命に関する研究成果が分野とテーマごとに整理されている点で便利であったが，刊行されている膨大な文献資料の数からすると，分野によっては必ずしも十分な文献目録とはなっていないという欠点もあった。

その後，コンピュータによるデータベース化が進み，上記のような研究案内書の利便性は急速に低下しているが，次に取り上げるように専門性の強い司書もしくはアーキビストによる特定の研究テーマに関する研究案内書は，研究者にとって大きな助けとなっている。

5．メキシコにおける国家と教会に関するこれまでの研究

メキシコ革命における教会問題の研究は，農地改革をはじめとする革命が目指した華々しい経済社会改革に関する研究に比較すると，かなり遅れて取り組まれた。メキシコにおけるカトリック教会の歴史を概説した文献は少なくない

が、メキシコ革命における国家と教会の関係を取り上げた先駆的書物は、1927年に出版されたトーロの『メキシコにおける教会と国家』(*La Iglesia y el Estado en México*) である。スペイン人による征服の時代からはじまり、メキシコにおけるカトリック教会の歴史と、教会と国家の関係を概説した同書は、1917年の革命憲法における反教権主義条項を擁護し、1926年に勃発した「クリステーロの乱」に対する革命政権の立場と主張を代弁する内容となっている。しかし同書は、14点の原典と文献目録を収録した資料としての有用性をもち、1975年には復刻版が出されている。このトーロの著作が出版された1年前に、この分野におけるもう1冊の古典的研究書ともいうべき、キャルコットの『メキシコにおける教会と国家——1822-1857年』(*Church and State in Mexico: 1822-1857*) が出版された。タイトルから分かるように、独立からレフォルマ革命にいたる時期の、いわば国教としてのカトリック教会と主権国家との関係を考察した同書は、1857年の自由主義憲法の制定にいたる過程におけるカトリック教会問題を、膨大な1次資料を通じて検証した研究書である。この2冊にみられるように、レフォルマ革命とメキシコ革命におけるカトリック教会の問題の研究は、歴史学者の手で1920年代に取り組みはじめられ、1950年代から1960年代には教会と国家の関係に新たな焦点を当てたシュミット (Karl M. Schmitt) による一連の論文が発表された。シュミットが提示した新しい視点は、国家と教会の対立関係の中に見出した妥協と協調という、相互の歩み寄りと駆け引きの姿勢である。しかしシュミットの指摘は、のちに広く研究者に引用された、1966年刊行のアメリカの政治学者ミーチャム (J. Lloyd Mecham) の『ラテンアメリカにおける教会と国家』(*Church and State in Latin America*) には生かされなかった。メキシコに多くの頁を割き、出所を明記してまとめられたミーチャムの研究書は多くの後続研究者たちによって引用され、古典的名著の1冊となったが、本書の第3章で取り上げるように、ミーチャムの分析は現在の研究状況からすると、必ずしも実態を正確に分析したものとは言い難い部分が少なくない。

　1970年代と1980年代には、ラテンアメリカ諸国のカトリック教会問題を扱った雑誌論文や、多くの執筆者の寄稿による論文集が数多く出版された。メキ

シコに限ると、カトリック教会が植民地時代に蓄積した富と権力を検証した精緻な研究が、1960年代にメキシコ人の歴史研究者バサン (Jan Bazant) とイギリス人の歴史研究者コステロー (Michael P. Costeloe) によって発表され、その流れを受けて1970年代には教会をめぐる多様なテーマを精査した資料を使ってまとめられた論文が、数多く学術誌に掲載されるようになった。単行本としては、1973年に出版されたアメリカ人の歴史研究者クァークの『メキシコ革命とカトリック教会— 1910 〜 1929年』 (*The Mexican Revolution and the Catholic Church: 1910-1929*) と、フランス人の歴史研究者メイェール (Jean Meyer) が1975年にフランスで刊行した『クリステーロ—メキシコ革命における教会と国家と民衆、1926-1929年』 (*La Christiade: L'Église, l'État et le peuple dans la Revolution mexicaine: 1926-1929*) が、メキシコ革命における国家と教会の関係をテーマにした本格的な研究書として、メキシコ史研究者に大きな刺激を与えた。

　1970年代から1980年代には、解放の神学がラテンアメリカ諸国に与えたインパクトを受けて、カトリック教会と改革運動に関する個別の論文が数多く刊行されたが、解放の神学が浸透しなかったメキシコの事例研究は多くない。しかし1980年代に入ると、主としてメキシコとアメリカの研究者の間で、国家と教会の関係が研究テーマとして注目されはじめた。1979年のローマ教皇のメキシコ訪問にはじまるカトリック教会の復興の兆し、1980年代の対外累積債務問題に端を発する経済危機、革命の後継者である制度的革命党 (PRI) による一党独裁体制 (PRI体制) の衰退の中で進展した民主化運動などが、教会の社会的、政治的影響力を強化した。とりわけPRI体制の衰退と政治腐敗が顕在化した選挙では、教会の介入が政治学者の注目を集め、多くの論文および論評が新聞や雑誌で発表された。政治の民主化問題と絡んだ教会の役割については賛否両論が提示されたが、国家と教会の関係を多角的、かつ体系的に扱った研究書も刊行されはじめた。1984年に出版されたメキシコ人の憲法学者マルガダン (Guillermo F. Margadant) の『メキシコの教会と法律』 (*La Iglesia mexicana y el derecho*) は、やがて実現する1992年の憲法の反教権主義条項の改変に向けて論じられた、法学者による教会問題をめぐる論考の嚆矢となった。

1990年代になると，法学者，政治学者，社会学者，歴史学者たちが国家とカトリック教会の問題をめぐって多様な論文と著書を発表したが，1992年に刊行されたメキシコ人の宗教社会学者ブランカルテ（Roberto Blancarte）による『メキシコにおけるカトリック教会の歴史』(Historia de la Iglesia católica en México)は，もっとも精緻な研究のひとつである。447頁に及ぶ本書は，1929年から1982年までの国家と教会の関係にテーマを絞って，歴代政権と教会首脳の関係を検証したもので，同氏のフランスの大学（École des Hautes Études en Sciences Sociales）における学位論文をベースにした著作である。
　このブランカルテの研究に匹敵する研究は，1997年に刊行されたアメリカの政治学者キャンプ（Roderic Ai Camp）の『交える剣――メキシコにおける政治と宗教』(Crossing Swords: Politics & Religion in Mexico) である。メキシコにおける教会組織，聖職者たちが育った社会的・家族的背景，聖職者の教育過程，司教区の政策決定過程などを分析した，これまでに類をみない研究書であるだけでなく，巻末にまとめられたテーマ別の文献案内は非常に有用である。
　上記の2冊の優れた研究書だけでなく，1990年代には政治の民主化と教会の活動と役割を取り上げた論文と論文集，とりわけ憲法の反教権主義条項の改変を受けて取り組まれた憲法学者の著作や論考が多数発表された。それらの一部は，本書の巻末にまとめた参考文献に載せられている。
　なお，メキシコにおけるカトリック教会をテーマとする研究者にとって貴重な研究案内書となっているものに，アメリカの専門司書マウンス（Virginia N. Mounce）がまとめた『メキシコのカトリック教会に関するアーキヴィストのガイド』(An Archivist's Guide to the Catholic Church in Mexico) がある。これはタイプ印刷による，1979年出版の私家版の研究案内書であるため，21世紀初頭の最新の情報を提供しているわけではないが，その内容はアメリカの司書・研究者を念頭においてまとめられており，資料の検索に欠かせない教会組織から専門用語の解説にまで及んでいて，研究手引書として有用である。また1996年には，多様な研究者が参加してまとめた，社会史のためのカトリック教会関係資料の研究手引書である『メキシコ社会史のための教会資料』(Brian F.

Connaughton y Andrés Lira González, coordinadores, *Las fuentes eclesiásticas para la historia social de México*) が，メキシコのメトロポリタン自治大学出版部から刊行されている。

　21世紀に入ると，ローマ教皇庁の古文書館の資料を渉猟したメキシコ人の歴史研究者オドヘルティ (Laura O'Dogherty) の研究のように，新たに発掘された史実が従来の歴史解釈を変えようとしている。今後も続けられる新しい資料の発掘と進展する研究の多様化と精緻化によって，現在史実として受け入れられている事例の解釈も変わりうるであろう。

第 I 部

革命以前の政教関係

第1章　メキシコ建国期（1810-1854年）における国家とカトリック教会

はじめに

　メキシコは，1821年にスペインから独立し，1824年には現代メキシコの政治体制の原型となる連邦共和制をとる憲法を公布した。しかしその後，1870年代にいたるまでのほぼ半世紀間，メキシコは権力闘争がもたらした政治不安と経済的混乱を経験しなければならなかっただけでなく，スペイン，フランス，アメリカの軍事的干渉と侵略を受けるという，近代国家建設への苦難の道を歩まねばならなかった。

　このような新生国家建設の過程でもっとも激しく争われたのが，連邦制にするのか中央集権制にするのかという，政治体制の選択であった。この間の対立と政争の激しさは，立憲君主制（1821-1823年），連邦共和制（1824-1835年），中央集権共和制（1836-1856年），連邦共和制（1857-1863年），立憲君主制（1863-1867年）[1]というように，政治体制そのものが半世紀の間に目まぐるしく入れ替わった過程に明確に示されている。

　この政治体制をめぐる抗争は，スペイン植民地時代の特権を保持するカトリック教会を擁して国家権力の中央集権化を主張した保守勢力と，アメリカ流の民主的で合理的な連邦制を採用して近代国家建設を目指した，いわゆる自由主義勢力との間の対立でもあった。そしてその対立のひとつの軸が，カトリック教会の扱いであった。保守勢力は，植民地統治機構の一翼を担ったカトリック教会および聖職者の特権的地位と政治的・社会的影響力を重視した。これに対して自由主義勢力は，個人の自由と法のもとにおける平等を重視し，教会を含むあらゆる団体・組織の特権を廃止することの必要性を強調した。

本章で取り上げる19世紀前半の建国期は，カトリック教会を「国家権力の一部として存在した教会」から「政教分離」の原則に基づく宗教団体へと転換させ，やがて19世紀後半から20世紀初期にかけて実現する，教会が保有した「特権と富」の剥奪にいたる過程の前半にあたる。以下では，この19世紀前半の独立国家形成の過程で模索された，主権国家とカトリック教会をめぐる関係を，3つのテーマに分けて考察する。第1節は，メキシコの独立運動の展開とカトリック教会がおかれた状況を扱う。第2節では，独立運動期と建国期に制定された4つの憲法，すなわち1814年のアパチンガン憲法，1824年の連邦憲法，1836年の七部憲法，1843年の国家組織基本法の，それぞれにおける教会関係の条項に焦点をあてて，政教分離の原則が形成される過程を検証する。とりわけ「宗教保護権」と総称される，ローマ教皇がスペイン王権に委譲した教会の保護・管理・監督権の行方をたどる。第3節では，19世紀前半のメキシコにおける自由主義思想がどのようなものであり，どのように実際の政治運動の中で主張されたのかについて，この時代の自由主義者を代表するモーラ（José María Luis Mora），サバラ（Lorenzo de Zavala），およびオテロ（Mariano Otero）の思想を通じて考察する。

1．メキシコの独立とカトリック教会

メキシコの独立運動は，交通と通信手段が未発達だった時代に，早くても帆船で2ヵ月を要する大西洋を越えた遠隔の地である，スペインの情勢に連動して展開した。アメリカ大陸のスペイン植民地で本格的な独立運動が開始されたのは，1808年にフランスのナポレオンがスペインに侵攻した知らせが届いた時である。カルロス4世がナポレオンによって退位させられ，王位に据えられたフェルナンド7世も幽閉されたという知らせがアメリカ大陸に到着すると，各地で植民地統治機構の権威と権力に空白が生じた。ヌエバ・エスパーニャ副王領[2]では，副王庁がおかれていたメキシコ市に駐在するイトゥリガライ副王（José de Iturrigaray）が市参事会に国王の代理人としての権限を委譲し，新生国家建設への第一歩を踏み出そうとした。しかし，クリオーリョで構成される市

参事会[3]が自治権を行使することに危機感をもったメキシコ市内のスペイン人たちが，副王の決断を覆した。時を同じくして，各地で独立運動が画策された。メキシコ中央部の穀倉地帯バヒーオの教区司祭イダルゴ神父（Miguel Hidalgo）は，1810年9月15日の深夜に信徒の蜂起を促した。これがメキシコの独立運動の始まりとされ，現在においてもこの夜には大統領が臨席して祝う国家的行事が行なわれている。

　イダルゴの蜂起は最大時で8万の兵力を動員したが，蜂起した13ヵ月後には副王軍によって鎮圧された。この短い武装蜂起の間に，イダルゴは奴隷解放を宣言したものの，新生国家の枠組を構想する余裕のないままに敗れて処刑された。イダルゴの遺志を継いだモレロス神父（José María Morelos）は，およそ5年にわたり独立解放軍を率いて副王軍と戦い，第2節で取り上げる「アパチンガン憲法」と呼ばれる憲法を1814年に公布した。しかしそれを実施する間もなく，モレロスもまた1815年に副王軍に敗れて捕らえられ，処刑された。その後も各地で独立解放を目指す勢力がゲリラ戦を展開し，10年余に及んだ独立解放戦争は1821年8月に終結して，メキシコは独立を達成した。

　しかしこの独立は，スペインにおける情勢の激変によって誘発されたものであった。スペインでは，ナポレオンによって幽閉されていた国王フェルナンド7世が1814年5月に復位して絶対君主制が復活していた。しかし1820年1月の自由主義革命によって，第2節で取り上げる1812年の「カディス憲法」が復活し，復位していたフェルナンド7世がそれを受け入れ，1814年に解散させられていた国民議会が復活した。このようなスペインの情勢は，約4ヵ月遅れでメキシコに伝わり，そのニュースがいち早く届いた港町ベラクルスで，カディス憲法の復活が1820年5月25日に宣言された。内陸部の首都メキシコ市では，副王庁のスペイン人官僚，教会首脳，スペイン人商人，富裕なクリオーリョたちが急進的な自由主義者と軍人たちの反乱を恐れた。このような中で1821年2月に，副王軍を率いていたクリオーリョのイトゥルビデ（Agustín de Iturbide）が，独立解放軍を率いてゲリラ戦を展開していたビセンテ・ゲレロ（Vicente Guerrero）と，「イグアラ宣言」と呼ばれる3つの事項を保障した協定をイグア

ラの地で結んで，統一独立解放軍を結成した。「イグアラ宣言」に明記された3つの保障事項とは，①カトリックを唯一の宗教とすること，②スペインから完全に独立すること，③立憲君主国家を建設し，国内のメキシコ人とスペイン人が平等に共存すること，を意味していた。全23項目からなる，この「イグアラ宣言」で言及された教会関係事項は，教会の既得権を尊重し（第5項），すべての聖職者の特権と財産を保障する（第14項）という，教会を最大限に保護する内容となっていた[4]。各地で独立解放軍が優勢となる中で，ベラクルス港に到着したばかりの，最後の副王となるフアン・オドノフー（Juan O'Donojú）は，この「イグアラ宣言」を受け入れて，8月23日にベラクルス州のコルドバの地でイトゥルビデと会見し，「コルドバ協定」と呼ばれる，「イグアラ宣言」を認めた条約に署名した[5]。こうしてメキシコはスペインからの独立を達成したが，スペインがこれを承認するのは15年後の1836年になってからである。

　「イグアラ宣言」で示されたように，イトゥルビデ暫定政権が目指した独立国家は，立憲君主国家であった。同宣言に基づいて，メキシコはスペイン王家からメキシコ皇帝を迎えるための候補者リストを用意して，その受諾を要請した。しかしすべての候補者に拒否されると，イトゥルビデ自身が皇帝に即位し，盛大な戴冠式を首都大聖堂で挙行した。この君主制は13ヵ月という短命で終わった。皇帝アグスティン1世（イトゥルビデ）を追放し君主制を廃止したのは，この後1855年までメキシコの政治を混乱させた，メキシコ近代史上もっとも不可解な指導者とされるアントニオ=ロペス=デ・サンタアナ（Antonio López de Santa Anna）である。サンタアナは，その後の共和制下で1833年から1855年までの間に11回大統領の地位につき，権力争奪戦を繰り広げた保守勢力と自由主義勢力の間を往き来しながら，メキシコの国家存亡の危機には常に政治の中枢部にいた人物である。スペイン，フランス，アメリカの侵略軍に対して国軍を率いて戦った英雄であったと同時に，他方ではアメリカに広大な国土を割譲することになったメキシコ・アメリカ戦争（1846-1848年）を戦った大統領であり，1853年には北部メシーリャ地帯をアメリカに売却したことによって，メキシコの歴史では売国奴として通常扱われている。ただし，イトゥルビデを追放

した時のサンタアナは自由主義勢力の一員であり，連邦共和制国家建設の貢献者であった[6]。

以上のような10年余に及んだ独立戦争と19世紀半ばにいたる新生国家建設期を通じて政争の原因のひとつとなったのが，国家とカトリック教会の関係（以下，政教関係）であった。300年に及ぶ植民地時代の統治機構の一翼を担い，宗教保護権と総称される新大陸のカトリック教会を保護・管理・監督する権限をローマ教皇から委譲されていたスペイン王権のもとにおかれていた教会は，ナポレオンのスペイン侵攻によってカルロス4世が失脚し，フェルナンド7世が幽閉されると，まずその拠って立つ権威と権力の源泉を失った。その上，独立戦争の過程で教会組織の高位聖職者の地位を独占していたスペイン人が追放され，1820年代半ばにはすべての司教職が空席になるという，後述するような事態の中で，新しい政教関係が模索されたからである。スペイン王権が行使してきた宗教保護権を受け継ぐと主張する新生国家に対して，それを否定する教会は，メキシコの独立を承認しないローマ教皇からも切り離されて孤立した。

この間のメキシコ国内のカトリック教会は，スペイン人が独占していた高位聖職者が不在となっていただけでなく，独立戦争に参加した多くのメキシコ人の下位聖職者を失って，組織としての機能を実質的に停止させていた。独立戦争と建国期の教会問題を扱ったペレス=メーメン（Fernando Pérez Memen）の著書から作成した**表1-1**でみるように，独立戦争が勃発する直前の1810年と独立後はじめて聖職者が叙位され，補充された直後の1830年にメキシコに存在していた聖職者数の対比からも，独立戦争が教会に与えた影響の大きさを推測

表1-1　独立運動がカトリック教会に与えた影響

		1810	1830
総人口		6,122,354	不明
聖職者数	在俗聖職者	4,229	3,282
	修道会聖職者	3,112	1,826
	男子修道院数	208	165

［出所］　Fernando Pérez Memen, *El episcopado y la independencia de México, 1810-1836* (México, D.F.: Editorial Jus, 1977), p.271.

できる。1810年の在俗聖職者と修道会に籍をおいていた聖職者の合計7,341名は，20年後には5,108名となっており，割合にして約30％減少していた。

独立戦争においては，聖職者の立場はスペイン人であるかメキシコ人（アメリカ人）[7]であるかによって大きく変わった。メキシコ生まれのクリオーリョとメスティソからなる下位聖職者の多くは独立解放軍に参加したが，彼らは教会から破門され，さらに戦死したものも多い。植民地時代の王権と聖職者の関係を研究したファリス（N.M. Farris）が作成した「1808年から1820年の独立戦争に参加した聖職者名簿」[8]によると，400名，すなわち**表1-1**の数字に当てはめると，1810年の聖職者総数7,341名の5.4％が，イダルゴやモレロスのように独立運動に身を投じたことになる。一方，スペイン人が多数を占めた高位聖職者（司教，主任司祭，司祭を補佐する司祭，司祭を補佐する助祭）たちがメキシコから追放されたり，脱出していった。メキシコは，独立した1821年当時，**表1-2**でみるように，1つの大司教区と8つの司教区に分けられていた。その9つの管区のうち，4つですでに司教が存在していなかった。そして残っていたメキシコ大司教とアンテケーラ（のちのオアハカ）司教がスペインへ帰国し，さらにグアダラハラ，ドゥランゴ，エルモシーリョ（のちのソノラ）司教区の3名の司教が病死したため，1829年までにメキシコには1人の司教もいなくなっていた。そして1831年には，支給されるはずの185の聖職禄のうち実際に支給されたのは93であったという指摘から推測すると[9]，メキシコのカトリック教会は185名の高位聖職者のほぼ半数を1831年までに失っており，組織としての宗教

表1-2 独立時（1821年）のメキシコにおける司教区　（カッコ内は設立年）

メキシコ大司教区（1530年・1545年）*	グアダラハラ司教区（1546年）
アンテケーラ司教区（1535年）	ユカタン司教区（1561年）
モレリア司教区（1536年）	ドゥランゴ司教区（1620年）
チアパス司教区（1539年）	モンテレイ司教区（1777年）
	エルモシーリョ司教区（1779年）

注　* 1530年に司教区が設置され，1545年に大司教区となった。
[出所]　Mariano Cuevas, *Historia de la Iglesia en México* (5 tomos; México, D.F.: Editorial Revista Católica, 1928), tomo 5, p.46.

第1章　メキシコ建国期（1810-1854年）における国家とカトリック教会　31

団体の機能はほぼ麻痺していたと推測できる。

　しかし，このように多くの聖職者たちと農民を巻き込んだメキシコの独立戦争は，必ずしも反王権，反カトリックを意味するものではなかった。植民地の独立解放運動の発端は，スペインに侵攻し国王カルロス4世を退位させ，新たに据えた国王フェルナンド7世を幽閉したナポレオンとフランスへの抵抗であり，そのフランスと同盟を結んだ一部のスペイン人への抵抗であった。同時に，そのようなフランスと手を組んだスペイン人からなる教会上層部に対する，メキシコ人下位聖職者たちの反乱でもあったからである。イダルゴ神父の率いる独立解放軍が，メキシコの守護神「グアダルーペの聖母」を描いた軍旗を掲げて戦ったことは，信仰の対象としてのカトリックは独立運動の象徴であったことを示している[10]。また第2節で取り上げる，モレロスが公布したアパチンガン憲法，1824年の連邦憲法，1836年の七部憲法，1843年の国家組織基本法という19世紀前半に制定された4つの憲法のいずれにおいても，「ローマ・カトリックを国教とする」と明文化されており，カトリックは急進的な自由主義者にとっても篤い信仰の対象であったことを示している。それは同時に，多様な地域社会と植民地時代の人種別身分制を実質的に残す社会で生きる人びとを，独立国家の国民としてまとめる唯一の紐帯がカトリックの信仰であったからでもある。

　一方，教会はカトリックに対する民衆の篤い帰依を保持しながらも，独立国家形成の過程で国家権力と宗教保護権をめぐって激しく戦わねばならなかった。スペイン王権が保有してきた宗教保護権を当然受け継ぐと主張する新生国家に対して，スペイン王権から自由となった教会は，宗教保護権は消滅したと考えたからである。

2．宗教保護権をめぐる抗争

　前節で言及した宗教保護権は，スペイン王権がローマ教皇から委譲された，「新大陸に進出したカトリック教会を保護・管理・監督する権限」の総称として本書では使用している。狭義には，「王権の聖職推挙権（レアル・パトロナー

ト)」を意味する。中世ヨーロッパの教会法で、世俗の有力な権力者が教会や礼拝堂などに対して後援(パトロナート)することが認められていた伝統を受け継いでおり、広義にはコロンブスの新大陸到達後にローマ教皇がスペインの王権に委譲した諸権利を含んでいた。ローマ教皇は、1493年の大勅書でスペイン王権に新大陸の異教徒の土地に存在する動産と不動産の領有権を与えるかわりに異教徒たちを改宗させる義務を課し、さらに1501年の勅書で新大陸における「十分の一税」の徴収権を王権に対して認め、1510年には教会に対する監督・管理権を委譲した。さらにその後もローマ教皇は植民地時代を通じてさまざまな権利をスペイン国王に認めており、王権に委譲されていた権限は「聖職推挙権」に留まらず、広範囲にわたるものになっていた。それらを具体的にまとめると、18世紀末までにスペイン王権は次のような権限を新大陸の教会に対して保有していた[11]。

1　すべての聖職禄の候補者をローマ教皇に推挙する権限
2　「十分の一税」を徴収する権限
3　新大陸の教会がローマ教皇へ送る信書を管理する権限
4　教区の新設、教区の分離、教区の境界線を変更する権限
5　新大陸における宗教会議の開催を認可し、開催された会議に代表を送る権限
6　修道院内の生活に関して司教を介して監督する権限
7　聖職者がスペインに帰国したり、ローマ教皇庁を訪問することを制限する権限
8　修道院の廃止と修道士を追放する権限
9　教会関係の建造物の新築を制限する権限
10　教会法による教会裁判所での裁判を禁止する権限
11　教皇勅書の公布を拒否する権限
12　聖職者の特権を制限する権限
13　教会外で発生した事件関係者が教会内に逃亡することを制限する権限
14　教会内部の問題に介入する権限
15　一定の教会税を徴収する権限

ただし、以上のような王権が明らかに教会を支配する構図が、植民地時代を通じて等しく機能していたわけではなかった。それぞれの権限の範囲はかなり

曖昧で，時の国王および新大陸に派遣された国王の代理人である副王によって，流動的であったことが知られている。またメキシコ（ヌエバ・エスパーニャ副王領）では，植民地時代を通じて派遣された副王は63名にのぼったが，そのうちの8名はメキシコ市の大司教と他の有力な司教が兼任した[12]。このことからも分かるように，植民地を支配した2大権力である王権と教会は，時には完全に一心同体となった。しかし植民地時代を通じてみると，教会と王権（世俗権力）の力関係は，シーソーのように時代によって大きく上下に動いて変化した。全般的に教会が世俗権力を大きく凌いだ時期は，16世紀前半の征服から18世紀半ばまでの時期である。この時期の教会が王権を凌いだ状況は，後述するエピソードや，植民地の辺境でみられた教会による絶対的な支配の実態からも容易に推察できる。

新大陸における教会の実質的な権力と権威の源泉は，16世紀初期の武力による征服に並行して進められた先住民に対する精神的征服と，その後に精力的に展開された布教活動および植民地行政官僚としての実務能力に由来する。先住民の言語を学び，数十万の先住民をカトリック信者に改宗させ，強欲なスペイン人から奴隷化された先住民を守ろうとして，エンコミエンダ制の廃止を実現させたラスカサス（Baltoromé de las Casas）の行動に集約的に具現化されている聖職者たちの活動は，広く知られた事実である[13]。さらに，本国から移住してくるスペイン人の信仰と日常生活を管理し，非カトリックの異端者を排除して社会秩序・道徳規範・思想を監視しただけでなく，教育と病院および福祉施設の唯一の担い手として，住民のもっとも身近に存在した教会は，住民の誕生から死にいたるまでの人生を管理する，実質的な統治者であった。その上，下位聖職者であっても相応の読み書き能力を身につけていた聖職者たちは，報告書や通達を作成することができる貴重な官僚でもあった。こうして蓄積された教会の実力と影響力は，歳月を経ると共に拡大し，教会はスペイン本国から送り込まれる副王すらも無視できない力を培っていた。このような教会と副王の力関係を示す例として，17世紀のメキシコ市で起こった次のような事件がある。

メキシコ市内で，罪を犯したスペイン人官僚が副王庁の追及から逃れるため

に，メキシコ市内のもっとも有力な修道院の1つであったサントドミンゴ修道院へ逃げ込むという事件が起こった。副王が大司教に犯人を修道院から出すように迫ると，教会は副王側の監視人と裁判官を破門した。これに対して副王は教会の財源（行政官僚が教会にかわって徴収し配分する十分の一税など）を差し押さえ，大司教の逮捕と追放を命じた。すると教会はその報復として，民衆を動員して副王庁にデモをしかけ，「異端者に死を」と叫ばせた。その結果，副王は遁走し，大司教は派手な勝利の宴を催したという[14]。このような絶大な影響力をもつ教会と聖職者たちを人びとは尊敬し，教会の教えを従順に受け入れ，副王を頂点とする植民地行政機関よりも教会を信頼していた。

一方，スペイン王権の領有地としてローマ教皇に認知されていた新大陸で，16世紀はいうに及ばず18世紀になっても王権による有効な支配が行なわれていなかった辺境では，布教開拓地区（ミシオン＝misión）に赴任した伝道士たちが植民地統治の最前線で領土を守っており，ここでは教会がすべてを支配していた[15]。こうしてスペイン王権は，先に挙げた宗教保護権の内容によれば，アメリカ大陸におけるカトリック教会を支配下においていたはずであったが，植民地を実質的に統治したのはむしろカトリック教会であり，国王の代理人として派遣されてくる副王を支配するほどの権力を実際には築き上げていた。

18世紀後半になると，ヨーロッパにおいてローマ教皇に対する王権の挑戦が顕著となった。これはスペインばかりでなくフランス，イタリア，ドイツなどでもみられたもので，王権がローマ教皇庁から自立して独自のカトリック教会を設立しようとする，一種のナショナリズムの台頭でもあった。アメリカ大陸のスペイン植民地の場合，逼迫した財政の改善と植民地防衛の強化を目指した，スペイン王室の植民地統治体制の再編政策でもあった「ブルボン改革」の一環として，王権は教会に対する支配を強化しはじめた。1767年のイエズス会の新大陸からの追放，教会に対する拠出金の強要，一部の教会資産の接収と売却，布教開拓地区の再編策などが，18世紀末から19世紀はじめにかけて実施された。

「ブルボン改革」とは，スペインでは1700年にハプスブルク王朝が断絶し，フランスのブルボン王家からルイ14世の孫フィリップ（フェリペ5世）を迎え，

第 1 章　メキシコ建国期（1810-1854 年）における国家とカトリック教会　35

フランスの影響を直接受けるブルボン王朝のもとで実行された，長期で広範囲にわたる政治・経済・社会改革を意味する。このスペイン・ブルボン王朝は，1700 年のスペイン王位継承戦争にはじまる 18 世紀のヨーロッパ内部の対立と戦争によって，新大陸の利権を次々とイギリスやフランスに譲渡させられた。この衰退に向かうスペインの復興を目指して，植民地統治体制の改革を政治，経済，社会，教育などの広い分野で実施したのが，ブルボン改革である。

　このような改革は，同時に 18 世紀のヨーロッパにおける啓蒙思想を新大陸に紹介する契機となった。1765 年にメキシコへ査察官として派遣されたホセ・デ・ガルベス（José de Gálvez）は，本国スペインで推進されていた改革をメキシコに伝授する役割を果たし，教会が支配する閉鎖的で中世的な植民地社会に近代化の新しい思潮をもたらした。こうしてメキシコ市では，1768 年に王立医学院が設立され，1781 年には王立サンカルロス美術院が，また 1792 年には王立鉱業院が設置された。出版の自由が制限されていたにもかかわらず，19 世紀初頭のヌエバ・エスパーニャ副王領では，メキシコ市の『ディアリオ・デ・メヒコ』（Diario de México）紙をはじめとして，さまざまな新聞が競うように発行された。

　しかし，以上のような過程でも政教分離の思想はみられなかっただけでなく，独立後の近代化の過程でも政教分離が確立するには歳月を要した。その理由は，独立運動に多くの聖職者が参加しただけでなく，独立後の国家形成の実務担当の分野においても，聖職者のキャリアをもつ，神学校で学んだ人材が数多く存在していたからでもあったと考えられる。このような人材が制定したといっても過言ではない，19 世紀前半に公布された前述の 4 つの憲法は，いずれもカトリックを国教と定め，住民のすべてがカトリック信者であることを当然とする新生国家の建設を目指していた。なおこれら 4 つの憲法に先んじて，1812 年にスペインのカディスで開催された，自由主義勢力による国民議会が制定した憲法（以下，カディス憲法）[16] は，のちのメキシコの憲法制定に大きな影響を与えた。

　カディス憲法は，ナポレオンのスペイン侵攻と国王の退位によって生じた権力の空白を埋めるために召集された国民議会が制定した，穏健な自由主義憲法

として知られている。この憲法によって，アメリカ大陸の植民地はスペインと同等の地位を認められ，国民議会へ代表を送ることができた。同憲法は，独立解放戦争中にメキシコで公布された最初の憲法であり，5回にわたって代議員がスペインへ派遣され，延べ70名にのぼるメキシコ代表が国民議会に参加した[17]。なおスペイン国民議会は，1812年の「カディス憲法」の他にも，出版の自由（1810年），奴隷制廃止（1810年），拷問禁止（1811年），絞首刑の廃止（1812年），ミタ（強制労働）と一般賦役の廃止（1812年），共有地の私有地への転換（1813年），ギルドによる労働身分制の撤廃（1813年）などの法律を制定した。カトリック教会に関しては，聖職者が市議会参事になることを禁じ（1812年），異端審問所の廃止とその資産の接収（1813年），修道士が管理する布教開拓地区の管理を設立後10年間に限定する（1813年），などの法律を制定している[18]。なお，スペイン国民議会の最大の業績であるカディス憲法は，カトリックを唯一の宗教とし（第12条），聖職者の特権であるフエロ（特別法廷における裁判と免税の特権）を認めている（第249条）。このカディス憲法がメキシコで公布されたのは，1812年9月30日であった。すでに述べたように，その後メキシコでは1857年に自由主義憲法が制定されるまでに4つの憲法が制定されたが，そのいずれにおいてもカトリックはメキシコの国教として位置づけられている。

　メキシコ国内で制定された最初の憲法は，モレロスによって1814年に公布されたアパチンガン憲法である。イダルゴの独立運動を引き継いだモレロスもまた下位聖職者であったが，モレロスが高く評価されているのは，独立解放軍の組織と指揮に優れた能力を発揮しただけでなく，国家建設のための憲法を制定したためである。モレロスは，自ら軍隊を指揮する一方で，新生国家のあるべき姿を描いた23項目を明記した，「国民の自覚」と題する文書を1813年9月に発表した[19]。ここで注目すべき点は，カトリックを唯一の宗教としただけでなく，聖職者が保有するすべての特権と財産を認める，としたことである。このモレロスの「国民の自覚」宣言を受けて，1813年に召集された憲法起草委員会が憲法草案を作成した。こうして完成し，翌1814年に公布された全242条からなる「アパチンガン憲法」は，主権在民（第5条），三権分立（第12条），

法のもとの平等（第19条，24条，25条）を明文化しており，極めて自由主義的な側面を有していた。しかしカトリック教会に関する限り，非常に保守的な要素を堅持していた。第1条でカトリックをメキシコの唯一の宗教と規定し，カトリック信徒以外の異端者は市民権を得ることができないとした（第13条）。さらに教会に対する異端，背信，不敬は市民権剥奪の要因となるとしている（第15条）。議会議員の選出は教区単位で行なわれ，聖職者に市民権が認められていた。また宗教を攻撃したり，公共の秩序を乱したり，市民の名誉を傷つけたりすることのない限り，表現の自由と報道の自由を国民に認める（第40条）というように，カトリック教会の特権的な地位が明確に容認されていた[20]。このアパチンガン憲法は公布されたが，その直後にモレロスの率いる独立解放軍が敗北したため，事実上施行されることはなかった。

　第2番目の憲法となる1824年憲法の制定にいたる過程は，やや複雑である。1821年に，独立を実現した独立派と王党派が取り交わした「イグアラ宣言」と，副王が独立を承認した「コルドバ協定」は，すでに指摘したように，国教としてのカトリック教会の存続を保障していた。イグアラ宣言によってメキシコの初代皇帝となったイトゥルビデは，メキシコ帝国憲法を制定するにあたって，1822年2月24日に憲法の方針案を示したが，その第2項で「メキシコはカトリックの国であり，メキシコ国民はすべてカトリック信徒であること」，その第4項で「聖職者が植民地時代の特権と地位を保持すること」，その第5項で「新生メキシコ国家が宗教保護権を保有すること」を明記していた[21]。これに対してメキシコ市の大司教は，「宗教保護権はすでに消滅しており，教会は王権からの自由を回復した」と主張し，教会が世俗の国家権力から解放されたと強調した[22]。この時点から，植民地時代に王権が保有していた宗教保護権を独立国家が受け継ぐのかどうかをめぐって，国家と教会は半世紀にわたって対決することになる。

　イトゥルビデ帝政は，帝国憲法を公布することなく崩壊した。勝利した自由主義勢力は，1823年3月31日に新しい制憲議会を召集し，半年後にはこれをさらに改組して第2次制憲議会を設置した。この憲法草案の作成過程で紛糾し

たのが，国家と教会の関係をどう規定するかであった。宗教保護権は主権国家が保持する自然権であり，ローマ教皇によって授与される性格のものではないとする主張と，スペイン王権の消滅で教会は自由になったとする教会側の主張とで，制憲議会の宗教保護権委員会では激しい論戦が交わされた[23]。結果として，1824年10月に公布された憲法は，第4条でローマ・カトリック教を国教とすることを謳い，国家が教会を保護すると明記したが，国民の自由・平等の権利についても宗教保護権への言及もなかった。しかし，聖職者は上・下両院の代議員の資格を有しないことが明記されており（第23条と第29条），明らかに政教分離への明確な第一歩を踏み出していた[24]。

このように教会関係で方向性を示した国家も，また国教の地位を守りながらもその政治力を後退させられた教会も，他方である種の和解を必要としていた。それは，国民の信仰生活を守る聖職者たちが絶対的に不足しており，新しい司教や司祭の任命を必要としていたからである。憲法制定の翌年の1825年になって，メキシコ政府は宗教保護権についてローマ教皇庁と直接交渉するため，プエブラの司教座聖堂参事会会員であるバスケス（Pablo Francisco Vásquez）をローマに派遣した。しかし教皇庁は，アメリカ大陸の新生国家群を承認しないスペインとの関係から，メキシコ政府の代表を受け入れなかった。バスケスが教皇庁から回答を得るのは，5年後の1830年になってからである。この年，司教が不在となっていたメキシコの9つの司教区に対して，教皇庁が司教代理を任命する意向を表明し，それを受けてメキシコのブスタマンテ大統領（Anastacio Bustamante）は1831年に，教会が司教座聖堂参事会会員から自由に指名することを認め，6名の司教がローマ教皇によって叙任された。しかし教皇庁は，この時点でメキシコの独立をまだ認めていなかった。そしてこのことは，メキシコ国家が宗教保護権を放棄する第一歩とみなされた。しかも次節で取り上げる，1833年のゴメス=ファリアス（Valentín Gómez Farías）の急進的な自由主義改革によって，宗教保護権をめぐるローマ教皇庁との交渉は中断されなければならなかった。

次に制定された1836年の憲法は，1824年憲法とは対照的な中央集権体制を

規定した憲法である。1833年から1834年にかけてゴメス=ファリアスが断行した，次節で取り上げる自由主義改革は11ヵ月で覆され，実権を握った保守勢力が「七部憲法」と呼ばれる憲法を1836年12月に公布した。この憲法によって1824年憲法が定めた連邦制が廃止され，中央集権体制の樹立と，立法・司法・行政の三権の上に最高調整権を創設したユニークな仕組みがつくられた。新憲法は，国民の権利と義務（Ⅰ部），政治組織（Ⅱ部），立法（Ⅲ部），行政（Ⅳ部），司法（Ⅴ部），県（Ⅵ部），その他（Ⅶ部）を扱う完全に独立した7部からなるために，七部憲法の名で知られている[25]。カトリックを国教とする中央集権国家の建設を目指した保守派の思想を具現化したこの憲法は，教会関係については「メキシコ国民は国の宗教（ローマ・カトリック）を信仰する義務を負う（Ⅰ部第3条）」と明記する一方で，教会が保有する特権と地位については言及しなかった。ただし，聖職者は中央議会下院議員（Ⅲ部第7条）および県知事（Ⅵ部第6条）の被選挙権を有さないと明記されていることは注目に値する。教会勢力を重視する保守派勢力が制定した憲法であったにもかかわらず，1824年憲法が示した政教分離への道を若干制限しながらも継承しているからである。

4つ目の憲法は，1843年に保守派によって制定された国家組織基本法である。保守勢力が新たに制定したこの憲法は，前年の自由主義派による憲法制定の試みの後で，ニコラス・ブラボ大統領（Nicolás Bravo）が任命した7名からなる憲法起草委員会によって起草された。メンバーのひとりはメキシコ市の大司教であったが，1836年の憲法における教会関係の条項と比較すると，必ずしも保守化したものではなかった。第6条で「国民はローマ・カトリックを信奉し，これを保護し，他の宗教を排除する」としたが，第23条では聖職者の政治参加を制限しており，前憲法の政教分離をいっそう明確にしている。その結果，中央議会の下院議員になれないこと（第29条）は当然であった。しかし上院は，大統領・下院・最高裁の推薦する各分野の貢献顕著な人物からなるものとされ，その中には軍人と聖職者が含まれると明記されている（第39条）[26]。この憲法は，1843年6月12日にサンタアナ政権のもとで公布された。

以上のように，1824年の連邦憲法，1836年の七部憲法，1843年の国家組織

基本法という，メキシコの独立後に制定された3つの憲法は，いずれもカトリックを国教と明文化して保護しながらも，政教分離への方向性をみせていたことが分かる。

3．19世紀前半の自由主義思想と反教権主義

　メキシコにおける自由主義思想の受容は，多くのラテンアメリカ諸国と同様に，18世紀後半のカルロス3世が統治した植民地時代末期にはじまった。アメリカの独立やフランス革命が，植民地社会のクリオーリョ・エリートたちの仲間うちの集まりで議論され，ジョン・ロック (John Locke)，アダム・スミス (Adam Smith)，ベンサム (Jeremy Bentham) らの思想が，限られたクリオーリョ・エリートの間に浸透していった。19世紀初頭の独立運動勃発前夜のメキシコでは，ベンサムの思想は植民地社会のクリオーリョ知識人の心を捕らえ，輸入されたベンサムの著書はすべて売り切れたという[27]。建国期のクリオーリョ・エリートたちは，ベンサムの著作から政治体制，経済政策，教育制度の近代化にいたるまで，多くのことを学んだ。ベンサムの功利主義思想は，メキシコの新生国家建設に参加した知識人たちに対してだけでなく，19世紀を通じてメキシコの自由主義者に決定的な影響を与えた。とりわけ，膨大な不動産を所有していたカトリック教会の資産の解体とその富の活用に関して，ベンサムの思想が彼らに与えた影響は大きかった。

　しかし同時に，ヨーロッパ諸国と異なるメキシコの現実の中で，功利主義が説いた「個人の自由と合理的行動を人間の行動規範」とするという近代化思想は，同時代のメキシコに居住する，推定人口の約8割を占める農村部の先住民系人口（先住民とメスティソ）をどう扱うかという問題を回避して論じられていた。しかし信仰とカトリック教会の問題は，メキシコのベンサム崇拝者たちの間では明確に分離されていた。彼らは，個人がもつ信仰と宗教的価値観を認めていたが，組織としての教会が保有する特権と権力と富を問題視した。その結果，カトリック教会の支配する伝統社会において家畜のような存在で生活する多くの先住民系人口がカトリックに帰依することを当然としながら，彼らを新

生国家の国造りの中でどう扱うべきかという問題意識は希薄であった。

　10年以上に及んだ独立解放運動とその後の新生国家の枠組形成の過程で，メキシコのクリオーリョ・エリートたちは建国の理念と利害をめぐって保守派と自由主義派に大きく二分されていたが，カトリックを国教とすることに両派の対立がなかったことは前節でみた。19世紀前半のメキシコでは，国民がカトリック信徒であることは自明であったから，保守勢力が制定した憲法であれ，自由主義勢力が制定した憲法であれ，「カトリックを国教とする」ことは，自由主義者たちには何らの矛盾ではなかった。したがって，「信教の自由」はありえなかった。しかし，信仰としてのカトリックを認めながらも，組織としてのカトリック教会に対する強い不信感と憎悪の念をクリオーリョ・エリートたちの多くは抱いていた。

　もっと正確にいうなら，クリオーリョ・エリートの自由主義者たちの中には，上述した信仰としてのカトリックを容認しながらも，組織としての教会と教会上層部を徹底的に憎悪したグループの他に，少数ながらカトリック信仰そのものをスペイン植民地支配の負の遺産として捉え，アメリカ合衆国に倣ってプロテスタントを積極的に導入しようとするグループが存在していた。前者を代表するのはモーラであり，後者を代表するのがサバラである。

　19世紀前半のメキシコ自由主義派のリーダーの重鎮であったモーラは，グアナファトの裕福なクリオーリョの家庭に生まれた。ただし，独立戦争でモーラ家は破産している。その後，メキシコ市のイエズス会の神学校サンイルデフォンソ学院で神学教育を受けて，聖職者への道を選んだ。卒業後，同学院に残って教鞭をとり，メキシコ大司教本部の助祭となったが，1821年に教会内部の問題から教会を離脱して，ジャーナリスト・弁護士・歴史家として活躍した人物である。

　高い教養と広い知識をもつモーラは，自由主義派の論客として知られ，1822年5月に発足した制憲議会の主要メンバーとなった。先に挙げた経歴から分かるように，教会の信者に対する精神的，社会的，文化的支配の構造を熟知していたモーラは，無知で教会に盲目的なほど従順な住民を近代市民へと変身させ

るためには，教育の現場から教会を排除する必要があると主張した。さらにモーラは，多数の生徒集団を同時に教育するランカスター式教授法の導入に積極的に関わったことでも知られている。しかし，このランカスター式教授法との関わりは，後述するモーラのカトリック信仰の曖昧さを実証するひとつの特色となっている。モーラは，新たな社会秩序を形成するためには，憲法と法律の制定および司法制度の近代化が重要であることを強調し，イギリスの司法制度の導入を推奨した。そして，教会がもつ経済的な影響力についても，教会が保有する莫大な資産を接収して有効に活用することを主張した。彼は，「国家は教会を管理する権限を有すると同時に，教会の財産を国民のために利用する権利をもつ」と考えていた。このような，メキシコの国家財政の安定化と経済の活性化を視野に入れたモーラの主張は，次に紹介する1833年のゴメス＝ファリアスの改革に取り入れられた。しかしゴメス＝ファリアスの改革は，彼自身が政治的に追放されたことから短期で失敗に終わった。モーラ自身も1834年に亡命し，その後パリで客死する1850年まで，一度もメキシコに戻らなかった。彼が主張した国家財政の確立のために活用すべき教会所有の不動産の接収が実現するのは，30年後のことである[28]。

　自由主義者モーラがメキシコの建国期において果たした役割を考察する時，彼のカトリック教会観と教育への関心を取り上げる必要がある。モーラは，神学校を優秀な成績で卒業し，後述するサバラとは異なり，一度はカトリック教会組織の中で働いた人物であった。教会組織から離脱して，19世紀前半のメキシコ自由主義運動のリーダーのひとりとなったモーラは，宗教団体としてのカトリック教会のあり方に対して鋭い批判の目を向けたが，信仰としてのカトリックを攻撃することはなかった。16世紀の聖職者たちの活動や，彼と同時代の下位聖職者たちの活動を尊敬の眼差しをもって賞賛する一方で，カトリック教会上層部が享受する特権的な地位と豪華な生活を批判した。修道院と修道士および修道女を社会における負の存在として捉え，教会組織の非合理性と腐敗を厳しく批判した。高位聖職者と下位聖職者との間にあった，とてつもない待遇の格差をとりわけ問題視し，教会組織に対して強い憎悪の念をもっていた。

「これほど役に立たない組織はない」[29]とまでモーラに言わしめた，教会組織の上層部の生活については，同時代の他の人の著作の中にも見出すことができる。その中でもよく知られた記述は，1840年のメキシコ市の大司教の暮らしぶりを，「ローマ教皇の抱える問題の半分ほど，あるいはその責務の10分の1ほどももたない大司教が豪奢な暮らしをし，誰にも干渉されず，それでも世の尊敬を集めて，怠惰な生活を送っている」と述べた，スペイン大使夫人でイギリス人であったカルデロン・デ・ラバルカ夫人（Edith Calderón de la Barca）の『メキシコでの生活』（Life in Mexico）であろう[30]。

　大衆のカトリック信仰について，モーラは聖職者が祭壇から話す講話や告解の際の助言を絶対的なものとして受け止める実態を熟知しており，信仰上の罪と社会的犯罪における罪を区別できない信者をつくってきたカトリック教会の役割に批判的であった。そして，このような後進的心理状況にある一般大衆を近代市民社会の一員にするための教育の普及の必要性をいち早く説いた。そこでモーラが関わったのが，イギリスではじまったランカスター式教育のメキシコへの導入であり，聖書の普及であった。これは，読み書き能力を身につけ，司祭の仲介を経ずして聖書から直接学ぶという，プロテスタントの普及活動の一翼を担ったことを意味している。教育史の視点から取り上げられるランカスター式教育は，上級生が下級生を指導し，一度に大勢の生徒を教育できる，19世紀初期のヨーロッパおよびラテンアメリカの学校教育の現場に導入された新しい教授法として紹介されるが[31]，実態はプロテスタントの布教活動を担うものであった。この意味で，信仰としてのカトリックを必ずしも拒否しなかったモーラが，なぜランカスター式教育普及活動に積極的に関わったのだろうか，という疑問が残る。

　モーラ研究の古典的研究書をまとめたヘイル（Charles A. Hale）によると，ランカスター式教育のメキシコへの導入に，モーラは直接関わっていなかったとされる[32]。しかしモーラは，メキシコにおける聖書普及販売の代理人であった。1800年頃に，イギリスとインドのマドラスでほとんど同時にはじまったランカスター式教授法は，「キリスト教の知識を一般民衆の間に普及させる手段」と

して開発されたものであった。ランカスター式という名称が残っているのは，イギリスではじめた人物がクエーカー教徒のジョーゼフ・ランカスター (Joseph Lancaster) であったからであり，イギリス国王ジョージ3世の庇護を受けて，イギリス国民すべてが聖書を読むことができるような識字教育を進める教授法として広められた。ランカスター式教授法は，フランスやスペインに広まり，メキシコへ最初に導入したのは，スペイン植民地時代の最後のヌエバ・エスパーニャ副王オドノフーと共に1821年にベラクルスに到着したコドルニウ (Manuel Codorniu) である。1822年には，メキシコ市内の旧異端審問所の建物を貸与されて最初の学校を開設するというほど，独立当初のメキシコで新生国家建設に携わったクリオーリョ・エリートたちに受け入れられた。当時のメキシコのクリオーリョ・エリートたちを二分していた，2大自由主義グループのひとつであったスコットランド派（イギリス系）に大きな影響を与えたが，その影響を受けたひとりがモーラであった。モーラは，1827年にメキシコにやってきた，ランカスター協会のメンバーでありイギリス海外聖書協会 (The British and Foreign Bible Society) の代理人でもあったトンプソン (James Thompson) と知り合い，彼のメキシコ代理人となっている[33]。宗教の寛容，すなわち信教の自由を求めるプロテスタントの密かな野心と活動は，旧態依然たるカトリック教会に対する憎悪の念をもつモーラという優れた媒体を通じて，19世紀前半のメキシコにゆっくりとではあったが広まっていったということができる。ランカスター協会が経営する学校は，首都メキシコ市だけでなく地方都市へと広がり，1860年代以降の教育改革によって設置された公立学校に取って代わられるまで，メキシコの教育の普及に一定の役割を果たした。なお，メキシコで信教の自由が立法化されるのは1860年であったが，アメリカ社会を憧憬するメキシコの自由主義者たちは，後進的なメキシコを近代化しうる力をもつという，漠然とした期待をプロテスタントに対して抱いていた。

　このようなモーラを登用し，その思想を政治の場で具体化したのが，「1833年革命」とも呼ばれるゴメス＝ファリアスの政治改革であった。ゴメス＝ファリアスは，メキシコ中西部グアダラハラの中産階級出身の医者で，1807年にアグ

アスカリエンテス市で開業し，やがて地方政界で活躍し，さらにカディス国民議会のメンバーに選出され，メキシコの独立解放運動期から自由主義派の旗手として活躍した人物である。1824年憲法の制定では重要な役割を担い，メキシコの社会改革に明確な視点をもった自由主義者でもあった。彼がその反教権主義的施策を実行に移すのは，1833年4月の選挙で副大統領に選出され，職務を放棄して自分の農園に引き籠ったサンタアナ大統領に代わって，実権を行使する立場におかれた時であった。1833年5月から翌1834年4月にかけての，わずか11ヵ月という短い期間で終わり，成果をみるまでにはいたらなかったが，このゴメス=ファリアスの改革の政治は，次章で取り上げる1850年代のレフォルマ革命と，20世紀前半のメキシコ革命に受け継がれる反カトリック教会闘争の第一段階として位置づけることができる。

　ゴメス=ファリアス改革の骨子は，これまで国家と教会が対立していた宗教保護権をメキシコ国家が継承したとするだけでなく，モーラが主張した，教会所有の不動産の一部接収と教育の近代化に着手することであった。教会による富の独占は，経済の活性化を阻害しメキシコの近代化を阻んでいるとしたモーラの主張に沿って，ゴメス=ファリアスは教会が蓄積した不動産を譲渡・売却させ，農民に課税された教会に払う「十分の一税」を廃止した。さらに修道会を解散させ，聖職者の政治への介入を厳しく制限し，それまで教会に委ねられてきた教育を世俗化するために，16世紀半ばに設立された北アメリカ大陸最古のメキシコ大学といくつかの学校を閉鎖させた。さらに司祭が祭壇から政治問題について発言することを禁止するよう，州政府に通達した。また修道誓願と死刑を禁止したほか，カリフォルニアの布教開拓地区を解体してその資産を接収した。そして，空席になっている聖職者のポストへの叙任権を，大統領と州政府に与えた。しかし，これらの急進的な改革の政治は国内を混乱させ，結果として，サンタアナ大統領を動かした保守勢力によってゴメス=ファリアスは追放され，自由主義改革の政治は失敗した。その後，ゴメス=ファリアスは，1856-1857年の憲法制定会議に代議員として最後の活躍をする[34]。

　このように，ゴメス=ファリアスの反教権主義改革は，当時の状況からする

と明らかに時期尚早であった。それは単に失敗しただけでなく，その反動として保守勢力の復活と国内政治の混乱を招いた。すでに前節で取り上げたように，保守勢力はメキシコの政治体制を中央集権体制に再編した1836年と1843年の2つの憲法を制定し，この間テキサス地方の独立をはじめとする国内各地の分離独立運動や内乱を引き起こした。しかし，モーラやゴメス＝ファリアスの自由主義改革の思想をこの後も受け継ぐ者たちが，1850年代の急進的なレフォルマ革命を実現させることになる。

　少数派ながら，19世紀自由主義派のもうひとつのグループを代表したサバラは，カトリックの国教としての地位に反対し，メキシコの経済開発と近代化に必要なものは信教の自由であるとした。その理由のひとつは，経済開発の視点から論じられる近代国家の形成に，外国移民の誘致が必須条件であるとする主張である。19世紀前半のメキシコがカトリック社会であり，教養のあるエリート層から無学の農民層にいたるまで敬虔なカトリック信者ではあったが，新生国家の建設を担ったエリートたちは国民のほぼ80％を占める農民と先住民および都市下層の人びとを無能とみなしていた。サバラはこの無能なカトリック信者のみで形成するメキシコ社会のあり方が近代化を妨げているとして，アメリカのプロテスタントを誘致することがメキシコの近代化を促進すると考えた。そのためには，信教の自由を保障する必要があった。そして，住民すべてがカトリック信者であることを前提とした社会の仕組みそのものを変革し，社会を管理・監督しているカトリック教会から解放された新しい社会の創造こそが，メキシコの近代化の鍵であると，サバラらは考えた。この考えはやがて，カトリック教会が独占している教育の近代化とカトリック教会が死蔵する莫大な不動産の活性化が真剣に議論される契機となった。

　サバラはユカタン州出身で，地元ユカタン州および中央政界において独立後の新生国家形成のさまざまな段階で関わった，急進的な連邦主義者であった。サバラは，ユカタン州のメリダのイエズス会の神学校サンイルデフォンソ学院で学んだが，フランス語と政治学に興味をもち，教会権力への不信と自由主義への憧憬を深めて青年期を過ごした。20代前半の若さで，メリダにおいて2つ

の地方紙を発行し，1814年にはアメリカのペンシルベニア州憲法をスペイン語に翻訳して掲載したことで分かるように，サバラのアメリカへの憧れは早くからみられた。ユカタン半島は，地理的条件から首都メキシコ市よりも，海路で結ばれたアメリカのニューオーリンズの方がはるかに近かったことが，首都から遠く離れたメリダに急進的な自由主義者を誕生させた一因であったと考えられる。1814-1817年の間，その急進性ゆえに政治犯としてサンフアン・デ・ウルア監獄に投獄され，出獄してメリダに戻ったサバラは，スペインのカディス憲法復活論者となった。そして，それが実現した1821年にユカタン州代表に選ばれてスペインの国民議会に出席し，帰国後は1822年の議会代議員に選出されてメキシコ市に出た。1822-1829年の間，中央政界においてユカタン州代表として，思想的に矛盾するいくつかの役職についているが，1824年に制定された連邦憲法には連邦議会下院議長として署名しており，連邦主義者としての姿勢を1836年まで崩さなかった。1829-1832年にはテキサスの入植地建設事業に関わり，1832年に中央政界に戻ったが，1824年憲法を実践する意志が政府にないことを知ると，辞任してテキサスへ戻った。そして，1834年に保守勢力が中央政権を牛耳り連邦制を廃止すると，それに反対して蜂起したテキサス州の独立運動に参加した。その後，1836年に独立したテキサス共和国の副大統領となり，メキシコ国籍を剥奪された。このような数奇な人生を歩んだ，サバラの自由主義者としての第一義的な存在意義は，彼が熟知するアメリカの政治・経済・社会の制度を，さまざまな著作を通じてメキシコに紹介したことにある[35]。

以上のような19世紀初期のメキシコの自由主義運動を1850年代にはじまる急進的なレフォルマ革命につなげたのが，オテロである。オテロは，グアダラハラ市生まれの弁護士で，1841年にハリスコ県代表として中央政界に進出した。そして，公布されなかった1842年の自由主義勢力の憲法起草委員会のメンバーとして作業に集中するかたわらまとめた『メキシコ共和国で議論されている社会的・政治的問題の実態についての試論』(*Ensayos políticos sobre el verdadero estado de la cuestión social y política que se agita en la república mexicana*) で，大

土地所有者と奴隷的状態におかれたままの貧しい農民，生産性の低い農業とほとんどすべてを輸入品に頼らねばならない未発達な工業，放置された膨大な教会所有地と生産性の低い村落共同体の共有地，教育・社会福祉・慈善事業を独占する教会が存在する一方で，教会の富が高位聖職者のみを利しており，大多数の聖職者が貧しい生活を強いられている状況など，すべてに救いがたいほどの問題を抱えていた当時のメキシコの状況を分析した。そして，メキシコの近代化のためには教育を受けた中産階級の拡大が必須であり，教育の普及こそがこの混乱から文明のある近代社会へ脱皮できる唯一の方法であるとした。オテロは，1843-1847年には投獄されて獄中生活を送ったが，1847年の自由主義政権の成立と共に釈放されて，1847年の改革法の草案をまとめる中心人物となった。彼は，自分が主張した改革案が大胆に実施されることになるレフォルマ革命をみることなく，1850年に33歳の若さで亡くなったが，中産階級の出現こそ近代化の鍵となるとした彼の思想は，1850年代に取り組まれた自由主義勢力が目指した教会所有の不動産の国有化と売却の過程で重視され，中産階級の育成政策に具現化された[36]。

むすび

独立は，「スペインに支配されたメキシコ人の解放とスペイン人の追放」という分かりやすい構図で成就された。しかし独立国家メキシコは，スペイン植民地体制のもっとも強固な遺制でもあるカトリックを国教として位置づけた。カトリックを排除して新しい社会をつくり出そうという動きは，本章で概観したようにサバラのような主張があったとはいえ，19世紀前半のメキシコでは絶対的に少数派であった。個人の自由を希求した自由主義者たちの多くは，「信教の自由」の重要性を十分に認識していなかった。しかしその中で，徹底した自由主義政策を19世紀前半に提唱したのがモーラやオテロであった。さらに，宗教が政治に介入することを排除する必要性が19世紀前半には認識されていたことも，本章でみたように憲法における聖職者の参政権の制限に見出すことができた。これらは次章で取り上げるレフォルマ革命で実現される。

第2章　レフォルマ革命 (1854-1876年) とカトリック教会

はじめに

　スペイン語で改革を意味する「レフォルマ」(La Reforma) は，英語で表記される The Reformation がヨーロッパ近代史における宗教改革を意味するように，メキシコ史においても広義には宗教改革を意味し，正確には政教分離と世俗主義の確立を目指した19世紀半ばの，国家権力のカトリック教会に対する挑戦と改革を指す。

　レフォルマ革命を端的に定義するなら，それはスペインによる植民地支配から独立することに成功した独立革命が温存した，旧体制の支配基盤の基軸のひとつであったカトリック教会から，「政治的，経済的，社会的特権とその影響力を剥奪することによって政教分離の原則を確立し，個人の自由，信教と言論の自由，国民の平等の原則に則り形成される近代国家」の構築を目指した自由主義革命であった。自由主義者たちが目指した近代国家では，植民地社会を支配したカトリック教会への盲信的な依存と，非科学的な知識の伝授から国民を解放し，個人があらゆる意味で自由に活動できる環境をつくることで経済発展が可能となり，メキシコ人の生活が精神的にも物質的にも豊かになると考えられた。このような近代国家を構築する基盤整備を実現したのが，レフォルマ革命である。本章では，その近代国家の形成過程における反教権主義立法の制定にいたる経緯と，それらの立法の実施によって生じた結果を，次のようなテーマで検証する。

　まず第1節で，1854年のアユトラ計画 (Plan de Ayutla) によって実権を掌握した自由主義勢力が最初に取り組んだ，1855年のフアレス法と1856年のレル

ド法の内容とその運用の実態を検証する。第2節では，1857年憲法の制定過程とその反教権主義的内容を取り上げる。続く第3節においては，1857年憲法の公布によって引き起こされた内戦であるレフォルマ戦争と，内戦を勝ち抜いた自由主義政府が公布し，実施した「改革諸法」と呼ばれる一連の反教権主義立法の内容を検証する。最後の第4節では，メキシコ市における教会資産の解体の実態と，その結果として変容した首都の姿を考察する。

　レフォルマ時代の研究は多岐にわたって存在するが，とりわけ憲法をはじめとする「改革諸法」の全貌，および改革をめぐって戦われた内戦に関する先行研究には，1次資料に基づいて行なわれたものが少なくない。したがって本章では，これらの先行研究に依拠しながらレフォルマ革命の実態を整理することによって，20世紀初期のメキシコ革命への継続性と相違点に焦点をあて，メキシコ近代史におけるレフォルマ革命の位置と役割を明らかにする。なおメキシコ近代史の時代区分については，メキシコ大学院大学エル・コレヒオ・デ・メヒコ（El Colegio de México）学派が，コシオ・ビリェガス（Daniel Cosío Villegas）を中心に取り組んだ大著『メキシコ近代史』（*Historia moderna de México*）全9巻で採用した時代区分であるレフォルマ時代（1854-1867年），復興共和国時代（1867-1876年），およびポルフィリオ・ディアス（Porfirio Díaz）が実権を握ったエル・ポルフィリアート（1876-1911年）という3つの時代区分が，学校教育の現場で使用されている教科書を含めて一般的となっている[1]。しかし本章では，レフォルマ時代と復興共和国の時代を分けず，レフォルマ時代を広義に捉え，1854年からセバスティアン・レルド=デ=テハーダ（Sebastián Lerdo de Tejada）政権（1872-1876年）がディアスのクーデターで倒れた1876年までとしている。

1. レフォルマ革命の勃発とフアレス法およびレルド法

　レフォルマ革命は，1854年3月1日のアユトラ計画による蜂起ではじまった。ゲレロ州の実力者のひとりであったフアン・アルバレス（Juan Álvarez）が，サンタアナ（Antonio López de Santa Anna）の大統領への復帰に反対して蜂起し，ゲレロ州アユトラで発表した宣言書に，アカプルコの実力者であったイグナシ

オ・コモンフォルト（Ignacio Comonfort）がその一部を加筆修正して，10日後の3月11日に全国に呼びかけた反乱蜂起の計画が，一般にアユトラ計画と呼ばれるものである[2]。

なお，アユトラ計画は単なる武装蜂起を呼びかけた宣言ではなく，近代国家形成に必要であると当時の自由主義者たちが考えていた，「自由主義経済の発展のための条件としての法のもとにおける平等と自由の保障，教育・労働環境の改善，聖職者と軍人が保有する特権フエロ（特別法廷で裁かれる特権と免税特権）の廃止，文民統治による政治，暫定政権の樹立，制憲議会の召集」などを，詳細に書き込んだ計画書である。教会関係については，上記のフエロの廃止のほかに「教会が保有する富を削減すること，聖職者を全国的な視野からバランスをとって配置すること」が記されている。しかし，貿易と移民の渡来を促進するために必要であると自由主義者たちが主張した信教の自由については，ローマ・カトリック以外の宗教は容認しないことを明記している。このような内容を読むかぎり，アユトラ計画は，聖職者の特権の剥奪と若干の制限を課すことを明らかにしているものの，カトリックを国教とすることを主張しており，この計画を支持したグループが急進的な反教権主義者たちであったわけでないことは明らかである。しかし彼らは，この当初の穏健な改革主義的立場を変えて，短期間に急進的な反教権主義者集団へと変貌した。

アルバレスの呼びかけに対して多様な利害関係をもつグループがまたたく間に呼応し，反サンタアナ蜂起が全国的な規模にまで拡大した最大の原因は，1846-1848年の対米戦争の大敗の責任者であるサンタアナを，万策尽きた保守勢力が1853年に亡命先から呼び戻したことにあった。1833年の第1次政権から数えて11回目のサンタアナの大統領就任は，自由主義勢力だけでなく保守勢力の一部にとっても認め難い，「無責任・無定見・無謀な独裁者」の復帰であったからである。

さらに，アユトラ計画に賛同した勢力を全国的な蜂起へと拡大させたもうひとつの理由は，保守勢力による中央集権国家の再現が強く危惧されたことにあった。こうして，多種多様な勢力がアユトラ計画に合流して，全国的な運動へ

と変容していった。その結果，国家再建を目指す多様な勢力を結集することができた自由主義勢力は，1854年10月4日にモレロス州の州都クエルナバカで，アルバレスを大統領とする暫定政府を発足させ，ほとんど同時に彼らが構想する改革に取り組み，新憲法の制定と反教権主義的改革に着手することになった。

アルバレス政権が反教権主義色を強めることになった理由は，1854年10月4日に成立した政府の構成メンバーとなった，急進的な自由主義者たちの参加にある。外務大臣メルチョール・オカンポ（Melchor Ocampo），司法大臣ベニート・フアレス（Benito Juárez），産業振興大臣ミゲル・レルド゠デ゠テハーダ（Miguel Lerdo de Tejada），内務大臣ポンシアノ・アリアーガ（Ponciano Arriaga），そして内閣改造によってこのアリアーガを継いだホセマリア・ラフラグア（José María Lafragua）は，いずれも自由主義勢力の中でも反教権主義者としては急進派であった。大蔵大臣となったギリェルモ・プリエート（Guillermo Prieto）は中間の独立派で，アユトラ計画を最初に支持し，陸軍大臣となったコモンフォルトは穏健派とされる[3]。しかし後述するように，コモンフォルトは教会問題に対する限り穏健派とはいえない。

こうしてアルバレス政権が成立すると，同計画に従って制憲議会の代議員選出が行なわれ，連邦共和制，自由と平等，個人の権利の保障を近代国家の基盤とする1857年憲法が，1年という時間をかけて制定された。この新憲法が制定されるまでの間に公布された反教権主義的立法は，1855年11月23日に公布された聖職者と軍人の特権フエロを廃止したフアレス法，1856年5月20日に公布された聖職者の市民権を剥奪した「暫定組織法」（Estatuto Orgánica Provisional），同年6月23日に公布された団体所有の不動産を個人に移転売却させたレルド法である。いずれの法律も，後述する1857年2月5日に公布された憲法に取り入れられた。以下では，独立後のメキシコの保守勢力と自由主義勢力が真っ向から対立してきた要因を排除することになる，フアレス法とレルド法の内容をみていく。

フアレス法は，その正式な名称である「連邦国家の司法行政および裁判所組

第2章　レフォルマ革命(1854-1876年)とカトリック教会　53

織に関する法律」(Ley de administración de justicia y orgánica de los tribunales de la federación) が示す通り，司法制度全般に関する全77条からなる法律である[4]。フアレス法は，その第42条で，聖職者と軍人が植民地時代から保有していた特別法廷における裁判権と免税特権であるフエロを廃止し，実質的に「法のもとにおける国民の平等」を規定した法律であった。

　同法が1855年11月23日に公布されると，教会は直ちに猛烈な反対運動を起こした。とりわけ，ミチョアカン司教ムンギーア (Clemente de Jesús Munguía) は，ミサにおける説教や司牧書簡で政府を厳しく批判した。プエブラでは，ミランダ神父 (Francisco Javier Miranda) とロペス＝ウラガ将軍 (José López Uraga) がクーデターを起こし，その要求を受け入れて1855年12月11日にアルバレス大統領が辞任するという事態へと発展した。アルバレスを継いだのが，陸軍大臣のコモンフォルトであった。コモンフォルトは，先に指摘したように一般的には穏健派とされるが，単なる妥協に長けた穏健派であったわけではなかった。プエブラ州で民衆を動員して保守勢力が起こした，「宗教とフエロを！」をスローガンに掲げた武装蜂起に対して，コモンフォルト大統領は10名の将軍を従えて自らプエブラに遠征し，反乱を制圧している。さらに，教会がその背後にいることを重視したコモンフォルトは，1856年3月31日に公布した政令の中で，この事件が宗教戦争の特徴を呈していることを明記し，プエブラ司教の責任を追及して，司教に課した賠償金の徴収をベラクルス州知事とプエブラ州知事およびトラスカラ直轄領長官に命じている。当時のプエブラ司教ラバスティーダ (Pelagio Antonio Labastida) は，前司教の死によって叙位され赴任したばかりであったが，政府の要求を断固として拒否しただけでなく，政府に対する抗議と批判を説教の中で激しく繰り返した。その結果，コモンフォルトは，ラバスティーダ司教を1856年5月13日に国外に追放した。このような事態を経てもプエブラ司教区の教会は，教会に背く者を破門し，政府批判を続けたため，コモンフォルトは教会収入のすべてを差し押さえるという強硬策をとることによってプエブラ事件を解決した[5]。このように，穏健派とされたコモンフォルトの教会への姿勢は，明らかに後述する急進派フアレスたちによる強固な反教

権主義姿勢とほとんど変わらなかった。

なお,追放されたラバスティーダ司教は,その後ハバナ亡命中にローマ教皇の招きでローマに移り,のちマキシミリアン帝政の成立で1863年10月にメキシコに帰国するまでの間ヨーロッパ各地を視察し,またメキシコを追われてローマに滞在する高位聖職者たちと祖国メキシコの教会組織の立て直し策を企画した。さらにラバスティーダは,メキシコの統合と政治の安定化を模索して君主制の導入を計画していたメキシコ保守勢力の帝政設立案に賛同して,ハプスブルク家のマキシミリアンをメキシコ皇帝に選んだ1人でもあった。ローマ滞在中の1862年には,バルセロナで客死したメキシコ大司教デラガルサ(Lázaro de la Garza y Ballesteros) の後任として叙任され,マキシミリアン帝政の成立によって,1863年10月に,7年5ヵ月ぶりでメキシコに帰国した時のラバスティーダは,追放された時のプエブラ司教ではなくメキシコ大司教となっており,またマキシミリアン帝政を支える3名の摂政のひとりでもあった[6]。

この間,コモンフォルトは1855年12月28日に,言論の自由を謳ったラフラグア法を公布し,1856年4月26日には宗教誓願を廃止した。さらに6月5日にはイエズス会を追放し,6月23日にレフォルマ革命の中で最大の混乱をもたらしたレルド法を公布した。このように,コモンフォルトは決して穏健な自由主義者であったわけではなかった。

レルド法は,その正式名称である「共和国の民間団体あるいは宗教団体が所有する農村部と都市部における不動産の解体に関する1856年6月法」(Ley de junio de 1856 sobre desamortización de fincas rústicas y urbanas que administran como propietarios las corporaciones civiles o eclesiásticas de la República) が示す通り,教会・修道院・信徒団体・病院・慈善施設・村落共同体が保有する,本来の目的以外に使用されている不動産の所有を禁止するもので,個人以外のいかなる団体も不動産を所有することができないとした法律である。ここで指す団体(corporaciones) とは,同法によると教区専属の信徒団体,メキシコ大司教専属の信徒団体,特定の教区に付属しない信徒集団,同志団体,学校,病院,各種施設,ムニシピオ(集落市町村)の公共団体となっている。しかし,これらの団

体が本来の活動に欠かせない不動産を保有することは認められており，村役場や市役所の建物あるいは教会の礼拝堂などは，レルド法の対象とはならなかった[7]。

　全35条からなるレルド法は，団体所有の不動産を個人の所有に転換するための基本的な規定を明記した，もっぱら経済的視点で私有財産制の確立を目指した法律である。国家の繁栄を妨げる最大の障害のひとつが国富の基盤である不動産の大部分の死蔵であるとした第5条は，第1章第3節で取り上げたオテロが主張した，自由主義経済理念を継承したものである。自由主義経済理論に心酔していた自由主義者たちは，先住民の村落共同体，教会，信徒団体などの団体が保有する土地や家屋の所有権を個人に譲渡することによって，健全な自営農民や都市中間層を形成できると考えていた。とくに，メキシコの近代化を妨げている諸悪を正す「万能薬」と考えられていた「教会保有の莫大な所有地と家屋の所有権を一般市民へ移転すること」は，教会自体にとっても，新たな所有者にとっても，また国家にとってもプラスであると，自由主義者たちは信じていた。クノールトン（Robert J. Knowlton）の研究によると[8]，その理由の背景には次のような事情があった。

　教会関係の団体が所有する不動産の多くは賃貸されていた。第4節で検証するように，当時の都市生活者の大半は賃貸住宅で生活していた。そして，家賃の滞納・家屋の修繕・空家の問題などの不動産の管理に教会は常に悩まされており，その家賃や地代すらも長年据え置かれたままの状態であった。不動産が売却されれば，これらの問題は解決され，その資金を新たな経済活動へ投資することが可能となり，教会は賃貸に伴う雑事から解放されるという考え方である。一方，不動産を自分の物とした市民は，劣悪化した家屋を修繕し，より積極的な資産の運用を心がけることによって，豊かな良き市民となりうると考えられた。そして，売却額の5％はアルカバーラ（取引税）として国庫の収入になるために，国家にとっても大きなプラスになるはずであった。レルド法は，団体保有の不動産の所有権を個人に移転する利点を，このように考えて制定されたのである。したがって，レルド法は教会の本来の目的で使用される資産の

保有を認めていた。レルド法の主要な目的は，教会が死蔵している膨大な不動産を市場で流通させることによって，経済の活性化を図ることであったからである。

レルド法とその細則を定めた施行法は，賃借者に買い取りの優先権を認めていた。しかも，低額のままで放置されてきた家賃を基準に設定された価格は，資産の実質的価値の3分の1から4分の1ほどであった。居住者が同法の公布から3ヵ月以内にその権利を行使しない場合には，家屋は競売にかけられることになっていたが，新設された不動産の登記という手段によって近代的な所有権の確立を目指した同法は市民にとっても魅力的であったはずである。こうして，ほぼ半年で教会所有の貸家の大半が個人の所有となった。教会資産を買い取る勇気のない敬虔な信者の中には，密かに名義のみを登記して教会資産の解体に抵抗した者もいたし，また教会側も信用できる人物へ名義のみを移すことによって資産の保持を図った場合もあったが，ほとんど成功しなかったとされる。

このようなレルド法は，フアレス法よりもはるかに広範な影響を市民に与えただけに，買い取り方法や法規定の解釈をめぐって混乱が起こった。とくに，法解釈で問題点が続出した。先に指摘したように，団体には教会に限らず信徒集団や慈善団体，村落共同体も含まれ，団体の本来の目的に使用されていないものが競売の対象とされたが，1つの不動産が部分的にいくつかの目的で使用されているもの，本来の目的が変更されているものの扱いなどが問題となったからである。

レルド法に対するカトリック教会の抵抗は激しかった。メキシコ市内で最大規模の修道院であったサンフランシスコ男子修道院で画策された政府転覆計画が発覚し，1856年9月16日と17日付の大統領令によって，修道院の取り壊しと接収が宣言され，修道院に居住していた42名の修道士が兵士の監視する中で修道院を退去させられた。その後，コモンフォルト大統領は直訴に応えて一時修道士たちが戻ることを認めたが，1857年には4ブロックを占めていた広大な敷地が分割され，敷地の中央を通る新しい道路が開かれた。現在の「9月16

日通り」である。そして，総面積3万2,224m²を占めたサンフランシスコ修道院（78頁の図2-2を参照）は，後述する1859年の教会資産国有化法（Ley de nacionalización de los bienes eclesiásticos）によって完全に解体された[9]。

レルド法がどこまで実行されたのかについては，研究者の見解は二分されている。そのひとつは，多くの後続研究者たちに引用されてきたミーチャム（J. Lloyd Mecham）に代表される伝統的見解で，レルド法が目指した「小規模資産家の創出は失敗した」とする解釈に要約できる[10]。レルド法が限定した3ヵ月という短期間では，居住者が賃借家屋を買い取る資金の準備ができず，多くの家屋は少数の資産家に買い取られたとし，また敬虔な信者は聖職者に配慮して資産の購入を差し控えたこと，農村部の村落共有地の解体では近代的な私有財産権の概念を理解しない先住民たちの村落共有地が一部の富裕層の手に渡ったとするのが，ミーチャムに代表される伝統的見解である。こうして，教会を含めた団体所有の土地の私有化を目的にしたレルド法は，少数の富裕層をいっそう豊かにし，新たな大資産家を誕生させただけであったとされる。

これに対して，相当の成果があったことを主張する研究の代表は，多様な1次資料を渉猟して研究成果を発表したクノールトン，バサン（Jan Bazánt），モラレス（María Dolores Morales），ベリー（Charles R. Berry）などである。レルド法が成果を上げ，教会関係の団体や共同体が保有してきた不動産の相当部分が個人の所有へと移転したことを実証したのは，先に引用したクノールトンの研究である。なお，共同体保有の共有地の分割が先住民の生活基盤を破壊したとする従来の一般論については，地方史の研究が進むにつれて地域差が大きいことが歴史研究者の間で認識され，一般化することは難しい。オアハカ州の州都オアハカ市を含む，オアハカ中央盆地におけるレルド法実施に関する事例研究を行なったベリーは，村落共有地の分割にあたって，この地域の先住民たちは積極的に購入し，中小の自作農の形成が実現したことを実証した[11]。一方バサンは，メキシコ中央部のグアナフアト州における教会保有の大農園アシエンダの解体の実態を検証して，同様の結論を出している[12]。また第4節で取り上げるように，モラレスによる，教会保有の不動産が集中していたメキシコ市の事例

研究からも[13]、クノールトンの研究が実態の一部をかなり正確に示していると考えられる。

　しかしながら、レルド法の有効性に関するいずれの解釈も、同法の成果を部分的には正しく指摘しているといえる。レルド法が施行された1年半の間に、ほとんどの団体保有の不動産が解体されたのは事実であったし、その後の保守派政府の出現と内乱の過程でレルド法の廃止に伴う大混乱を経験したのも事実であったからである。しかし後述する内戦中の1859年に、自由主義派政府が公布した教会資産の国有化法によって、教会保有の不動産のみならずその他の資産も国有化されることになり、レルド法と国有化法によってメキシコのカトリック教会は最終的にその不動産のほとんどを失った。

　そしてこの間に、団体所有の不動産の分割問題は、社会・経済的自由主義改革の視点から国家財源を確保する問題へと転換していった。次節で取り上げる、保守派政府がレフォルマ戦争の戦費を教会資産に依存したのと同様に、戦後の復興期には自由主義派政府もまた、財源として団体保有の不動産の分割・売却による税収入を狙ったからである。しかし教会資産の売却は、自由主義派政府が必要とする十分な財源にはならなかった。その結果、フアレス政府は、レフォルマ戦争に勝利した半年後の1861年7月17日に、対外負債の利子支払いの2年間停止を宣言しなければならず、フランスの軍事干渉を招いた。この意味では、レルド法は明らかに期待した成果を得られず、失敗に終わったという解釈が成り立つ。

　なお、レルド法の実施から1年半後の1857年12月に、次節で取り上げる1857年の憲法公布に反対した保守派勢力がカトリック教会の支援を受けて武装蜂起し、1858年1月に実権を掌握すると、フアレス法とレルド法は直ちに無効とされた。3月1日には、レルド法によって売却された不動産を元の所有者に戻すための手続きを定めた詳細な細則が公布された。そして、ベラクルスを拠点とした自由主義派政府が1859年に公布した教会資産の国有化法を実際に実施するまでのほぼ1年半の間、メキシコ国内は教会の不動産の新たな所有権をめぐって混乱を極めた。この間の状況を、当時メキシコに駐在していたアメリ

カとフランスの公使が本国へ送った報告書を含めた多様な資料に基づいて分析した。先に引用したクノールトンの研究から、レルド法によって教会所有の不動産は富裕層から安い賃貸家屋に住んでいた庶民にいたるまで所有権が広く移転していたことが分かる。それだけに、保守派政府のとった所有権返還政策は混乱をもたらした。購入した物件を守るために逃亡したり身を隠したりと、あらゆる手段で抵抗した者がいた。他方では、政府の決定に従った者もいた。さらに、保守派政府にとって状況がいっそう複雑になったのは、不動産を購入していたアメリカ人やフランス人の存在であった。このような混乱を経て、教会所有の不動産が徹底的に解体されるのは、内戦を勝ち抜いて実権を再び掌握した自由主義勢力が1859年に公布した、教会資産国有化法によってであった。

2．1857年憲法の制定過程と反教権主義条項

　1855年にはじまる、自由主義理念に基づく近代国家建設の枠組を規定する憲法の制定は、当時の政治・経済状況を考えると、驚くほど迅速に全国的な規模で進められた。アユトラ計画に明記された通り、制憲議会を構成する代議員は、各州と直轄領から選出される各1名に加えて人口5万人に1人の割合で選出され、制憲議会の代議員選出選挙は複雑な間接選挙の形態をとりながらも、かなり忠実に行なわれた。なおこの選挙は、失敗に終わった1842年の制憲議会召集のために制定された1841年12月1日の選挙法[14]に従って実施され、聖職者は被選挙権を否定されていた。しかし、最小単位（住民15名以上）の集落にはじまり、地域自治体、そして州という3段階で代議員を選出する複雑な選挙法に基づいて実施された選挙は、すべての地域で公正に実施されたわけではなかった。それでも当時の状況を考慮すると、画期的な選挙であったといえる。

　1855年10月に、アルバレス大統領によって召集された制憲議会は、はじめ独立運動発祥の地であるグアナフアト州ドローレス・イダルゴで開催される予定であったが、メキシコ市の大統領政庁でもあった国立宮殿の中庭が議場となった。29州と直轄領から、人口比により計155名の代議員および同数の補充代議員が選出され、審議期間を1年と制限された制憲議会が、1856年2月17日

にポンシアノ・アリアーガを議長にして開催された。ただし，1856年2月21日に指名された7名の憲法起草委員会が憲法草案を議会に提出したのは6月16日であったから，実質的な審議は7ヵ月にすぎない。議会では条文ごとに審議が進められ，会期を通じて平均すると80名前後の代議員が審議に参加したと，同憲法の制定過程を研究したシンキン（Richard N. Sinkin）は指摘している。統計学的手法を取り入れて代議員の投票行動を分析したシンキンの研究によると，代議員のほぼ半数近い46％は法律家で，次いで軍人の21％，第3位のグループはジャーナリストの12％であった。平均年齢は40歳で，彼らの約60％はすでに10年前後の政治活動を経験していた。シンキンは，200回以上行なわれた投票による採決から最終的に70回の投票を選択し，それに投じた代議員の投票行動を分析して，次のような結論を出している。すなわち，①上昇志向の強い中産階級の彼らは個人の権利の擁護者であり，②強力な団体は国家に従属すべきであると考えており，③代議員の年齢・出身地域・社会的地位に関係なく，テーマによって投票行動を変えたこと，④連邦制のもとでの大統領の権限を強化することを主張し，19世紀前半の自由主義者が目指した，州・地方自治体の地位と権限の強化とは異なる連邦制を考えていた[15]。19世紀後半のメキシコの自由主義思想は，明らかにそれまでの個人の自由と自治体の自由な裁量権を最優先する考えを変えつつあった。

　1857年2月5日に公布された，「自由主義憲法」と一般に呼ばれる1857年憲法は，カディス憲法とアパチンガン憲法，さらに独立後に制定された3つの憲法（1824年憲法，1836年憲法，1843年憲法）を含めて，メキシコで公布された6つ目の憲法であり，19世紀の自由主義勢力が主導して制定した最初の憲法となった。連邦制・民主制・代議制・共和制などの国家の枠組は，1824年の連邦憲法を基本的に受け継いでいる。憲法第1章の29ヵ条に盛り込まれた，個人の諸権利とその保障に関する条項の原型は，アパチンガン憲法を受け継いでいた。さらに，教育・労働・経済活動・結社の自由は，カディス憲法と1843年の国家組織基本法から取られている。そして，前節で取り上げたフアレス法とレルド法が取り込まれていた。植民地時代の伝統的社会と価値観が残存する，19世

紀半ばのメキシコにとって，1857年憲法は革命にも匹敵する近代国家の枠組をつくりあげた憲法となった。

教会に関する条文は，草案の段階のものを含めると次のようになる。フアレス法を取り入れて，特権フエロを否定した草案第2条（制定憲法第13条），個人の自由を奪うような契約（修道院のそれを含む）を否定した草案第12条（制定憲法第5条），信教の自由を謳った草案第15条（不成立），教育の自由を謳った草案第18条（制定憲法第3条），レルド法を盛り込んだ草案第27条（制定憲法第27条），聖職者に投票権を認めながら大統領および連邦議会代議員へ立候補する被選挙権を否定した制定憲法第56条と第57条，草案にはなかったが追加されて成立した「国家の宗教に対する介入権」を認めた制定憲法第123条である[16]。

保守勢力が排除された制憲議会であったにもかかわらず，「信教の自由」が成立しなかった理由は，代議員たちが自由主義者であると同時にカトリック信者でもあり，カトリックを国民統合のシンボルと考えていたからである。ローマ・カトリック以外の宗教を無制限に認めるという，宗教的寛容を謳った草案第15条の全文は次のようになっていた。

> いかなる宗教であっても，それを禁止したり，その実践を妨げたりする法律もしくは政令は，メキシコ国内で公布することはできない。しかしローマ・カトリックが［今日にいたるまで］メキシコ国民の排他的宗教であり続けていることを考慮して，連邦議会は国民の利益と国家主権に損失を与えない限り，公正で慎重な法的手段によってローマ・カトリック教を保護できる[17]。

以上のように，信教の自由を認めながらもローマ・カトリックを制限つきで特別扱いできるとした草案は，白熱した議論の末に成立しなかった。前半の，実質的に信教の自由を認めた部分に対する猛烈な反対意見が開示された。「メキシコ国民を束ねる唯一の絆はカトリックであり，多様な宗教を認めればメキシコが外国の植民地になってしまう」という趣旨の反対意見が強かった。一方，

後半部分で示された実質的にカトリックを国教とする部分に対する反対も強く，1週間に及ぶ激論の末に草案は撤回された[18]。制憲議会の議長であり，同条文を起草したポンシアノ・アリアーガは，修正案の提出を断念して草案第15条を廃案とし，その代わりに追加条文を提案した。それが後述する，草案にはなかった憲法第123条であった。

脱カトリック教育の確立を謳った草案第18条「教育は自由とする。いかなる職業においてその業務遂行のための資格が必要か，またいかなる条件を満たすべきかについては法が定めるものとする」（全文）は，結果として文言の修正もなく第3条として成立した。しかしその審議過程では，「教育の自由」というテーマが広い視点から論議された。単に教育に対する教会の関与を否定するだけでなく，国家の干渉からも自由にすべきであるとする主張や教えられる側の自由と教える側の自由について論戦が交わされた。そして「聖職者たちが行なってきた狂信的な教育」に対する強い懸念から，聖職者を教える側から排除しようとする主張と，聖職者にも教える自由があるとする主張が対立した[19]。

先に指摘した撤回された草案第15条は，議会末期に改めて再提案され，白熱した論戦の後に，「信教と宗教活動および法に基づく施行に関する権限を連邦政府のみが有する」（全文）とした第123条として採択された[20]。抽象的で短い表現になって成立したこの条文は，教会の内的［宗教的］活動だけでなく外的な部分へ干渉できるのは，連邦政府であることを明記したものである。抽象的で微妙な文言は明らかに国家が宗教保護権に等しい権限を保有していることを意味していよう。また，宗教関係の法律の施行権を連邦政府の権限として明確に表明した点に関しては，多くの州政府が独自の教会政策を州憲法に取り込んでいこうとしていた状況が当時あったからでもあろう。

ところで独立以降続いた，国家と教会が争った宗教保護権を，実質的に国家が保有することを曖昧な文言で第123条に盛り込んだとするか，それを否定するかで，メキシコ革命における反教権主義の歴史的意義が変わる。本書では，第123条の文言はサルコが指摘したように州政府との関係で明記されたものであり，教会が国家の管理下に置かれることになるのはメキシコ革命によってで

あると解釈する。その理由は，この曖昧で短い文言の中に，聖職者に関わる人事権から教会の財源にいたるまで国家が関与しうるような，本書の第1章第1節で取り上げた宗教保護権の保有を主張していると解釈するのは，難しいと考えるからである。なお，第56条と第57条で聖職者は投票権を認められたが，被選挙権が否定された点は，第2節で取り上げたように，保守勢力が制定した憲法においてすでに取り入れられていたもので，1857年憲法の急進性を示すものではない。また宗教上の誓約の義務が否定され，修道会の新設が禁じられたものの，存在そのものは否定されていない（第5条）。

以上で述べたように，1857年憲法に挿入できなかった「信教の自由」は，1860年12月4日に公布された「信教の自由に関する法」(Ley sobre Libertad de Cultos) によって改めて保障された。全24条からなる同法では，信教の自由を謳う（第1条）と同時に，憲法遵守，職務への忠誠，裁判所における宣誓など，従来の［神に誓って］宣誓する類の誓約のすべてを廃止したほか，教会敷地外での宗教行事の許可制，不動産による寄贈の禁止，鐘を鳴らすことは警察の取り締まりの権限のもとにおかれることなどにいたるまで，詳細な禁止項目と罰則が明記されている[21]。同法は，1873年の憲法改正で1857年憲法に正式に組み入れられ，メキシコにおける信教の自由が確立した。その結果，レフォルマ革命期末までに7つのプロテスタント系宗派が，20世紀初頭にはさらに15の宗派が，メキシコに進出し，20世紀初頭にはこれらの宗派のメンバーは合わせて64万5,000人にのぼったとされる[22]。

1857年2月5日に公布された憲法に対して教会は猛然と反発し，とくに憲法への誓約の義務が対立を深めた。メキシコ大司教デラガルサは，「カトリック信者は政府が要求する憲法への誓約をすべきでない」とし，「公に誓約の拒否を表明しない者の告解を教会は受け付けない」とした。地域によって異なったが，メキシコ市では憲法への誓約を拒否した940名の税関の役人が失職した。一方，サンルイスポトシ州のように，対立もなく憲法を受け入れた州もあった。この間，コモンフォルト大統領は，モンテス法務・教会大臣をヴァチカンに派遣して，直接この間の事情を説明させた。この時ヴァチカン側は，フアレス法

とレルド法，そして修道会の追放を受け入れるが，聖職者の不動産の所有権と参政権は認めるよう要請したとされる[23]。このローマでの交渉中にメキシコで，後述するようにコモンフォルト政権が倒れ，フアレスが暫定大統領となって交渉の打ち切りを命じたため，この交渉は進展しなかった。

1857年憲法の制定は，教会と保守勢力による武装蜂起を誘発した。1857年12月17日に，タクバヤ計画（Plan de Tacubaya）を発表してクーデターを起こしたスロアガ将軍（Féliz María Zuloaga）と保守勢力は，新憲法に則り立憲大統領に選出されたコモンフォルト大統領を辞任に追い込み，首都を制圧したスロアガ将軍が，1858年1月23日に政権を樹立した。いわゆる保守派政府である。これに対して自由主義勢力は，司法大臣から暫定大統領の地位に昇格したフアレスを擁立してグアナフアトへ移動し，その後も保守派政府軍に敗北して北部へと敗走を続け，シナロア州の太平洋岸の港グアイマスからメキシコを脱出し，パナマ地峡を経てキューバのハバナへ，さらにアメリカのニューオーリンズへ移動し，やっとベラクルスにたどり着くという苦難を経ながら，3年にわたり保守派政府と戦った。

スロアガ保守派政府は，政権樹立後直ちに1月28日付で，フアレス法とレルド法を無効とし，1857年憲法に誓約しなかったために失職した役人たちを復職させた。さらに3月1日には，レルド法によって売却された不動産を元に戻す手順を詳細に定めた法律を公布した。一方，スロアガ政府を全面的に支援したカトリック教会と聖職者たちは，あらゆる犠牲を払っても戦費を分担した。各教区と各修道院に拠出金を割り当て，不動産を売却し，外国銀行から受ける政府の借款の担保を教会が提供し，金・銀の食器類から工芸品まで売りさばいて軍資金を調達した。保守派政府軍の兵士たちは，十字架・聖人像・ロザリオを掲げて戦場に向かい，自由主義政府軍と戦った。

3．レフォルマ戦争と改革諸法

レフォルマ戦争は，2つの政府が戦った内戦であったと同時に，宗教戦争でもあった。1857年12月のクーデターによってコモンフォルト大統領を辞任に

追い込んだ教会を含む保守勢力がスロアガ将軍を大統領に擁立して樹立した保守派政府と，コモンフォルトの後任として昇格したフアレスを大統領とする自由主義派政府が，ほぼ3年にわたって戦った内戦である。そしてこの内戦は，教会と保守勢力にとっては聖戦であり，自由主義勢力にとっては1857年の自由主義憲法を守る戦いであった。自由主義派政府は，1859年の教会資産国有化法の序文で，この内戦を「聖職者によって引き起こされ，維持された戦争」と位置づけ，［教会による］国家主権への全面的な挑戦であると明記している[24]。

　ほぼ3年に及んだレフォルマ戦争の前半は，保守派政府軍が攻勢を保った時期で，1857年憲法が否定され，レフォルマ革命によって実施された反教権主義政策が取り消され，社会的混乱を招いた。1858年3月1日には，レルド法によって売買された不動産を元の所有者に戻す手続きを定めた細則が発表された。その結果，レルド法によって不動産を取得した人びとは返還を強要されたが，一方で自由主義派政府が復活した時に教会に協力したことですべてを失うかもしれないという，板ばさみに苦しんだ人びともいた。さまざまなケースがあったが，先に言及したクノールトンの研究から，レルド法による教会が所有していた不動産の売却は，富裕層から賃借家屋に安い家賃で住みぎりぎりの生活をしていた人びとにまで及んでいたことが分かる。

　レフォルマ戦争の勝敗を決定した要因のひとつは，自由主義派政府がベラクルスに本拠を構えたことにあった。植民地時代から外に開かれた港町は，自由主義者の支配する土地であり，伝統的に教会勢力が弱かったということのほかに，武器弾薬の調達に有利であったからである。アメリカ人商人をはじめとする外国人商人たちが暗躍した。保守派政府と自由主義派政府の双方がアメリカ政府からの支援を取り付けるべく画策したが成功しなかっただけに，外国人商人たちが容易に往来できるベラクルスに拠点を構えたことは，重要な意味をもっていた。一方，首都メキシコ市の外交団の承認を取り付けた保守派政府は，アメリカ政府に対してカリフォルニア半島，チワワ州，ソノラ州，シナロア州の売却案をもちかけて拒否された。レフォルマ戦争を引き起こした保守勢力と教会の大きな誤算は，フアレスの率いる自由主義派政府がこの間を粘り強く生

き延びたことである。内戦の後半になると，保守派政府軍は自由主義派政府軍に各地で敗北し続け，3年間に8回も大統領を交代させたことからも推測できるように[25]，保守派政府は全国を統治する指導者を欠いていた。

ベラクルスに拠点を定めた自由主義派政府は，後述するように，教会の経済力だけでなく社会的影響力を断ち切る改革諸法を制定した。中でも1859年7月12日に公布した，先にも言及した教会資産国有化法は全25条からなり，教会が保有する不動産，利権，株などを含めたすべての資産を国有化すること（第1条），いかなる宗教も保護しないこと（第3条），新しい修道院の建設の禁止と聖職者が教会外に出る時の僧衣着用の禁止（第6条）を明記し，同法に従わない場合には国外追放か陰謀の罪で裁かれる（第23条）とした。そして翌日の7月13日には，詳しい規定を盛り込んだ細則が公布された。

この教会資産国有化法の重要な特徴は，上記の第3条で明記されている，「すべての宗教を国家は保護しない」としたことによって，信教の自由を完全に認めたことである。1857年憲法の第123条に抵触するが，国家は宗教の内的事項に一切関与しないという趣旨を徹底させて，フアレス政府は1859年8月3日に，ローマ教皇庁に派遣していた公使を退去させた。こののち，メキシコがヴァチカンと外交関係を復活させるのは133年後の1992年になってからである。また政教分離の原則を明記したことは，独立以来国家と教会が対峙する原因のひとつであった宗教保護権を国家が完全に放棄したことをも意味した。その結果は，教会が聖職者の任命や司教区および教区の拡充と変更を自由に行なえることを意味した。これを覆し，国家が宗教団体と聖職者を管理する原則を確立したのが，第7章で取り上げる1917年の革命憲法である。

レフォルマ戦争は，フアレス大統領がメキシコ市に戻った1861年1月11日に終結した。国土は3年にわたった内戦で荒廃し，人びとの生活は困窮していた。フアレス政府もまた財政破綻の状態にあり，内戦の責任を問われた教会は，真っ先に拠出金を要求された。それでも対応できなかったフアレス政府は，1861年7月17日に内外の政府借款の利子支払いを2年間凍結するという，モラトリアムを宣言せざるをえない状況に追い込まれた。このモラトリアムは，

フランス干渉戦争とフランスが送り込んだマキシミリアン大公による第2帝政時代（1863-1867年）をもたらすことになった。

　一方，カトリック教会もレフォルマ戦争によって決定的な打撃を受けた。教会が保有した不動産の物理的な破壊と経済的損失だけでなく，高位聖職者の多くが国外に脱出してしまい，メキシコ国内のカトリック教会の機能がほとんど停止してしまったからである。ローマ教皇ピオ9世は，ローマ市内で亡命生活を送るメキシコの司教たちから伝えられたメキシコの教会のおかれた悲惨な状況を深刻に受け止め，先に取り上げたラバスティーダ司教らの要望を受けて，メキシコにおける教会機能を大きく変える改革を実施した。それは表2-1でみるように，1821年の独立以来サンルイスポトシ司教区が1854年に新設されただけのメキシコにおいて，グアダラハラ司教区とモレリア司教区を大司教区に格上げし，さらに6つの司教区を1863年に設けたことである。新大陸征服以来の教区の配置から分かるように，一挙にこれほど多くの司教区を新設したのはヴァチカンの，メキシコにおけるカトリック教会組織の復興にかける決意の表明であったといえる。

　一方，自由主義派政府は，脱カトリック社会を目指す一連の法律を制定した。これらは一般に改革諸法と呼ばれ，ベラクルスを本拠地としたフアレス政府が1859年から1860年にかけて公布した，教会に関する反教権主義的法律群である。しかし本書では改革諸法を広義に捉え，自由主義派政府がカトリック教会の社会的・経済的特権を剥奪するために制定した，1855年から1863年にかけて公布された法律としている。なお，狭義の改革諸法が制定される直前の1859年7月7日に，フアレス政府は国民に対して「レフォルマ計画についての布告」を出して，改革諸法の基本的理念を6項目に分けて説明している。すなわち，①政教分離の原則，②男子修道院の廃絶，③あらゆる種類の信者団体の廃止，④女子修道院における修練所の閉鎖，⑤あらゆる種類の教会関係資産の国有化，⑥信仰に関わるさまざまな儀式を個人の自由な宗教行為として国家は一切関与しない，であった[26]。以上の方針を踏まえた狭義の改革諸法に加えて，1855年から1863年までの間に，表2-2でみるようなカトリック教会に関わる事項

表2-1 植民地時代から1875年までのヌエバ・エスパーニャ副王領とメキシコにおける司教区形成の過程　　　（　）内設置年

1525-1821（植民地時代）*	1826-1862	1863-1875
プエブラ司教区（1525）	メキシコ大司教区**	メキシコ大司教区
メキシコ（大）司教区（1530）**	プエブラ司教区	プエブラ司教区
○ニカラグア司教区（1531）	オアハカ司教区	オアハカ司教区
○コマヤグア司教区（1531）	モレリア司教区	ミチョアカン大司教区（1863）***
○グアテマラ司教区（1534）	チアパス司教区	チアパス司教区
オアハカ司教区（1535）	グアダラハラ司教区	グアダラハラ大司教区（1863）
モレリア司教区（1536）	ユカタン司教区	ユカタン司教区
チアパス司教区（1539）	ドゥランゴ司教区	ドゥランゴ司教区
グアダラハラ司教区（1548）	リナレス司教区	リナレス司教区
○ベラパス司教区（1561）	カリフォルニア司教区****	
ユカタン司教区（1561）	ソノラ司教区	ソノラ司教区
○マニラ司教区（1579）	サンルイスポトシ司教区（1854）	サンルイスポトシ司教区
ドゥランゴ司教区（1620）		ケレタロ司教区（1863）
リナレス司教区（1777）		サモラ司教区（1863）
ソノラ司教区（1779）		ベラクルス司教区（1863）
		レオン司教区（1863）
		サカテカス司教区（1863）
		トゥランシンゴ司教区（1863）
1大司教区	1大司教区	3大司教区
14司教区	11司教区	14司教区

注　○印は、現在のメキシコ領土外の地域
＊ヌエバ・エスパーニャ副王領（現在の中米とフィリピンを含む）
＊＊1546年より大司教区
＊＊＊1536-1863年までの名称はモレリア司教区
＊＊＊＊メキシコ・アメリカ戦争（1846-1848）の敗北でカリフォルニア地方を失う。

[出所]　José Bravo Ugarte, *Diócesis y obispos de la Iglesia mexicana (1519-1965)* (México, D.F.: Editorial Jus, 1965) より作成。

を改革するための法律が制定された。

1855年12月28日に公布されたラフラグア法は，教会の重要な収入源であった十分の一税の徴収を政府機関が行なってきた制度を廃止し，さまざまな宗教サービスの代価に上限を課した法律である。宗教サービスには，新生児への洗礼にはじまり人生の終末期における終油の儀式から埋葬とその後の追悼ミサにいたるまで，無数ともいえるほどのサービスがあり，それに対する代価の高さが問題となっていたもので，その高い料金に制限を課したものであった[27]。

1859年7月12日に公布された教会資産国有化法についてはすでに述べたが，教会が本来の目的で使用するもの以外の資産を接収することを定めたほかに，聖職者は執り行なった宗教儀式に対してのみ代価を要求できるが，不動産を受領してはならないこと（第4条），男子修道会および教会に付属するあらゆる種類の信者団体は直ちに廃絶されること（第5条），新たな修道院建設および信者団体の組織化と教会の敷地外での僧衣の着用は禁止されること（第6条），廃絶された修道会所有の寺院は州政府の管理下に置かれること（第11条），そして所蔵する書籍・文書・絵画・骨董品などは博物館・学校・図書館などの公共施設に寄贈されること（第12条），などが規定された。女子修道院に関しては，

表2-2 レフォルマ革命における改革諸法一覧

制定年月日	法律名（簡略名）
1855.11.23	フアレス法
1855.12.28	ラフラグア法
1856. 6.23	レルド法
1859. 7.12	教会資産国有化法
1859. 7.23	婚姻世俗化法
1859. 7.28	住民登録法
1859. 7.31	墓地管理世俗化令
1859. 8.11	宗教祝祭日削減令
1860.12. 4	信教の自由に関する法
1861. 2. 2	病院福祉施設世俗化令
1863. 2.26	女子修道院廃止令

［出所］ Felipe Tena Ramírez (ed.), *Leyes fundamentales de México, 1808-1998* (México, D.F: Editorial Porrúa, 1998), pp. 630-667.

自発的な離脱が勧められたが，閉鎖を命じていない。ただし，修練所は廃止された（第14条〜第18条および第20条〜第21条）。この法律は，公布後15日以内に施行されることが明記されており，違反に対しては国外追放を含む厳しい罰則が盛り込まれていた[28]。

1859年7月23日に公布された婚姻世俗化法は，単に婚姻の正式な手続きを教会から世俗の公的機関に移しただけでなく，婚姻に関する全般的な規定と手続きの仕方を詳細に盛り込んだ，全31条からなる法律である。さらに，別居に関する具体的な条件も明記されている。ここでは離婚（divorcio）という文言が使用されているが，実質的には当時の教会が認めた「別居」を意味しており，完全な離婚を認めたわけではなかった。また婚姻の世俗化に伴って住民登録制度が創設され，従来は各教区の教会が担ってきた出生・婚姻・死亡に関する記録と管理が教会から分離され，世俗の公的機関の業務になった。この婚姻世俗化法は，この5日後に公布された住民登録法によって各地に住民登録所が設置されたのちに発効した[29]。

1859年7月28日に公布された住民登録法は，これまで教会に依存してきた国民の出生・婚姻・死亡に関する記録を，政教分離の原則に従い行政が担うために必要な制度として創設されたものである。全43条からなるこの法律では，全国に住民登録官という名称を与えられた新たな役人が置かれることになり，国民の出生・婚姻・養子縁組・死亡に関する記録の管理，住民登録官の身分と任務に関する規定，および出生・婚姻・死亡届の手続きの仕方が，具体的かつ詳細に規定されている[30]。

続いて，1859年7月31日に公布された墓地管理世俗化令は，死亡と埋葬に関する情報を政府が把握するために必要であるとして制定された，全16条からなる法律である。まず第1条で，全国のあらゆる種類の墓地管理について，教会の関与を禁止している。また，教会の建造物の中の墳墓に対する官憲の検閲を認めると同時に，新たな埋葬を禁止した。そして，市町村の自治体が墓地の管理を行なうための規定が詳細に定められている。たとえば，新たに共同墓地の建設が必要な場合，市街地から離れているが遠くない，通常風下となる地

点を選び，自由に出入りできないよう石壁か土塀で周囲を完全に囲むこと，その地域固有の樹木か速く成長する外来種の樹木をできるだけ多く植樹すること，などが盛り込まれている（第7条）。さらに，埋葬には住民登録官による死亡証明書が必要であり，死後24時間以内には埋葬できないこと，埋葬にあたっては2名の証人の出席を必要とすること，そのほか埋葬の深さにいたるまで指示している。違反した場合の罰則，および手続きを無視した埋葬に対しては，殺人の嫌疑がかかることまで明記されている[31]。

　1859年8月11日に公布された宗教祝祭日削減令は，政府機関の業務および商取引が停止される数多くの祝祭日を削減し，日数を制限しただけでなく，公務員は教会の儀式に公人として出席できないことを規定した，全3条からなる政令である。第1条によると，休業日は，日曜日，元日，聖週間の木曜日と金曜日，聖体祝日の木曜日，独立記念日の9月16日，死者の日の11月1日と2日，グアダルーペの聖母の日の12月12日およびクリスマスの12月25日となっている[32]。

　1860年12月4日に公布された信教の自由に関する法律は，すでに指摘したように1857年憲法の制定議会で長時間にわたり討議されながら，憲法に盛り込むことができなかったものである。全24条からなる同法では，政教分離の原則に則りいかなる信教も自由であることが明記されているだけでなく，従来慣行とされてきた，公職につく場合に行なわれた誓約の宗教儀式が廃止され，寺院の外で行なわれる宗教儀式はすべて文書による許可なしには遂行できないことが明記されている。この他に，教会は遺産相続人になれないこと，布施を徴収する財務担当者を置いてはならないこと，遺言による多様な寄贈は法的遺産分割に支障のない範囲でかつ不動産によらないものとすること，さらに従来教会あるいは聖職者に与えられていた公人扱いは廃止されること，公務員の私人としての信仰の自由は保障されるが公人としてはいかなる宗教儀式にも参加してはならず，またいかなる寄贈も禁止される旨が明記されている[33]。

　1861年2月2日に公布された病院福祉施設世俗化令は，従来教会が管理し運営してきた病院および福祉関係施設を世俗化することを命じただけでなく，そ

れらの施設が所有していた資産のすべても世俗化する旨を明記したものである。全7条からなる同法は，メキシコ市内の諸施設に関しては連邦政府がすべてを受け継ぐこと，また各州内の施設については州政府の管理下におかれる旨を明記している[34]。

1863年2月26日に公布された女子修道院廃止令は，これまで言及してきた法律とはかなり性格の異なる観点から制定された法律である。まず前文として，9項目にわたる政令公布の目的が明記されている。ここでは，外国の軍隊［フランス］によって国土が占領された戦争状態にあるという異例の事態の中でこの政令が制定された旨が説明されており，女子修道院を廃絶する目的はこれらの修道院が所有する潤沢な資金を戦費に活用すること，女子修道院の施設を負傷したり退役した兵士や戦死した兵士の家族用住宅，医療施設などに利用するものであると，具体的に目的が記されている。全8条からなる本文では，全国の女子修道院の廃止，本政令の公布から8日以内にすべての修道女は修道院を退去すること，建物および修道院に所属するものは財務省に帰属するが，私物は各自がもち出してよいこと，各人が支払った持参金については払い戻されること，修道院に付属した礼拝堂はそのまま機能してよいこと，そして修道院の建物を売却してはならないことが明記されている[35]。

以上のような，多岐にわたる改革諸法が現実にどの程度まで実施されたかについては，検証の難しい問題である。カトリック教会がつくりあげた伝統社会のあり方を変えるために，これらの法的措置が直ちに有効に実施されたとは考えにくい。しかし，現代メキシコ社会に存続するカトリック教会と国民生活との関わり方の原点となっていることは確かである。そこで次節では，教会資産の売却と都市空間の変化に焦点をあて，教会の富がもっとも集中していたメキシコ市の旧市街地が，レフォルマ革命による改革でどのような変貌を遂げたかを検証する。

4．メキシコ市における教会所有不動産の解体と都市空間の変容

第3節でみたように，レフォルマ革命によって行なわれた教会所有の不動産

第2章　レフォルマ革命（1854-1876年）とカトリック教会　73

の解体は，1856年6月のレルド法の公布から翌1857年12月に内戦がはじまるまでの約1年半の間に，まず第1段階が実施された。メキシコ市内の教会関係の不動産は，賃借者が規定に従って買い取るか，競売にかけられて処分された。そして，内戦の勃発と保守派政府が実権を掌握していた約1年半の期間中に，ある程度の旧教会関係所有の不動産は戻されたと推測できる。しかし1860年の自由主義派政府の軍事的勝利によって，教会資産の解体の第2段階が実行された。その結果，第1段階での解体，内戦中に教会自らが軍資金調達のために行なった処分，第2段階における解体を含めて，メキシコ市内の教会保有の，礼拝堂など本来の目的に使用する建物以外の不動産はほぼ全部が解体されたとするのが，モラレスとクノールトンの研究に基づいて検証する本節の結論である。

　レルド法が施行される以前の，メキシコ市内における教会資産の状況については，詳細な地図とバサンおよびモラレスの優れた先行研究が存在する[36]。以下では，それらの研究成果を活用し若干の新しい要素を加えながら，レフォルマ革命によってメキシコ市街地（以下，現在のユネスコの歴史遺産に登録された歴史地区）とその周辺地域を示した図2-1が，どのような変容を遂げたかを具体的に描いてみよう。なお，図2-1が依拠する原地図は，18世紀末期のブルボン改革の時代に，カルロス3世がメキシコに派遣した陸軍技術将校のガルシア＝コンデ（Diego García Conde）によって1793年に作成されたもので，印刷されたのは1807年である[37]。この時代を専門とする歴史研究者ソニア・ロンバルド（Sonia Lombardo de Ruiz）によると，1793年から1807年の間のメキシコ市は，ほとんど変化しなかったという[38]。またモラレスの研究でも，18世紀末から19世紀初期のメキシコ市内の家屋所有関係は19世紀半ばまでほとんど移動しなかったとされることから[39]，ガルシア＝コンデの地図がレフォルマ革命直前の状況を描くには十分な意味をもっていると考えられる。

　一方，メキシコ市内の家屋に関しては，モラレスの研究の基礎資料となっている，1813年に実施された家屋所有者一覧が存在する。これは，植民地行政機関が貸家の賃貸料の10%を税として徴収するために実施した，メキシコ市内

74 第Ⅰ部 革命以前の政教関係

図2-1 19世紀半ばにおけるメキシコ市の教会関係建造物の配置

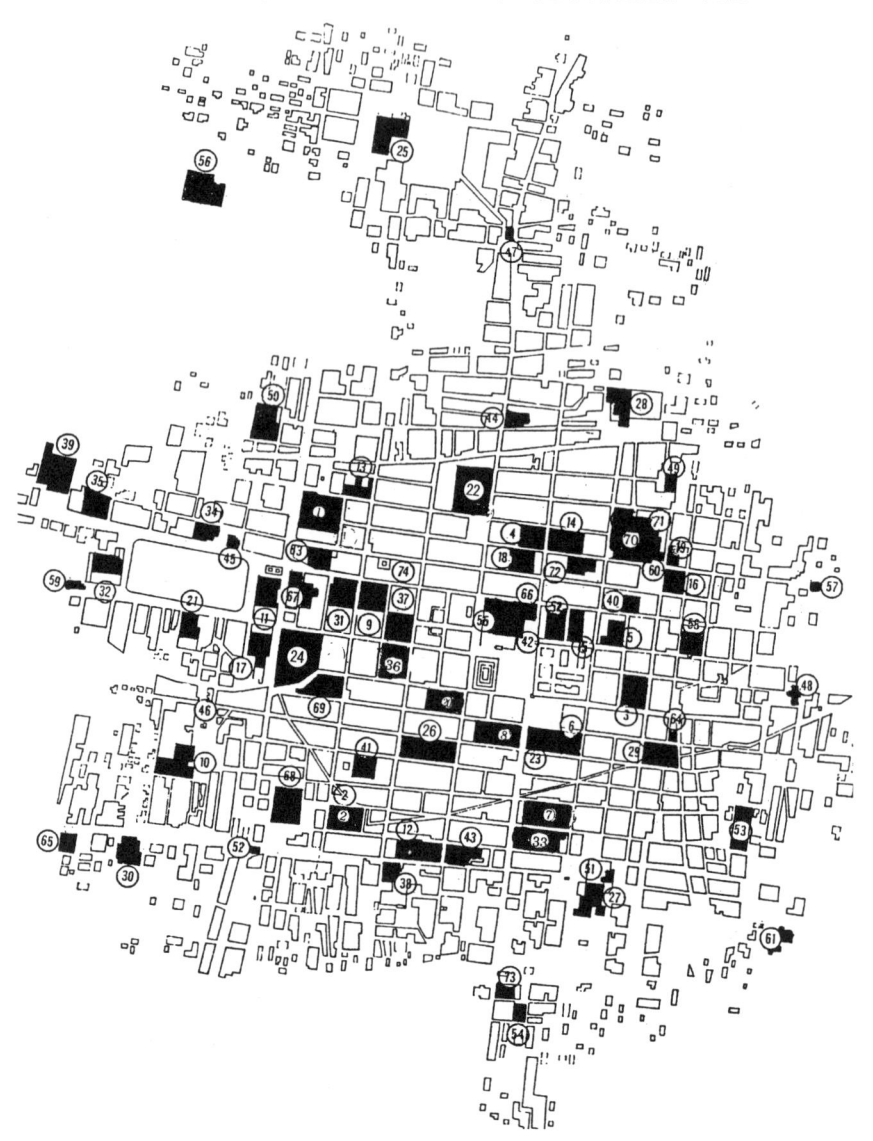

[出所] María Dolores Morales, "Estructura urbana y distribución de la propiedad en la Ciudad de México en 1813," *Historia Mexicana*, no.99(1976) および Antonio García Cubas, *EL libro de mis recuerdos* (México, D.F.: Editorial Patria, 1950) から作成。

第 2 章　レフォルマ革命（1854-1876 年）とカトリック教会　75

レフォルマ革命前のメキシコ市内における教会関係建造物　（番号は地図上の数字に対応）

名称と建物の種類	名称と建物の種類
1. コンセプシオン女子修道院	38. モンセラ男子修道院
2. レヒーナ女子修道院	39. サンフェルナンド（男子）学校
3. ヘスマリア女子修道院	40. サンニコラス宿泊所
4. エンカルナシオン女子修道院	41. 旧サンヘリペネリ祈祷室
5. サンタイネス女子修道院	42. サグラリオ教区教会
6. バルバネラ女子修道院	43. サンミゲル教区教会
7. サンホセ・デ・グラシア女子修道院	44. サンタカタリナマルティル教区教会
8. サンベルナルド女子修道院	45. サンタベラクルス教区教会
9. サンタクララ女子修道院	46. サンホセ教区教会
10. サンフアン・デ・ラペニテンシア女子修道院	47. サンタアナ教区教会
11. サンタイサベル女子修道院	48. サンタクルス・イ・ソレダ教区教会
12. サンヘロニモ女子修道院	49. サンセバスティアン教区教会
13. サンロレンソ女子修道院	50. サンタマリア教区教会
14. サンタカタリナ・デ・セーナ女子修道院	51. サンパブロ教区教会
15. サンタテレサ・ラアンティグア女子修道院	52. コンセプシオン教区教会
16. サンタテレサ・ラヌエバ女子修道院	53. サントトマス・ラパルマ教区教会
17. サンタブリヒダ女子修道院	54. サンタクルス・アカトラン教区教会
18. エンセニャンサ・アンティグア女子修道院	55. 大聖堂
19. エンセニャンサ・ヌエバ女子修道院	56. ロスアンヘレス教会
20. カプチナス女子修道院	57. サンアントニオ・トマトラン教会
21. コルプス・クリスティ女子修道院	58. サンティシマ教会・病院
22. サントドミンゴ男子修道院	59. カルバリオ礼拝堂
23. ポルタセリ男子修道院	60. ロレト教会
24. サンフランシスコ男子修道院	61. サンディゴ礼拝堂
25. サンティアゴ・トラテロルコ男子修道院	62. 大司教付属学校
26. サンアグスティン男子修道院	63. サンアンドレス病院
27. サンパブロ（男子）学校	64. 孤児院
28. カルメン男子修道院	65. サンミゲル・デ・ベレン学校
29. メルセー男子修道院	66. 神学校
30. ベレン・デ・メルセダリオス男子修道院・学校	67. テルセロス・デ・サンフランシスコ病院
31. ベトレミタス男子修道院	68. ビスカイナス女子学校
32. サンディエゴ男子修道院	69. 女子児童学校
33. サンカミロ男子修道院	70. サンペドロ・サンパブロ学校
34. サンフアンデディオス病院・教会	71. サングレゴリオ学校
35. サンイポリト男子修道院	72. サンイルデフォンソ神学校
36. エスピリトゥ・サント男子修道院	73. サンアントニオ・アバー学校
37. サンフェリペネリ男子修道院	74. ディビノ・サルバドル病院

注　62〜66 は在俗司祭が関わる学校と団体；67〜69 は教会附属の学校と病院；70〜74 は聖職者が運営するもの。

の完全な家屋調査であった[40]。人口約12万の，当時のメキシコ市街地と周辺に位置する家屋の所有者別家屋数とその資産価値をまとめたものが**表2-3**である。この表によると，所有者総数の約94％を占める個人の所有者2,066名は，平均1人あたり1.6軒の建物を所有し，その資産価値の合計はメキシコ市内の家屋の総資産価値の45％を占めていた。これに対して，団体のうちの最大のグループである102の宗教団体は，全家屋の37％と資産総額の47％を所有していた。なおモラレスは，個人および各宗教団体が所有する家屋数と資産価値を詳細な一覧表に整理している。ただし，宗教団体がその本来の目的のために所有する礼拝堂，修道院，修道院付属の果樹園，教会が運営する慈善施設，学校などは，この家屋と資産価値の算出の対象となっていない。

そこで，以上の家屋以外に教会関係の建物がメキシコ市でどのような姿で存在していたかを知るために，19世紀半ばのメキシコ市の市街地におけるカトリック教会各派の礼拝堂，修道院，慈善施設，教育施設などが占めていた状況を，同時代の歴史家ガルシア=クーバス（Antonio García Cubas）の著作と，メキシコ市の年代記を参照しながら再現したのが，**図2-1**で黒塗りにした教会施設の占有面積である。これらの規模は，必ずしも正確に示されているわけではないが，先に挙げた資産価値47％の市街地家屋に加えて，**図2-1**で示された多数の教会の占有する敷地面積を併せて検討するなら，カトリック教会がメキシコ市内の主要な空間の大半を所有していたという解釈は，かなり現実的な実態把握であろう。

表2-3 メキシコ市内の所有者タイプ別所有者数と家屋数およびその評価額（1813年）

所有者タイプ	所有者数	家屋数	家屋の資産価値総額（ペソ）
教　会	102	2,016	18,005,890
個　人	2,066	3,281	17,048,855
政　府	30	194	2,964,835
民間団体	7	26	212,680
互助団体	2	3	7,080
合　計	2,207	5,520	38,239,340

［出所］　María Dolores Morales, "Estructura urbana y distribución de la propiedad en la Ciudad de México en 1813," *Historia Mexicana*, no. 99 (1976), p.367.

ところでクノールトンの研究によると，当時，不動産にはほとんど流動性がなかった。メキシコ市の人口約12万のうち，何らかの不動産を所有していたのは1.6％にすぎず，ほとんどの住民は教会所有の借家に住んでいた。さらに，19世紀半ばに活躍した自由主義派のリーダーたちのほとんども，借家の住民であったことが知られている。家賃は長年にわたって低く抑えられており，生活困窮者の家賃滞納を家主であった教会は，しばしば見逃してくれたとされる。そのかわり，住居の破損を家主の教会が修理することはめったになく，市街地の生活環境は悪化の一途をたどっていた[41]。自由主義勢力は，これを「教会が死蔵する不動産」と捉え，これらの莫大な不動産に流動性を与えることによって経済の活性化を図ることを目指していた。

以上のように，教会所有の不動産が占拠するメキシコ市は，レルド法と教会資産の国有化法によって大きく変化した。ただし，レルド法は賃貸家屋の売却を図ったもので，宗教団体に使用される建物は対象外であった。しかし第1節で取り上げたように，レルド法の実施に反対して政府転覆の陰謀を企てたサンフランシスコ男子修道院の場合には，レルド法の対象となっていなかった教会の本来の目的のために使用する建物すら強制的に解体され，4ブロックを占めた広大な敷地（**図2-1**の24）が，新しく開かれた道路で分断されて，**図2-2**でみるような新市街地が出現した。教会自らも，所有する広大な果樹園の一部を分割し，市民に早々と分譲した例もあった。地図上には示されていないが，当時はメキシコ市郊外に位置していたサンアンヘル地区（現在のメキシコ市南西部）に，広大な敷地を所有していたカルメン修道院がその代表的な例である[42]。

教会資産国有化法によって修道院が接収されると，メキシコ市街地の様相は大きく変化した。サンフランシスコ修道院のほかに，市内で有数の大規模な敷地を所有していたサントドミンゴ男子修道院（**図2-1**の22）とサンアグスティン男子修道院（同図の26）が1861年末までに接収され，売却された。また，1861年2月5日の法律で女子修道院の約半分が閉鎖され，さらに1863年2月26日の政令ですべての女子修道院が廃絶された。

バサンの研究によると[43]，このような経緯を経て1861–1863年の間に，メキ

78 第Ⅰ部 革命以前の政教関係

図2-2 レフォルマ革命後のメキシコ市街地

白色　　レフォルマ革命後の道路と広場
薄墨　　レフォルマ革命後の市街地（建造物）
太黒枠　旧教会敷地
黒塗り　残された礼拝堂

［出所］ Guillermo Tovar de Teresa, *The City of Palaces: Chronicle of a Lost Heritage* (2 vols.; México, D.F.: Fundación Cultural Televisa, A.C., 1990), Ⅱ より作成。

第 2 章　レフォルマ革命（1854-1876 年）とカトリック教会　79

中心部の教会敷地の接収と再開発

シコ市内の家屋総数4,000戸のうち教会所有の貸家2,007軒が，約1,000人の市民に買い取られた。この数字は，1813年の調査を基にすると，教会が賃貸していた貸家のほとんどすべてが売却されたことになる。また，市民1人あたり平均で2軒の家屋を購入したことになるが，実際には大多数の市民は賃借していた家屋のみを買い取った。しかし，特定の少数の人物が30戸から60戸もの家屋を購入しており，4万ペソ以上の高額物件を購入した78名の取得物件評価総額が，取り引きされた総額の43％に達していた。このように，新たに不動産所得者となった人びとのうち，49名のメキシコ人の職業が分かっているが，その中の多数が自由主義政府の高級行政官と軍部将官であった。もっとも，彼らもまた伝統社会の中で家を所有せず，教会の賃貸家屋に居住していたから，それをそのまま買い取ったともいえよう。

　以上で整理したメキシコ市で起こった変化から，次のような結論を引き出すことができよう。自由主義派政府に断固として対決を挑んだカトリック教会は，レフォルマ戦争で決定的な敗北を経験し，保守派政府の軍事活動を支えるために莫大な資金を提供しながら，保守派政府の敗北によってそれを無にしただけでなく，教会が3世紀以上にわたって蓄積してきた不動産のほとんどを失うことになった。しかし自由主義勢力にとっても，マイナスの面が少なくなかった。

　まず第1の問題は，教会所有の不動産の解体が，一部で中産階級の形成に寄与したとはいえ，特定のグループに莫大な富が集中したことも事実であったからである。たとえば，のちにポルフィリオ・ディアス政権時代に財務大臣として辣腕を振るうことになるリマントゥール（José I. Limantour）の父親は，レフォルマ時代にフランスからメキシコに移住し，この時期に60戸の家屋を購入しているが[44]，自由主義派政府軍に売却する武器の輸入を一手に引き受けて莫大な富を得ただけでなく，メキシコ市内の多くの資産も手に入れている。

　第2の問題は，先住民が保持してきた共有地が自由主義経済の理念に反するとして解体されたことである。ただし，村落共有地の解体の問題点を理解した自由主義派政府は，1860年にはそれを中止したため，すべての共有地が解体さ

れたわけではなかった。しかし多くの混乱を生み，のちのディアス時代における大規模な共有地解体につながったことは事実である。また，すでに述べたベリーとバサンの研究で知られているように，先住民たちが自発的に共有地の分割と私有化に参加した例もあった。

　第3の問題は，教会資産の売却の過程が，必ずしも公平ではなかったことである。評価額の3分の1から4分の1という低価格で売却されたとはいえ，庶民にとっては多額の資金を必要とした。したがって，公示から3ヵ月以内の買い取りという条件，競売という手段などは，結果として特定のグループに資産が集中することを助けることになった。

　第4の問題点は，教育や医療・福祉関係に使用されていた，教会所有の不動産が接収されたことである。教育と医療・福祉事業における，実質的に唯一の担い手であった教会が所有するそれらの施設が接収されたことで，社会的な混乱を拡大させた。

む　す　び

　自由主義勢力の実権掌握とその改革の政治である「レフォルマ革命」は，メキシコに血みどろの内戦とフランスによる武力干渉を引き起こしたが，結果としてカトリック教会が富と特権のほとんどを失った過程を，本章では明らかにした。

　第4節で検証したメキシコ市の事例が，全国規模での教会保有の不動産の解体を証明しているわけではないが，植民地時代に副王庁が置かれ，アメリカ大陸におけるカトリック教会の権威と権力の拠点であったメキシコ市に集中していた教会所有の不動産の解体は，大きな意味を有している。このように，莫大な不動産を失ったことに加えて，教会組織もまた崩壊の危機に瀕した。保守勢力と一体化した教会が，保守派政府を支援し，その保守派政府が敗れたことで高位聖職者は国外へ追放され，メキシコとローマ教皇庁との公式の関係が断絶したことで，教会は人的資源を失っただけでなく補充すらできなくなったからである。さらに，フランス軍の介入とマキシミリアン帝政を出現させた保守勢

力とカトリック教会の行動は，メキシコのナショナリズム（国家主義・民族主義）を台頭させ，反教権主義を強化させた。

なお，改革諸法による教会および聖職者の活動を制約した規定のほとんどは，1917年の革命憲法に取り込まれた。レフォルマ革命とメキシコ革命における教会問題で根本的に異なる点は，レフォルマ革命が信教の自由を文字通り目指し，教会の組織と信仰という宗教的内面に介入しなかったのに対して，メキシコ革命は，国家が教会をあらゆる面で管理したことである。これについては第7章で取り上げる。

第3章　ディアス時代（1876-1911年）とカトリック教会

はじめに

　本章の目的は，ディアス時代における教会が，多くの研究者の解説する「復活説」[1]とは異なり，過去の栄華と富を取り戻すことはなかったことを実証すると同時に，カトリシスモ・ソシアル（社会活動を実践するカトリック。以下，本書では社会活動と表記する）と呼ばれる新たな活動分野を開拓して，変身したその変容過程を考察することにある。

　まず第1節では，前章で明らかにしたような壊滅的な打撃を受けたカトリック教会が，ディアス時代を通じて復活したとする伝統史観を検証する。第2節では，教会復興の鍵となったローマ留学制度による，新しいエリート世代の出現過程をみる。第3節では，ディアス大統領と教会首脳との関係を検証し，第4節で新しいエリート世代が取り組んだ社会活動の実態を考察する。そして第5節において，ディアス時代の教育が教会の影響下におかれたとする伝統史観を改めて検証する。

1．ディアス時代におけるカトリック教会に関する伝統史観の検討

　メキシコ史の時代区分で，ディアス時代は，ポルフィリオ・ディアス（Porfirio Díaz）による35年に及ぶ長期独裁政権時代として扱われる。そしてこの時代は，疑いもなく政治的にはディアスによる長期独裁時代であり，経済的には19世紀の自由主義経済政策が典型的に遂行されて，大量に流入した外国資本による華々しい経済発展を遂げた時代であった。同時に，経済発展が一部の特権階級に富を集中させ，大多数の国民が抑圧と貧困の中で生きた時代となった。

しかし上記のような概要によって，ディアス時代のメキシコが強力な独裁体制下にあって，あたかも統一国家であったかのように捉えるのは誤りである。経済発展が進んだ20世紀初頭のメキシコは，資源開発が集中的に進んだ地域のみが大きな変化を遂げる一方で，多くの地方が孤立し，国民と呼ぶにはあまりにも未統合な多民族からなる住民が独自の社会で暮らす多様な地域社会で構成されており，それらの地域社会のエリート層を「パンかそれとも棍棒か」と呼ばれた巧みな論功行賞的手法で間接的に支配したのが，ディアス体制であったからである。

ディアスは，1876年の武装蜂起でレルド政権（Sebastián Lerdo de Tejada; 在任1872-1876年）を倒し，1880-1884年のマヌエル・ゴンサレス政権（Manuel González）を除き，1910年の選挙で7期目の大統領に選出されて，長期独裁者としてメキシコの歴史に名を残した。しかしディアスは，ベニート・フアレス（Benito Juárez）を代表とする19世紀後半の自由主義勢力の中核を担った人材のひとりとして，自由主義勢力が勝ち取ったレフォルマ革命の成果である「政教分離と，教会の特権および富の剥奪」という歴史的実績を反古にすることはなかった。この意味では，本書の主題である「国家とカトリック教会の関係」を軸としてメキシコ近代史を扱う場合，マヌエル・ゴンサレス時代を含めたディアス時代（1876-1911年）は，1854年にはじまり1911年に幕を閉じる，半世紀を超えるメキシコ自由主義時代の後半として位置づけることができる。

自由主義時代の前半は，前章で取り上げたレフォルマ戦争（1858-1860年），フランス干渉戦争とマキシミリアン帝政時代（1863-1867年）を戦い抜いたフアレスを代表とする自由主義勢力がスペイン植民地時代に築かれた旧体制を解体して近代メキシコ国家の基礎を築いた時代であり，それを継承して発展させたのが後半のディアス時代である。前章で検証したように，フアレスとレルドが主導権を握った前半（1854-1876年）では，「自由と平等」という自由主義理念の実現のために，「軍人と聖職者」という植民地時代の特権階級が保持してきたフエロを廃止し，教会を最大の所有者とする団体組織や地域共同体所有の不動産を個人の私有財産に転換した。この意味では，植民地時代の旧体制を解体

するという目的の一部は達成された。しかしフアレス時代は，旧体制を破壊し自由主義理念に基づく国民国家の枠組を構築したところで終わり，自由主義経済の発展段階に達することはなかった。このフアレスたちが築いた基盤の上に，現実的な妥協を図りながらメキシコの経済発展を成し遂げたのがディアス時代である。自由主義経済思想に基づく経済活動はやがて社会の底辺で暮らす人びとにも及ぶという考えを，メキシコの自由主義者たちは信じていた。この意味では，フアレスとディアスの間に思想的な乖離はない。また，政教分離と信教の自由を確立したフアレスとレルドの時代を通じて，自由主義勢力がつくりあげた新たな国家と教会の関係（以下，政教関係とする）を，ディアスが破棄することもなかった。

しかしメキシコ近代史を扱った，いわゆる伝統史観に立つ歴史書の多くが，先に指摘したように，「ディアス時代のカトリック教会は，レフォルマ革命で失った富と権力を取り戻した」としてきた。そのような解釈を修正しつつあるのが，政教関係に関する近年の研究である。後述するようなさまざまな研究によって，ディアス大統領と教会首脳の間の妥協と駆け引きが明らかにされ，従来の研究者が説明してきたようなディアスの一方的な教会への妥協があったわけではなく，また教会が富と権力を確実に取り戻したわけでもなかったことが，明らかにされている。

ディアス時代に教会がその地位と富を復活させたことを記述した多くの著作の中で，直接的または間接的に頻繁に引用された1次資料は，ロメロ=フローレス (Jesús Romero Flores)，マーティン (Percy F. Martin)，ターナー (John Kenneth Turner) らの著作である。いずれも，ディアス時代に同時代人として生きた証人たちである。

ロメロ=フローレスは，歴史家・教育者としてディアス時代から革命再建時代を含めて長い公人生活を送った人物で，1917年憲法の制憲議会代議員のひとりであった。メキシコ革命政権下ではさまざまな職務を歴任し，歴史家・教育者として多くの著作を世に出した[2]。

マーティンは，アジア・アフリカ・アメリカ大陸を広く旅行し，単なる旅行

記を超える各国の事情を書き残したイギリス人作家で，20世紀初頭のメキシコ各地を歩いて，2巻からなる『20世紀のメキシコ』(Mexico of the Twentieth Century) を1908年に出版した。この著作の1巻の3分の1は，教会が置かれた状況を観察したものとなっており，資料的価値の高い文献として引用されてきた[3]。

ターナーの著作『野蛮なるメキシコ』(Barbarous Mexico) は，ディアス時代の住民抑圧の状況を告発した書として知られている。ターナーは，1908年と1909年にメキシコ視察旅行を行ない，さらに1909年の冬から翌年の春にかけて全国各地を歩いて観察したディアス独裁体制の残虐な強権支配の実態と，極貧状態の中で奴隷に等しい扱いを受ける農業労働者ペオンや都市労働者についてまとめたルポルタージュをアメリカの雑誌に掲載し，それをまとめた『野蛮なるメキシコ』を世に出した。この著書には，教会問題を体系的に論じた箇所はない。しかし，ディアスがメキシコのカトリック教会ヒエラルキーとヴァチカンに無言の支持を与え，ディアスにとっては2度目となる，敬虔なカトリック信者である典型的なメキシコ上流社会の女性であったカルメンとの結婚で，ディアスの教会支持がいっそう強まったというような，ディアスの教会寄りの姿勢を随所で点描している[4]。

以下では，以上のような著作および多様な資料を引用してまとめられ，古典的な名著として後世の多くの研究者に引用されてきた，ミーチャム (J. Lloyd Mecham) の『ラテンアメリカにおけるカトリック教会と国家』(The Church and State in Latin America)[5] からディアス時代の教会復活の姿がどのように紹介されているかを概要する。

教会は1890年代以降，目覚しい復活を遂げ，内務省が度重なる通達を出したほど，レフォルマ革命で制定された反教権的法律をほとんど無視した。聖職者たちは，禁じられているはずの僧衣姿で街を歩き，宗教儀式を野外で執り行ない，教会の鐘が打ち鳴らされ，ミサの説教では政治批判がなされた。教会への富の集中は著しく，貧者のささやかなお布施や富裕層が払う「十分の一税」が教会の財源を潤した。その結果，多くの聖職者が金貸し業や商業の隠れた事

業者になった。教会所有の資産もまた，1874-1910年の間に2倍になり，レフォルマ革命で売却されたはずの建物が教会の手に戻って，教会は再び大地主となり，新しい礼拝堂が建設された。教会と聖職者たちは，禁止されている遺産相続を含む各種の贈与を受け取り，信者に対しては高額の宗教サービス料を要求した。教会は，1916年にはメキシコの全資本の10％を所有しており，その資本はヨーロッパの銀行名でメキシコ国内の借入者に融資された。教育の分野における教会の復活も著しかった。ディアス時代の政府による教育は全般的に進まず，学校経営も実質的に教会に依存し，1885年に存在していたカトリック系学校276校は，1907年には593校へと増加した。修道会も復活し，修道院が建設された。そして，「ディアスにとって教会はもっとも忠実な同盟者であった」とまでミーチャムは述べている。

　このようなミーチャムの記述を読むかぎり，ディアス時代にカトリック教会が確実に復活を遂げたという印象を受けても不思議ではない。しかし，これらの個々の事実は正しいものであったとしても，教会復活の状況がバランスよく描写されたものとなっていないことは確かである。たとえば，マーティンの著作の引用の場合，引用が恣意的で，教会復興の印象の強い箇所のみが強調されている観をぬぐえない。マーティンの著作を丁寧に読むと，教会が必ずしもそのような復興だけを遂げていたわけではなかったことが分かる。20世紀初頭，すなわちディアス時代後半のメキシコ社会が，敬虔なカトリック信者によって構成された社会であり，メキシコ人はカトリック教会に対する畏敬の念を片時も忘れず，スペインやイタリアを含めた世界のカトリック諸国と比較してもメキシコほどカトリック信仰の強固な国はないと指摘したマーティンは，同時にメキシコのカトリック教会を「中世の教会」と呼んだ。そしてディアス時代の自由主義勢力のエリートたちが「狂信的」といえるほど反教権主義者であった事実もまた，紹介している。地域によっては，法律で禁止された宗教行列が厳しく取り締まられていることも記述しており，1906年3月に起こった次のような事件も紹介している。ひとりの聖職者が規制を無視して宗教行列を組織したが，直ちに市長の命令で逮捕され拘留された。釈放されたのち，信者と教会に

戻って勝利を祝ったが，この聖職者はその後2度と宗教行列を行なわなかったという[6]。このようなマーティンの記述は，1881年から19世紀末まで頻繁にメキシコを旅行し，膨大な記録を残したアメリカ人女性作家タウンゼンド（Mary Ashley Townsend）が観察した，ディアス時代の教会描写とかなり一致している。

　タウンゼンドは，詩人・小説家・新聞コラムニストとして，主としてニューオーリンズで活動したアメリカ人女性で，1881年の最初のメキシコ旅行から1901年の事故死にいたる期間，頻繁にメキシコ各地を旅行し，その都度まとめた旅行記が新聞に掲載された。ニューオーリンズのチューレーン大学図書館が所蔵する，膨大な未発表の手紙や文書を含むコレクションの中から選択されて，『メアリー・アシュリー・タウンゼンドのメキシコ紀行』（*Here and There in Mexico: The Travel Writings of Mary Ashley Townsend*）としてまとめられた著作を読むと，タウンゼンドがマーティンに劣らず優れたディアス時代のメキシコ観察者であったことが分かる。娘のひとりがメキシコ人と結婚したこと，自分でもチャパラ湖畔（ハリスコ州グアダラハラ市近郊）に家をもち，フランス語とスペイン語を流暢に話したタウンゼンドは，メキシコ人の富裕層の間にも親しい友人がいた。かなりのメキシコ贔屓であったが，先住民や貧困に苦しむ庶民の状況については，政府と富裕層を批判する視野の広さもあった。カトリック教会関係については人びとの暮らしや行事の描写の中に現われるが，彼女はメキシコのカトリック教会のおかれている状況とその歴史についてかなり正確な知識をもっていた。ベラクルス州のオリサバ市に滞在していた時の観察は興味深い。教会めぐりをして，どの教会のミサも信者でいっぱいであることの発見，修道院が廃墟と化している様子，また聖職者たちが外出する時の服装にも言及している。禁じられている僧衣を着用しないかわりに，全身をつつむほど長い黒色のマントを着て，頭にはシルクハットをかぶって街を歩いていたという。その服装は，一般のメキシコ人とはあまりにも異質で，聖職者であることを誰もが特定できるようなものだと記している。なお，タウンゼンドの著作には写真が掲載されていないが，この聖職者の新しいファッションは，さまざまな書物の中でみることができる。また，メキシコ市ではレフォルマ時代に解体された壮

大な修道院のひとつであったサンアグスティン修道院がすでに国立図書館に転用されていたこと，建物も蔵書もアメリカの第一級の図書館と比較して遜色がないことにも，彼女は言及している。そして宗教儀式が公共の空間で行なわれることが禁止されていることにも触れている[7]。マーティンとタウンゼンドの著作の資料的価値は，ディアス時代のメキシコの地方を広く歩いて観察していることにある。先に指摘したように，当時のメキシコが多様な地域社会から成り立ち，独立国家という1つの枠組で理解しようとすると現実を見失うことを示している。

2．教会「再建」への道

　ディアス時代におけるカトリック教会の再建への努力は，ヴァチカンの強い支援で行なわれた。1859年に，メキシコとの外交関係を断たれたヴァチカンは，メキシコの有力者がローマを訪問することを歓迎した。とくに前章で取り上げた，メキシコから追放されたプエブラ司教ラバスティーダ神父（Pelagio Antonio Labastida）を厚遇し，メキシコとの外交関係の再開の機会を探っていた。1869年12月8日から翌1870年7月18日の間に，ローマで開催された第1回ヴァチカン公会議に，世界中から774名の高位聖職者が参加したが，メキシコからもラバスティーダ司教のほかに5名の司教が出席した[8]。いずれも，レフォルマ革命と内戦およびマキシミリアン帝政の崩壊で，メキシコから追放されていた司教たちである。

　1870年代のメキシコのカトリック教会は，レフォルマ革命と内戦（レフォルマ戦争とフランス干渉戦争）によって被った打撃から復興するには，資金も人材も欠く厳しい状況にあった。ディアスが実権を掌握する1年前の1875年の数字によると，196万 km^2 の国土が16の司教区に分かれ，それらの司教区は3名の大司教がそれぞれ統括するプロビンシアと呼ばれる大司教管区にまとめられていた。この時期の正確な聖職者数を示すことは難しいが，どの司教区でも聖職者が足りず，信者への教会の対応が極端に低下していたことは容易に推測できる。ディアス時代に教会再建のための活動を指揮した高位聖職者の1人モン

テス=デ=オーカ (Ignacio Montes de Oca) が 1871 年にタマウリパス司教区へ赴任した時，広大な司教区を分けていた 39 教区のうち 12 教区で司祭が不在であり，他の 15 教区の司祭たちも，病気か病弱でほとんど活動できない状況であったという。つまり，39 教区のうちまともに宗教サービスが行なわれていたのは 12 教区のみということになる。ベラクルス州，オアハカ州，チアパス州，タバスコ州などメキシコ南部および南東部の諸州では，とりわけ聖職者不足が慢性的に深刻な状態で，多くの村や集落には礼拝堂もなく，住民の多くはキリスト教の教えをまったく伝授されておらず，数十年来聖職者が訪れたことのない地域すら存在していたという[9]。

　教会再建の第一歩は，聖職者の人材育成であった。しかし，レフォルマ革命以前に機能していた各司教区に 1 校あった神学校のほとんどが閉鎖され，接収されており，この間の政変によって再開されたものもあるが，1870 年代に入っても教会組織は聖職者を養成する機能をほとんど失ったままであった。この時代の貴重な証言者の 1 人であるマリアノ・クエバス (Mariano Cuevas) は，メキシコのカトリック教会は一部の都市を除くと住民に対する宗教サービスを提供できる状況になかったと指摘している。さらに，ディアス時代前期にあたる 1876-1895 年の時期に，メキシコの教会上層部はディアス政権に怯え，聖職者たちは臆病になり，ほとんど独自の行動を起こす状況になかったという[10]。すなわちディアス時代前半のディアス自身は，フアレスやレルドと等しく自由主義者であり，反教権主義者であったと理解することができる。

　一方，教会を復活させるために必要な人材の育成を図る長期計画が，ローマ亡命中のメキシコ大司教ラバスティーダの働きかけで 1870 年にはじまっていた。それはメキシコの優秀な若者を，ローマにあるラテンアメリカ・ピオ学院 (Colegio Pío Latino Americano　以下，ピオ学院と省略する) へ送り出すというものであった。なお，ラバスティーダ大司教はプエブラ司教であった 1856 年に，コモンフォルト大統領によって追放されてヨーロッパに滞在し，1863 年にナポレン 3 世がメキシコに送り出したマキシミリアン皇帝に随行してメキシコに戻り，1867 年のマキシミリアン帝政の崩壊によって再び亡命してローマに滞在し

ていた。

　1858年にローマ市内に設立されたピオ学院は，ラテンアメリカ諸国の聖職者養成のための留学生寮で，19世紀初期のラテンアメリカ諸国の独立によってはじまった各国のカトリック教会の没落と衰退に歯止めをかけ，同時にローマ教皇の影響力を強化する目的で設立されたものである。実質的な創設者であるチリ人神父エイサギーレ（José Ignacio Victor Eyzaguirre）がラテンアメリカ諸国を歴訪し，各国の教会首脳と懇談して資金の提供を受け，1858年11月12日に17名の学生を擁して開設した。メキシコを訪れたエイサギーレは，メキシコ市のほかにプエブラ，ミチョアカン，チアパスを訪れている[11]。

　このピオ学院では，ラテンアメリカ諸国から送り出された，年齢においても学力においても大きな差のある多様な若者たちが共同生活を送りながら勉学に励み，最終的にはローマのグレゴリオ大学で学位を取得して祖国に戻った。幼くして送り出された者はローマ市内の学校に通うことからはじめ，ラテン語能力の劣る者はラテン語の特訓を受けて，グレゴリオ大学への入学に備えた。当時のグレゴリオ大学の授業はラテン語で行なわれていたからである。そして，数年から十数年という長期留学を終え，学位を得て母国に戻ると，彼らは高位聖職者への道を歩んだ。もちろん，途中で挫折した若者たちも少なくなかった。

　ローマ亡命中のメキシコ大司教ラバスティーダがメキシコからも若い神学徒をローマへ送り出すよう働きかけた相手は，甥にあたる，当時サモラ（ミチョアカン州）教区司祭であったプランカルテ=ラバスティーダ（Antonio Plancarte Labastida）である。プランカルテ=ラバスティーダは，ローマ教皇庁官吏を養成するためのイタリア貴族の子弟教育機関であった貴族教会アカデミー（Academia Eclesiástical de Nobles）で学んだことがあり，のちにディアス時代の教会再建に重要な役割を担った人物のひとりである。こうしてはじまったメキシコのローマ留学制度は，ディアス時代後半の教会再生に大きな成果をもたらした。ピオ学院へ送り出された留学生のうち，帰国後に高位聖職者となった人物たちの留学期間とその後の経歴をまとめたのが**表3-1**である。

　最初に挙げてあるモンテス=デ=オーカは，ラバスティーダ大司教の提案によ

92　第 I 部　革命以前の政教関係

表3-1　レフォルマ革命期とディアス時代のローマ留学生と帰国後の経歴

	留学生名と生没年	ローマ留学期間	帰国後の主な経歴
1	モンテス=デ=オーカ Ignacio MONTES DE OCA (1840-1921)	1860-1862	1871 タマウリパス司教 1879 リナレス司教 1884 サンルイスポトシ司教（～ 1921）※
2	プランカルテ=イ=ナバレテ Francisco PLANCARTE Y NAVARRETE (1856-1920)	1870-1883	1895 カンペチェ司教 1898 クエルナバカ司教 1911 リナレス司教（～ 1920）
3	モーラ=イ=デルリーオ José María MORA Y DEL RÍO (1854-1928)	1876-1881	1893 テワンテペック司教 1901 トゥランシンゴ司教 1907 レオン司教 1908 メキシコ大司教（～ 1928）
4	エレーラ=イ=ピーニャ Juan de Jesús HERRERA Y PIÑA (1865-1927)	1876-1890	1898 メキシコ教皇大学学長 1907 トゥランシンゴ司教 1921 リナレス司教（～ 1927）
5	オロスコ=イ=ヒメネス Francisco OROZCO Y JIMÉNEZ (1864-1936)	1876- ?	1902 チアパス司教 1912 グアダラハラ大司教（～ 1936）
6	ビリャセニョール Enrique VILLASEÑOR (1865-1934)	1876-1885	
7	イバーラ=イ=ゴンサレス Ramón IBARRA Y GONZÁLEZ (1853-1917)	1878-1882	1890 チラパ司教 1902 プエブラ司教 1903 プエブラ大司教（～ 1917）
8	ルイス=イ=フローレス Leopoldo RUÍZ Y FLORES (1865-1941)	1881-1889	1900 レオン司教 1907 リナレス司教 1911 ミチョアカン司教 1912 ミチョアカン大司教（～ 1941）
9	M. トリトシュレール=イ=コルドバ Martín TRITSCHLER Y CÓRDOVA (1868-1942)	1883-1893	1900 ユカタン司教 1908 ユカタン大司教（～ 1942）
10	アマドール=イ=エルナンデス Rafael AMADOR Y HERNÁNDEZ (1856-1923)	1885-1888	1902 ウアフアパン司教（～ 1923）
11	G. トリトシュレール=イ=コルドバ Guillermo TRITCHLER Y CÓRDOVA (1867-1952)	1888-1902	1931 サンルイスポトシ司教 1941 モンテレイ司教（～ 1952）
12	ヌニェス=イ=サラテ José Othón NÚÑEZ Y ZARATE (1867-1941)	1890-1893	1909 サモラ司教 1922 オアハカ大司教（～ 1941）
13	フルチェリ=イ=ピエトラサンタ Manuel FULCHERI Y PIETRASANTA (1874-1946)	1897-1901	1912 クエルナバカ司教 1922 サモラ司教（～ 1946）
14	フィエロ=イ=テラン Filmón FIERRO Y TERÁN (1859-1905)	?	1897 タマウリパス司教（～ 1905）

| 15 | マンリケ=イ=サラテ
José de Jesús MANRIQUE Y ZARATE
(1884-1951) | 1903-1909 | 1923 ウエフトラ司教
以下，省略 |
| 16 | ゴンサレス=イ=バレンシア
José María GONZÁLEZ Y VALENCIA
(1884-1959) | 1904-1910 | 1922 ドゥランゴ司教
1924 ドゥランゴ大司教
以下，省略 |

注　カッコ内の数字は死去した年を示す。
[出所]　José Bravo Ugarte, *Diócesis y obispos de la Iglesia Mexicana* (1519-1965) (México, D.F.: Editorial Jus, 1965) より作成。

ってはじまるローマ留学制度以前に留学して，ピオ学院で留学生活を送ったメキシコ人のピオ学院入学生第1号である。教会がメキシコから送り出した最初の留学生プランカルテ=イ=ナバレテ (Francisco Plancarte y Navarrete) は，留学時にはまだ14歳であった。1876年の留学組として4名の名前が残っているが，この時にローマに送り出された留学生は16名であった。このグループの中の最年少者のひとりであるエレーラ=イ=ピーニャ (Juan de Jesús Herrera y Piña) は，出国当時わずか11歳で，14年間ローマで学び，グレゴリオ大学から神学博士号，哲学博士号および教会法学博士号を授与されてメキシコに戻っている。同じく11歳でローマに送られたビリャセニョール (Enrique Villaseñor) は，9年間寮生であった記録は残っているが，その後の消息は不明である。同表から分かるように，プランカルテやエレーラを代表とするメキシコ人留学生たちは，数年から十数年に及ぶ留学生活をローマで送り，学位を得て若き聖職者となりディアス時代半ばから次々と帰国した。メキシコから送り出された留学生の正確な名簿を作成し，人数を確定することは難しいが，入手できた文献資料から推定すると，留学生の70-80％は途中で挫折しメキシコの教会再建に関わることがなかったと思われる[12]。

　彼らは，ディアス時代前半に教会再生の事業を担ったプランカルテ神父と，後述するオアハカ司教のエウロヒオ・ギロウ神父 (Eulogio Gillow) の庇護と激励を受け，帰国後は神学校の教授職や大聖堂参事会参事の地位を与えられて，教会復活のための作業の中核で働きはじめた。そして彼らの中から，1890年に37歳のイバーラ (Ramón Ibarra y González) がチラパ司教になったのを皮切りに，

ローマ留学組が次々と40歳前後の若さで司教職を得た。1891年に，同じく39歳でテワンテペック司教となったモーラ=イ=デルリーオ（José Mora y del Río）は，1908年にメキシコ大司教に叙任されたが，この頃までにメキシコの司教会議はそのメンバーと質を大きく変えていた。ローマで受けた高度な知識と洗練された立ち居振る舞いによって教会の威厳を取り戻し，メキシコのカトリック教会再建の情熱をもち続けた彼らが最初にもたらした成果は，メキシコの神学校の

表3-2　レフォルマ革命期とディアス時代における神学校の接収・閉校・新設一覧

年	神学校所在地	状況	特記事項
1856	プエブラ	接収	
1857	コリマ	〃	1882年再建
	チアパス	〃	
1858	サンルイスポトシ	閉校	1859年文学科学院として再開，1867年接収
1859	モレリア	占拠	1863年再建
1860	ドゥランゴ	接収	
	オアハカ	〃	
1861	グアダラハラ		1864年返却，1867年再接収，1869年再建
	レオン	閉校	1864年再開
	ユカタン	廃校	1864年再建，1867年廃校
1861	メキシコ	接収	
1862	モンテレイ	閉校	1864年再開，1867年廃校
1863	チラパ	新設	
1864	ハラパ	〃	
1865	ケレタロ	〃	
	トゥランシンゴ	〃	
	サモラ	〃	
1869	サカテカス	〃	
1873	タマウリパス	〃	
	タンピコ	〃	
1883	シナロア	〃	
1885	**メリダ・カトリック大学**	〃	
1892	テピック	〃	
1894	クエルナバカ	〃	
1895	**メキシコ教皇大学**	〃	
1899	アグアスカリエンテス	〃	
1900	タバスコ	〃	
1902	チワワ	〃	
1903	ウアフアパン	〃	
1905	サルティリョ	〃	
1907	**プエブラ・カトリック大学**	〃	
1911	テワンテペック	〃	

注　神学校所在地欄の太字は大学を示す。
［出所］　Bravo Ugarute, *ibid.*, より作成。

活性化であった。表3-2でみるように、1880年代から1911年までに9つの神学校が司教区に設立され、また3つの大学が創設されて、聖職者の養成が本格的に進められた。同時に、第4節で取り上げる、20世紀初頭のカトリック教会が中心になって展開した、社会活動を推進するカトリック教会の最前線で活動したのがローマ留学組であった。

ピオ学院でローマ留学生活を送った留学生たちが1912年までにメキシコのカトリック教会の組織の中で発揮した影響力を研究したオドヘルティ（Laura O'Dogherty）によると、ディアス時代末期にはローマ留学組の司教が、司教区の約半分を占めていた[13]。先に述べたように、完全な留学生名簿が存在しない現段階では、それを確認する手段は現在のところないが、レフォルマ時代からメキシコ革命にいたる期間に司教区を担当した主任司教の名簿（資料1）と照合してみると、35年間のディアス時代に延べ105名の聖職者が司教、主任司教および大司教に任命され、その中の21名、約20％を留学組が占めたことが分かる。ディアス時代後半の1900-1911年の期間に限ると、その割合は40％にのぼり、しかも彼らはディアス時代後期にメキシコ大司教を含めて重要な地位についていたことからも、教会再生で果たした影響力の大きさが推察できる。図3-1は、1900年代（1900-1911年）にローマ留学組が大司教ないし主任司教を占めていた司教区を示したものである。

しかし、すべてが順調に進んだわけではなかった。なぜなら、ディアス時代半ばのメキシコにおける19の司教区の主任司教のうち、プランカルテとギロウの2人を除けばいずれもメキシコ国内で教育を受け、40代後半になってからの司教職叙任を受けた司教たちで（資料1を参照）、ローマ留学組のエリートたちとの間に大きな意識のずれと嫉妬心が生まれていたからである。ちなみにプランカルテとギロウは、先に紹介したローマ留学時代に、イタリアの貴族の子弟を受け入れてローマ教皇庁の高級官僚を養成するアカデミアの同窓生であり、ローマ教皇庁の内部に一緒に学んだ友人たちをもつ、当時のメキシコの聖職者の中では異色の存在であった。こうして、国内派とローマ留学派の対立から若い留学組のエリートを守るのは、プランカルテとギロウの手腕にかかって

図3-1 1900年代（1900-1911年）にローマ留学組が大司教ないし主任司教となった司教区（灰色部分）　（番号は下記の司教区名に対応）

1	メキシコ	11	サカテカス	21	チワワ
2	ベラクルス	12	コリマ	22	リナレス
3	チラパ	13	テピック	23	サンルイスポトシ
4	トゥランシンゴ	14	アグアスカリエンテス	24	タマウリパス
5	クエルナバカ	15	オアハカ	25	サルティリョ
6	ミチョアカン	16	テワンテペック	26	プエブラ
7	レオン	17	チアパス	27	ウアフアパン
8	ケレタロ	18	ドゥランゴ	28	ユカタン
9	サモラ	19	ソノラ	29	カンペチェ
10	グアダラハラ	20	シナロア	30	タバスコ

［出所］表3-1と資料1より作成

いた。反感と嫉妬が渦巻く権力争いが複雑に展開する中で，ローマ留学組は，第4節で取り上げるローマ教皇が1891年に発表した「レールム・ノヴァールム」による新たな教会の使命とされた社会活動を実践することによって大きな成果を上げ，その知識と行動力と，プランカルテおよびギロウの庇護とによって出世していったといえる。

教会内部の復興への努力は，どのような成果を上げたのだろうか。メキシコの公的な社会統計は，1895年の第1回の国勢調査にはじまるが，その第1回国勢調査と1910年に実施された第3回国勢調査から，州別にカトリック人口と聖職者数をまとめたものが**表3-3**である。ディアス時代後半の15年間に人口は8％増加し，聖職者の数もほぼ8％増加したことから，聖職者1人あたりの全国平均信徒数が1895年の3,500人から1910年の3,369人と若干減少しただけで，状況はほんの少し改善されたにすぎなかった。これを州別にみると，19州と首都メキシコ市（D.F.）で聖職者1人あたりの信徒数が全国平均を上回り，11の州と直轄領では聖職者1人あたりの信徒数が全国平均を下回った。北部のバハカリフォルニア直轄領，コアウイラ州，チワワ州，ソノラ州，タマウリパス州は1895年の状態を改善しており，そのほかにベラクルス州，モレロス州，オアハカ州，チアパス州でも聖職者1人あたりの信徒数を減少させていた。逆に状態を悪化させた州は，カンペチェ州，シナロア州，タバスコ州，サカテカス州であった。

以上の状況を地図で示したのが**図3-2**である。同図では，1910年の聖職者1人あたりの信徒数の全国平均値を基準にして，全国平均を上回る聖職者1人あたりの信徒数3,370～5,000人のグループ，全国平均を大幅に上回って非常に状況が悪い5,001人以上の州，そして全国平均以下の州という3つのグループに分けて示した。この図でみると，1910年における聖職者の配置が信徒数に対して非常に悪い州は，ディアス時代に経済発展を遂げた北部諸州や南東部に集中していることが分かる。ただし先に指摘したように，これらのうち北部諸州は1895年と比べると改善されていた。しかし，タバスコとカンペチェは逆に状況を悪化させていた。なお，聖職者1人が対応する全国平均信徒数3,400人台という数字は，1810年の数字が834人であったことを考えると[14]，すでに状況は全般的に著しく悪化していた。

ディアス時代のカトリック教会がおかれたこのような状況の原因は明らかである。レフォルマ戦争とフランス干渉戦争時代を通じて，経済的にも人材的にも壊滅的な状態に陥ったカトリック教会に，聖職者の養成を行なう余裕がなく，

98　第Ⅰ部　革命以前の政教関係

表3-3　1895年と1910年の国勢調査にみる州・直轄領別人口と聖職者数

州・直轄領＊名	1895年 人口(人)	1895年 聖職者数(人)	1895年 聖職者1人あたりの信徒数	1910年 人口(人)	1910年 聖職者数(人)	1910年 聖職者1人あたりの信徒数
アグアスカリエンテス	104,426	35	2,983	119,754	57	2,100
バハカリフォルニア＊	40,792	3	13,597	50,382	5	10,076
カンペチェ	87,474	12	7,289	85,091	8	10,636
コアウイラ	237,000	29	8,172	353,490	64	5,523
コリマ	55,570	31	1,792	77,528	53	1,462
チアパス	318,388	34	9,364	437,725	52	8,417
チワワ	258,803	36	7,188	384,993	70	5,499
メキシコ市（D.F.）	469,764	408	1,151	701,653	431	1,627
ドゥランゴ	293,685	67	4,383	480,328	110	4,366
グアナフアト	1,061,853	337	3,150	1,080,661	425	2,542
ゲレロ	419,038	82	5,110	591,530	75	7,887
イダルゴ	553,540	95	5,826	641,618	93	6,899
ハリスコ	1,103,985	528	2,090	1,204,460	569	2,116
メキシコ	835,439	202	4,135	983,749	247	3,982
ミチョアカン	892,363	310	2,878	988,456	457	2,162
モレロス	157,938	35	4,512	177,911	50	3,558
ヌエボレオン	305,616	68	4,494	359,855	73	4,929
オアハカ	883,760	170	5,198	1,036,740	239	4,337
プエブラ	981,710	331	2,965	1,099,170	343	3,204
ケレタロ	228,363	101	2,261	244,508	179	1,365
キンタナロー＊				8,195	不明	不明
サンルイスポトシ	566,780	107	5,297	624,741	122	5,120
シナロア	257,861	36	7,162	321,964	36	8,943
ソノラ	189,999	15	12,666	255,703	33	7,748
タバスコ	132,880	22	6,040	186,608	25	7,464
タマウリパス	204,648	24	8,527	246,198	30	8,206
テピック(ナヤリー)＊	148,145	38	3,898	170,459	76	2,242
トラスカラ	165,939	49	3,386	183,618	84	2,185
ベラクルス	813,338	136	5,980	1,127,052	232	4,857
ユカタン	297,755	78	3,817	333,451	104	3,206
サカテカス	450,666	157	2,870	475,485	119	3,995
全　国	12,517,518	3,576	3,500	15,033,076	4,461	3,369

［出所］　México, Secretaría de Economía, Dirección General de Estadísticas, *Estadísticas sociales del Porfiriato, 1887-1910* (México, D.F.: Talleres Gráficos de la Nación, 1956), pp.13-14, pp.18-19. 州と直轄領（＊印）の掲載順位は、原語表記のアルファベット順となっている。

図3-2 1910年における聖職者1人あたりの信徒数でみる州別状況

■ 聖職者1人あたりの信徒数が3,369人（全国平均）以下の州
▨ 聖職者1人あたりの信徒数が3,370～5,000人の州
□ 聖職者1人あたりの信徒数が5,001人以上の州

［出所］　表3-3より作成。

他方で多数の聖職者たちが高齢化し，死亡していったからであり，エリート養成だけでは容易に達成できなかった現実があったからである。先に挙げたような神学校が設立されても，人材育成には年月を要し，この間の経済発展による人口増加に追いつかなかった。また聖職者を志望する若者も，それほど増えなかったからであろうと推測される。

3．ディアス大統領と教会首脳

　ディアスが，1876年に武装蜂起に訴えて実権を握った「トゥステペック計画」（Plan de Tuxtepec）に対して，カトリック教会が資金援助をしたことを，ディアスの側近として活動したフランシスコ・ブルネス（Francisco Bulnes）がその著

書で示唆している[15]。それが真実かどうかを探る作業を省いても、レフォルマ時代に大きな打撃を受けた教会が復興のための手段として、いかなる勢力であれ、レフォルマ革命を覆す可能性を秘めた勢力の反乱の片棒を担いだとしても不思議ではない。また、武装蜂起のためのまとまった資金を提供できたのは、いつの時代においても教会以外にはありえなかったことを考慮すると、このブルネスの示唆はあたっているであろう。しかしこれをもって、ディアスが教会の復活を全面的に支援したことを意味しているわけではない。

ディアスは、頑迷なまでに教会の特権剥奪と自由主義経済の発展に固執したフアレスやレルドと異なり、柔軟性のある現実主義者であった。ブルネスにいわせると、ディアスはマキャベリー型の政略家であった。フアレスとレルドが実権を握っていた1876年まで、カトリック信者は役人になれず、高級官僚とその家族はカトリック信者としてミサをはじめとする宗教儀式に出席することが禁止されていたが、ディアスは政教分離の原則のもとで公人としての非宗教性だけを要求したという[16]。このブルネスの示唆を補強するものとして、ディアス大統領と長期にわたって親交を保った、第2節で取り上げたギロウ神父の証言が存在する。「個人として、また家長として、自分はカトリック信者である。しかし国家の長としてはいかなる宗教も信仰していない。なぜなら法がそれを許さないからだ」と述べるのがディアスの常であったという[17]。ディアスは、教会と聖職者が大衆に対してもつ影響力を熟知しており、メキシコ社会の統合と統治に対して教会がもつその影響力を無視すべきでないと考えていた。こうして、政教分離の原則を堅持する一方で、教会をそれ以上追いつめず、教会首脳との良好な関係を維持することにも注意を払った。

ディアスと教会首脳およびローマ教皇庁との間をとりもったことで知られ、35年に及ぶ長期にわたってオアハカ司教を務めたギロウとディアスとの関係は、1877年にプエブラで開催された、外国資本の誘致のための博覧会ではじまった。ギロウは、父親トマス・ギロウ (Thomás Gillow) の祖国イギリスへ8歳の時に勉学のために送り出され、さらにベルギーで学んだのちに、前述のローマ教皇庁官吏を養成するローマの貴族教会アカデミーで学び、一度帰国したの

ち再びローマのグレゴリオ大学に留学して，神学博士号を取得した人物である。1872年にメキシコに帰国したギロウは，父親が所有する大農園のあるプエブラに戻り，大農園の近代化を図るなどの活動で知られていた。彼は，高齢だったプエブラ司教の後継者となることを期待していたとされるが，いずれにしてもしかるべき教会のポストを待っていた。ヨーロッパ留学で身につけたギロウの語学力と洗練された教養を高く評価したプエブラ州知事の要請で，閣僚と外国からの来賓を伴って博覧会の会場を訪れたディアス大統領の通訳者として，はじめてギロウはディアス大統領に接した。そこでギロウの能力に強い印象を受けたディアスは，プエブラ滞在中に彼を晩餐会に招待し，やがて親交を深めていった。当時のメキシコ大司教ラバスティーダとの交際の便宜をディアス大統領にとりもったのも，ギロウである[18]。ラバスティーダはローマでの亡命生活中に留学生時代のギロウと出会っており，メキシコに帰国したのちも交流があった。ギロウが望んでいたプエブラ司教への叙任にも好意的であったが，守旧派の介入で実現しなかった。ギロウの最初の司教職叙任は，1887年のオアハカ司教である。この時，彼はすでに46歳になっており，ローマ留学組が40歳前後で司教になったことを考えると，遅い。

　この叙任式でディアスはギロウの代親となったが，メキシコ市内のプロフェサ礼拝堂で挙行された叙任式にディアスは出席せず代理人を出席させ，エメラルドの司教指輪を贈っている。そして，その2日後に大統領の私邸でギロウ司教の叙任を祝う会を開いたが，この会に出席した者たちは，大統領自身および閣僚を含めてみなオアハカ出身者であり，ベラクルス出身のマリスカル外務大臣（Ignacio Mariscal）は出席しなかった[19]。このことからも推察できるように，ディアスは教会との関係では公人としての行動と私人としての交友に一定のけじめをつけていた。

　なお，ギロウの教会における地位は，彼が亡くなる1922年までの35年間オアハカ司教であったことから推察できるように（資料1を参照），必ずしも彼の意に添うものではなかった。この間に，メキシコ大司教への昇格の機会を逸しており，またメキシコに枢機卿を誕生させることを条件にして外交関係の樹立

を図ったローマ教皇庁の試みではその候補者はギロウであったとされるが，このローマ教皇庁の提案はディアス大統領によって拒絶されている。しかしローマ留学時代の人脈と，第2節で取り上げたピオ学院留学組との絆から，ギロウはオアハカ司教としてディアス時代を通じて教会首脳の動向と教会の人事に深く関わったことは確かである。

ディアスとメキシコ大司教ラバスティーダとの親交についても，また広く知られている。ラバスティーダ大司教は，レフォルマ革命時代にプエブラ司教であった。1855年のフアレス法の公布に激しく抵抗して1856年に国外追放され，ナポレオン3世がメキシコへ送り出したマキシミリアン皇帝に随行して1863年にメキシコに戻り，マキシミリアン帝政が崩壊した1867年に再び亡命して帰国が許される1871年までローマに滞在しており，この間にすでに取り上げたように若い世代のローマ留学の実現に取り組んでいた。帰国後のラバスティーダは，メキシコのカトリック教会の最高指導者として教会復興を第1の任務とし，レフォルマ革命によって成立した政教分離を受け入れ，教会関係者に対して憲法を遵守し，無意味な摩擦を起こさないよう指示するなど，ディアス政府に対する教会の協力的姿勢を全面的にとった。ディアスの実権掌握直前の1875年3月に，メキシコ・カトリック教会を管轄する上層部トップのメキシコ大司教ラバスティーダ，ミチョアカン司教アルシーガ（José Ignacio Arciga y Ruis de Chávez），グアダラハラ司教ローサ（Pedro Loza y Pandave）の3名は，連名で司牧書簡を全国の教会に送り，聖職者たちがレフォルマ革命の結果を受け入れるよう通達している[20]。同時代の貴重な証言者のひとりであるクエバスは，1876年から1895年までの19年間を，メキシコのカトリック教会がレフォルマ革命の影響を全面的に受けて萎縮していた時代であったとしているが[21]，まさにカトリック教会は，1857年憲法の制定時に明記できなかった信教の自由を加えた1873年の憲法改正を含めて，レフォルマ革命を全面的に受け入れていたのである。

このようなラバスティーダ大司教の司祭職50周年を記念して，1889年にディアス大統領は［私人として］黄金の司教杖を贈った[22]。ローマ亡命中を含めて28年間という長期にわたってメキシコ大司教の地位にあったラバスティー

ダが1891年に死去し，アラルコン (Próspero María Alarcón y Sánchez) がその後を継いだが，アラルコンもまたディアスとの協調を貫いた人物である。アラルコンの大司教叙任の代親となったのは，マリスカル外務大臣，ロメロ＝ルビオ内務大臣 (Manuel Romero Rubio)，カリーリョ将軍 (Hermenegildo Carrillo) の3名である。その叙任式に招待されたディアスは代理人を出席させ，自らは出席していない[23]。この間の1882年に最初の会議が開かれた全国司教会議 (Conferencia Nacional de Episcopado) では，主催したタマウリパス司教のサンチェス＝カマチョ (Eduardo Sánchez Camacho) もまた，レフォルマ革命を受け入れることを強調し，1911年までに7回開催された全国司教会議のうち第1回から第3回までを主宰しただけでなく，1895年に行なわれた聖母グアダルーペの戴冠式の挙行に反対して，ローマ教皇庁が派遣した視察官の報告で，1896年にタマウリパス司教職を罷免された[24]。

ラバスティーダが波乱に富んだ28年に及ぶメキシコ大司教の座を病死で去った後を継いだアラルコンは，論争を好まない穏健で仲裁型の人望のある高位聖職者であった。しかし，前任者のような華やかな学位もローマ教皇庁との個人的な人脈も，もっていなかった。8歳で孤児となり，メキシコ州アメカメカ教区の主任司祭であった叔父のもとでラテン語を学び，17歳で神学校に入り，のちグアダルーペ寺院とメキシコ市大聖堂参事会の参事の職につき，1891年にはメキシコ大司教代理の地位にあったため，ラバスティーダ大司教の病死で昇格した人物であった。ローマ留学組とは異なったが，あらゆる人びとから信頼された温厚なアラルコン大司教もまた，先に述べたようにレフォルマ革命の結果を受け入れ，国家との対決を避ける努力をした教会リーダーのひとりであった。マーティンの表現を借りるなら，「貧しい先住民出身」のアラルコンは，高潔で，リベラルな思想をもち，政府との無用の摩擦を避けるために派手な宗教行事を自粛し，セマナ・サンタ（聖週間）で一般化していた庶民の無法行為に注意を喚起する司牧書簡を，1903年から1908年にわたって出し続けたほどの慎重派であった[25]。後述するタマウリパス司教がローマ教皇庁から罷免された1896年に開催された第5回全国司教会議で，アラルコン大司教は聖職者た

ちが政府の方針に従い,政治に介入しないよう指示している。第4章で取り上げる,同時代の敬虔なカトリック信者のひとりであり,ディアス政権崩壊後の最初の選挙で国民カトリック党（Partido Católico Nacional = PCN）から立候補して,連邦議会議員となったコレア（Eduardo J. Correa）にいわせると,このように教会上層部はディアスの思惑を測りながら行動し続けた。しかし,ディアスが教会に示した一見レフォルマ革命の否定ともみえる寛容な姿勢も「ささやかなお布施のようなもの」で,ディアスと教会の協調は偽りであり,ディアス時代は教会にとって屈辱的な時代であったとも記している[26]。

　後世の歴史家たちが,「教会の復興を容認した」としてディアスを批判的に記述するような出来事が数多く発生したのは事実である。しかしディアスは,レフォルマ革命が確立した政教分離と信教の自由という枠内でメキシコ社会に深く根づいた庶民のカトリック信仰,あるいはフォーク・カトリシズムとも呼ぶべき,メキシコの歴史風土の中で培われたカトリック信仰を容認した。

　一方,メキシコ社会におけるローマ・カトリック教会の存在と影響力を再生しようとした教会上層部は,国家との摩擦を避けながら信徒と教会の関係を緊密化し,カトリック社会の結束を図ろうと努力した。その時宜にかなったものが聖母グアダルーペの戴冠行事であった。1885年に全国司教会議で決定され,ローマ教皇庁の認可を得て1895年に盛大な戴冠儀式が行なわれた。この間に,ローマへ出向いて認可を得る努力をした教会首脳の行動があった一方で,16世紀に聖母マリアがテペヤックの丘に姿を現わしたという奇跡をめぐって,出現肯定派と出現否定派が激しく論争した。こうした議論を経て実現した戴冠儀式には,11名の大司教と28名の司教,100名の司祭,外国からの高位聖職者18名が列席した。際立った印象は,18名の外国からの出席者のうち15名がアメリカのカトリック教会人で,ラテンアメリカ諸国からの出席者はキューバとパナマからの2名の司教だけであったことであろう。後述するように,アメリカのカトリック教会は,メキシコの教会と緊密な関係をもっていた。残るひとりは,カナダのケベックからの出席者であった[27]。法律の規定する範囲で行なわれる宗教活動に対して,ディアス政権は何らの干渉もしなかったが,広大なグ

アダルーペ寺院内で催されたとはいえ，この盛大な儀式はカトリック教会の復活を広く国民の間に印象づけるほどの行事であったことは確かである。

　ディアスは，実権を掌握していた35年間を通じて，レフォルマ革命がつくりあげた反教権主義体制の枠組を変更しなかった。また，1859年に断絶したローマ教皇庁との外交関係の復活も，すでに指摘したような教皇庁の働きかけがあったにもかかわらず，それを受け入れなかった。しかし，ローマ教皇庁がメキシコのカトリック教会を指導することにディアスが反対しなかったのも事実である。メキシコにローマ教皇庁代表が不在だった1896年までの間，死去する1891年までローマ教皇庁代表代理を務めたのがメキシコ大司教のラバスティーダである。メキシコとの外交関係の修復を望み続けたローマ教皇庁にとっては，先に取り上げた聖母グアダルーペの戴冠認可を求めたメキシコのカトリック教会の計画は時宜を得た企画であった。そして，この直後の1896年3月にタルスス大司教のイタリア人ニコラス・アヴェラルディ（Nicolás Averardi）が，教理指導の名目でメキシコに派遣され，約3年半滞在して，メキシコの教会組織の再生を指導した。この教会組織の再生と強化の過程で，先に言及した1895年の聖母グアダルーペ戴冠に唯一反対したタマウリパス司教サンチェス＝カマチョが司教職を罷免されたが，この事件が象徴するように，ローマ教皇庁はディアス時代を通じてメキシコの教会再生に力を入れた。

　ローマ教皇庁は，アヴェラルディに続いてディアス体制が崩壊する1911年まで，3名の高位聖職者をメキシコに派遣し，先に紹介したメキシコ人の枢機卿任命を提案するなど，ディアス大統領の歓心を買う努力を行なった。ディアスは，ローマ教皇庁がこれらの使節をメキシコに送り込んで教会組織の強化を図り，メキシコ政府への接近を試みることを拒否しなかった。しかしディアスは，レフォルマ革命の原則を踏襲しながら現実に柔軟な対応をとるに留まり，ローマ教皇庁の期待に応えなかった。ローマ教皇庁がメキシコへ送った4名の高位聖職者たちが果たした役割は，レフォルマ革命によって破綻した教会組織の再生に力を貸したことで，それに応えて活躍したのが第2節で取り上げたピオ学院で学んだローマ留学組のエリートたちであった。彼らは，次節で取り上

げる，教会が展開することになる社会活動を指揮した人材たちでもあった。この教会側の展開を含めて，以上で検証したことから，ディアス大統領自身が教会の再建に積極的に協力したとみなすことは難しい。

4．カトリック教会の社会活動

　ディアス時代を通じて，教会首脳はレフォルマ革命の結果を受け入れ，国家との対決を避けてきた。教会が，組織の再建と活動の活性化に努めて新しい活路を見出したのが社会活動である。

　教会による社会活動は，19世紀の自由主義思想に基づく経済社会の変動の中で芽生えた脱カトリック社会政策に対して，教会側が対抗策としてとった新たな政策として捉えることができる。そして，20世紀初頭には政治力をも求める動きへと変容し，1911年には，次章で取り上げるような国民カトリック党（PCN）が設立されるまでに，メキシコのカトリック勢力は急変した。

　メキシコの社会福祉の分野におけるカトリック教会の活動は，16世紀の征服の時代から布教の一環として取り組まれており，植民地時代からレフォルマ革命まで社会福祉活動は教育と共に教会が独占的な担い手として活動した分野であった。したがって，19世紀末に始まる社会活動がまったく新しい活路であったわけではない。しかし教会の従来の社会活動にはなかった，自由主義経済体制が生み出した労働問題や農業問題と取り組んだという意味では，新たな活動分野であった。

　ディアス時代のカトリック教会が近代社会の生み出した問題に目を向けて活動を開始した時期を，メキシコの歴史研究者ゴンサレス=ナバロ（Jorge González Navarro）は，1877-1891年の前期と1891-1910年の後期の2期に分けて，その特徴を整理している[28]。前期と後期の分岐点となる1891年は，ローマ教皇レオ13世によって出された「レールム・ノヴァールム」として知られる，労働問題に焦点をあてた勅書によって世界のカトリック教会の行動に大きな転換をもたらした年である。ヨーロッパの社会状況から生まれたこの改革の思想はとくにドイツ，フランス，イタリアの社会に大きなインパクトを与えたが，メキ

シコにおいても「地主は農業労働者ペオンを家畜の付属物のように扱わないよう」などという，旧来のモラルに訴えて社会問題改善のための協力を資本家や大地主に求める仲介型の教会活動から労働者の組織化など聖職者自らが問題解決に関わる活動へと転換した。

一方，メキシコのカトリック教会がとった活動の分野に関する詳細な資料を渉猟してまとめたオリベーラ゠セダノ（Antonio Olivera Sedano）の研究によると，レオ13世の勅書は，発表された1891年にはメキシコでも『エル・モニトール・レプブリカーノ』紙（El Monitor Republicano）で報道され，やがて全国の地方紙にも掲載されたが，直ちに行動を開始させるようなインパクトを与えた形跡はないという。メキシコにおける「レールム・ノヴァールム」への関心は，1895年3月7日の『エル・ティエンポ』紙（El Tiempo）にサンチェス゠サントス（Trinidad Sánchez Santos）が，教皇の勅書を絶賛する記事を載せたことではじまったとされる[29]。

教会人を含めてメキシコの知識人たちの，ローマ教皇の呼びかけに対する反応は鈍かった。その理由は，恐らくメキシコではヨーロッパにおけるような社会主義や共産主義あるいは無政府主義運動の脅威がまだほとんど実感されておらず，ローマ教皇庁が受け止めていた体制危機を感じさせる状況が存在しなかったからであろう。レオ13世の「レールム・ノヴァールム」は，ヨーロッパにおけるカトリック教会再生の運動であったが，メキシコではむしろレフォルマ革命による打撃から回復するための新たな活路として社会活動が1870年代にすでに取り組みはじめられており，「レールム・ノヴァールム」勅書はそれを若干加速させたほどの影響を与えたにすぎなかったと捉える方が自然である。メキシコでは，1867年にマキシミリアン皇帝が統治した第2帝政が崩壊すると，教会と保守勢力はほとんど政治の舞台から姿を消した。司教たちの多くが国外に亡命しているか，国内に留まっていたとしてもひっそりと学問と教育の分野に没頭するという状態が，ディアス時代初期まで続いていたことについては既述の通りである。

この間，保守派富裕層の敬虔な信徒の間で，1868年に国民カトリック協会

(Sociedad Católica de la Nación) が設立され，教会再建のための地味な作業がはじめられていた。貧困者救済活動を含むさまざまな慈善事業や，神学校の復興計画から無料の職業訓練学校の運営にいたるまで，幅広い活動がすでにはじまっていた。しかしこれらの活動は，まさにゴンサレス=ナバロが指摘したような旧来の慈善事業の延長であった。たとえば，大農園主には農業労働者ペオンを家畜の付属物のような扱いをしないよう，またペオンに対する農地の譲渡を呼びかけ，資本家に対しては労働者が飢えに苦しんだり結核にかかるほどの劣悪な労働条件を改善するよう訴えかけたが[30]，それらは現実の問題解決に教会が直接関わる活動ではなかった。

先に紹介したように，メキシコで「レールム・ノヴァールム」が詳しく紹介されたのが1895年のサンチェス=サントスによる記事であったとしても，これを受けて教会自体が社会活動に乗り出すのは1903年になってからである。**表3-4**でみるような各種カトリック会議 (Congreso Católico) が開催され，労働問題，農業問題，先住民問題にいたるまで，当時メキシコの社会が直面していた

表3-4 カトリック勢力による社会改革運動で実施された各種会議一覧

年	全国司教会議	カトリック社会会議	カトリック農業会議	社会週間
1882	第1回　タマウリパス			
1883	第2回　タマウリパス			
1885	第3回　タマウリパス			
1903		第1回　プエブラ		
1904		第2回　モレリア	第1回　トゥランシンゴ	
1905	第4回　プエブラ		第2回　トゥランシンゴ	
1906	第5回　ウアフアパン		第3回　サモラ	
1907				
1908	第6回　チアパス	第3回　グアダラハラ		第1回　プエブラ
1909		第4回　オアハカ		第2回　レオン
1910				第3回　メキシコ市
1911	第7回　ウアフアパン			
1912				第4回　サカテカス

［出所］ Alicia Olivera Sedano, *Aspectos del conflicto religioso de 1926 a 1929* (México, D.F.: Instituto Nacional de Antroplogía e Historia, 1966), pp.34-39.

第3章　ディアス時代（1876-1911年）とカトリック教会　109

問題が，聖職者たちの間で検討された。

　1903年にプエブラ市で開催された第1回カトリック社会会議では，ハリスコ州から参加したパロマール=イ=ビスカーラ（Miguel Palomar y Viscarra）が，ドイツの中小農民・企業向けの貯蓄組合を紹介し，メキシコでも同類の貯蓄組合を設立しようと呼びかけた。これは，ハリスコ州とアグアスカリエンテス州で実行された。そのほかに，労働者サークル（Círculo Obrero）と称する労働者の組織化が提案され，カトリック系労働組合が全国に拡大する第一歩となった。ミチョアカン州モレリアにおける第2回と，ハリスコ州グアダラハラにおける第3回の会議においても，もっぱら労働者と農民問題が中心となり，彼らの労働条件と生活改善のための実務的な職業訓練学校の設立や組合への組織化が議論された。最後の会議となるオアハカ州オアハカ市で開催された会議では，オアハカ司教ギロウの主宰で先住民問題が議論されている。国民生活に参加するために必要なスペイン語教育，モラルの向上，農業の技術指導など，先住民のおかれた環境を改善するための議論が展開された。

　同表でみるように，カトリック社会会議と並行して行なわれたのがカトリック農業会議である。第1回と第2回の会議は，イダルゴ州のトゥランシンゴ司教であったモーラ=イ=デルリーオが主宰したが，ペオンたちがおかれた悲惨な生活環境を改善し，ペオンの家族を守るための物質的・精神的改革の手段を検討するという，具体的なテーマを掲げた会議となった。フランス人歴史学者J. メイェール（Jean Meyer）は，モーラ=イ=デルリーオが主宰した2回にわたるトゥランシンゴにおけるカトリック農業会議を「社会活動の発祥」，「社会活動のゆりかご」として捉え，メキシコ革命およびその後のメキシコにとって重要な課題となる農地改革と先住民問題に教会が目を向けた最初であったとした[31]。モーラ=イ=デルリーオは，第2節で取り上げたローマ留学組のエリート司教のひとりである。1891年に39歳で新設されたテワンテペック司教となり，のちトゥランシンゴ司教（1901-1907年）とレオン司教（1907-1908年）を務めたのちの1908年にメキシコ大司教となり，病死する1928年までその地位にあって，メキシコ革命の厳しい反教権主義運動の嵐の中で国家との対決姿勢を崩さなかった。な

お，1908年のディアスの民主化宣言後は，カトリック教会が政治参加への野心を新たにし，次章で取り上げる1911年の国民カトリック党（PCN）の設立に関わったのもモーラ＝イ＝デルリーオであった。ミチョアカン州サモラで開催された第3回の農業会議では，ペオンの賃金と生活改善などが中心となった。

以上のような内容をもち，教会自らが積極的に社会・経済問題に取り組んだこれらの会議から推察できることは，教会のプログラムによって限定的ではあったが一定の成果が上がったことである。これらのさまざまな会議に全国の聖職者たちと熱心な世俗信徒たちが参加し，問題意識を共有した。教会はメキシコの現実を直視し，実態を学んで，やがて政治的活動へと向かうことになった。一方，1908年に設立されたカトリック労働者サークル（Círculos de Obreros Católicos）は，1911年には25組合へと拡大し，組合員総数は8,380人となっていた。1911年12月18日，正確にはディアスが亡命してからほぼ半年後に設立された，メキシコ共和国カトリック労働者連合（Confederación de Obreros Católicos de la República Mexicana）は，メキシコ革命動乱期のカトリック教会の活動を支える組織となった。また，1903年の第1回カトリック社会会議で提案された，ドイツの労働者基金に倣った貯蓄組合方式のクレジット制度は，1910年にはハリスコ州で2組織，イダルゴ州で1組織が機能していた[32]。

5．教育とカトリック教会

教育の現場からカトリック教会を排除するための取り組みは，独立とほぼ同時にはじまり，レフォルマ革命とディアス時代に試みられた公教育の制度化の過程で，教会は教育分野から大きく撤退したが，本節ではディアス時代の教育制度の近代化が，カトリック教会を教育の現場から排除していった過程を検証する。

教育をめぐる国家と教会の対立は古い。18世紀後半の啓蒙思想の受容によって目覚めたメキシコの知識人たちは，教会が独占する教育の問題に気づき，独立当初から教育の近代化の必要性を認識していた。第1章で取り上げた，1822年のランカスター式学校教育の受け入れは，そのような認識を示す1例である。

ランカスター協会が経営する学校は，のちディアス時代に公立学校に転用されるまでの半世紀以上にわたって，メキシコの教育の一端を担い続けた[33]。ランカスター協会がプロテスタントの海外進出のための活動母体のひとつであったにもかかわらず，メキシコ側にその認識がほとんどなかった理由は，独立後の政治的，経済的，社会的混乱の中で，教育もまた他の分野と同様に，国家が継続的に取り組むことができなかった分野であったからである。1822年から1836年までの間，連邦政府には教育を担当する省庁がおかれていなかった。1833-1834年のゴメス=ファリアス改革の時代に，教育を教会の管理から切り離す政策がとられたことについては，すでに第1章で取り上げたが，この計画が失敗したのちの1836年に連邦制から中央集権制へと行政組織が再編成された時，はじめて公教育行政が省庁レベルで取り組まれることになり，内務・公教育省 (Ministerio de Gobernación e Instrucción Pública) が設置された。中央集権制の行政改革が行なわれた1843年に，法務・教会問題・公教育・産業省 (Ministerio de Justicia, Negocios Eclesiásticos, Instrucción Pública e Industria) に再編され，さらに1853年の省庁改革で内務・法務・教会問題・公教育省 (Ministerio de Relaciones Interiores, Justicia, Negocios Eclesiásticos e Instrucción Pública) となった。この行政組織の再編過程から分かるように，1840年代には教育体制の確立が図られたが，メキシコ・アメリカ戦争 (1846-1848年) の勃発と敗北による戦後処理などで，教育の近代化は順調には進まなかった。この間，カトリック教会は「教育は宗教の一部である」とする考えを保有しており，学校教育のカリキュラムには宗教の時間が含まれていた。そして，教会を含む保守勢力が代表を送り出せなかった1857年憲法の制定議会においても，教育の現場からカトリック教会を完全に排除することはできなかったことは，前章でみた通りである。

　しかし，フアレスを含む急進的自由主義者たちは，教会の教育への介入を断ち切り，近代的な科学的知識に基づく客観的な事実を若い世代に伝授する教育の確立こそメキシコが近代国民国家として発展できる唯一の道であると考えていた。こうして，レフォルマ戦争で教会と保守勢力を破ったフアレス政府は，行政機構の再編成の中で，独立以来存在していた教会問題担当局を1862年に

廃止して，国務・法務・公教育省（Secretaría de Estado y del Despacho de Justicia e Instrucción Pública）とした。そしてフランス干渉戦争とマキシミリアン帝政時代の苦難を克服したのちに，教育の近代化と本格的に取り組むことになる。なお，1862 年に設置された国務・法務・公教育省は，1905 年に公教育・芸術省（Secretaría de Instrucción Pública y Bellas Artes）として再編されるまで，その名称を保持した。

　1867 年 6 月のマキシミリアン帝政の崩壊とフアレスが率いる自由主義派政府の復興は，本格的な教育行政の出発点となった。1867 年 12 月 2 日に公布された公教育組織法（Ley Orgánica de Instrucción Pública）は，連邦政府の管轄下にあるメキシコ市と直轄領（バハカリフォルニア，ナヤリー，テピック，キンタナロー）を対象として，初等教育の義務化，学校における宗教教育と宗教行事の禁止，違反者に対する罰則を定めた法律であったが，この連邦法に従って 1875 年までにすべての州が同様の内容の州法を制定した。こうして，初等教育の義務化が進められ，学校に配置されていた教戒師のポストがなくなり，毎日のミサと祈りの時間も公立学校では廃止された。

　この公教育組織法によって 1867 年に設立された国立予科高等学校（Colegio Nacional Preparatorio）は，ディアス時代の近代化政策を担う人材を養成したことで知られている。植民地時代にイエズス会が維持してきた，メキシコ市内の広大なサンイルデフォンソ神学校の建物を使用した同高等学校の初代校長に登用されたのは，ガビノ・バレーダ（Gabino Barreda; 在任 1867-1878 年）である。フランスのオーギュスト・コント（Auguste Comte）のもとで実証主義思想を学んだバレーダは，同校で学んだ若い学生たちだけでなく，フアレス政権の教育の近代化全般に大きな影響を与えた。バレーダを委員長とする教育諮問委員会によって，教育の近代化・体系化が取り組まれ，教授法，教科書，時間割，試験と成績評価などの統一が図られた。この諮問委員会のメンバーであった F. ディアス=コバルビーアス（Francisco Díaz Covarrubías），J. ディアス=コバルビーアス（José Díaz Covarrubías），コントレーラス（Pedro Contreras Elizalde），アルバラード（Ignacio Alvarado），オルテガ（Eduardo Ortega）は，メキシコの教育の近

代化に功績を残した者たちである。なお同校は、実証主義・功利主義・科学主義教育を掲げてのちのディアス時代に活躍するエリート中間層の多くを教育したが、第7章で取り上げる、1917年憲法の制定会議において強固な反教権主義者として活躍した代議員の中にも、少なからぬ同校の卒業生たちがいた[34]。

1867年の公教育組織法は、2年後の1869年に改正されて、義務教育である初等教育の無償化が明文化され、さらに、レルド政権が制定した1874年の教育法 (Ley de Educación) で、すべての州および地方自治体は公立学校による初等教育で宗教教育と宗教行事を禁止することが明記されて、教育の近代化を目指す取り組みは全国規模へと広がった。しかし、宗教教育は私立学校においては禁止されていなかった。前章で取り上げたように、1857年憲法第3条には「教育の自由」が謳われており、信教の自由の保障とも相まって多様な団体組織が学校を経営することは禁止されていなかったから、公立学校でない限り、私立学校における宗教教育は可能であった。先に挙げたフアレスの教育諮問委員会のメンバーのひとりであったJ. ディアス=コバルビーアスは、国務・法務・公教育大臣として1874年7月から12月にわたって各州の教育に関する資料を収集し、それをまとめた報告書の中で、私立学校のほとんどは宗教的要素を保持していること、さらに、教会による教育への関与の問題は、初等教育よりも中等および高等教育における現場の方がはるかに大きいことを指摘している。また、教育行政が直面している問題については、初等教育が義務となっても子供たちを学校に送り出さない親たちが少なくないこと、とりわけ下層階級の親は教育に無関心であること、連邦特別区 (メキシコ市) に限っても就学率は50％ほどで、校舎も絶対的に不足しており、教育施設の不衛生さと学校組織の不適切さ、教師の質の低さなどが初等教育の普及の妨げとなっていると指摘している[35]。

ディアス時代においても、公立学校の教育の世俗化は継続された。ただし、ディアス大統領の第1期 (1876-1880年) の4年間は、国務・法務・公教育大臣が4名替わるほど政権が安定せず、教育行政が進展するのは、1880年にマヌエル・ゴンザレス (Manuel González) が大統領に就任し、ホアキン・バランダ

(Joaquín Baranda) が国務・法務・公教育大臣となってからである。学校の設備と衛生管理，教材と教授法，教育理念などの整備が続けられた。初等教育が，4年間の初級小学校と2年間の上級小学校の2段階となったのは1891年で，のちに大人のための夜間小学校も開設された。教育内容の各学年配当が整うのは，1897年である。このように，時間割・教科書・学暦・教授法・教員養成などが整備され，公立学校における初等教育の義務・無償・世俗化が整うまでに，ディアス時代前半が費やされた。バランダと次官のポストにいたフスト・シエラ (Justo Sierra) は，国民統合のための教育の普及を目指して，教育方針として科学的・客観的事実を教授する「脱宗教教育」を掲げた，国民初等学校 (escuela nacional primaria) の確立に向けた教育行政に取り組んだ。なおこの間の1892年に，私立学校における宗教教育には，国が派遣する視学官の査察と教科書の審査などの条件がつけられた。

　私立学校における宗教教育が制限つきながら認められていたディアス時代には，多くの私立学校がさまざまな宗教団体によって設立された。この私立学校の急増については，ディアス時代が始まった直後の1877年に存在していた宗教団体が経営する300の学校が1900年には500以上となり，1910年には1500校へと増大した，という数字がよく引用される。しかし，このような数字の引用は，明らかに宗教団体によって経営されていたとする私立学校数だけを恣意的に取り上げたもので，この間に公立学校がどのくらい設立されたかを検証しないかぎり，ディアス時代の教会関係の学校が急成長したと論じることはできない。

　表3-5は，ディアス時代初期の1878年，中期の1900年，末期の1907年の時点で初等教育に占める公立学校と私立学校の割合，および生徒数の割合を対比させたものである。この表から，次のようなことを引き出すことができる。全国平均でみる公立の小学校が全体の小学校数に占める割合は1878年で86％，生徒数で61％であった。このことから分かるように，学校数でみると公立学校数が圧倒的に多かったが，生徒数でみると宗教教育を受けていたと考えられる私立学校の生徒数は，全体のほぼ4割に達していた。しかし1900年

表3-5 ディアス時代の州・直轄領別公立小学校数と生徒数が各総数に占める割合の推移

(単位 %)

州 名	1878年 公立学校	1878年 生徒数	1900年 公立学校	1900年 生徒数	1907年 公立学校	1907年 生徒数
アグアスカリエンテス	44.19	62.75	44.16	66.24	49.33	57.37
バハカリフォルニア*	70.00	80.08	67.21	74.42	81.56	80.99
カンペチェ	100.00	100.00	83.81	87.71	90.48	88.80
コアウイラ	60.54	77.41	81.94	87.96	80.14	87.06
コリマ	不明	不明	66.18	75.72	76.19	87.46
チアパス	77.17	不明	86.21	88.03	88.24	92.70
チワワ	不明	不明	64.19	56.91	77.67	84.71
メキシコ市 (D.F.)*	51.68	69.87	65.49	79.17	70.30	83.04
ドゥランゴ	98.36	100.00	65.32	69.64	66.89	71.19
グアナフアト	99.45	98.32	48.61	64.54	55.20	63.78
ゲレロ	100.00	100.00	95.49	93.04	95.56	94.36
イダルゴ	86.56	不明	87.72	89.73	87.07	87.25
ハリスコ	不明	不明	51.50	62.17	54.04	57.91
メキシコ	92.76	不明	91.17	90.30	86.50	86.28
ミチョアカン	96.21	100.00	53.32	66.31	69.10	61.48
モレロス	100.00	100.00	89.27	88.63	85.20	83.97
ヌエボレオン	62.59	75.77	76.86	85.24	77.91	76.54
オアハカ	92.80	94.94	87.98	95.78	94.31	90.33
プエブラ	不明	不明	92.98	90.02	91.28	88.48
ケレタロ	89.89	100.00	63.10	64.97	55.22	44.57
キンタナロー*	不明	不明	不明	不明	100.00	100.00
サンルイスポトシ	不明	不明	50.81	81.43	54.11	73.08
シナロア	不明	不明	95.59	95.87	91.64	94.30
ソノラ	不明	不明	99.44	99.58	82.00	90.48
タバスコ	92.22	94.38	81.55	88.89	89.16	92.22
タマウリパス	不明	不明	80.18	90.82	85.87	85.84
テピック (ナヤリー)*	不明	不明	60.26	55.07	78.34	86.94
トラスカラ	不明	不明	93.28	96.68	不明	不明
ベラクルス	84.49	86.81	82.71	86.48	87.23	89.69
ユカタン	86.52	93.71	96.81	91.10	85.86	80.77
サカテカス	97.28	81.69	89.09	88.88	83.57	81.75
全 国	86.06	61.20	77.92	82.94	77.06	79.39

注　1878年のドゥランゴ州の数字にみられるように、学校と生徒の占める割合に整合性のないものもあるが、原資料のまま掲載してある。州の掲載順位は原語表記のアルファベット順となっている。＊印は直轄領を示す。

[出所]　México, Secretaría de Economía, op. cit., pp.233-235.

と 1907 年には公立学校数の割合がいずれも 77 ％台に低下しているにもかかわらず，生徒数の割合からみると，ディアス時代後半における初等教育を受けた児童の 8 割前後が公立学校の生徒であり，宗教教育を受けていなかったといえる。

　以上の公立小学校と私立小学校の対比を実数で示したのが，**表 3-6** である。1878 年の公立小学校における生徒数は 14 万 1,178 名であり，1900 年には約 5 倍の 69 万 6,168 名となり，経済不況が襲っていた 1907 年には 65 万 7,843 名へと 9 ％強減少した。一方，私立小学校に限ると，学校数では 1877 年の 696 校は 1900 年には 3.8 倍にあたる 2,653 校へと急増したが，1908 年にはその数を減らしており，生徒数では公立小学校ほど増加していなかったと推測される。

　したがってこれらの数字からみるかぎり，私立小学校数が増えたことは事実であったが，それをはるかに超える，公立小学校の生徒数の増大があったことも事実であった。そして，公立小学校における宗教教育の排除が徹底されていたのであれば，宗教教育を初等教育レベルで受けていた児童は，全体の 20 ％であった。この数字を大きいととるか小さいととるかに関して，筆者は従来指摘されてきたほど大きいとは考えない。すでに同時代の証言者として取り上げたコレアは，ディアス時代には親が教育内容によって学校を選択することができなくなったと回顧し，宗教教育を願う親たちの困惑を記している[36]。つまり，公立小学校の普及が進んでいたことを物語っている。ただし，この統計数字にはもっと複雑な内容が含まれていることに注意しなければならない。それは都市部の富裕層および恵まれた中間層が，子弟を私立小学校に通わせるという傾

表 3-6　ディアス時代における運営体別小学校数と生徒数の推移

	1878 年	1900 年	1907 年
学校総数	5,194	12,016	12,068
公立小学校	4,498	9,363	9,541
私立小学校	696	2,653	2,527
公立小学校生徒数	141,178	696,168	657,843

　［出所］　México, Secretaría de Economía, *ibid.*, p.42, p.45.

向についてである。同表からこれを分析することはできないが、その内容分析をせずに、学校数と生徒数からのみ公立小学校の役割を過大に評価し、教育における教会の役割が低下したと論じることもまた危険である。

さらに地域格差という別の問題もある。**表3-5**の、州別にみた公立小学校の数と公立小学校で学ぶ生徒数の割合を1900年と1907年の数値によって大別すると、次のような3つのグループに分けることができる。第1のグループは、学校数においても生徒数においても公立小学校の占める割合が5割台から6割台という低い州で、アグアスカリエンテス州、ハリスコ州、グアナフアト州、ミチョアカン州、ケレタロ州などがこのグループに入る。これらの州では、ディアス時代を通じて私立小学校が依然として重要な役割を担っていたことが分かる。これらの州は、前節で取り上げた、教会を中心に進められたディアス時代の社会活動が活発に展開された中西部諸州であり、第8章で取り上げる、1920年代に勃発する宗教戦争「クリステーロの乱」の舞台となった地域にあたる。

第2のグループは、公立小学校の役割が拡大し、学校数においても生徒数においても、1907年には90％前後を占めたカンペチェ州、チアパス州、ゲレロ州、イダルゴ州、オアハカ州、プエブラ州、シナロア州、タバスコ州などである。これらの諸州は、北部のシナロア州と中央部のイダルゴ州を除くと、メキシコ南部と南東部に位置する州である。

第3のグループは、全国平均値に近い諸州である。第1のグループに属する諸州の特徴は明確に判断できるが、第2と第3のグループは経済構造、人種的社会構造、地域的・歴史的特徴、教会支配の強度などから共通性を説明することは難しい。このことは別の視点でみると、ディアス時代に当該州の実権を握っていたグループの特質や影響力の違いなどによるものではないかという推察も可能であろう。

私立学校経営に携わったのは、カトリック教会だけではなかった。プロテスタント系の学校も存在していた。なお前章で取り上げたように、レフォルマ革命によって信教の自由が保障され、またディアス時代の経済発展によって定住する外国人が増加したことから、カトリック以外のさまざまな宗教が進出して

きた。そのうちの圧倒的多数は，プロテスタントであったが，この非カトリック宗教団体のメキシコ進出の歴史は，迫害の歴史でもあった。1874年に，アメリカ人メソディスト教会牧師のジョン・スティーヴンス（John Stevens）が殺害されたことを皮切りに，プロテスタント系の宗教活動に対して各地で暴動が発生し，死者を出した。それでも，1880年代に経済活動が活発化して，アメリカ人ビジネスマンが定住した地域にプロテスタント系教会も進出していった。しかし，首都メキシコ市をはじめとしてタバスコ州，チアパス州，ベラクルス州，チワワ州，ミチョアカン州では州法によってプロテスタントを保護しなければならなかったほど，カトリック信徒は他宗派に非寛容であった。またカトリック教会自体も，信者がプロテスタントのミサに出席することを禁じていた[37]。したがって，1910年の国勢調査に現われた非カトリック人口は全人口の1％にも達していなかった。

むすび

　以上で考察したように，カトリック教会がレフォルマ革命で失った富と特権をディアス時代に復活させたとする根拠は弱い。とりわけ教育分野における脱宗教化は，近代教育制度の整備と初等教育の無償・義務化の進展とによって，かなりの規模で実現されたことが本章では明らかにできた。さらにディアス自身が教会復興に積極的に手を貸した事実はなく，フアレスとレルドが築き上げた反教権主義政策を反古にすることもなかった。従来のディアス時代における教会復活説に固執した研究は，これらの点を無視，または過小評価しすぎてきたといえる。

　しかし，カトリック教会は社会活動という新たな分野を切り開き，聖職者たちが自らその改革運動の現場に参加するという新しい教会の役割をつくり出した事実は，注目すべきである。そのリーダーシップを握ったローマ留学組のエリート聖職者たちのメキシコにおける教会復興への熱意と野心と自負が，次章で取り上げる革命勃発によって，再び国家との対決を深める原因となったからである。

第 II 部

革命期の政教関係

第4章　革命勃発とカトリック教会

はじめに

　本章では，1910年に勃発したメキシコ革命の動乱期（1910-1915年）の前半にあたる，マデロ（Francisco I. Madero）による反ディアス運動の開始から1913年2月のマデロ暗殺にいたる時期に焦点をあて，この時期に出現した国民カトリック党（Partido Católico Nacional = PCN）の設立の背景とその意味を検証する。

　この革命動乱期前半は，ディアス体制の崩壊とマデロが主張した「政治の民主化」によってさまざまな政党が結成され，男子普通選挙が実施された時期である。カトリック勢力が政治化路線を選択して設立した国民カトリック党（PCN）は，それらの政党のひとつにすぎない。しかしマデロを暗殺したウエルタ（Victoriano Huerta）の軍事政権を支持したことによって，カトリック勢力はのちに革命動乱を制覇することになる護憲派勢力を完全に敵に回すことになった。その結果，もっとも激しい武力抗争が展開された1913年から1915年にかけて，カトリック教会と聖職者は全国で徹底した略奪と迫害の対象となった。

　1910年の国勢調査によると，当時のメキシコ国民1,516万人の約99.2％がカトリック信者であった。したがって，動乱期を勝ち抜いて革命を成就することになる護憲派勢力もまたカトリック信徒であったはずである。その彼らが徹底した反教権主義者へと変貌した理由のひとつが，国民カトリック党（PCN）を設立した教会の活動にあったと筆者は考えている。それを検証するために，以下では，革命が勃発するにいたる過程と，マデロという「メキシコ革命の先駆者」として歴史にその名を残した人物の出現およびその役割を第1節で考察し，続く第2節で，マデロが導入した唐突な政治の民主化の中で結成された，国民

カトリック党（PCN）の設立の経緯を考察する。第3節では，マデロを暗殺したウエルタと国民カトリック党（PCN）および教会との関係を明らかにし，次章で取り上げる護憲派勢力の台頭と内戦の過程で，カトリック教会と聖職者が掠奪と破壊の対象となり，すべての外国人聖職者とメキシコ人司教および相当数の下位聖職者たちが国外へ追放された事態の背景を探る。

1．革命勃発の背景とマデロ運動

　1910年11月20日に勃発した革命は，ディアス独裁体制に対する政治の民主化要求から発生したが，土地を求める農民と労働条件の改善を求める労働者が政治の民主化を要求するマデロの率いる武力闘争に合流し，最終的には総人口1,516万の1割を犠牲にする大動乱へと拡大し，根本的な社会改革を目指す革命運動へとその性格を変えていった。その結果，動乱収束後にメキシコが直面した問題は，政治の民主化，農地改革，労働者と女性の地位改善，レフォルマ革命で解決していたはずのカトリック教会問題，内乱で損害を被った外国資本への賠償問題など多岐にわたった。これらの問題の原因の多くは，ディアス時代の経済発展と社会の変容に由来していた。

　ディアス時代に急速な発展を遂げた経済は，20世紀初頭のメキシコを大きく変貌させていた。導入された外国資本は，鉄道建設，鉱山開発，砂糖・エネケン（サイザル麻）・ゴム・コーヒーなどの輸出用農業部門や国内市場向けの軽工業，そして都市部の公共事業部門にまで及んだ[1]。依然として，農業に依存する人口が国民の8割を占めていたとはいえ，国勢調査によると1900年には，中産階級として分類することができる専門職が労働経済人口の10％にのぼっていた。1910年には，それはさらに15％へと拡大していた[2]。この中産階級が革命勃発の引き金を引くことになるが，彼らの大多数は，急成長し激変した都市の生活者であった。

　多くの都市が，ディアス時代の経済繁栄で激変した。鉄道網の拡張で主要都市が結ばれ，近代的な鉄道駅舎，市庁舎，郵便局，劇場，新たな住宅街などが，都市の景観と都市住民の暮らしを大きく変えた。とくに，レフォルマ革命によ

る教会所有の不動産の国有化によって，教会や修道院の建物が学校，図書館，博物館，ベシンダーと呼ばれた共同住宅[3]などに転用され，狭隘な旧市街地の整備のために，建物と敷地そのものが解体されて道路が開かれた。第2章第4節で検証したメキシコ市の場合，現在ユネスコの世界遺産に登録されている歴史地区およびその周辺に現在でも残る都市空間は，このディアス時代に変貌した姿である。

　このように，植民地時代から続いた生活空間から，ディアス時代には富裕層と恵まれた中間層が当時の郊外の一戸建ての快適な生活環境へと移動した。新興中間層の中で比較的恵まれた者は，専門教育を受けた医師，弁護士，技師，高級官僚，軍人などで，専門教育を受けながらも中間層の下層に留まったのは，教師や一般にジャーナリストと分類される文筆業で生活する人びとであった。彼らは，自分たちの生活環境の中で顕在化する社会の矛盾に敏感であり，抑圧的な政治に対する不満を募らせた。高等教育機関に在学中の学生たちもまた，ディアス時代の繁栄が築いた社会の矛盾に敏感であった。彼らは，ホワイトカラーの生活が維持でき，ベシンダー（共同住宅）で暮らす下層の庶民や，その生活の場すらなく路上生活を強いられた最貧困層に比べれば，はるかにましな暮らしができたとはいえ，あまりにも広がった格差のある社会と外国資本が支配する経済活動がもたらす矛盾に対して不満と危機感を抱いた。

　これらの比較的恵まれなかった中間層の政治への不満を具体的な反体制運動へと結集させたのが，1890年代に出現する多様な名称がつけられた「自由クラブ」である。1901年には，各地の「自由クラブ」の代表がケレタロ州の州都ケレタロ市に集まって全国大会を開催するほど，「自由クラブ」は急速に全国に広がった。ケレタロの大会には，のちに急進的な革命運動家となるリカルド・フローレス=マゴン（Ricardo Flores Magón）も参加していた。兄のヘスス（Jesús），リカルド，弟のエンリケ（Enrique）という3人のフローレス=マゴン兄弟は，オアハカ州から首都に移住した一家の苦しい生活の中で高等教育を受け，在学中に反政府運動に参加していった，当時の中間下層の典型的な若者たちであった[4]。リカルドは，自由主義者たちが求める政治の民主化や反教権主義政策に

満足せず，悲惨な生活を強いられている労働者と農民を擁護する運動を仲間と共に始めた。そして，ディアス体制を激しく批判したため，1904年にはアメリカへ逃亡しなければならなかったが，それでもアメリカから独裁者ディアスを糾弾し続けた。1905年に，亡命先のシカゴでメキシコ自由党（Partido Liberal Mexicano = PLM）を結成し，「再生」を意味する『レヘネラシオン』(Regeneración)という名の機関紙を発行して，さまざまな媒体を通じて密かにメキシコ国内の購読者に送り続け，その発行部数は5万部に達したこともあった。1906年にソノラ州のカナネア銅山で発生したストライキ事件と，1907年にベラクルス州のリオブランコ紡績工場で起こったストライキ事件では，メキシコ自由党員が労働者の組織化に大きな役割を果たした。また1906年7月に発表された党綱領は，メキシコ社会を根本的に変革するための具体的な目標を掲げた行動計画となっており，1917年の革命憲法に影響を与えた[5]。

メキシコ自由党（PLM）を率いたリカルド・フローレス゠マゴンは，亡命後アメリカの獄中で病死する1922年まで一度もメキシコに帰国しなかったため，PLMそのものが組織として革命の勃発とその後の展開に直接的な影響を与えることはなかった。弁護士の兄ヘススは過激な反政府運動から早い時期に身を引き，のちにマデロ運動に参加して，マデロ政権の内務大臣になっている（在任1912年2月28日-11月26日）。弟のエンリケは，リカルドと行動を共にしてPLMの事務局を引き受け，アメリカで亡命生活を送った。のちに護憲派勢力の中で頭角を現わし，急進的な反教権主義者として知られたビリャレアル（Antonio I. Villarreal）はリカルドと一緒にアメリカへ亡命したが，革命が勃発するとメキシコに戻り護憲派勢力に参加した。彼は，後述するように，強固な反教権主義者として内戦時代に教会と聖職者を弾圧した護憲派軍のリーダーのひとりとなり，のちに内務大臣を務めた（在任1920年6月11日-1924年3月3日）。

20世紀初頭のメキシコにおける農民と労働者が置かれた環境は，劣悪で非人間的であった。優遇され歓迎されて流入した外国資本によって開発されたメキシコ経済の目覚しい発展と近代化の背後で，彼らは悲惨な生活を強いられていた。商品作物の生産を拡大したプランテーションと，大農園アシエンダが周辺

農地を吸収して規模を拡大した結果，土地をめぐる紛争が激化し，農業労働者ペオンたちは生きるための労賃の前借制によって債務奴隷化されていた。労働力不足に悩むところでは，労働者は武装した監督のもとで働き，夜は逃亡を防ぐために鍵をかけられた小屋で眠った。このような状況を取り上げて，世に訴えたのがアメリカ人の社会主義運動家ターナー（John Kenneth Turner）である。すでに第3章で取り上げたように，1908-1909年に一連のメキシコ・ルポルタージュをアメリカの雑誌に発表して，ディアス体制の実態を世界に明らかにした。ターナーはまた，アメリカに潜伏して反ディアス運動を続けたメキシコ自由党（PLM）のフローレス=マゴン兄弟らを支援し続けたことでも知られている。

ディアス時代末期の農民たちが置かれた状況を世に訴えたモリーナ=エンリケス（Andrés Molina Enríquez）の著書『国家の深刻な問題』（*Los grandes problemas nacionales*）が出版されたのは1909年である。同書は，メキシコが直面していた土地問題を分析し，大農園の分割と先住民の共有地の返還を提言し，やがて勃発するメキシコ革命を予測させる内容となった。モリーナ=エンリケスは，1916-1917年の革命憲法制定の過程で，代議員ではなかったが農地改革を目指す第27条の制定過程で助言者として関わった[6]。

メキシコ革命勃発の引き金を引くことになる政治の民主化運動は，1908年2月17日に，ディアス大統領がアメリカ人ジャーナリストのクリールマン（James Creelman）のインタビューを受けて言及した，「政治の民主化」が発端となった。インタビューの記事は『ピアソン』（*The Pearsons Magazine*）誌の3月号に掲載されたが，この記事は直ちにメキシコの主要新聞『エル・インパルシアル』（*El Imparcial*）に転載され，さらに地方紙で紹介された。このインタビューの中でディアス大統領は，メキシコ国民がすでに民主政治を享受できる段階に到達しているので，自分はどのような誘いがあっても1910年の大統領選挙には立候補しないこと，さらに野党が出現するなら大歓迎すると言明したのである。またディアスは民主政治の確立を支援し，自らは引退するとまで述べた。

この発言は1908年の4月から6月にかけてメキシコ中が政治の民主化への

期待に燃え上がるほどのインパクトを与えたと、アグアスカリエンテス州出身の弁護士で、当時メキシコ市で『ラ・ナシオン』(La Nación) 紙を主宰していたコレア (Eduardo J. Correa) が、1914年にまとめた手記で述べている。コレアは、1911年に結成される国民カトリック党 (PCN) に深く関わり、1911-1913年のマデロ政権時代の連邦議会下院議員となった、熱心なカトリック信者でもあった。彼によると、このディアスの発言によってさまざまなグループが選挙に参入するための活動を開始し、多くの政治グループが出現したという[7]。ただし、その多くは政党と呼べるような組織ではなく、地域の有力者を中心に選挙を目指して集まったグループであった。その中の例外が、潤沢な資金を自ら準備して活動を開始したマデロの再選反対党 (Partido Antirreeleccionalista) である。

マデロは、北部コアウイラ州の大富豪マデロ家の長男で、父親はディアス大統領から駐英大使に任じられたことのある、いわばディアス体制内部の富裕層に属する人物であった。このような階層に属するマデロがメキシコ革命勃発の引き金を引くことになる背景として指摘できるのは、彼が受けた教育の影響である。1886年に12歳でアメリカに留学し、1888-1892年の約5年間をパリの商業高等学校で学んだマデロは、さらに1893年にはカリフォルニア大学バークレイ校に入学して農学を専攻した。マデロは青春時代を過ごしたアメリカとフランスの民主政治を賞賛し、父のもとに戻って農場経営を任されると、灌漑施設や農業技術の改良に努め、雇用している農業労働者の生活の改善にも関心をもつ経営者となった。やがて政治に関心をもったマデロは、「ベニート・フアレス民主クラブ」(Club Democrático Benito Juárez) を結成して、地元自治体の選挙に出馬し、1905年にはコアウイラ州知事選挙で、現職知事が再選を禁じた選挙法に違反して選出されたことから、「有効な選挙と再選反対」という主張に固執した[8]。

このようなマデロが、ディアス大統領の民主化宣言に刺激されて中央政界を目指しても不思議ではない。1909年にマデロは『1910年の大統領継承』(La sucesión presidential en 1910) と題する著作を出版して、ディアス体制を絶対主

義・中央集権主義的であると批判し、1857年の憲法に基づく選挙法を遵守すべきであると、もっぱら政治の民主化を要求した。ただしマデロは、ディアス体制が経済発展に貢献したことを評価しており、この経済発展と社会の安定が保持されることを期待していた。マデロは、国民の不満を解消するためには政治制度の改革が必要であると説いたが、彼の意味する政治制度の改革は、連邦制を尊重し地方自治体の権限を確立することであり、それは自らが暮らす地域社会を知っている者たちが自ら統治することで、社会改革も行なわれることを意味した。そして政治問題が解決されれば、自ずと経済・社会問題も解決されると考えていた。大土地所有者の権利を尊重する一方で、村の共有地を掠奪し、あるいは土地を活用せずに放置している大土地所有者を批判し、暴力と無秩序を嫌悪した[9]。また外国資本を歓迎するが特別扱いせず、特権グループだけでなくメキシコ全体の発展を望むマデロの見解は、全国の中産階級に熱狂的に受け入れられた。マデロの著書『1910年の大統領継承』の初版3,000部は、またたく間に売り切れ、版を重ねたという[10]。この著書によってマデロは、一躍全国的に注目される人物となった。反ディアス独裁体制運動に参加し投獄された経験をもつ中間層出身の若者ローケ・エストラーダ（Roque Estrada）は、富裕層の代表でもあるマデロの思想に不満を感じながらもマデロの演説会に出かけ、その誠実な人柄に惹かれて再選反対運動時代のマデロの信奉者になったことを、のちの著書で記している[11]。

マデロの再選反対運動は全国的な運動へと発展し、1909年にはメキシコ市でメキシコ再選反対主義者センター（Centro Antirreeleccionalista）が設立され、やがて再選反対国民党（Partido Nacional Antirreeleccionalista）へと発展した。しかし、このような選挙活動が常にスムーズに行なわれたわけではなかった。全国各地で繰り広げられたさまざまなグループの選挙活動は、官憲の監視下に置かれ、活動家がしばしば逮捕され、投獄された。そして、1910年4月にマデロ自身にも逮捕状が出された。この逮捕状にもかかわらず、マデロは官憲の目を盗んで全国遊説活動を続け、再選反対国民党の全国大会に出席して大統領候補に指名された。しかし、6月26日の選挙の前日に逮捕された。ディアスが大統

領に当選した選挙後に保釈金を払って自由の身となったマデロは、サンルイスポトシ市で書き上げた「サンルイスポトシ計画」(Plan de San Luis Potosí) を、亡命先のアメリカのテキサス州サンアントニオで発表して選挙の無効を主張し、政府への抗議行動として1910年11月20日に全国で一斉に武装蜂起することを呼びかけた[12]。しかし予定された蜂起は散発に終わった。しかも、マデロの呼びかけに応じた都市部の中産階級と一部の富裕層からなる再選反対勢力はまとまった軍事力をもたず、またマデロの統率力も劣っていた。その中で、北部チワワ州において蜂起した勢力は異色で、マデロ運動を勝利に導く原動力となった。チワワ州の再選反対運動のリーダーであったアブラム・ゴンサレス (Ábraham González) は、この頃すでに牛の仲買人として知られていたフランシスコ・ビリャ (Francisco Villa) に呼びかけて、牧童たちからなる武装勢力を結成していた。ビリャの活躍は目覚しく、またビリャ自身がマデロに心酔してマデロ派の軍事力の中核を担った。ゴンサレスのほかにも、同州内のプロテスタント勢力をまとめたパスクアル・オロスコ (Pascual Orosco) の武装勢力が、マデロの呼びかけに呼応して蜂起した[13]。さらに、チワワ州とアメリカのテキサス州の境界線にあたるリオグランデ川を挟んで、メキシコ側の町シウダー・フアレスには政府軍が、そして対岸のアメリカ側のエルパソには反乱軍が結集し、その間隙を縫ってリカルド・フローレス=マゴンの率いるメキシコ自由党 (PLM) の党員たちが密かに集まっていた。シウダー・フアレスの攻防戦では、オロスコとビリャの戦術で反乱軍が勝利を収め、連邦政府代表はディアスの大統領辞任と国外亡命を約束した「シウダー・フアレス協定」をマデロと結び、1911年5月25日にディアスは辞任して亡命した。

このディアス大統領の辞任を受けて成立した、レオン=デラバーラ (Francisco León de la Barra) 暫定政権のもとで実施された1911年10月の選挙に、再選反対国民党を改名した立憲進歩党 (Partido Constitucional Progresista) から、マデロはピーノ=スアレス副大統領候補 (José María Pino Suárez) と組んで大統領選挙に出馬した。ディアスを辞任に追い込んだマデロの人気は高く、次節で取り上げるような、圧倒的な得票差で大統領に選出された。しかし、15ヵ月に及ぶマデロ

政権時代は政治の混乱と武力闘争の時代となり，マデロのリーダーシップの欠如と自由への信奉が，結果としてマデロへの批判を強めた。マデロは，政治の民主化について単に公正な選挙を求めただけでなく，州政府に強い自治権と改革の実権を委ね，報道の自由の容認・政治犯の釈放・死刑の廃止などを実行したほか，労働局を創設して労働者の労働条件を改善する努力を行なった。このように，マデロはディアス時代には想像もできなかったような数々の改革を実践した。しかし，それらはマデロを逆に追い詰める結果となった。政治犯が釈放され，言論と出版の自由が保障されると，政治に対する要求と批判が露骨にマデロに向けられた。ディアス時代に地方の自治を阻んだ，中央から送り込まれた政治査察官制が廃止されると，各地方は連邦政府の要請を無視して独自の行動をとるようになった。マデロにこのような事態を抑える政治力が欠けていたことも，マデロを無能とみなす新聞論調につながった。

　またマデロは，彼の政治改革優先に不満をもつサパタ（Emiliano Zapata）との妥協にも努力した。メキシコ市南方のモレロス州で武装蜂起していた，サパタの率いる農民軍との協調を模索して，マデロは自らモレロス州へ出かけてサパタに会っており，その後も接触を続けた。しかしサパタは，政治の民主化に固執し農地問題を先送りするマデロと決別し，1913年11月には「アヤラ計画」（Plan de Ayala）として知られる農地改革を要求するプログラムを発表した[14]。

　こうして，八方ふさがりの状態で1913年2月にクーデターで失脚し，ピーノ＝スアレス副大統領と共に暗殺されたマデロは，独裁者ディアスを追放して革命の引き金を引いたという意味で，「メキシコ革命の先駆者」とされている。この歴史的評価は，公的革命史観と修正史観を問わず一致している。しかし，メキシコの実情を十分に認識できず，国内の多くの地域が孤立した状況の中で独自の権力構造と伝統文化を培ってきた現実に対する理解を欠いていた点からみると，マデロは明らかに夢想主義者であった。当時のメキシコは，鉄道網でつながった主要な都市と輸出生産物の集荷地点を除けば，ほとんどあらゆる意味で各地が孤立しており，マデロ運動は各地の少数の中産階級を中心とする自由主義勢力の間で知られていたにすぎなかった。国民の80％が孤立した農村

生活者で，約1,516万（1910年の国勢調査）の国民の75％が読み書きのできなかった時代に，マデロが描いた政治の民主化がいかほどの意味をもっていたかが推察できる。マデロの功績は，暗殺されたことによってカランサ（Venustiano Carranza）を中心とする護憲派勢力が，全国の中産階級を取り込む契機となったことにあったといっても過言ではない。

マデロがディアス大統領の再選に反対して登場してから「手続き的政治の民主化」が実現した，マデロを中心としたこの時代（1909-1913年）のほぼ4年間は，またカトリック教会とカトリック勢力が政治化した時代でもあった。

2．国民カトリック党（PCN）の結成とカトリック勢力の政治進出

カトリック勢力が政党を結成し，政治へ参加する試みは，ローマ教皇ピオ10世の呼びかけに応じてヨーロッパではじまった潮流に根ざしている。1890年代のドイツやイタリアにおけるキリスト教系政党の出現にはじまり，ラテンアメリカ諸国においても各国でキリスト教を名称に付した政党が結成された。メキシコにおいてもその動きはあったが，すでに前章でみたように，ディアス時代の教会首脳がレフォルマ革命で制定された改革諸法の遵守を最優先課題としたことから，政治参加を模索する具体的な動きはみられなかった。そのような流れを変えて，カトリック勢力に政党の結成を決断させたのは，マデロの民主化運動である。その背景にあったのは，前章で取り上げた，ディアス時代に教会が精力的に取り組んだ社会改革運動の実績と教会首脳の世代交代である。

カトリック教会では，20世紀に入ると急速に世代交代が進んだ。前章でみたように，ローマ留学組がメキシコ大司教をはじめとする主要な司教区の主任司教となり，レフォルマ革命を経験した教会が世俗権力に妥協せざるをえなかった歴史的トラウマから脱していた。とくに1907年の，リナレス大司教ガルサ＝サンブラノ（Santiago de la Garza Zambrano）の死によるレオン司教ルイス＝イ＝フローレス（Leopoldo Ruiz y Flores）のリナレス大司教への昇格，1908年のメキシコ大司教アラルコン（Próspero María Alarcón y Sánchez）の死によるレオン司教モーラ＝イ＝デルリーオ（José Mora y del Río）のメキシコ大司教昇格によって，1910

年までに8つの大司教区のうち6つをローマ留学組が占めたことの意味は大きかった。こうして、ディアス政府との協調路線を優先させてきた教会首脳の死去によって、ローマ留学組が教会を主導する時代へと移っていった。新しい首脳部は、教会が専念してきた社会活動に限界を感じており、政治力の必要性を認識していた。オリベーラ=セダーノ（Alicia Olivera Sedano）によると、教会首脳が政治力の回復を考えはじめたのは前章で取り上げた1905年にプエブラで開催された全国司教会議であったとされる[15]。憲法遵守を建前として教会が支援する、信徒によるさまざまな社会活動は、ハリスコ州やサカテカス州のような熱心な信者で有能な指導者に恵まれた地域でしか拡大しなかったため、政治の舞台で社会活動を推進することが必要であると考えられたからである。

　ディアスの民主化発言とマデロの再選反対運動は、教会にとって政治参加の絶好の機会であった。聖職者の間では、マデロの民主化要求運動に共鳴するグループがおり、とくに下位聖職者たちが熱心なマデロ崇拝者となったと、フランスのメキシコ史研究者J. メイェール（Jean Meyer）は指摘している[16]。一方、教会上層部はマデロ運動に対して冷淡であった。「権威は国民から発生するものではなく、神と教会から下されるものである」とするカトリック教会にとっては、マデロの主張する「民主主義」は受け入れられないものであった。しかし、政治力の必要性を認識していた教会首脳にとって、政治の民主化がカトリック勢力の政治参加への道を開いたという結果からすると、マデロ運動の受け止め方は複雑であったはずである。

　前節で取り上げたように、1910年の選挙はディアス大統領の再選で幕を閉じた。一方、マデロは選挙の無効を主張して、全国民に政府への抗議を呼びかけた「サンルイスポトシ計画」を発表した。同計画が発表されると、教会問題にはまったく言及されていないにもかかわらず、聖職者たちはマデロの行動を警戒した。それはわずかであったが、農地改革に言及していたからかもしれない。すでに、教会保有の土地の大部分は国有化され解体されていたが、教会を支える富裕層のほとんどは大土地所有者であった。また、マデロの教育改革への言及も大きな懸念材料であった。「信教の自由」という原則によって、ディアス

時代には私立学校に対する国家の干渉がほとんどなかったため，前章で検証したように，教会は教育分野における復興をある程度実現していたからである。反ディアス運動を危惧した一部の教会上層部は，信徒の政治運動に反対であった。

マデロによる再選反対運動が進展し，国中で政治の民主化への期待が高まる中で，政治力を構築する絶好の機会であるにもかかわらず，カトリック勢力は政党の結成を決断できずにいた。その原因は，教会上層部とローマ教皇庁の反対にあったと，先に取り上げたコレアは記している。コレアによると，教会上層部はディアスの民主化宣言をマデロたちのようには受け止めておらず，ディアスの謀略であると考えており，それに乗じることの危険性を熟知していたからだという[17]。また，選挙の結果ディアスの当選が確定し，選挙の不正を糾弾する声が高まる中で，教会上層部を代表するソノラ司教バルデスピノ=イ=ディアス（Ignacio Valdespino y Díaz）らがマデロ運動を非難し，ディアス体制への忠誠を示すよう呼びかけた回状を出した。これに対して，コレアは教会上層部の立場を理解しながらも，選挙の不正や違法性に対して沈黙する姿勢に同意できなかったと回顧している[18]。こうして，1910年6月の選挙，9月の盛大な独立100周年記念行事，11月20日のマデロの蜂起へと発展する時期を，カトリック勢力は政治的行動へと移行できないまま過ごし，1911年5月3日に，コレアの言葉で表現するなら"唐突"に国民カトリック党（PCN）が設立されたのである[19]。

しかし，実はカトリック勢力が政党結成に踏み切るのは，それよりも数ヵ月早い1911年の初め頃であった。すでにディアス体制の崩壊がほぼ明らかになっていた時期に，メキシコ大司教モーラ=イ=デルリーオが，社会活動を担っていた信徒の組織である「カトリック労働者サークル」（Círculo de Obreros Católicos = COC）と「オペラリオ・グアダルパーノ」（Operario Guadalupano = OG）の代表をメキシコ市に召集し，政党結成について協議させていた。創設された国民カトリック党（PCN）の党首フェルナンデス=ソメリェーラ（Gabriel Fernández Somellera）をはじめとする，国民カトリック党（PCN）の中核を担った人物たちに混じっ

て出席したハリスコ州の OG 活動の主導者パロマール=イ=ビスカーラ（Miguel Palomar y Vizcarra）は，会議が終了すると直ちにグアダラハラに戻り，政党結成に向けた活動を開始したことを，オーラル・ヒストリー資料収集活動として取り組まれたメキシコの国立人類学・歴史学研究所（Instituto Nacional de Antropología e Historia）のプロジェクトの中で証言している[20]。つまり国民カトリック党（PCN）がカトリック教会のトップの強い意志と指導のもとで結成された政党であったことを，この証言は示している。

5月3日，メキシコ市内のフェルナンデス=ソメリェーラの私邸に集まった計18名によって国民カトリック党（PCN）が創設され，直ちに役割分担が決定された。フェルナンデス=ソメリェーラはハリスコ州出身の大地主で，富裕な実業家でもあった。デラオス（Manuel F. De la Hoz），サンチェス=サントス（Trinidad Sánchez Santos），アモール（Emanuel Amor）の3名が起草した党綱領案が審議されて，『エル・ティエンポ』（El Tiempo）紙に新党結成が発表されたのは5月7日である[21]。当時，北部チワワ州のシウダー・フアレスでディアス連邦政府軍と交戦していたマデロは，「国民カトリック党の結成は，われわれが勝ち取った自由の最初の成果である」と賞賛した長い祝電を送った[22]。このように，マデロは政治の民主化を実現する過程で，カトリック教会と信徒集団が「政治化」していくことに寛容であった。

国民カトリック党（PCN）の組織化は，急速に進められた。OG の強力なリーダーが存在していたハリスコ州，サカテカス州，アグアスカリエンテス州では，比較的短期間に選挙に向けた体制が整えられた。しかし，メキシコ大司教が全国の司教に求めた選挙活動協力の要請に対して積極的に応じたのは，当時の大司教と司教の計30名のうち8名にすぎなかった。それら8名のうちの5名は，モーラ=イ=デルリオ大司教と同窓のローマ留学組であった[23]。つまり高位聖職者たちの圧倒的多数は，この時点においても政治への参加に躊躇していたことが分かる。同時に，政治力回復への野心をもっていたのが，ローマ留学組であったことをも示唆している。

こうして国民カトリック党（PCN）は設立から2ヵ月ほどの間に全国に783

134　第Ⅱ部　革命期の政教関係

の選挙活動センターを設け，48万5,856名のメンバーを結集した[24]。図4-1は1912年における8つの大司教区と22の司教区を，国民カトリック党（PCN）の選挙活動センター数で区分したものである。これによると，50ヵ所以上のセンターが設けられたのはメキシコ大司教区，グアダラハラ司教区（ハリスコ州を中心とする），アグアスカリエンテス司教区（アグアスカリエンテス州を中心とする），レオン司教区（グアナフアト州を中心とする）であった。これらの司教区は中西部に位置している。一方，国土の半分以上は5ヵ所以下という区分にみられるように，国民カトリック党（PCN）が積極的に選挙運動を展開していた地域はかなり限定的であったことが分かる。なおこの図で示されているのは司教区であり，大筋としては州の境界線に沿っているものの，必ずしも一致しているわ

図4-1　1912年における国民カトリック党（PCN）の選挙活動センターの設立状況

　□　センター数が5ヵ所以下の司教区
　▨　センター数が6ヵ所から50カ所の司教区
　▓　センター数が51ヵ所以上の司教区

　　注　境界線は州ではなく司教区である
［出所］Laura O'Dogherty, *De urna y sotanas: El Partido Católico Nacional en Jalisco* (México, D.F.: CONACULTURA, 2001), p.133.

けではない。

　10月の大統領選挙に向けた国民カトリック党（PCN）の全国党大会が開催されたのは，8月であった。この大会で激論の末に決定されたのが，党独自の候補者を立てず大統領候補にマデロを，そして副大統領候補にレオン=デラバーラを推すことであった。先に指摘したように，教会上層部がマデロに対して冷ややかな態度を保持していたのとは対照的に，カトリック信者，すなわち当時のメキシコの有権者層は，全般的にマデロの熱狂的な支持者であったことが分かる。国民カトリック党（PCN）がマデロ候補を推薦した背景には，コレアの強い主張があったからだという指摘もある[25]。

　この大会で採択された党の目指すプログラムは，メキシコ自由党（PLM）が1906年に発表した党綱領に比べると非常に短く，具体的な目標は掲げられていない。政教分離を受け入れ，信教・結社・教育の自由を1857年憲法の枠内で主張するとし，再選の反対と自由な選挙を目標に掲げている。また，メキシコが抱えている深刻な社会問題である労働者と農民のおかれた環境の改善は，これまでカトリック教会が進めてきたカトリック精神に基づく社会改革主義に従い，「資本と労働の協調」によって解決することを謳っている。さらに，小農と小規模企業への融資機関を設立すること，そして国民カトリック党（PCN）は，「神と愛国心と自由」という気高い目標に取り組むと誓っている[26]。

　国民カトリック党（PCN）が労働問題と農民問題に深く関心を寄せた背景には，前章でみたように，カトリック教会上層部の中でも重要な地位を占めたエリート司教たちが，ディアス時代に社会活動を推進するために自ら先頭に立って行動し，同時にカトリック信徒の組織化に努力した結果，全国的に信徒が運営する多様なカトリック信徒組織がディアス時代末期に出現していた事実があげられる。なお，先にあげたOGはメキシコ中西部を主要舞台として労働者を組織し，COCはメキシコ市を中心に労働者の組織化に成功していた[27]。労働者の権利と労働条件の改善を求めて急進化したメキシコ自由党（PLM）の党綱領と比べると，カトリック勢力の主張は，「資本と労働」および「地主とペオン」の協調による慈善主義的で穏健な改革の域を出なかったとはいえ，労働者

と農民の救済は党の重要な課題となっていた。

ディアス体制の崩壊後，最初に行なわれた1911年10月の選挙は，マデロの公約通りの「政治の民主化」を実現した選挙となり，この自由が保障された選挙戦で教区司祭たちは活発な選挙活動を行なうことができた。その実態を理解するためには，このときの選挙の仕組みを理解する必要がある。

マデロが主張した「民主的選挙」を実施するという目的から，選挙は1857年の「男子普通選挙法」(1869年改正)に基づいて行なわれた。同選挙法によると，18歳以上の既婚男子と21歳以上の未婚男子すべてが選挙権を保有し，選挙人を選出する1次投票(10月1日実施)と，選挙人のみが参加する2次投票(10月15日実施)という，間接選挙となっていた[28]。したがって，圧倒的多数の読み書きのできない農業労働者ペオンや都市部の労働者を動員した，滑稽なまでの選挙運動や不正などが起こったとしても不思議ではない。メキシコの全国平均識字率は20%で，もっとも識字率の低かったゲレロ州やチアパス州ではそれぞれ8.3%と9.1%にすぎなかった[29]。全国的には，選挙は大きな混乱もなく平和裡に実施されたとされるが[30]，聖職者たちはミサをはじめとしてあらゆる機会を利用して国民カトリック党(PCN)候補に投票するよう働きかけたことも報告されている[31]。この間の選挙戦の加熱ぶりを，アメリカ大使ヘンリー・L. ウイルソン(Henry Lane Wilson)も国務省に詳細に報告している[32]。

1911年10月の選挙には，国民カトリック党(PCN)のほかに6つの政党が選挙に参加した。そのうちのレイエス党(Partido Reyista)と純粋自由党(Partido Liberal Puro)は，政党とは名ばかりの個人政党であった。革命人民党(Partido Popular Revolucionario)は，レフォルマ革命の遵守というスローガンを掲げたが，大統領選挙に候補者を立てなかった。残りの3政党のうち自由党(Partido Liberal)と立憲進歩党(Partido Progresista Constitucional)は大統領候補にマデロを擁立したが，急進自由党(Partido Liberal Radical)のみは独自の大統領候補としてレオン＝デラバーラを立てた。表4-1でみるように，国民カトリック党(PCN)も推したマデロが圧勝した。

翌1912年6月に実施された連邦議会，州知事と州議会，日本の市町村に相

表4-1　1911年10月15日の大統領・副大統領選挙2次投票の得票一覧

大統領候補者	得票数	副大統領候補者	得票数
F. I. マデロ	19,997	F. ピーノ=スワレス	10,245
F. レオン=デラバーラ	89	F. レオン=デラバーラ	5,564
P. バスケス=ゴメス	16	P. バスケス=ゴメス	3,373
その他	45	その他	51

[出所]　Jorge Vera Estañol, *Historia de la Revolución Mexicana: Orígenens y resultados* (México, D.F.: Editorial Porrúa, 1976), p.231.

当する地方自治体であるムニシピオの選挙は直接投票で行なわれ，国民カトリック党（PCN）は予想以上の成果を収めた。連邦上院議員に19名を立てて4名が当選し，下院議員には193名を立てて29名を当選させた。国民カトリック党（PCN）が独自の候補を立てず，自由党候補を支持した州では自由党員が6名当選し，さらに1913年3月の補充選挙で国民カトリック党（PCN）が2名を当選させた結果，連邦議会の第26通常議会（1912-1913年）の下院のカトリック勢力は党所属議員だけでも31名となった。それでも，総数225議席のうちの31議席にすぎず，独自の議案を成立させられるような状態ではなかった。一方，州知事選挙では，ハリスコ州，サカテカス州，ケレタロ州およびメキシコ州の4州で州知事を当選させた。このうちハリスコ州とサカテカス州では，州議会においても多数派となっている[33]。

しかし，選挙の結果をめぐっては各地で落選した者の抗議や暴力事件が発生し，混乱を極めた。また連邦下院では，実際に当選した75名のうち，その資格審査によって46名が失格し，国民カトリック党（PCN）候補者の当選無効が多かったことから，これをマデロの指示とみて大統領の暗殺まで画策された。暗殺計画を企てたとされるサンチェス=サントスは，国民カトリック党（PCN）創設メンバーのひとりであり，カトリック系新聞を主宰するジャーナリストでもあった。暗殺計画を知ったルイス=フローレス大司教は，国民カトリック党（PCN）のリーダーたちに立憲政府への忠誠と違法な抵抗の自粛を指示して，この暗殺計画を未遂事件に終わらせた[34]。このエピソードは，国民カトリック党（PCN）が急進的な政治勢力へと変貌していたことを物語るものであろう。

3．国民カトリック党（PCN）とウエルタ反革命政府

　1913年10月10日にウエルタによって閉鎖されるまでの連邦議会第26通常議会で，国民カトリック党（PCN）はマデロ大統領を頂点とする自由主義勢力と根本的な理念で対立した。国民カトリック党（PCN）は，当初，親マデロ派として行動したが，すぐに反マデロに転じ，大商人，企業家，大土地所有者たちの独立派代議員グループに合流した。コレアの代議員活動記録によると，国民カトリック党（PCN）議員はほとんど党としてのまとまった行動がとれず，党の政策などを検討する結束力をもっていなかったという[35]。したがって国民カトリック党（PCN）は，すでに述べたような若干の改革法案を成立させたが，カトリック教会の目指したであろうと推測できる，レフォルマ革命の改革諸法の修正などを提案できるはずはなかった。一方，州議会で国民カトリック党（PCN）が多数派となったハリスコ州では，労働組合に法人格を付与し，農地問題の解決策としてアメリカのホームステッド法に類似した各農家に一定規模の農地を譲渡する法律や，労働者に休息の場を与える有名な「椅子法」をはじめとして，さまざまな労働条件の改善が立法化された[36]。

　1912年，マデロ政権に対する不満は日ごとに拡大していった。マデロはサパタ勢力との協調に失敗し，6月には北部でオロスコが反乱を起こし，10月にはベラクルス州でF. ディアス（Félix Díaz）が蜂起した。マデロ政権に対するクーデターの噂が，翌1913年1月に入ると現実味を帯び，ついに2月9日に首都で武装蜂起が勃発した。この日から10日間は「悲劇の10日間」（Decena Trágica）としてメキシコの歴史に記録されているが，2月19日にマデロ大統領とピーノ＝スアレス副大統領は軍部を掌握するウエルタ将軍に辞任を迫られ，この辞任を議会は123対4という票差で承認した[37]。そして同日，巧妙な手続きでウエルタ将軍は立憲大統領となった。それは，マデロ大統領の罷免で暫定大統領に昇格した内務大臣ラスクライン（Pedro Lascuráin）がウエルタ将軍を内務大臣に指名し，1時間足らずのうちに辞任して，ウエルタが大統領に昇格するという手順を踏んだからである[38]。このウエルタ政権誕生には教会と国民カトリッ

ク党 (PCN) がウエルタと何らかの密約を交わしていたのではないかという疑惑がつきまとっていたが，この密約説は長い間確証がえられず，先に紹介したJ. メイエールを代表とする先駆的研究者たちはそれを否定してきた。しかし以下で述べるように，実際にはウエルタはカトリック教会上層部と密約を交わしており，国民カトリック党 (PCN) とウエルタの関係にもまた，従来の説を覆す新たな関係が明らかになった。

　ウエルタ将軍が計画したマデロ政権を葬る謀略にアメリカ大使のヘンリー・L. ウイルソンが関わっていたことは，広く知られた事実である[39]。一方，教会がウエルタと密約を交わしていたとする説は断片的な指摘がなされていたにすぎず，J. メイエールらはそれを否定していた。密約説のひとつに，1,000万ペソの資金提供の見返りとして，マデロの失脚後に保守派の人材を複数入閣させるという協定が結ばれたという説である[40]。そのほかに，困窮する兵士たちがメキシコ市で略奪暴行に走る危険性を回避するために，2万5,000ペソの拠出をウエルタが要求し，手持ち資金がなかったモーラ=イ=デルリーオ大司教が大商人たちに市内の秩序確保のための協力を仰いだというものがあった[41]。この金額が5万ペソであったという説もあり[42]，国庫が底をついていて軍資金を欠くウエルタ将軍から資金の提供を教会側はたびたび強要されていたことが想像できる。そして，この資金提供の見返りとして何らかの密約があったとされてきた。

　しかし，これらの密約説を単なる憶測であるとして否定してきたJ. メイエールが，先に言及したコレアが1914年に記録していた未刊の手記が，1991年に刊行されるにあたって，その前書きで自分の解釈の過ちを率直に認めたため，ウエルタと教会の間の共謀説は確実なものとなったのである。もっとも，それが連邦政府軍による教会施設の破壊と暴動・略奪からメキシコ市民を守るための予防措置としての資金提供であったという大司教の説明を受け入れるか，あるいは国民カトリック党 (PCN) の幹部が実際にウエルタ政権に入閣し，さらに数名のメンバーが要職についたことがその密約の代償であったと解釈するかで，教会の資金提供の意味は大きく異なる。国民カトリック党 (PCN) メキシ

コ市支部長であったタマリス（Eduardo Tamaríz）がはじめに公教育省次官に任命され，やがて1913年3月に農業・漁業大臣として入閣したことは事実であったからである。タマリスはトラスカラ州の大農園主タマリス家の一員で，本人は弁護士であった。そのほかに，国民カトリック党（PCN）幹部F. エルゲーロ（Francisco Elguero）が財務省財務・タバコ局長に抜擢されている[43]。

　国民カトリック党（PCN）の活動に教会は関与しておらず，むしろ国民カトリック党（PCN）の急速なウエルタ接近を牽制していたのが教会上層部であったとする従来の説を覆したのは，コレアの記録とオドヘルティ（Laura O'Dogherty）の研究である。1912年10月17日にベラクルス州でF. ディアスが蜂起した知らせが入ったその晩，国民カトリック党（PCN）幹部の一部が党総裁のフェルナンデス=ソメリェーラの私邸に集まっており，そこに呼ばれたコレアは，党幹部たちがF. ディアスの勝利を期待し，マデロ政権の崩壊が必然的であると話すのを聞いていた[44]。ウエルタ政権の発足は，保守勢力にとってディアス時代への復帰を予想させるものとして歓迎されたであろうことが容易に推測できる。一方，オドヘルティは，ローマ教皇庁の文書館に保管されていた機密文書から，ウエルタとF. ディアスがメキシコ大司教と密約を交わしていたことを立証した。それによると，「悲劇の10日間」の結末がみえない段階でメキシコ大司教モーラ=イ=デルリーオはウエルタとF. ディアスに会い，資金の提供と引き換えに「アメリカでカトリック教会が享受しているのと同様の権利を認める」ことを約束させていたという。すなわちそれは，不動産を所有すること，僧衣姿で教会外に出られること，寺院の外で宗教儀式を執り行ないうることなどを意味していた。さらに，次期大統領の地位をウエルタから約束されていたF. ディアスは，国民カトリック党（PCN）の支持と引き換えに，「反教権主義条項の停止，反教権主義条文の廃棄を要求する国民カトリック党（PCN）の立場の容認，教育の自由の尊重，急進派を入閣させずカトリック信徒を法務大臣に入閣させること」を約束したという。この書簡は，モーラ=イ=デルリーオ大司教自身が，1913年4月2日付でローマの知人（Rafael Merry del Val）に送ったものであった[45]。

ウエルタ政権が成立し、4月1日に議会に対して政策提案書が提出されたとき、それを大統領に代わって読み上げた閣僚が最後に、「自由と神のために」という締めくくりの文言を読み上げると、国民カトリック党（PCN）議員は立ち上がり、「ビーバ（万歳）・ウエルタ」と叫んだことが議事録に記録されている[46]。これは、信仰に関わる文言を公文書に記してはならないという、フアレス時代以来の慣行を破ったものであると同時に、国民カトリック党（PCN）議員たちがウエルタ政権の支持者となっていたことを示す証拠でもある。

しかし、ウエルタ政権と教会および国民カトリック党（PCN）の関係が一貫して良好であったわけではなかった。1913年4月1日にはじまった第26回議会下半期では、下院の過半数を握っていたマデロ派の中から、のちに「革新ブロック」と呼ばれるグループがウエルタ政府と対立していったが、その過程でマデロ派に同調する国民カトリック党（PCN）議員が現われた。そのひとりがコレアである。コレアによると、国民カトリック党（PCN）議員は、マデロ派に近いリベラル派議員と伝統的な保守派議員に二分されていたという[47]。

アメリカのウイルソン（Thomas Woodrow Wilson）政権は、「武力によって成立した政府を承認しない」という原則のもとにウエルタ政権を認めず、さらにはベラクルスへ海兵隊を上陸させてメキシコの内乱に干渉したが、この過程でウエルタはアメリカの承認を得るためにも選挙を実施して立憲政府としての形を整える必要があり、10月26日の選挙実施を発表した。明らかに全国各地が混乱状態にあり、選挙の実施が不可能な状況の中で、国民カトリック党（PCN）は参加しない方針をはじめにたてたが、閣僚メンバーの党員タマリスの説得によって選挙に参加することを8月5日の党大会で決定し、大統領候補にガンボア（Federico Gamboa）を、また副大統領候補にラスコン将軍（Eugenio Rascón）を立てた。しかし、タマリスのポストを農業・漁業大臣から教育大臣へ換えるための承認を議会が拒否し、ウエルタ政権を激しく批判したドミンゲス上院議員（Belsario Domínguez）がその直後に行方不明になると、調査委員会が設置され、国民の代表である議員の安全を政府は守る義務があるとして、首都における安全が保障されないのであれば安全な場所に議会は移ると宣言したことで、議会

とウエルタ政権との対立は決定的となった。選挙を約2週間後に控えた10月10日の夜，突然連邦議会議事堂が封鎖されて，その場で84名の議員が逮捕され，さらに24名が拘束されるという事件が発生した。この逮捕に巻き込まれた国民カトリック党（PCN）議員は，たった1名にすぎなかった[48]。ウエルタ政府の主張は，秩序回復に努める政府に協力するどころか挑戦する議会を解散させたというものであった。10月26日の大統領選挙と同時に実施された議会議員選挙は，「民主的手順を踏むこと」が必須であったウエルタによる，まさに「茶番劇」以外の何ものでもなかった。比較的治安が安定していたアグアスカリエンテス州出身のコレアは，果敢にも立候補して，当選した。タマリスをはじめとする，ウエルタに協力的であった国民カトリック党（PCN）メンバーの4名も当選した[49]。続く12月に予定されていた地方自治体選挙に不参加を決定した国民カトリック党（PCN）の党首フェルナンデス＝ソメリェーラは，逮捕されてベラクルス港沖合いのサンフアン＝デ＝ウルア刑務所に送られ，党機関紙『ナシオン』(Nación) が廃刊に追い込まれた。フェルナンデス＝ソメリェーラは友人たちの奔走で釈放され，その直後に家族と共にメキシコを脱出した[50]。こうして，1914年1月半ば頃までに国民カトリック党（PCN）は実質的に活動を停止し，党幹部のほとんどが国外に脱出した。

　一方，教会とウエルタとの関係は，次章で取り上げるように，連邦政府軍が各地における護憲派軍との交戦で敗北し，教会施設の破壊と略奪および聖職者の迫害が拡大していく過程で，急速に冷えていった。この間に護憲派勢力が教会を破壊し聖職者を迫害した理由のひとつは，教会と国民カトリック党（PCN）がマデロを裏切り，ウエルタを支援したことにあったと考えられる。しかしウエルタ研究で知られるM. マイヤー（Michael Meyer）は，教会がウエルタに接近したことを事実としながらも，それは1913年から1914年にかけて護憲派勢力が教会と聖職者に対する攻撃と迫害を激化させた中で起こったことであり，むしろ護憲派勢力の反教権主義的行動が，教会をウエルタに擦り寄らせたのだと説明している[51]。

　護憲派勢力の軍事攻勢が優勢となり，1914年7月25日にウエルタ政権が崩

壊するにいたる前から，多くの教会関係者が護憲派勢力の占拠した地域から国外へ追放されていたが，ウエルタ政権崩壊直後の7月から8月にかけて国民カトリック党（PCN）の党員と高位聖職者たちの多くが国外へ逃れた。8名の大司教のうち病床にあったプエブラ大司教を除く7名が，また22名の司教のうち10名が，1919年に恩赦によって帰国が許されるまで国外で生活することを強いられた[52]。

　国民カトリック党（PCN）は，国外に連帯する組織をもっていなかったため，国外に逃れた者たちは各自の資金と才覚で生き延びなければならなかった。アメリカに脱出したコレアの場合，カリフォルニアで出版関係の仕事に携わって生計をたてた。カトリック系新聞『エル・パイス』（*El País*）を主宰していた，国民カトリック党（PCN）幹部のJ. エルゲーロ（José Elguero）は，ロサンゼルスやキューバのハバナでジャーナリストの職を探し，銀行で職を得るなど苦労を重ねて亡命生活を送った[53]。もっともフェルナンデス=ソメリェーラをはじめとして国民カトリック党（PCN）の幹部の多くは大地主であり大商人であったため，その亡命生活はそれほど悲惨なわけではなかったであろう。

　一方，国外へ脱出した聖職者の多くがアメリカに亡命した。アメリカのカトリック教会の支援で受け入れられたメキシコの教会上層部は，手厚く処遇されたことが知られている。その多くはテキサス州のサンアントニオに集まり，アメリカのカトリック教会が募った資金で設立された神学校に，メキシコから送り出された神学生を受け入れて，メキシコにおける教会再建の作業を続けた[54]。カランサが実権をほぼ掌握し，新憲法が制定される過程の1916年後半から1917年前半にかけて，グアダラハラ大司教のオロスコ=イ=ヒメネス（Francisco Orozco y Jiménez）が密かに国境を越えてメキシコに戻り，官憲の追跡の中で厳しい逃亡生活を送ったことは広く知られているが，亡命聖職者に旅券が発給され，正式に帰国が許されたのは1919年6月になってからである。

むすび

　以上で検証したように，1911年5月に設立され，メキシコ革命の激動の内乱

時代に3年足らずの間だけ存在した国民カトリック党（PCN）は，カトリック教会上層部が計画した政治的装置であった。メキシコ大司教自らが設立に関わり，教会を含む保守勢力の政治力の回復のためにウエルタのクーデターを了承していたことも明らかとなった。聖職者は国民カトリック党（PCN）のメンバーとはならなかったが，選挙運動を積極的に展開し，国民カトリック党（PCN）の政治進出を支援したことは，一度は受け入れた政教分離の原則を教会首脳が明らかに破棄したことを意味していた。前章で取り上げたように，カトリック教会はレフォルマ革命によって確立された政教分離と信教の自由を受け入れていたから，この教会の政治的野心は護憲派勢力に対する明らかな挑戦であった。

なお，国民カトリック党（PCN）が存在した期間は，1857年の自由主義勢力と保守勢力がそれぞれの政府を擁立して武力抗争を3年にわたって展開した，レフォルマ戦争期に似た状況であった。異なっているのは，カトリック教会が武装蜂起を全面的に支援するだけの資金をもっていなかったことである。また，政治の民主化の中で出現した国民カトリック党（PCN）自体が，一部にコレアのような自由主義的要素を強くもつ者を含んでおり，保守勢力をまとめるには弱体すぎたことも，教会と国民カトリック党（PCN）が比較的容易に敗北する原因となったと考えられる。

カトリック教会の計画した，「早すぎた政治力回復のための装置」となった国民カトリック党（PCN）が1914年に自壊したことで，1916-1917年の憲法制定議会から保守勢力は完全に排除された。その結果，厳しい反教権主義条項が制定される過程で保守派の理念を主張する機会を失った意味は大きい。国民カトリック党（PCN）が，政教分離の原則を守れず教会と一定の距離を保つことができなかったことも，メキシコ革命でカトリック教会と保守勢力が完敗した主要な要因となったと筆者は考える。

第5章　内戦期のカトリック教会

はじめに

　ここでいう内戦期とは，革命動乱期（1910-1915年）の後半にあたる1913年2月から1915年10月までの，約2年8ヵ月間に展開された諸勢力の武力抗争の期間を指す。この内戦期は，ウエルタ（Victoriano Huerta）反革命政権が倒れた1914年7月を転換点として，メキシコ革命の流れを大きく変えた時期である。内戦期の前半（1913年2月-1914年7月）は，マデロ大統領（Francisco I. Madero）を辞任に追い込み成立したウエルタ反革命政権に対してカランサ（Venustiano Carranza）を第1統領とする護憲派勢力に結集した諸勢力が，ウエルタ連邦政府軍と戦った時期である。後半（1914年8月-1915年10月）は，ウエルタ政権崩壊後に護憲派勢力がビリャ勢力とカランサ勢力に分裂し，農民勢力を代表するビリャ（Francisco Villa）とサパタ（Emiliano Zapata）が擁立したアグアスカリエンテス会議派政府と，カランサの率いる護憲派政府とが対決する内戦へと発展した時期である。そしてこの後半期はまた，護憲派勢力の改革目標が1857年憲法の擁護から経済・社会改革へと拡大され，護憲派勢力が真の革命勢力へと変容した，いわゆるメキシコ革命の方向を決定した重要な時期となった。この内戦期に，カトリック教会は護憲派軍の略奪の対象となり，聖職者たちは迫害を受けて追放された。

　本章の目的は，この内戦期にカトリック教会と聖職者たちが迫害された実態と，その理由を明らかにすることである。そのために，第1節で内戦期における武力抗争の展開を考察し，第2節で教会と聖職者たちが受けた略奪と迫害の実態を明らかにする。とくに，「宗教難民」と呼ばれてアメリカ合衆国のカト

リック教会の支援を受け，アメリカ国内で亡命生活を送った聖職者たちが帰国を許される1919年6月まで，カトリック教会の機能が停止したこの時期に，やがて1920年代後半に革命政府と全面対決することになるカトリック信徒たちが団結していった過程を，第3節で検証する。

1．内戦の展開

　ウエルタ将軍によるマデロ大統領拘束の知らせがコアウイラ州知事カランサに届いた1913年2月18日に，カランサは直ちに州議会を召集してウエルタ政府の不承認を表明した。さらに，全国の州知事に対してマデロ政権を支持するよう電報で呼びかけた。カランサの呼びかけに最初に応じたのは，北部のソノラ州とチワワ州であった。ソノラ州でウエルタ支持を表明しようとしたマイトレーナ州知事（José María Maytorena）の行動を阻止したのは，のちにカランサ革命政権下で重要な役割を果たすことになるアルバロ・オブレゴン（Álvaro Obregón），ベンハミン・イル（Benjamin Hill），フアン・カルバハル（Juan Carbajal），サルバドル・アルバラード（Salvador Alvarado）らで，ソノラ州の州都エルモシーリョは，一時コアウイラ州から撤退したカランサ勢力を受け入れて，護憲派勢力の本拠地となった。

　チワワ州では，マデロの有力な支持者であったアブラム・ゴンサレス州知事（Ábraham González）がカランサの檄に直ちに応じて蜂起したが，1913年3月5日に連邦政府軍との戦闘で戦死した。その直後に，のちにカランサと対立することになる，マデロ称賛者のひとりであったビリャがチワワの護憲派勢力の武力集団に参加し，やがてマデロ暗殺に抗議して蜂起したさまざまな武装集団をまとめ上げて，強力な北部師団へと変貌させる指導力を発揮した。

　カランサが3月26日に発表した，ウエルタ政権を否認する「グアダルーペ計画」（Plan de Guadalupe）は全7項目からなる声明文で，ウエルタが牛耳る三権（行政，立法，司法）を否認し，カランサ自らが1857年憲法を擁護する護憲派勢力の第1統領となることを宣言して，ウエルタ政権崩壊後の選挙で成立する立憲政府に実権を手渡すことを明示した。このようにグアダルーペ計画は，

武力でマデロ政権を葬ったウエルタを打倒して立憲政府を樹立することを目的としたもので，経済・社会問題にはまったく触れていない[1]。こうして，カランサの率いる護憲派軍に合流した各地の武装勢力は，ウエルタ将軍の率いる連邦政府軍と戦うことになり，メキシコは再び内乱状態に陥った。護憲派軍は，北部諸州の支持勢力を中核にして編成され，北西部ソノラ州のオブレゴンが率いる北西部師団，チワワ州のビリャが率いる北部師団，タマウリパス州のパブロ・ゴンサレス（Pablo González）が率いる北東部師団に分かれ，首都制圧を目指して鉄道網に沿って南下しながら連邦政府軍と戦った。一方，南部モレロス州では，サパタ勢力がすでにマデロ時代から連邦政府軍と戦っていたから，ウエルタ連邦政府軍は，北部から南下する護憲派軍と南部のサパタ軍との戦いのため，軍事力を分割しなければならなかった。さらにウエルタを追い詰めたのは，アメリカ合衆国で誕生した民主党のウイルソン（Thomas Woodrow Wilson）政権の出現であった。

「軍事力で政権を掌握した政府を承認しない」とするラテンアメリカ政策を掲げたウイルソン大統領のウエルタ政府不承認政策は，さらにドイツからの武器弾薬の買い付けを軍事力で阻止したベラクルス事件へと発展し[2]，国際的に孤立して軍資金と武器弾薬の調達においても窮地に追い詰められたウエルタは，1914年7月25日に亡命した。その後を受け継いだ外務大臣カルバハル（Ignacio S. Calbajal）がオブレゴン軍に無条件降伏をしたことで，首都メキシコ市が明け渡されて内乱は終結したが，すでにこの間に，カランサとビリャの対立が始まっていた。カランサとビリャの対立は，1914年10月から翌1915年秋までの間，2つの政府が戦う内戦へと発展した。

カランサとビリャは，共にマデロの支持者であったとはいえ，もともとあらゆる面で対立する要素をもっていた。カランサはコアウイラ州の地主で，ディアス時代に連邦議会代議員を務めたことのある富裕層に属する知識人である。一方，ビリャは，読み書きも満足にできない，粗野な牧童あがりの無法者に近い存在であった。強力な武力集団へと急成長した北部師団を率いたビリャは，ウエルタ連邦政府軍との戦闘ではカランサ第1統領の指令を無視し，独自の戦

略に基づく戦闘を展開してメキシコ市を目指した。護憲派勢力の軍事的主導権を掌握しかねない，この強大な北部師団を率いるビリャに対して，カランサは強い不信感と嫌悪感をもっていたことが知られている。北西部師団を率いて南下したオブレゴンの首都制圧によって，カランサはビリャとの対立から一時的に解放された。しかし，ウエルタ打倒の武装蜂起に参加した武将会議が開かれると，後述するように，ビリャはサパタ勢力と同盟を結んでカランサと対立した。こうして，穏健な改革を目指す護憲派勢力と農地改革を要求する農民勢力との対立が鮮明になった。

カランサは，首都制圧とほぼ同時にサパタ勢力との妥協を図ったが失敗した。カランサの腹心の部下ルイス・カブレラ (Luis Cabrera) とビリャレアル (Antonio I. Villarreal) をサパタのもとに使節として送り，サパタがマデロと決別した最大の理由である農地改革を掲げた「アヤラ計画」の一部を受け入れる条件を示して，武力抗争の終結を図った。しかしサパタは妥協しなかった。この調停役にあたったカランサの使者ビリャレアルとサパタ側のディアス＝ソトイガーマ (Antonio Díaz Soto y Gama) は，共にメキシコ自由党 (PLM) の党員として活動したことのある人物である。ビリャレアルは，次節で取り上げるように，内戦時代に教会と聖職者を徹底的に迫害し追放した護憲派勢力の中でも，もっとも強固な反教権主義者のひとりであった。一方，ディアス＝ソトイガーマは，サパタ農民勢力の参謀のひとりとして，とりわけ農地改革の推進役として活躍し，1917年の革命憲法第27条の農地改革に関する条文の作成に関わることになる[3]。

カランサは，1914年10月1日に革命勢力をメキシコ市に集めて，政策の合意を取り付けるための会議を開催したが，カランサ，ビリャ，サパタを頭領とする主要勢力の対立のために会場を中立の保てるアグアスカリエンテス市へと移動しなければならなかった。こうして，100名を超す革命勢力の，いわば武将会議が，メキシコ市から北西へ約600キロ離れた中部の都市アグアスカリエンテスで開かれた。この武将会議に出席した勢力は，主としてビリャ派，オブレゴン派，サパタ派に分かれ，出席しなかったカランサを支持する勢力は少数派であった。アグアスカリエンテス会議は，農地改革を求める農民勢力が優勢

第5章　内戦期のカトリック教会　149

な中で，ビリャ派とサパタ派が擁立したエウラリオ・グティエレス（Eulario Gutiérrez）を大統領に選出して，革命政府を発足させた。これが，アグアスカリエンテス会議派政府の誕生である[4]。

アグアスカリエンテス会議派政府が首都メキシコ市に移動した1914年11月1日に，カランサは首都を脱出してベラクルスへ移動した。この間，オブレゴンはアグアスカリエンテス会議派政府とカランサ護憲派第1統領のどちらを支持するかという選択を迫られたが，カランサ支持を決意し，11月16日にカランサ派軍司令官となり，18日から24日にかけて彼の率いる軍隊もまたメキシコ市を脱出した。オブレゴンと共にカランサを支持した武将たちは，ディエゲス（Manuel Diéguez），上述のビリャレアルとパブロ・ゴンサレス，ベラクルス州のカンディト・アギラール（Cándito Aguilar）らで，彼らはのちに護憲派勢力の中で活躍することになる武将たちであった。

こうして，ベラクルスに拠点を構えたカランサ派がアグアスカリエンテス会議派政府と対峙した1915年秋までのほぼ1年間に，カランサは，経済・社会改革を目指す具体的な政令を発表して，マデロの後継者としての穏健な政治改革主義者からその姿勢を大きく変えた。1914年12月12日にグアダルーペ計画を再確認し，同12月25日には連邦制と地方自治を堅持することを宣言し，1915年1月6日には「農地改革法」を，1月20日には「離婚法」を，そして1月29日には「教育改革法」を公布して，のちのメキシコ革命政府が取り組むことになる，社会改革の基礎となる政令を発表した[5]。

この間に，カランサ勢力に加担した労働組織「世界労働者の家」（Casa del Obrero Mundial）もまた，護憲派勢力が労働問題と取り組むことになる重要な要因となった。マデロ大統領時代に組織化された各種労働組合を全国規模で統括する本部として1912年7月に設立された「世界労働者の家」は，ウエルタ時代に一時閉鎖されたが，1915年2月にカランサと協定を結び，労働環境の改善に取り組むことを条件として護憲派勢力の軍事力の一端を担った。これが「赤色部隊」（Batallón Rojo）である。赤色部隊は，カランサ勢力が制圧した地域の治安確保を担当して，護憲派勢力の勝利に貢献した[6]。

1915年の春に，カランサ勢力がビリャ軍とサパタ軍との戦いに連勝を重ね，護憲派勢力の勝利がほぼ確実となると，カランサは1915年6月11日に，7つの約束を明記した「国民へのマニフェスト」(Manifesto a la Nación) を発表した[7]。それによると，① 外国人の居住権と革命による損害への賠償の保障，② 法に則った秩序回復，③ レフォルマ革命による政教分離と信教の自由の確認，④ 農業問題の解決のための農地接収を行なわないこと，⑤ 合法的に取得した財産の尊重，⑥ 公教育の推進，⑦ 勝利後の選挙の実施，となっている。このマニフェストの中でカランサ勢力は，「1915年6月までに国土の8分の7，27州中20州，人口の90％を支配下に治めたこと」を宣言している。そして同年10月19日には，アメリカ合衆国とラテンアメリカの8つの国から政府承認を受けて，実質的にメキシコ政府の実権を掌握した。本書の文脈の中で注目すべきことは，上記の③で示されているように，カトリック教会問題に関して，レフォルマ革命を継承することが明確に宣言されていることである。

一方この間に，アグアスカリエンテス会議派政府は，サパタの「アヤラ計画」を了承して農地改革と農民問題に取り組む姿勢を示し，また労働者・工場法を制定して労働問題にも関心を示し，労働組合に法人格を与えるなどの改革方針を打ち出した。サパタの率いる農民勢力とビリャが率いる北部牧童・農民勢力の間には，さまざまな点で合意できない思考・行動などがあったが，宗教に関しては双方とも反教権主義的で脱宗教教育を目指す点で一致していたと，ベイリー (David C. Bailey) は指摘している[8]。しかし，アグアスカリエンテス会議派政府が存在した約1年間に，1915年1月まで大統領の座にあったグティエレスに続いてゴンサレス＝ガルサ (Roque González Garza) がそのあとを半年ほど継ぎ (1915年1-6月)，さらにラゴス＝チャサロ (Francisco Lagos Cházaro) がアグアスカリエンテス会議派政府の崩壊する1915年10月まで大統領となっていたという経緯からも推測できるように，アグアスカリエンテス会議派政府は，国家権力の機能をほとんど果たすことができないままで消滅した。

2．教会の破壊と聖職者追放の実態とその理由

　以上のような内戦時代に，教会と聖職者は徹底的な迫害を受け，多くの聖職者たちが国外へ追放された。またどの武装勢力も，多かれ少なかれ教会と聖職者を軍資金の調達先として最初に狙った。とくに，護憲派勢力が連邦政府軍と戦いながら南下した時期には，護憲派軍が進駐した地点でそのような事態が多発した。拠点都市が制圧されると，司教をはじめとする聖職者が拘束され，保釈金と称した高額な金額の提供が求められた。50万ペソから100万ペソにのぼる金額を，どの教会も短期間で準備することはできなかったため，司祭たちは信徒宅を個別に訪問して拠出金を求めたが，要求額を満たすことはほとんどできなかった。護憲派軍を率いた武将が聖職者を処刑した例も知られており，すべての聖職者を家畜輸送用の貨車に乗せて追放した武将もいた。なお，多くの著作で紹介されているこれらの聖職者迫害についての情報は，当時メキシコの主要都市や港におかれていたアメリカ合衆国の領事館の報告によるところが大きい。アメリカ国務省は，1915年1月14日付でメキシコ国内のすべての領事に対して管轄区域内の宗教者迫害の状況を報告するよう求めたため，国務省に集まった情報は全国規模であったことから，研究者によって貴重な資料として利用されてきた[9]。また当時の現場証言である手記，ルポルタージュ，報道記事でも迫害の実態が記録されており，のちの歴史研究者に史料として引用されている。その中で，アメリカ人カトリック神父のフランシス・C．ケリー (Francis C. Kelley) が1915年に出した著書『赤と黄の本―迫害される聖職者と卑怯者』(*The Book of Red and Yellow: Being A Story of Blood and a Yellow Streak*)[10] は，護憲派軍によるカトリック教会と聖職者の迫害の証言集としてまとめられており，多くの著作で直接的あるいは間接的に引用されてきた本である。

　1914年当時，アメリカ合衆国のカトリック教会の社会活動を担当していたケリー神父は，のちにオクラホマ司教になる，アメリカ・カトリック教会の高位聖職者の1人であったが，メキシコ革命で迫害されて亡命した聖職者および教会関係者を「宗教難民」と呼び，その救済を担当した人物である。この著書の

目的について,「メキシコで起きているカトリック教会と聖職者の迫害状況を広く世界に知らせるために書いた」と自らその著書で述べている通り,カランサの率いる護憲派軍が「自由と憲法の擁護」を名目にして行なった,残酷な聖職者迫害の実態を世界に告発するために書かれたのがこの本である。

多くの「宗教難民」からの聴き取り調査をまとめてケリー神父が報告したように,護憲派軍が各地の教会と聖職者に対して行なった略奪,破壊,殺害などは事実であったに違いない。しかし,それらを証明する客観的な証言として,「宗教難民」が語った経験をまとめたというこの91頁の告発本を読むと,著者の拠って立つところを考えれば当然ともいえるが,護憲派軍の残虐性だけが強調されている印象が強く,なぜ教会と聖職者がそれほどまでに護憲派勢力の憎悪の対象となったのかという背景を,この著書から読み取ることはできない。

一方,護憲派軍がそれほどまでに聖職者を憎悪した理由について見事に解説したのが,1916年に出版された,ユカタン州出身の弁護士メネンデス=メーナ(Adolfo Menéndez Mena)の『メキシコにおいて聖職者がやったことと宗教的迫害』(The Work of the Clergy and the Religious Persecution in Mexico) と題する著作である。これは,カトリック教会や保守勢力の宣伝によって,カランサの護憲派勢力が一方的に宗教の迫害者というイメージをアメリカ人の間に定着させてしまったことへの反論としてまとめられたもので,ニューヨークにおいて英語で出版された,31頁の小冊子である[11]。

メネンデス=メーナによると,護憲派勢力が憎悪するのは宗教としてのカトリックではなく聖職者と教会組織であること,そしてカトリック教会がメキシコの歴史の中でどのようなことをやってきたのかを知らなければバランスを欠くとして,スペイン人による征服の時代にまで遡ってカトリック教会の歴史を概観している。カトリック教会は,征服以来メキシコ人を無知で怠惰な状態に陥れ,スペイン系白人を除くメキシコ人を家畜同様に扱い,神の慈悲という甘い言葉でメキシコ人から富を収奪し,過剰な飲酒や闘鶏・闘牛などのギャンブルに対する「寛容さ」で庶民の公徳心を低め,さらには白人女性たちをイスラム世界におけると同様の奴隷的状況に陥れたとして厳しく糾弾した。とくに,

「上流階級の白人系女性たちが，夫と子供を通じてしか家の外の世界と接触できないような，閉鎖的な家庭に押し込められている状況，退屈な毎日の生活の中で唯一の楽しみが神父との接触であり告解である，というような女性たちの生き方をつくりあげたのがカトリック教会である」という指摘は，興味深い。なぜなら，第7章で取り上げる，1917年の革命憲法の制定過程の論議においても，女性たちが神父に告解することがどのような問題を引き起こしているかがまじめに議論されており，女性の参政権に関する議論の中でも，女性が敬虔なカトリック信徒であることが参政権を与えられない理由となったことの背景を，よく理解することができるからである。妻たちの告解を通じて家庭内の出来事が世間に筒抜けになるような，聖職者たちの存在に対する男たちの不快感と，女性に参政権を与えると教会と聖職者が間接的に政治を動かすことになるという危機感があったことが分かる。またカトリック教徒が必ず受ける秘蹟のひとつである洗礼について，メネンデス＝メーナは，聖水と称する「非衛生的な水」をふりかける「野蛮な宗教儀式」とまで述べ，さらに礼拝堂の奥に保管されている，宗教行事に使われるさまざまな道具や衣装を「不潔なゴミ」とさえ表現している。

　このメネンデス＝メーナの解説を読むと，無知で無分別に教会と聖職者に従順な先住民と女性たちを除くほとんどのメキシコ人男性が，教会と聖職者が司る宗教儀式に対して多かれ少なかれ，かなりの不信感をもっていたであろうことが推察できる。こうしてみると，護憲派軍が教会と聖職者に対して残虐の限りを尽くしたのは，前章で指摘したように，カトリック教会が単にウエルタ政権を支持したからだけではなく，長年にわたって蓄積された教会と聖職者に対する不信と憎悪の深さにも関係のあることが分かる。カランサをはじめ，オブレゴンなどの護憲派勢力のリーダーたちを含めた多くのメキシコ人男性にとって，聖職者は自堕落な存在でしかなかったのである。また，そのような聖職者たちで構成されている教会は，莫大な富を長年にわたって蓄積してきたと考えられていたため，戦費を強制的に徴収できる唯一の資金源として狙われた。したがって，あらゆる勢力が教会と聖職者に軍資金調達のために襲いかかったと

もいえよう。

　すでに指摘したように，護憲派軍が進駐して支配した地域では，教会に対して拠出金が強要され，聖職者たちが投獄され，極端な例では処刑さえ行なわれた。また，護憲派軍の兵士たちは礼拝堂の宝物を略奪し，聖人像を打ち壊し，教会を焼き討ちにしたことでも知られている。このような行動の証拠は，さまざまな写真にも記録されている[12]。この「蛮行」について，アメリカ人の作家で，1910年代から20年代にかけて22回にわたってメキシコ各地を訪れて取材したグリューニング（Ernest Gruening）は，カランサ政権時代にユカタン州知事となり大胆な経済・社会改革を実施したことで知られるアルバラード将軍から直接聴いた話として，次のようなことを記述している。護憲派軍の将兵たちが馬で礼拝堂に乗り込み，信者が崇拝する聖人像を破壊する大胆な行動をとったのは，そのような行動をとっても罰があたらないこと，また護憲派軍は神父たちのいうような「神の敵」でないことを，迷信と狂信にとりつかれている「インディオ」たちに教えるためであったという[13]。この説明がすべての事件にあてはまるわけではなく，宝物や家具などを私物化した単なる略奪行為も含まれていたであろうが，アルバラードの説明によって，「インディオ」たちが教会の支配下で，どれほど無分別かつ従順に生きていたかが推察できる。なおアルバラード将軍は，メリダ（ユカタン州）の大司教の司教館を没収して師範学校に転用した人物である。

　この内乱と内戦を通じて，高位聖職者のほとんどを含む聖職者，修道女，外国人聖職者たち数百名が国外に追放されるか，脱出した。ケリー神父のいう，これらの「宗教難民」の多くはアメリカへ亡命したが，キューバや中米諸国へ逃れた者たちもいた。これらの「宗教難民」を送り出した主な勢力は護憲派軍であったとしても，その「蛮行」は一様ではなかった。護憲派勢力の中核を占めた中産階級・都市労働者の多くは反教会・反聖職者であったが，武力集団を率いた武将によって実態はかなり多様であった。以下では，護憲派軍のリーダーたちの反教会・反聖職者的な思想と行動について，本章が扱っている内戦時代の主役であったカランサ，ビリャレアル，ビリャ，サパタ，オブレゴンの5

名を取り上げて検証してみよう。

　カランサは，1857年憲法を遵守するというマデロの主張を引き継いだ，自由主義勢力の穏健派であった。カランサの教会問題への姿勢は，先に引用した「国民へのマニフェスト」でも明らかである。カランサは，マデロと同様に，メキシコにおける「カトリック教会問題」はレフォルマ革命によってすでに決着がついていると考えていた。「政教分離」と「信教の自由」が憲法で認められており，教会と聖職者が宗教目的以外の不動産を保有することが法律で禁止されている以上，目的以外の教会の資産が動乱の過程で侵害されてもカランサにとっては重大な問題ではなかった。むしろカランサは，「教会がマデロを暗殺したウエルタを支持していた」と，最後まで信じていた。さらに，カランサの反教権主義姿勢を強化させたのは前章で検証した国民カトリック党（PCN）のウエルタ支持であったと，メキシコ革命史研究で知られるカッツ（Friedrich Katz）は指摘している[14]。カランサ自身は，司令官として軍隊を現場で指揮しなかったことから，実際の略奪や迫害を直接指揮したのは各軍隊を率いた将官たちであった。その迫害と略奪行為の拡大を懸念したカランサは，内乱を制圧したのちの1916年8月に，地方の武将たちによる教会の略奪を禁止する命令を出しており，州知事や武将たちが勝手に教会の建物を占拠しないよう，また教会事項はすべて連邦政府の権限であることを受け入れるよう命じている[15]。このことから，カランサのもとには，全国で発生していた教会と聖職者の迫害の実態が報告されていたことが分かる。さらにカランサは，レフォルマ時代の改革諸法の遵守以上のことは要求しておらず，外国人聖職者の追放も考えていなかった。1914年12月29日に成立し，翌1915年1月20日に公布された離婚法も，改革諸法に基づいて婚姻を民事契約とみなした1874年の法律を細則化し，正式離婚の条件と義務，さらに再婚の自由を新たに追加したもので，レフォルマ革命の枠内のことであった。カランサの，このような教会と聖職者に対する穏健な姿勢は，第7章で取り上げる1917年憲法の制定過程でも知ることができる。

　ただし，カランサ勢力の軍隊を率いた将官の多くは，先に指摘したように，

急進的な反教権主義者が少なくなかった。その代表的な例が，北東部師団の武将の1人であったビリャレアルである。彼は護憲派勢力の中でも，もっとも強固な反教権主義者として知られ，彼がヌエボレオン州の州都モンテレイ市を制圧してリナレス大司教館を占拠したときの行動は悪名高い。メキシコ古代史研究者として著名なプランカルテ＝イ＝ナバレテ大司教（Francisco Plancarte y Navarrete）が40年にわたって収集した7万5,000冊に及ぶ蔵書を破棄し，資料と共に保管されていたリナレス大司教管区内の聖職者たちが過去に犯した罪や追放の記録を公表し，聖職者たちの自堕落振りを暴露した[16]。彼の反教権主義思想と行動に関しては，研究者の間に見解の相違点がないといっても過言ではないほど，筋金入りの反教権主義者だったのがビリャレアルである。

　一方，ビリャの教会と聖職者に対する姿勢については，研究者の間で見方が二分されている。第8章で取り上げる，クリステーロの乱（1926-1929年）の先駆的研究を行なったJ. メイェール（Jean Meyer）は，強力な北部師団を率いて独自の行動をとることが多かったビリャ自身は，カランサほどの反教権主義者ではなく，1914年にカランサと決別したのちミチョアカン州，ハリスコ州，コリマ州，サカテカス州で護憲派軍への反感が高まったときに，ビリャ軍がモレリア市（ミチョアカン州の州都）に到着すると，歓迎を示す教会の鐘が鳴り響いたと述べている。ビリャは，拘留されていた聖職者を解放し，教会を再開させた。ビリャはカランサの教会迫害を批判し，ビリャ軍が支配した地域では「決して」聖職者に対する迫害はなかったとさえ，メイェールは指摘している[17]。

　しかし，同じくクリステーロの乱の研究で知られ，20世紀のメキシコの教会問題を専門とするアメリカ人歴史家のクァーク（Robert E. Quirk）は，ビリャが革命家の中でもっとも聖職者を敵視したとしている[18]。すべてのスペイン人神父を追放し，1913年にチワワ市に到着したビリャがした最初の仕事のひとつがすべての聖職者に各自1,000ペソ支払うことを命じたことであった。短期間に現金を準備できなかった聖職者たちは，ビリャと交渉する一方で信者の家を個別訪問し，布施を求めたという。なお，ビリャの率いた北部師団の強力な武装を可能にしたのは，教会や聖職者ばかりでなく大農園主に対するこのような強

制的な拠出金と，広大なチワワ州の牧場から家畜を略奪し売り飛ばした代金で購入した武器弾薬でもあった。

ビリャを1914年にインタビューした，アメリカの『アウトルック』誌（*The Outlook*）の記者マッソン（Gregory Masson）は，ビリャを反教権主義者として紹介し，「自分は神を信じる。しかし神父は偽善者である。酒を飲み，女を追いかけ回し，すべてが偽りだ。教会を政治から徹底的に追い出してやる。盗人の神父にだまされている人びとの目を覚まさせてやる」と語ったとしている[19]。

以上の相反するビリャ観について，メキシコ革命とビリャに関する多くの著作をもつメキシコ史研究者カッツの次のような説明から，J.メイエールもクァークも，そしてマッソンも，ビリャが教会に対してもっていた複雑な感情の一面を，それぞれ正しく指摘していることが理解できる。すなわち，ビリャ自身は，基本的に教会と聖職者を信用せず憎悪していたが，下層の大衆が教会と聖職者に抱いていた感情と社会の姿をよく理解していた。ビリャがオブレゴンを自宅に招いたとき，妻が密かに飾っていた祭壇を発見し，直ちにそれを捨てさせたエピソードを引用して，カッツは，ビリャが反宗教的ではないが現実の教会を厳しく観察していた様子を紹介している。また，コアウイラ州の州都サルティーリョ市を占拠したときに聖職者をあざけり，彼らを拘束して莫大な保釈金を要求し，イエズス会士を追放したビリャと，先にJ.メイエールが挙げた，モレリア市での教会を保護したビリャの二面性についても，カッツは説明している[20]。

サパタについては，教会と聖職者への憎悪がほとんどなかったとする，J.メイエールの指摘が現在でも支持されている。サパタとサパタ軍兵士たちは，教会と聖職者を崇拝しており，サパタ軍には従軍司祭がいた。司教たちが国外に追放されたり脱出したとき，メキシコ国内に残った唯一の司教であったミチョアカン州のサモラ司教フルチェリ（Manuel Fulcheri y Pietrasanta）は，前任の司教区にあるクエルナバカ（モレロス州の州都）に逃亡してきて，サパタ軍の支配下で生き延びた。サパタと彼の農民軍が聖職者への憎悪をあまりもっていなかった原因について，モレロス州内の教会がすでに土地を所有していなかったから

だとクァークは指摘している[21]。

　オブレゴンについては，見解が分かれている。クァークによると，あらゆる革命リーダーの中で，教会に対してもっとも穏健な指導者であったとされる。1914年7月8日にオブレゴン将軍がグアダラハラを制圧した時に起こった反教権主義的行為は，グアダラハラ市の統治を任された部下のマヌエル・ディエゲスの指揮のもとで行なわれた。彼はイエズス会の学校を占拠し，市内のすべての聖職者47名を拘束し，教会と修道院を閉鎖して，マンサニーリョ港からサンフランシスコに向かうペルー船に乗せて，中国人といっしょに追放した。このとき偶然メキシコ市に所用で出かけていて難を逃れたのが，グアダラハラ大司教のオロスコ=イ=ヒメネス（Francisco Orosco y Jiménez）であった[22]。クァークとは異なるオブレゴン像を紹介したのは，ベイリーである。ベイリーによると，オブレゴンはカトリック教会と聖職者がメキシコに何らの利益ももたらさなかったとし，聖職者に対して強い反感を有していたという[23]。

　のちに，メキシコ革命と教会関係に関する著作を数多く発表した，イエズス会士メディーナ=アスセンシオ（Luis Medina Ascensio）によると，カランサもビリャも反教権主義者であり，その度合いに差異があったにすぎないことになる[24]。もちろん，メディーナ=アスセンシオが迫害を受けた側の聖職者であったことを考えれば，この指摘にはあまり客観性はない。

3．教会組織の崩壊と新しいカトリック勢力

　前章で取り上げたように，マデロ政権の15ヵ月は，カトリック教会にとって大きな転換期を意味した。第3章でみたような社会活動を展開する中で自信を取り戻した新しい教会が，政治に参入する重要な足がかりをマデロ時代の民主化によって勝ち取ったからである。しかもこの時期の教会上層部は，19世紀のレフォルマ時代に国家と対決しても植民地時代の特権を保持しようとしたような古い体質から解放されており，むしろメキシコが直面していた諸問題の解決が急を要することを一番良く理解していたグループであった。もっとも，カトリック教会は決して組織として一枚岩であったのではなく，教会内部にも保

守派と革新派が存在し，さらに経済的に恵まれた教会上層部と，多数の貧困に喘ぐ下層司祭たちとの間には大きな格差があった。そして，ウエルタ政権の崩壊後の1914年末までに，ほとんどの大司教と司教たちが国外に追放され，下位聖職者の多くも逃亡するかメキシコを脱出して，教会の機能はほとんど停止していた。こうして，メキシコ革命の最大の成果である1917年の革命憲法の制定過程で，教会は発言の機会をまったくもたなかった。その結果，革命動乱を制圧した護憲派勢力が制定した憲法は，レフォルマ革命が確立した「政教分離」を超えた，「国家による宗教の管理」を詳細に盛り込んだ憲法となった。これについては，第6章と第7章で詳しく検証する。

　このような教会不在のメキシコ国内では，密かに新たなカトリック勢力の組織化がはじまっていた。そのひとつは，全国カトリック学生連盟（Liga Nacional de Estudiantes Católicos = LNEC）で，やがて1920年代の国家と教会の対立を宗教戦争にまで発展させた原動力となる「信教の自由を守るための国民連盟」（Liga Nacional Defensora para Libertad Religiosa = LNDLR）の，中核となる組織である。さらに，コロンブス騎士団（Orden de los Caballeros de Colón），全国カトリック婦人会（Asociación Nacional de Damas Católicas）などのほかにも，多様なカトリック系労働組合が設立された[25]。

　LNECは，国民カトリック党（PCN）を支援するために，全国のカトリック信徒である学生を動員する目的で1911年8月9日に結成されたが，もともとはプロテスタントのYMCAを真似た，スポーツを中心にして若者を組織化することを目指した運動で，聖職者が顧問となっていた。1912年には，それまでグアダラハラで労働者の組織化運動に関わっていたフランス人のイエズス会神父ベルゴーン（Bernard Bergöend）がメキシコ市に移り，亡命する1913年3月まで，メキシコ市のLNECの活動に顧問として関わり，それを発展させてメキシコ青年カトリック協会（Asociación Católica de la Juventud Mexicana = ACJM）へと再編させる原動力となった。グアダラハラでベルゴーン神父と親交のあったパロマール=イ=ビスカーラ（Miguel Palomar y Vizcarra）（第4章参照）は，この若者たちの組織化の強力な支援者であった。

自治組織の形をとっていたLNECもACJMも，実態は司教の監督下に置かれていた。政治的活動を避けて，「慈悲・勉学・行動」を3つの目標として掲げ，世俗社会の政治を除くあらゆる分野で，正義と慈善のキリスト教精神に則った活動を展開することを目指していた。しかし，次々と教会が閉鎖され，聖職者たちが迫害されて追放されていく中で，若者たちは司教の監督から離れて自立的な活動をとらざるをえなくなった。1915年10月に，オブレゴンが護憲派軍を率いてメキシコ市を制圧し，献金に応じなかった聖職者たちを投獄したとき，ACJMのメンバーたちは抗議デモを組織し，事態は武力衝突へと発展した。この時のリーダーが当時まだ18歳の学生であったカピストラン＝ガルサ（René Capistran Garza）で，彼は逮捕され投獄された。

　カピストラン＝ガルサは，メキシコ市内のACJMが閉鎖されたのちの1916年にグアダラハラで活動を再開し，1917年から1918年にかけて全国的な組織化活動を展開して，ACJMのリーダーシップを握った。そして，聖職者と礼拝堂を守るために信徒集団を組織化し，やがて武装化するまでにACJMを過激な狂信的集団へと変容させた。1920年には共和国民党（Partido Nacional Republicano）を設立し，1925年には「信教の自由を守るための国民連盟」（LNDLR）の設立の主要メンバーのひとりとなった[26]。

むすび

　以上で，内戦期にカトリック教会と聖職者が迫害され略奪の対象となった実態と，その迫害された理由について検証した。しかし，本章で取り上げた反教権主義者たちの言動だけでは，メキシコ人一般のカトリック信仰の心性を理解することはできない。もっとも，それを追究するのは本章の目的を超えるものである。

　ここでいえることは，下位聖職者が国内に残留していたとはいえ，各地の教会の多くは閉鎖されて，実質的に宗教サービスが制限されていたが，これで庶民のカトリック信仰が弱体化したり，信仰に依拠した日常生活に大きな障害が生じたわけではなかったことである。国勢調査で知るかぎり，1940年において

国民の 96.7 ％がカトリック信者であり，1990 年においても 89.7 ％がカトリック信者であっただけでなく，補論でみるように，メキシコ人は国際比較においても，世界的にみてカトリックへの信仰心のもっとも篤い国民のひとつとされているからである。その最大の理由は，庶民の生活が数世紀にわたって土着の信仰とカトリックの信仰の混交の中で営まれてきており，それに加えて，すでに第 1 章で取り上げたように，独立以来聖職者数の減少によって，洗礼にはじまるカトリックの秘蹟が，都市部を除くとほとんど執り行なわれていないという状況が，数十年にわたって当たり前になっていたという実態があったからでもあろう。

第6章　メキシコ革命憲法制定議会と代議員
――代議員の選出と制憲議会の特徴――

はじめに

　1917年2月5日に公布されたメキシコの革命憲法は，「1857年2月5日憲法を改正したメキシコ合衆国憲法」という正式名称を有していた通り，1916年12月1日に開会した制憲議会に護憲派勢力第1統領のカランサ（Venustiano Carranza）が提出した「1857年憲法改正案」を，制憲議会が加筆修正して制定した現行憲法である。ただし現行憲法は，1917年2月5日の公布以来，多くの修正が加えられており，「メキシコ革命」の理念と目標を集約的に表象した第27条，第123条，第130条を含めて多くの条項が改変されている。ちなみに，1917年の公布時から，反教権主義条項として知られる第24条，第27条第Ⅱ項と第Ⅲ項，第130条がはじめて改変された1992年までに，計290回の憲法改変が行なわれている[1]。

　1917年憲法は，メキシコ革命の最大の成果である。革命が目指した近代国家建設の理念と目標を明示したこの憲法の制定について，メキシコ革命研究者として古典的名著を残したタンネンバウム（Frank Tannenbaum）は，「穏健な改革主義から脱皮して［革命を戦った者たちが］その理想と取り組んだ，メキシコ革命史上最大でかつ比類なき業績」と評価した[2]。同じく，メキシコ革命研究の先駆者の1人であるカンバーランド（Charles C. Cumberland）もまた，同憲法を制定した制憲議会を「20世紀の世界でもっともドラマティックで重要な議会のひとつ」と評価している[3]。

　世界史的にみても，私有財産制を基本としながら国家権力の介入権を大幅に認め，土地と水の根源的所有権を国家が保有すると規定して，農地改革を明確

に打ち出した第27条，1日8時間労働制を含めた労働者の基本的権利を具体的に謳い上げた第123条，信教の自由を保障（第24条）しながら政教分離を超えて国家が宗教団体を管理することを明記した第130条を有した革命憲法は，20世紀初期における世界各国の憲法の中でも，極めて進歩的であった。1917年のメキシコ憲法は，革命が目指した近代国家像を具体的に描いた20世紀初期の憲法として，高い評価が与えられている[4]。

　本章の目的は，このような1917年憲法が制定された制憲議会に招集された代議員218名に焦点を当て，とりわけ議会を主導したグループの経歴と思想を検証することによって，制憲議会の特徴を明らかにすることにある。

1．制憲議会代議員の選出過程

　革命憲法の制定に向けた本格的な取り組みは，1857年憲法を擁護する護憲派勢力が全国を制覇しつつあった1915年にはじまった。少なくとも1914年12月はじめまで，カランサは1857年憲法の復活のみを考えており，革命動乱期（1910-1915年）に顕著となった農民と労働者が求める新たな改革をほとんど考えていなかった。このカランサに1857年憲法の改正の必要性を認識させたのは，カランサがもっとも信頼していた側近のひとりであったルイス・カブレラ（Luis Cabrera）である。カブレラは，20世紀初期におけるメキシコの経済・社会・政治状況が必要としていた基本的な改革を新たな憲法に盛り込むことの必要性をカランサに強く進言した人物とされている[5]。カランサの駐米代表を務め，ワシントンに駐在していたアレドンド（Eliseo Arredondo）のもとに，「平和が戻りしだい国民が選出した代議員による制憲議会を開催し，内乱の過程で明らかとなったさまざまな問題の改革を憲法に盛り込む必要がある」と1915年2月3日にカランサは電報で伝えていることから[6]，1915年2月には社会・経済改革を目指した憲法改正の必要性を真剣に考えていたことが分かる。

　1857年憲法の改正案をまとめたのは，カランサと側近の弁護士ロハス（Luis Manuel Rojas）およびマシアス（José N. Macías）であるとされる[7]。しかし制憲議会の先駆的研究者ニーマイヤー（E. V. Niemeyer）によると，1916年3月から8

月にかけて，カランサが選んだ8名の法律家からなる委員会によって秘密裡に作業が進められたという。その中で名前の分かっているのは，リサルディ (Fernando M. Lizardi)，モレノ (Francisco Moreno)，エスピノサ (Francisco Espinosa) の3名である。この委員会が作成した原案をたたき台にして制憲議会に提出されたカランサ原案をまとめたのがロハスとマシアスであったと，ニーマイヤーは推測している[8]。この2人とリサルディは，制憲議会の代議員に選出され，制憲議会で活躍した。

　1916年9月14日に，制憲議会代議員選挙に関する政令が公布され，9月15日に制憲議会選挙の公示によって，10月22日（日曜日）の選挙日と具体的な候補者の資格条件が提示された。制憲議会の性格と特徴を端的に示しているのが，ここで明示された代議員の次のような資格条件である。①該当する州で生まれた者か州内に選挙日の6ヵ月前から居住する25歳以上の市民であること，②立候補する時点で公職についていないこと，③内戦時代に護憲派に敵対した政府やグループに加担して武器をとった者，あるいは公職についた者は除外されること，④聖職者でないこと，⑤「グアダルーペ計画」とその後の修正条件に則り，「1857年憲法に基づく秩序回復」に全力を尽くすことを議会の開会時に誓約すること[9]。すなわち，マデロ政権を倒して実権を掌握したウエルタ (Victoriano Huerta) に反旗を翻して1857年憲法の遵守を主張したカランサのもとに結集した，いわゆる護憲派勢力と一度は行動を共にしながらも，1914-1915年の内戦期に護憲派勢力と対立したサパタ派やビリャ派に加担した者，また教会勢力も，制憲議会から完全に締め出された。これらの資格条件については，制憲議会の審議が始まる前の予備日程期間中の11月21日から30日にかけて厳しい資格審査が行なわれたが，その後も遅れて登院した議員の資格が，1917年1月後半までその都度，審議にかけられた[10]。この手続き過程で資格を疑われた代議員は，反護憲派勢力に加担しなかったことを自ら証明しなければならず，時には議場で激しい非難の応酬が展開された。とくに，マデロ時代の1912年10月に実施された普通選挙で当選し，第26議会（1912年12月-1913年10月）の代議員であった者の資格審査には手間取った。最終的には，1913年

2月9-18日の「悲劇の10日間」の事件中にウエルタが議会に強要した，マデロ大統領（Francisco I. Madero）とピーノ=スアレス副大統領（José María Pino Suárez）の辞任に賛成したか反対したかも審査の基準のひとつとなった。このように制憲議会を構成した代議員たちは，マデロが要求した政治の民主化運動にはじまり，それを受け継いだカランサの率いた護憲派勢力に参加したか，少なくとも護憲派勢力に一度も敵対したことのない者たちであった。農民勢力を代表したビリャ派もサパタ派も，カトリック教会を擁護した保守勢力も，代表を送ることができなかった。

一方，制憲議会の日程と運営に関しては，①日程は1916年12月1日開始，1917年1月31日終了，1917年2月5日の新憲法公布とされ，②制憲議会の目的を，カランサが提出する1857年憲法改正案の審議とし，③審議は言論の自由と多数決を原則とすること，④許可なく3回続けて審議を欠席した場合，あるいは15日間に5回欠席した場合には，代議員は補充代議員と交替すること，⑤日当および旅費が支払われること，まで明示されていた。このように，予定された制憲議会は明らかに1857年憲法の改正に留まり，そのためには2ヵ月の審議期間しか与えられていなかった。

以上のような性格を有する制憲議会に出席した代議員たちを選出した選挙が，どのように行なわれたかについては，その実態を全国規模で正確に知ることは困難である。しかし概要については，次のようにまとめることができる。

上記のような選挙実施要領が公布されると，選挙活動に向けた新しい政治グループが各地で結成された。これらのグループは，内戦を生き抜いた各地のリーダーや革命闘争に積極的に参加した中間層出身の知識人を中心としたグループなどで，政党とは言い難いが多様な名称の政治組織であった[11]。短期間の準備で実施されたこの選挙について，ニーマイヤーは，「自由で，平和的に，かつ秩序をもって実施された選挙だった」という評価を与えている[12]。

しかし制憲議会代議員名簿によると（資料2），制憲議会の代議員選挙は，全国243の選挙区のうち27区で実施されなかった。州別にみると，図6-1で示したように，選挙が州内のほとんどの選挙区で実施されなかったのは北部のチ

ワワ州と中部太平洋岸のゲレロ州である。1916年の時点でも大きな軍事力を保持していたビリャ（Francisco Villa）がチワワ州の大半を支配していたため，州内6区のうち南部のパラルが選挙区となっている第2区からだけしか代議員が選出されなかった。一方，8つの選挙区からなるゲレロ州でも，そのうち3区においてのみ選挙が実施された。ゲレロ州は，モレロス州で台頭したサパタ（Emiliano Zapata）の率いる勢力がこの時期に支配していた地域で，1916年の時点でも内戦の直接的原因となったアグアスカリエンテス会議でサパタ勢力を支持したグループが大きな影響力を保持していた。そのほかにも，チアパス州で全7区のうち2区が，イダルゴ州では全11区のうち2区が，メキシコ州では全16区のうち3区が，オアハカ州では全16区のうち4区が，サンルイスポトシ州では全10区のうち2区が，ベラクルス州では全19区のうち1区が，サカ

図6-1　1916年の制憲議会代議員選挙における州別実施状況

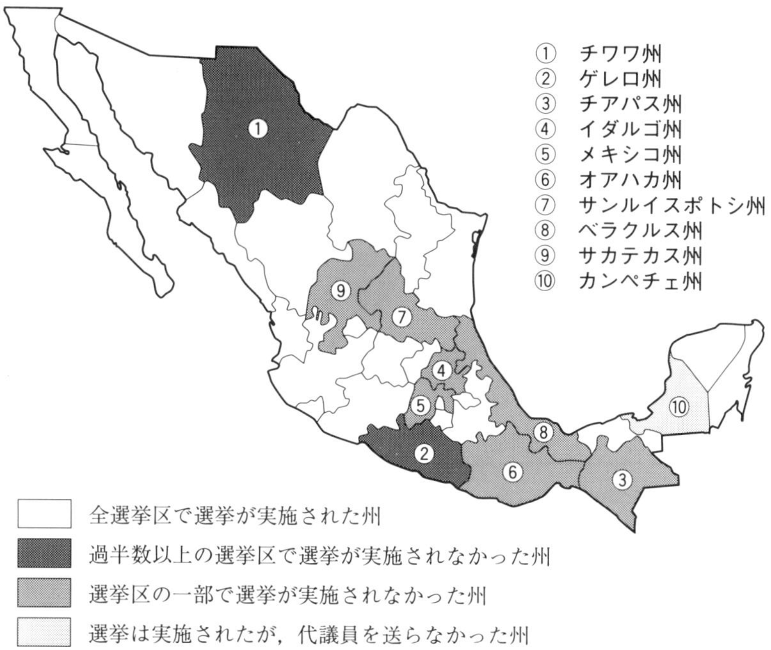

① チワワ州
② ゲレロ州
③ チアパス州
④ イダルゴ州
⑤ メキシコ州
⑥ オアハカ州
⑦ サンルイスポトシ州
⑧ ベラクルス州
⑨ サカテカス州
⑩ カンペチェ州

□ 全選挙区で選挙が実施された州
■ 過半数以上の選挙区で選挙が実施されなかった州
▨ 選挙区の一部で選挙が実施されなかった州
▧ 選挙は実施されたが，代議員を送らなかった州

［出所］資料2より作成。

テカス州では全8区のうち1区が，それぞれ代議員を選出できなかった。なお，カンペチェ州は2名の代議員を選出したが，実際には制憲議会に代表を送っていない。以上をまとめると，全国243選挙区の11％にあたる27選挙区が代議員を送れなかったことになり，先にあげたニーマイヤーの評価は，必ずしも妥当なものであったとはいえない。

2．218名の代議員の実像

　この選挙で選出された代議員たちの人物像を，本節では年齢，教育，職業，革命動乱期の経歴を分析することで描く。メキシコ革命の最大の成果である1917年憲法を制定したこれらの代議員たちの人物像については，すでに1次資料を精査してまとめた先行研究が存在する。その代表的な業績で最初にあげるべきものは，すでに取り上げたアメリカの歴史学者ニーマイヤーの研究『ケレタロにおける革命―1916-1917年のメキシコ制憲議会』(Revolution at Queretaro: The Mexican Constitutional Convention of 1916-1917) である。

　一方，メキシコの政治家・歴史家として数多くの著作を残し，自らも制憲議員の代議員として当時の歴史的舞台に登場していたロメロ゠フローレス (Jesús Romero Flores) が，その著作のひとつの中で，同僚であった制憲議会代議員の職業を分類している[13]。

　統計学的手法で制憲議会における代議員の投票行動を分析したアメリカの政治学者スミス (Peter H. Smith) は，1次資料に加えて，1960年代末の時点で生存していた旧代議員へのインタビューから得られた証言を活用し，制憲議会代議員の出身階層と思想を分析した研究論文を1973年に発表した[14]。

　これら3名の先達が行なった先行研究の成果を踏まえ，さらに未刊行資料を精査して学位論文をまとめたタカニコス゠キノネス (John Nicolas Takanikos-Quinones) は，革命憲法を制定した代議員たちが革命動乱期に参加した経験に基づいて「新しいメキシコの建設」という目標の成文化に取り組んだ過程を，さらに詳しく明らかにした[15]。

　少なくとも以上の4研究によって，制憲議会に参加した代議員たちの年齢層，

社会階層，職業，教育水準，軍隊歴，思想的傾向などが，ほぼ明らかになっている。以下では，これらの先行研究の中でもっとも新しいタカニコス=キノネスの分析を利用して，審議に参加した代議員218名の年齢層，教育水準，職業，社会階層，制憲議会以前の経歴およびその思想的傾向を整理することにより，急進的な社会改革理念を掲げた革命憲法を作成した代議員集団の特徴を検証する。

表6-1は，代議員218名の年齢構成である。先に示したように，立候補の条件の1つが年齢25歳以上であったことを考えると，25歳以下の代議員が10名もいることは不思議である。しかし彼らは，後述する24歳のボホルケス（Juan de Díos Bojórquez）やメディーナ（Hilario Medina）の例でみるように，専門技術をもち，マデロ運動に参加した若い革命運動家であったことから，年齢は厳格な審査の対象とならなかったのであろう。ソノラ州生まれのボホルケスは，メキシコ市で学び，農業技術者としてソノラに戻ってすぐに勃発した革命に参加しており，メディーナも弁護士資格を取得した直後にマデロ運動に参加している。なお，代議員の平均年齢が37歳であることからすると，国民の平均寿命が30.5歳の当時のメキシコ社会では[16]，代議員の全体像は決して若くない。圧倒的多数が30代と40代に集まっていることから勘案すると，制憲議会で多数を占めたのは，1910年のマデロの蜂起にはじまり革命動乱期を護憲派勢力に与し

表6-1　制憲議会代議員の年齢層別構成

年齢層	人数
25歳以下	10
26-29歳	40
30-39歳	90
40-49歳	54
50-60歳	17
61歳以上	3
不明	4
合計	218
平均年齢	37歳

［出所］　John Takanikos-Quinones, "The Man of Queretaro"（University of California at Davis, Ph.D. dissertation, 1989）, p.40.

て5-7年の革命闘争経験を有した，当時のメキシコ社会の熟年層であったといえる。

表6-2 制憲議会代議員の教育歴別構成

教育機関の種類	人数
メキシコ国内の大学	45
専門学校	60
師範学校	9
士官学校	3
外国の大学	4
合　計	121

[出所] Takanikos-Quinones, op. cit., p.41.

表6-2は，代議員の教育歴をまとめたものである。約44％の代議員たちの教育歴が不明であるが，全体の半数以上を占める121名の代議員の教育水準が非常に高いことが分かる。同表では，学業を修了したのか中退したのかの区別はないが，少なくとも全代議員の約56％にあたる121名が高等教育を受けていたことになる。読み書きのできない10歳以上の人口が70％（1910年国勢調査；1921年国勢調査では66％）を占めていた時代的背景を考慮すると[17]，制憲議会に結集した代議員たちは驚くほど高学歴集団であった。

表6-3は，代議員を職業別に整理したものである。これによると代議員の155名，すなわち71％が，弁護士を筆頭とする専門職についていた人びとからなっていることになる。つまり，先の表6-2で示された高等教育を受けたとされる121名との差については，学歴および資格を必ずしも必要としない，ジャーナリストの一部と「その他」の範疇に入れられた人びとであろうと考えられる。第2のグループである軍人（将官）の19％は，必ずしも士官学校を出た職業軍人であったわけではない。そのほとんどは，革命動乱期に正規の連邦政府軍と戦った護憲派勢力の武力集団に参加し，その実力で軍事的リーダーの地位にのぼった人びとである。たとえば，カランサがベラクルスに逃れた時にカランサを庇護し，カランサの側近として護憲派軍東部師団を率いた将軍アギラール（Cándito Aguilar）は，士官学校を出た職業軍人ではなかった。彼は，自営農

表6-3 制憲議会代議員の職業別構成

職　種	人　数	全体に占める割合
専門職	155	71%
弁護士	58	
医　師	22	
技　師	19	
ジャーナリスト	18	
教　師	17	
その他	21	
労働者	22	10%
都市労働者	15	
農村労働者	7	
軍人	41	19%
将　軍	15	
大　佐	21	
少　佐	5	
合　計	218	100%

［出所］　Takanikos-Quinones, op. cit., p.42.

民として農業に従事していた1909年にマデロの再選反対運動に参加し，やがて護憲派勢力の重要な人材のひとりとなった人物である。タカニコス＝キノネスの職業分類では，アギラールは農民となっており，ニーマイヤーは軍人（将軍）としている[18]。なお，タカニコス＝キノネスが軍人を19％としているのに対して，スミスの職業分類では軍人は30％となっている[19]。全体の10％を占めた労働者は，労働運動と農民運動に関わった者たちが中心で，とりわけ1906年のカナネア銅山のストライキや，1907年のリオブランコ紡績工場のストライキに関わった労働運動のリーダーたちが含まれている。

表6-2の代議員の教育歴と表6-3の職業歴を併せて判断すると，代議員のほぼ90％は中産階級に属していたと考えることができる。なお，ロメロ＝フローレスの，220名（選出したが代議員を送らなかったカンペチェ州の2名を含む）の代議員の職業分類によると，中産階級は約70％となっており[20]，スミスは85％と算出している[21]。

表6-4は，代議員たちが革命勃発後についたことのある公職をまとめたも

表6-4 制憲議会代議員の1911-1917年の公職歴

公職の種類	1911-13年	1914-17年
政府閣僚	−	6
各省庁次官	−	19
州知事（暫定・公選）	1	6
連邦議会第26議会代議員	25	−
外交官	−	2
裁判官	1	5
州議会議員	3	1
州行政府官僚	−	5
州監察官	1	−
ムニシピオ（市町村）長	10	4
軍司令官	1	4
アグアスカリエンテス会議代議員	−	2
合　計	42	54

［出所］ Takanikos-Quinones, op. cit., pp.25-26.

のである。1911-1913年という時期はマデロ大統領の時代であり，1914-1917年はカランサを第1統領とした護憲派勢力が暫定政権を組織していた時期である。連邦議会第26議会代議員とは，マデロ時代の1912年6月の男子普通選挙で選出された連邦議会の代議員である。州および地方自治体に関係する公職は，同じく1912年6月に実施された選挙で選出された代議員である。いずれも，ディアス独裁体制を葬ったマデロが主張した政治の民主化のもとで実施された男子普通選挙で選出されている。連邦議会は，1913年10月10日のウエルタによる議会閉鎖まで活動していた。一方，1914-1917年の公職はカランサ護憲派暫定政権のものである。ちなみに，この時期の前半はビリャとサパタに支持されたアグアスカリエンテス会議派政府とカランサが率いる護憲派政府が対峙した時期で，カランサは1913年3月の「グアダルーペ計画」で宣言した「護憲派勢力を率いる第1統領」という名称を1917年5月に立憲大統領に選出されるまで保持していた。この表から分かることは，両時期にまたがって関わったであろうと推測できる者たちを考慮すると，制憲議会で活動した議員の約半分は，すでに政治活動の経験を有する者たちであったことである。

表6-5 制憲議会代議員が参加した政治活動

政治活動	人数	%
1910年以前のメキシコ自由党	32	14.7
再選反対運動	58	26.6
マデロ運動	28	12.8
護憲主義運動	15	6.9
不　明	85	39.0
合　計	218	100.0

［出所］　Takanikos-Quinones, op. cit., p.9.

表6-5は，代議員たちが過去に関わった政治活動を整理したものである。85名，すなわち全体の約39％が不明であるが，約27％がマデロの主導した独裁者ディアスの再選反対運動にはじまる革命運動に参加していた。これに対して，約15％が1906年に結成されたメキシコ自由党(Partido Liberal Mexicano = PLM)に関わっていた。フローレス＝マゴン（Ricardo Flores Magón）に率いられたPLMは，急進的な自由主義運動からディアス独裁政権打倒運動へ，さらに亡命先のアメリカから反ディアス運動を展開する過程で無政府主義運動へと変容したが[22]，PLMに対する国内の支援者やメンバーが制憲議会の約15％を占めた意味は大きい。憲法制定過程で急進的な社会改革を目指して活躍したこのグループの代表的な代議員は，バーカ＝カルデロン(Esteban Baca Calderón)，ハラ（Heriberto Jara Corona），モンソン（Luis G. Monzón），ムヒカ（Francisco J. Múgica）である。バーカ＝カルデロンは1906年のカナネア銅山ストライキを指導し，15年の実刑を受けて政治犯が収容されていたベラクルス港沖のサンフアン・デ・ウルア刑務所に収監された闘士で，制憲議会では労働者の権利を詳細に記した第123条の起草者のひとりとなった[23]。ハラは，1907年にベラクルス州で起きたリオブランコ紡績工場のストライキを指導したリーダーであった[24]。師範学校出の教師であったモンソンと，神学校中退のジャーナリストであったムヒカの経歴については後述する。

以上のような経歴を勘案すると，再選反対運動とマデロ政権に関わった86名（**表6-5**），すなわち全体の約40％の代議員たちは，マデロ大統領の暗殺に

続く内戦時代に各地域の護憲派勢力に参加しており，少なくとも 5-6 年以上の革命闘争を経験していたことになる。そのうちの 25 名はマデロ政権時代の連邦議会（第 26 議会）の代議員であり，また 14 名は地方の自治に関わった政治活動の経験者であった（表 6-4）。さらに，代議員のうち 54 名（表 6-4）は，カランサを第 1 統領とする護憲派暫定政権において各種の公職についている。したがって，代議員たちの多くが革命動乱の過程で単に武力闘争に参加していただけではなく，それ以上に政治活動に関わっていたことを，表 6-4 と表 6-5 から読み取ることができる。

当時のメキシコ社会は，人口のほぼ 70％が住民 2,000 名以下の小さな村や集落で暮らす農村人口で，10 歳以上の人口の 66％がまったく読み書きのできない農民と労働者からなる後進社会であったことから[25]，制憲議会に結集した代議員たちは，社会のわずかな部分を代表する，高い教育を受けたエリート集団であった。しかも彼らの多くが，表 6-4 で示したように，革命動乱期に公職についた実務経験者でもあった。そして，革命動乱の過程で農民の利益を代表するビリャ派とサパタ派の勢力とは明確に一線を画す護憲派勢力に参加し，1857 年憲法を擁護して革命に積極的に参加した人びとであった。

このようにみると，護憲派勢力が独占した制憲議会の代議員の思想は，ほぼ同質であったはずである。しかし現実には，表 6-5 で示したように，その思想的背景にはかなりの幅があった。代議員の約 54％は 1910 年以前の反ディアス運動と 1910 年にはじまるマデロ時代にすでに政治の民主化運動に参加していたこと自体が制憲議会の議員集団の革新性を示しているが，約 15％に相当する者たちがフローレス＝マゴンが指揮した急進的な PLM に関わっていたことは，制憲議会が急進的な憲法制定議会へと変容する可能性をはじめから有していたことを物語っている。彼らの多くは，急進的社会改革を目指す闘士であっただけでなく，有能な実務家でもあった。中でも，先に取り上げたモンソンとムヒカは，後述するように，審議にかける前の段階でカランサが議会に提出した「1857 年憲法修正原案」をさらに加筆修正した第 1 作業委員会のメンバーとなり，急進的な革命憲法条項の制定に深く関わった。

しかし制憲議会では,「自由・平等・反教権主義・反帝国主義」という護憲派が拠って立つ思想を,急進派が社会主義革命思想へと転換させることはなかった。モンソンのように,のちにメキシコ共産党員となった者もいたが,代議員の思想はメキシコ革命を階級闘争へと転換させることはなかった。ただし,制憲議会に結集した代議員の過半数は,メキシコの後進的状況を根本的に変革しようとする改革への情熱をもっていた。

 審議過程で明確になる代議員たちの立場については,穏健派と急進派(ジャコバン派)に二分されていたとするのがこれまでの通説であった。スミスとタカニコス=キノネスは共に,代議員の約6割が急進派であったと分析しているが,審議過程を通じて常に穏健派と急進派が明確に固定して分かれていたわけではなかったことも指摘している[26]。自らの主義主張を堅持した少数の代議員を除くと,さまざまな審議の過程で代議員たちは左右に揺れ動いたといえる。

 穏健派とされる人びとは,基本的にはカランサを代表とする19世紀自由主義思想を堅持するグループであった。彼らは,個人の権利を尊重した1857年の自由主義憲法を一部修正することで,新しい憲法を公布できると考えていた。カランサ原案を読む限り,革命動乱の過程で認識された社会・経済問題への対応と解決に向けた新たな理念を憲法に盛り込むことを考えてはいたが,制定された憲法で明記されたほど具体的で,急進的な改革までは予定していなかったことが分かる。この穏健派の代表である前出のマシアスをはじめ,審議過程で活躍したクラビオート(Alfonso Cravioto),パラビシーニ,ロハス,ロウアイクス(Pastor Rouaix)らは,いずれもカランサの側近として活動していた人物である。ただしロウアイクスは,ビリャ派とサパタ派が主導権を握ったアグアスカリエンテス会議派政府との対決の過程で,ベラクルスに逃避した護憲派政府の実質的な閣僚の地位にあったが,1915-1916年のドゥランゴ州暫定知事時代に州内の大農園を接収して農地改革に着手するなど,急進的な社会改革主義者でもあった[27]。

 このような穏健派に対して,ジャコバン派とも呼ばれた急進派は,前述したバーカ=カルデロン,ムヒカ,ハーラ,モンソンに代表されるグループである。

社会改革の必要性を強く意識した，メキシコ・ナショナリズムを主張する反教権主義者たちであった。なお，次章で取り上げる制憲議会の議事録では，審議の過程でジャコバン（派）という言葉が頻繁に使われており，少なくとも反教権主義条文の審議過程では，上記の穏健派がジャコバン派の立場で発言している場合があった。

3．議会運営委員会構成員から分析する制憲議会の特徴

　各州の選挙区から選出された代議員たちは，制憲議会の舞台となったケレタロ市に集合して，1916年11月21日から30日にかけて資格審査を受けた。そして，12月1日に第1統領カランサが出席して開会式が行なわれ，それから最後の条文が成立した1917年1月31日までの間，制憲議会は大晦日と元旦の2日を除き，クリスマスを含んだ毎日をカランサ原案と改正案の審議に集中した。そして，全136条と16暫定条項からなる憲法に，出席した209名の代議員が署名したのは2月5日である。この間の審議の運営は，次のような方法で行なわれた。

　まず，制憲議会を運営するための常設運営委員会が設置され，**表6-6**にまとめたような代議員たちが無記名投票で選出された。制憲議会の議長であり，運営委員会の委員長となったロハスは，ハリスコ州選出の代議員で，カランサ原案の作成に関わった穏健派を代表する弁護士である。ディアス時代に国立図書館長を務め，1909年からマデロ運動に参加し，マデロ政権時代の第26連邦議会の下院議員として，ウエルタのクーデターでマデロ大統領の辞任を議会が承認したときに，反対票を投じた4名のうちのひとりであった[28]。

　第1副委員長のアギラールは，ベラクルス州選出の代議員で，カランサ暫定政府の外務大臣を務めた。1909年に再選反対運動に参加し，獄中のマデロに会って1910年11月20日の「マデロの蜂起」を実質的に計画した人物である。護憲派軍の東部師団司令官として指揮をとり，カランサ勢力が首都を追われてベラクルスに避難した1914-1915年の間，カランサを支えた護憲派勢力の重鎮のひとりであった。またこの間に，カランサの娘のビルヒニア（Virginia）と結婚

第6章 メキシコ革命憲法制定議会と代議員　177

表6-6　制憲議会運営委員会メンバー

役　　割	氏　　名	選出州・職業・年齢
委員長	ロハス	ハリスコ州・弁護士（46歳）
第1副委員長	アギラール	ベラクルス州・軍人（27歳）
第2副委員長	ゴンサレス゠トーレス	オアハカ州・技師（27歳）
第1書記	リサルディ	グアナファト州・弁護士（33歳）
第2書記	メアデ	コアウイラ州・ジャーナリスト（29歳）
第3書記	トゥルチュエロ	ケレタロ州・弁護士（31歳）
第4書記	アンコーナ	ユカタン州・ジャーナリスト（33歳）
書記補佐	ロペス゠リーラ	グアナファト州・弁護士（28歳）
	カスタニョス	ドゥランゴ州・弁護士（29歳）
	ボルケス	ソノラ州・商人（47歳）
	ボホルケス	ソノラ州・農業技師（24歳）

［出所］　México, Congreso Constituyente, 1916-1917, *Diario de los debates del Congreso Constituyente: Querétaro 1916-1917*（2 tomos; México, D.F.: Imprenta de la Cámara de Diputados, 1989）, tomo 1, p.200. 以下, *Diario de los debates* と略す。

している[29]。

　第2副委員長のゴンサレス゠トーレス（Salvador González Torres）は，ミチョアカン州生まれで，モレリアの神学校で学び，やがて士官学校へ転校した経歴をもつ技術将校で，1913年に政府軍から護憲派勢力に合流し，オアハカ州から選出された代議員である[30]。

　第1書記のリサルディは，グアナファト州選出の弁護士である。再選反対運動に参加し，マデロ暗殺後は護憲派勢力に加わり，カランサ暫定政権の内務省法務局長を務め，憲法のカランサ原案作成に関わったことが知られている[31]。

　第2書記のメアデ（Ernesto Meade Fierro）は，コアウイラ州選出のジャーナリストである。カランサ軍とビリャ軍が戦った1914年のトレオン会戦とその和平交渉で，オブレゴン（Álvaro Obregón）が率いた北西部師団の将軍たちの秘書役を務めた[32]。

　第3書記のトゥルチュエロ（José María Truchuelo）は，ケレタロ州選出の弁護士である。内乱時代にはケレタロ州の護憲派勢力に参加し，法制度の根本的改革に意欲をもち続け，1920-1923年のケレタロ州知事時代に労働と農地改革に

関する州法を制定した人物である[33]。

第4書記のアンコーナ（Antonio Ancona Albertos）は，ユカタン州選出のジャーナリストで，ディアス時代末期にペンネームで書いた反ディアス記事が読者に支持された。マデロ政権の副大統領となったピーノ゠スアレスがユカタン州でマデロの再選反対運動を推進していた時代に彼の秘書を務めたことがあり，マデロ政権時代の第26連邦議会に選出された。1915年にユカタン州の暫定州知事となった急進派のサルバドル・アルバラード（Salvador Alvarado）のもとで，労働者の組織化に取り組み，社会主義革命を目指したことで知られている[34]。

以上の4名の書記を補佐するために4名の書記補佐が選出されているが，そのうちのボルケス（Flavio A. Bórquez）は，ほかの3名がいずれも20代であったのに対して，47歳という，当時としては年長者であった。第3章で取り上げたディアス時代の近代的合理主義教育を受けた教師のもとで初等教育を終えたボルケスは，青年時代に穀物を扱う商人としてソノラ州内を広く歩き，太平洋岸の主要港グアイマスで手広く商売をしていたときに再選反対運動に参加し，1913年から護憲派勢力を支えてきた人物である。制憲議会では主として陳情委員会のメンバーとして活躍した[35]。

同じソノラ州選出のボホルケスは，第4選挙区の補充代議員として選出されたが，実質的に代議員として制憲議会で活躍した若い人材であった。24歳という年齢から分かるように，代議員の資格は本来ないにもかかわらず選出されたのは，当時のメキシコ社会では25歳で通っていたからかもしれない。あるいは，1913年のマデロ政権崩壊後の護憲派運動の当初から農業技師として武力闘争に参加し，ソノラ州のカリェス（Pultarco Elías Calles）暫定州知事時代に，州農業委員会のメンバーとして活躍したという実績によって選出されたのかもしれない。制憲議会における審議状況と同僚代議員たちの発言記録をまとめて著したことで，後世の研究者に貴重な資料を残した人物である[36]。ボルケスとボホルケスのソノラ代表は，共に急進派として知られている。

ロペス゠リーラ（José López Lira）は，グアナフアト州から選出された弁護士である。再選反対運動に参加し，護憲派勢力に入ってからは武器を取って戦闘に

参加した[37]。ドゥランゴ州から選出されたカスタニョス (Fernando Castaños) は，1909年にマデロ運動に参加し，護憲派勢力に加わってからは革命政府の法律関係を担当し，先に取り上げたロウアイクスが暫定州知事時代のドゥランゴ州政府の改革に関わった[38]。

以上のような運営委員会が設置されたのち，12月6日のカランサ原案提示に先立ち，作業委員会と名づけられた委員会のメンバーが，ロハス議長によって本会議に提案された。しかし，原案の起草者のひとりであるロハスにそのような人選の権限はないという異論が出て，新たなメンバーが互選された。この作業委員会は，カランサ原案を本会議にかける前に精査・検討して加筆修正などを加え，本会議における審議にかけるという責務を担った，いわば制憲議会の中枢部を握る委員会である。したがって，ロハス議長の提案が拒否されたことは，制憲議会がカランサの当初予定していた「原案を若干修正する1857年憲法改正議会」とはならないことを最初から暗示することになった。作業委員会のメンバー選出は無記名投票で行なわれたが，選出されたメンバーは**表6-7**にまとめた通りである。

無記名投票により最高得票数で選出されたコルンガ (Enrique Colunga) は，グアナファト州選出の弁護士である。1898年から弁護士の仕事をしていて，農村問題と州の自治権問題に強い関心を示す弁護士としてディアス時代末期から知られており，マデロ運動に参加した。その前歴から推測できるように，制憲議会の当初から同僚の信頼を得ていたのであろう。のちのオブレゴン政権時代 (1920-1924年) に，短期間ではあったが内務大臣を務め (1923-1924年)，さらに

表6-7 制憲議会第1作業委員会メンバー

委員名	選出州・職業・年齢	得票数
コルンガ	グアナファト州・弁護士 (39歳)	144
ムヒカ	ミチョアカン州・軍人 (32歳)	135
モンソン	ソノラ州・教師 (44歳)	132
レシオ	ユカタン州・ジャーナリスト (32歳)	106
ロマン	ベラクルス州・医師 (46歳)	87

[出所] *Diario de los debates*, I, p.345.

最高裁判所判事にも就任している[39]。

2位の得票で選出されたムヒカは，制憲議会で重要な役割を果たしたミチョアカン州選出の代議員団の中でも，最大の功労者のひとりとして知られる人物である。若き日にミチョアカン州サモラの神学校に入学したが，神学に対する懐疑から途中で挫折し，のちミチョアカン州内の新聞に寄稿して，ディアス体制を批判した。1906年にはフローレス＝マゴン兄弟と知り合って，メキシコ自由党（PLM）の機関紙『再生』（*Regeneración*）のミチョアカン通信員となった経歴をもっている。やがてマデロの反ディアス運動に参加し，マデロ政権時代にはコアウイラ州のカランサ知事のもとで州統計局長のポストにつき，1913年の「グアダルーペ計画」に署名したひとりとなった。内戦時代には軍事・行政の両面で活躍し，北東部師団に参加してタマウリパ州でウエルタ連邦政府軍と戦った時期には占領地域で農地改革に関わり，さらにタンピコ港の税関や港湾・鉄道・郵便事業などの再編成にその行政的手腕を発揮して，護憲派軍の将軍の地位にまでのぼった。ムヒカは，1917年憲法の根本的な改革を目指した急進的な条文のほとんどに関わっている[40]。

3位の得票数で選出されたモンソンは，筋金入りの急進派として知られた人物である。小学校教師であったサンルイスポトシ州時代の1899年に，反ディアス運動の首謀者として追放され，ソノラ州に逃亡して，この地でクロポトキンやバクーニンなどの無政府主義思想に傾倒したとされる。20世紀初頭のフローレス＝マゴン兄弟の運動に関わり，メキシコ自由党（PLM）の機関紙『再生』に記事が頻繁に掲載されている。その激しい反ディアス攻撃で，ソノラ州においても投獄され，危険人物とされて，1908年にはソノラ州から追放され，故郷のサンルイスポトシ州に帰ったが，革命勃発によってソノラ州に再び戻った。マデロ政権時代の1912-1913年には，ソノラ州の教育視学官に任命され，ウエルタ時代に投獄されたが，のちにカランサの率いる護憲派運動でさまざまなポストについた。モンソンの最大の功績は，1915年にソノラ州に師範学校を設立したことであろう。オブレゴンを支持する急進派のひとりとして制憲議会に選出されたときには，すでに44歳となっていた。メキシコ革命を階級闘争と捉

え，1920年のメキシコ共産党設立メンバーのひとりとなった[41]。

第4位で選出されたレシオ（Enrique Recio）は，ディアス時代にエネケン（サイザル麻）産業が急成長して巨大アシエンダと大富豪が出現したユカタン州で生まれ，法律を学んだが中退して弁護士にはなれなかった，ユカタン州内の急進派勢力のひとりである。当時の高等教育を受けていた多くの若者と同様に，急進的な新聞に投稿し，メキシコ南東部社会主義党（Partido Socialista del Sureste de México）設立メンバーの1人となった。そして，のちにマデロ政権の副大統領となるピーノ=スアレスが1908年のユカタン州知事選挙に敗れたときの選挙でピーノ=スアレスを擁立した人物である[42]。制憲議会の作業委員会に彼が選出されたことについて，カランサ暫定政権の文部大臣を務めた穏健派のパラビシーニが，「無知で，狂信的ともいえる反教権主義者であり，委員会のメンバーにふさわしくない」とまで批判した人物であった[43]。

第5位で選出されたロマン（Alberto Román）は医師で，その投票行動から急進派の人物とされるが[44]，その人物像に関する情報はほとんどない，ベラクルス州選出の代議員である。

以上のような作業委員会は，議長のロハスによる最初の提案で指名された穏健派3名と急進派2名のメンバー構成が，5名全員急進派に入れ替わり，大きく変化した。このことは，カランサ原案が本会議に提出される前に，これら5名の急進的な代議員によって修正されてしまったということを意味していた。

作業委員会に集中した仕事は膨大であった。そこで，作業委員会の実質的な中心人物であったムヒカの提案で，**表6-8**で示したメンバーで構成される，第2作業委員会が12月23日に設置された。この委員会は，革命の精神を成文化するために根本的な改変を必要とする条項以外の，技術的な変更に留まる条文の修正を主として担当した。委員長となったマチョロ（Paulino Machorro Narváez）は，ハリスコ州選出の弁護士で，マデロ運動に参加し，カランサ暫定政権時代にメキシコ市裁判所判事を務めた穏健派の人物である[45]。

メディーナは，グアナフアト州レオン出身の弁護士で，メキシコ市の国立法律学校で学び，護憲派勢力に参加し，オブレゴン将軍の率いる軍隊がビリャ軍

182 第Ⅱ部 革命期の政教関係

表6-8　制憲議会第2作業委員会メンバー

委員名	選出州・職業・年齢
マチョロ	ハリスコ州・弁護士（40歳）
メディーナ	グアナフアト州・弁護士（24歳）
メンデス	サンルイスポトシ州・医師（49歳）
ガルサ＝ゴンサレス	ヌエボレオン州・医師（44歳）
ハーラ	ベラクルス州・軍人（38歳）

［出所］　*Diario de los debates*, tomo 1, p.637.

を破ったセラヤとレオンの戦いに参加した[46]。彼は穏健派と分類されている。

　メンデス（Arturo Méndez）は，第1委員会のロマンと同様に，その経歴があまり知られていない。ヌエボレオン州出身で，メキシコ市で医学を学び，サンルイスポトシ市の医学校で教鞭をとり，護憲派軍の軍医として医薬品の調達から病院施設の管理まで担当した，穏健派の人物である[47]。

　ガルサ＝ゴンサレス（Agustín Garza González）は，マデロの再選反対運動に賛同してヌエボレオン州内に運動を広め，マデロ暗殺事件後に護憲派勢力に参加し，テキサス州ブラウンズビル領事を務め，またモンテレイの保健センターの管理を任されたことのある医者であった[48]。その思想的立場は不明である。ハーラについては，すでに述べた通りである。

　制憲議会の中枢を担った，これら2つの作業委員会の構成員10名の思想傾向については，第1委員会の5名全員が急進派に分類される代議員であったが，第2委員会の5名の中で明らかに急進派とされたのはハーラだけである。しかし，制憲議会の代議員の中でもっとも急進的な人物のひとりとされたハーラがいることによって，第2作業委員会の作業が必ずしも穏健派の独占するところとはならなかったであろうと推測できる。

　代議員218名の思想的傾向については急進派と穏健派という区分がよく使用されるが，そのような区分が容易にできるわけでないことをすでに指摘した。それでも218名の代議員の約6割が急進派に分類されると主張したタカニコス＝キノネスによると，急進派の職業別では教師出身の代議員グループの90％が急進派であったとされる。次いで労働者出身の代議員の81％，ジャーナリ

ストと技術者の67％が急進派であり，穏健派が過半数（60％）を占めたのは医療関係者のみであった（医師，歯科医師，薬剤師を含む）。表6-3で示されている専門職の中で最大グループであった弁護士（58名）については，急進派と穏健派はほぼ互角であった[49]。

むすび

　1917年の革命憲法を制定した議会が多数の弁護士を含む高等教育を受けた専門職集団によって占められており，代議員の多くが革命運動を体験していたことを，本章は明らかにした。しかも，制憲議会に結集した代議員たちが社会改革を目指す急進派をもっとも重要な役割を担った第1作業委員会のメンバーに選出したことは，教育を受けた中産階級に属するエリートたちが，革命闘争の過程でメキシコの現実を認知し，根本的な改革の必要性を認識したことを意味している。

　制憲議会では，カランサが最初に明示した「多数決・言論の自由」に基づいて審議が行なわれ，次章で取り上げるように，急進的代議員たちによって1857年憲法の修正案はカランサの思惑をはるかに超えて大きく書き換えられた。この制憲議会の審議過程にカランサが介入しなかったことの意味は大きいと，筆者は考える。正確には，カランサが介入することができないほど，急進派の発言力と行動力が大きかったというべきであろう。

　次章では，このような代議員を擁した制憲議会が制定した1917年憲法の中の反教権主義条項の制定過程を，2巻にまとめられた議事録から検証する。

第7章 1917年革命憲法の反教権主義条項とその審議過程

はじめに

　前章で検証したような特徴を有する代議員で構成された制憲議会において審議され，成立した1917年革命憲法における宗教に関する条項は，個人の信仰を対象とした宗教という機能を除いた，宗教団体とその組織に所属する聖職者を政治的，経済的，社会的に排除し，無力化することを目的として制定された。

　制定された憲法における宗教団体および聖職者に関する条項は，宗教教育を制限した第3条，職業選択の自由と強制労働の禁止を掲げて修道会の設立を禁止した第5条，特別法廷による裁判を禁止した第13条，信教の自由を謳った第24条，宗教団体が不動産を取得し所有することを禁じた第27条第II項と慈善施設の管理を禁止した同条第III項，下院議員および上院議員の資格を聖職者に認めないことを明記した第55条と第58条，聖職者から大統領に立候補する資格を剥奪した第82条，そして宗教団体および聖職者の活動を細かく規制しその管理権を国家に与えた第130条である。上記の条項のうち第55条，第58条，第82条は，聖職者の参政権を剥奪した第130条第9項と重複している。

　これらの宗教に関する条項の多くは，1857年憲法と第2章で取り上げたレフォルマ革命の改革諸法を受け継いでいるが，根本的な違いは「信教の自由」と「政教分離」の内容である。19世紀の自由主義思想に依拠した1857年憲法は，文字通り制限を課すことなく「信教の自由」を認めた上で，宗教が政治に関与することを禁止した。しかし1917年憲法は，1857年憲法の制定後に出された改革諸法を受け継ぎ，「信教の自由」を謳いながら宗教団体を国家の管理下に

置くことを徹底し，国家が宗教に介入できることを規定した。その結果，1917年の革命憲法は，革命の理念を明確に盛り込んだ農地問題と労働問題に関わる条項と等しく，宗教関係に関する条項においても，急進的な憲法となった。本章では，これらの宗教関係の条項のうち，制憲議会で激しい論戦が展開された第3条，第24条および第130条と，教会の不動産所有を禁じた第27条第Ⅱ項を取り上げ，審議の過程で表明された代議員たちの反教権主義思想の本質を検証する。

なお各条項の審議は，次のような手順で行なわれた。まず1916年12月9日にカランサ原案の全文（8章132条と9暫定条項）が提示されたのち，それを検討・修正した作業委員会案が数ヵ条ずつまとめて制憲議会に提出され，数日をあけたのちに審議に付されるという方法で行なわれた。ただし，実際に多くの条項は作業委員会案の提示とほぼ同時に採択された。農地関係，労働関係，宗教関係など，カランサ原案が大きく書き換えられた条項は，審議されたのちに作業委員会に戻され，修正案が提示され，さらに修正が求められるという時間をかけた審議過程を経ている。本章第3節で取り上げる第129条（成文化された第130条）は，後述するように時間切れ寸前までもち越され，慌ただしい雰囲気の中でまったく無修正のまま作業委員会の案で成立している。

制憲議会における審議は，午前と午後の1日2回の割合で開催された会議で行なわれ，延べにして66回の会議で交わされた論議は，1922年に連邦議会から『制憲議会における審議録』(*Diario de los debates del Congreso Constituyente*) として出版され，その後も全議事録が再版されている[1]。

1．教育の自由に関する第3条の審議過程

制憲議会において最初に審議の対象となったのは，基本的人権に関わる第1条，第2条，第3条，第4条の作業委員会案であった。その中で，宗教教育に関わる第3条の作業委員会案の本格的な審議は，1916年12月13日と翌14日の2日間にわたって行なわれたが，作業委員会案は撤回されて，再度提出されるという経緯をたどった。そして，まる1日をあけた12月16日に，この再修

正案が若干の手直しを受けて採択された。

　12月13日の午後3時55分に始まった第1日目の第3条の審議は，まず書記リサルディ（Fernando M. Lizardi）による作業委員会案の朗読およびその解説ではじまり，夜の9時15分まで5時間20分間続いた。この間に，モンソン（Luis G. Monzón），ムヒカ（Francisco J. Múgica），ロハス（Luis Manuel Rojas），ロマン（Alberto Román），クラビオート（Alfonso Cravioto），ロペス=リーラ（Jesús López Lira），マシアス（José N. Macías）の7名が弁論し，それに対する短い質疑があっただけの，演説会の雰囲気で終わった。発言者は1人30分という制限があったにもかかわらず，条文の趣旨からはずれた持論を展開して延々と2時間を超すものから，作業委員会案の問題点とその修正を求める的確な演説まで，その内容は議事録で読む限り幅広い。野次や妨害発言は少なくとも記録されておらず，笑いやそれを鎮め諌める記録が残されている。

　まず第3条の審議過程において，第1日目に反教権主義的主張を展開したモンソン，ムヒカ，マシアスという有力代議員の，教会および聖職者に対する認識からみてみよう。前章で紹介したように，「過激派」ともいえる元教師のモンソンは，メキシコの教育の歴史を概要することからはじめ，植民地時代18世紀の［カトリック教会が独占的に担った］[2]教育は，「嘘，ばかげた非科学的なこと，宗教を正当化するための独善的なこと」を［教会と聖職者はメキシコ人に］教えたと断じ，19世紀の公教育は宗教色を廃したものの，「教育の自由」を［単純に謳った1857年］憲法の寛容性ゆえに，聖職者たちが「嘘，迷信，非科学的な［カトリックの］教義を教え続けることを可能にしたのだ」と論じた。そして，20世紀の教育は間違ったことを教えず，独善的でばかげたことを教える教育を禁止し，科学的，客観的な事実を教える教育を行なうべきであるとした[3]。

　ムヒカもまた，前章で紹介したように急進派を代表する代議員であり，作業委員会の実質的なリーダーであることを自他共に認める論客であった。このムヒカは，聖職者たちが「自由・平等・友愛という民主主義」にもっとも反する「おぞましい思想」を教えてきたとし，「もっとも腐敗した恐るべきモラル」を

子供たちに教えてきたのだと断じた[4]。このムヒカと次に取り上げるマシアスは，青春時代にミチョアカン州サモラの神学校に在籍したことのある人物で，両者は教会組織や聖職者の実態を知る者たちであった。

マシアスは，キリスト教の歴史からはじめ，植民地時代にメキシコ人がどのように自由を奪われていたかを述べ，そしてメキシコ人の心を支配していたのは聖職者であったと論じた。さらに彼は，19世紀のメキシコの歴史を語り，フランス革命を論じ，聖職者たちに悪事を働かせないために私立学校の教育に国家が介入できるような法律を制定しなかったレフォルマ革命の欠陥を補う必要があると主張した。マシアスの聖職者に対する攻撃は，ムヒカ以上に激しかった。聖職者とは元来怠け者で，快適な暮らしを好み，女性たちとの会話を楽しみ，［高価な］チョコレートをいつでも好きな時に飲み[5]，自らは働かず，自分のために働く人間を身近に置き，教会系学校で教える人材すら金で雇う。したがって私立学校を国家が監視するのは当然であると主張したのである[6]。なおこのマシアスは，第6章第1節で取り上げたように，カランサ原案の作成者のひとりで，カランサの側近であった。その意味では穏健派に属する代議員であったが，教会問題に関する限り「ジャコバン派」に属した。

以上で取り上げたモンソン，ムヒカ，マシアスの3名が代表する急進派の特徴は，教会と聖職者に対する徹底した不信であり，教育分野のみならず，教会と聖職者たちの活動を国家の管理下に置くことを主張するものであった。同時に，かなり主観的で感情論が先行しているように議事録では読める。元教師のモンソンに代表される教師出身の代議員の多数は，前章で指摘したように急進派であった。神学校で教育を受けたことのある知識人が反教権主義者となった例は，ムヒカとマシアスだけではない。歴史を遡れば，19世紀前半の代表的自由主義者モーラ（José María Luis Mora）が聖職者であったことは例外としても，レフォルマ革命を率いたフアレス（Benito Juárez）もディアス（Porfirio Díaz）も一度は神学校で学んでおり，神学校で受けた教育と経験が反教権主義思想へとつながった例は少なくなかった。

以上の第1日目の反教権主義者の主張に対して，穏健派の見解をロハス，ク

ラビオート，パラビシーニ（Félix F. Palavicini）が弁論した。ロハスは制憲議会の議長であり，カランサの側近として知られた弁護士である。クラビオートとパラビシーニは，カランサ暫定政権の文部大臣を経験しており，革命期の教育改革にすでに関わっていた代議員であった。

　ロハスの見解は，「教育の自由」と「個人の権利」との関係および教育に及ぼす教会の影響の2点から，作業委員会案が「個人の権利の保障に抵触する」という法律論で反対論を展開した。「個人の権利は権力からの自由を求める権利に留め，聖職者個人の自由を束縛すべきではない」というのがロハスの主張であり，聖職者が特定の科目の専門家として教える自由を認めるべきであるとした。そして宗教教育を違憲とする表現を和らげることで，作業委員会案は受け入れられるとの妥協的姿勢も示した。フランス革命からヨーロッパ諸国およびアメリカの例を取り上げて，宗教に対する寛容性の意味を強調したロハスの博識は，前章で述べたように，制憲議会の代議員集団が高学歴の知識人と中間層で構成されていることをもっともよく象徴するものであった。「国家は公教育に関して思想的に中立であるべきだとするのが，カランサ原案の趣旨であり，またそれが1857年憲法の精神である」とロハスは強調して，作業委員会案の撤回とカランサ原案の審議を求めた。議場からそれを拒否する野次が飛んだが，それに対して「これは自分の主張である」と述べ，委員会案の撤回と修正案の提出を求めてロハスは演説を終えた[7]。

　クラビオートの弁論は，ロハスと同様にカランサ原案を擁護する立場から展開された。「教育の自由」とは何かについて，アメリカをはじめとしてスペインとラテンアメリカ諸国の教育に関する法律を紹介し，「教育の自由」は基本的には「個人の基本的人権」に含まれるものであり，教える自由，学ぶ自由，親が子に何を学ばせるかを選択する自由を論じ，国家は教育に関して中立であるべきだと，ロハスとほぼ同じような主張をした。そして，「ジャコバン派は聖職者をすべて殺さなければ革命は終わらない」と考えていると指摘して，ムヒカをはじめとする作業委員会メンバーをジャコバン呼ばわりして攻撃した。ジャコバンという言葉は，制憲議会の審議過程ではよく使われた表現であった

が，第3条の審議過程ではとくに頻繁に使われた。さらにクラビオートは，「ジャコバン派は教育におけるカトリック教会の影響を過大視している」として，1907年の統計を示して，作業委員会が強調するような「宗教団体が運営する学校」の存在が大きくないことを指摘した。その提示された数字によると，全国にある公立小学校数は 9,620 校で，生徒数は 66 万 6,723 名であった。それに対して，教会と聖職者が運営する学校数は 586 校であり，生徒数は 4 万 3,720 名であった。この指摘について，議場から「ミチョアカン州には教会系学校が 3,000 校もある」という声が飛んだ[8]。

クラビオートの演説に対して，次に発言したロペス=リーラは，「ジャコバン」呼ばわりされることにしり込みはしないと切り出し，1857年憲法を賞賛はするが，それを超えた新たな対応が必要であることを指摘した。1911年に出現した国民カトリック党（PCN）は，1857年憲法の「信教の自由」を根拠にして宗教団体が政党を結成したものであるとして，「自由」の解釈に制限を加える必要があると述べた。ここで「嘘や独善的なことを教える自由を認めるのか」と疑問を投げかけ，「学校とは世界の光であり，文明の松明であり，理想と進歩の松明である」と述べて発言を締めくくった[9]。

その他の発言では，リサルディが宗教教育は家庭と教会が自由に行なうことで解決できるとし，学校教育を非宗教化すべきであるという意見を提示した。そして，この教育の自由と宗教教育の問題は，カランサ原案第129条と一緒に議論し，採択すべきであると提案した。カランサ原案第129条は，後述する制定憲法第130条となる原案で，教会と聖職者の活動を厳しく国家が管理することを定めることになる条文のたたき台であった[10]。

翌12月14日にも続いた第3条の審議は，午後4時に始まり7時20分までの正味3時間20分の審議で4名，ロサス=イ=レイエス（Román Rosas y Reyes），チャパ（Pedro A. Chapa），ペレス（Celestino Pérez），パラビシーニの弁論があった。最初の発言者ロサス=イ=レイエスと3番目のペレスは明らかにジャコバン派の発言者であり，チャパとパラビシーニはカランサ原案を擁護する穏健派の立場で演説した。

第 7 章　1917 年革命憲法の反教権主義条項とその審議過程　*191*

　ロサス=イ=レイエスは，革命勃発によって法学の勉強を中断し，護憲派勢力に参加したグアナフアト選出の代議員であった。彼は，カトリック教会系学校が「子供たちを偽善者，ペテン師，うそつきの類にするための教育」をしているとまで述べ，女性たちが好んで行なう告解を通じて神父たちが家庭生活にまで介入していること，そして 1911 年にカトリック信徒と教会が国民カトリック党（PCN）を結成して政治に参加したことを強く批判した[11]。女性たちが［心の支えとして行なう］告解の問題については，次節で取り上げるのでここでは詳述しないが，20 世紀初頭のメキシコ社会の女性がおかれていた社会的環境を理解する上で，興味深い問題である。

　ペレスはオアハカ州選出の弁護士で，マデロの再選反対運動に参加して，マデロと行動を共にした人物であり，先住民系の人物であったと思われる。弁論ではもっぱら先住民がおかれている問題を全般的に論じ，実質的にメキシコ国民の枠外に置き去りにされてきた先住民たちの声を代弁したペレスの長い演説は，内容が整理されておらず，これまでの発言者の洗練された広い教養をうかがわせるものとはかなり異なっていた。しかし，ペレスもまた聖職者に教育権を認めることに強く反対した[12]。

　穏健派のチャパとパラビシーニの発言は，前日のロハスとクラビオートの弁論と同様に，1857 年憲法を受け継いだカランサ原案をそのまま成立させることを主張する発言であった。チャパはタマウリパス州選出の代議員で，アメリカのペンシルバニア大学で工学士の学位をとり，フランスで飛行士となったという経歴をもっていた。のちに，メキシコの民間航空産業の推進者になった人物である。彼は，初日のロハス発言の指摘と同様に，作業委員会案における「教育の自由」と「聖職者が教師となることを否定すること」の矛盾点をついた。そして，「教育の自由」を広く解釈する必要性を強調し，基本的に非宗教教育（世俗教育）を行なう公立学校を全国に設立する必要性はあるが，それを実行する財源が国家にない限り，教会の教育への参入はやむをえないという現実論を展開した[13]。

　続くパラビシーニの発言は，ジャーナリストとしての文言表記に対する厳し

さをもち，さらにカランサ暫定政権の文部大臣を務めた経験を含めて，広い視野からジャコバン派との妥協を探ろうとした，政治家でかつ実務担当を経験した者の発言でもあった。そもそも，作業委員会案の書き出しの表現がおかしいことを指摘し，信教の自由は万人が認めていることであり，個人の基本的人権としての自由をどのように［教育権において］制限するかを議論すべきであると論じた。パラビシーニの発言で特異な点は，プロテスタントに関わる見解であった。自らジャコバン派ではないと弁明しながらも，自分の子供たちに洗礼を受けさせていないことを告白する一方で，メキシコ社会特有の「人種・言語・宗教」を［プロテスタントを招き入れることで］変更すべきではないと指摘し，メキシコ社会のカトリック性を擁護し，プロテスタントがメキシコに巧妙に侵入している状況を説明した。

　パラビシーニによると，プロテスタントの牧師たちは，青年キリスト教協会（YMCA）を設立し，スポーツ施設を備えたセンターで音楽，ダンス，聖書教室を開いて，メキシコの若者たちを誘い込んでいることや，牧師たちがカトリックの神父たちのように司祭指輪をせず僧衣も身につけずに公職についており，その姿がみえないと述べた。さらに，プロテスタントの牧師たちは教員としての給与を受け取り，同時にアメリカのプロテスタント教会からも資金を受け取っていると指摘した。カランサ暫定政権の教育局長がプロテスタントの牧師であったという指摘に，議場から拍手が沸いた。多くの視学官がプロテスタント信者であり，彼らは環境に合わせて姿を変えるカメレオンのような存在だとまで述べ，メキシコでプロテスタントの布教活動を行なっているのはメキシコ人でないこと，そしてその活動資金を支えているのはアメリカのドルであることを確信していると述べて，再び議場から拍手を受けた。さらに，アメリカのすべての学校では，始業前に神への祈りをささげ，議会では牧師が議員に祝福を与える慣行があることを紹介して，このようなことはメキシコではすでにレフォルマ革命で禁止されたことであり，［この意味で］メキシコには政治と宗教の関係に関する問題は存在していないと述べた。そして最後に，第3条を作業委員会案ではなく，カランサ原案に最低限の修正を加えて成立させることを提

案したのである。その修正に関する提案は，聖職者が教師としての専門性を生かすことを可能にする文言を挿入することであった[14]。

以上のようなパラビシーニの演説と提案を受けて，ムヒカは作業委員会案をもち帰り，修正することに同意した。翌12月15日には第3条の審議はなく，16日に修正された委員会案が審議にかけられた。内容の審議を主張するムヒカと，審議の必要性なしとするパラビシーニが対立したが，議長の提案で議場からの意見を入れた上で委員会の修正案は出席者157名の投票によって，賛成99票に対して反対58票という結果で成立した。

表7-1は，以上で取り上げたカランサ原案，作業委員会案，最終成立条文を，分かりやすいように対比してまとめたものである。カランサ原案は，教育の自由と公立学校における教育の非宗教化（世俗化）および無償を掲げた文言となっていた。広範囲の議論を誘発した作業委員会案は，教育の自由を踏襲した上で，公立のみならず私立学校における初等教育の非宗教化を主張した。これに対して制憲議会の審議では，以上でみたように，初等教育から宗教色を排除するという基本原則は容易に合意されたが，穏健派が指摘した「聖職者個人の教育者としての教育への参画の自由」をどう扱うかが問題となった。聖職者個人がその専門的な能力を生かして教育者となることを妨げてよいのか，それは個人の自由と職業選択の自由とに抵触するのではないかという問題で，論争が展開された。

このような審議過程を経て成立した第3条は，カランサ原案に加えて，①私立学校における初等教育も非宗教化すること，②いかなる宗教組織および聖職者も初等教育の学校を設立または運営することはできないこと，③私立学校の初等教育施設は公権力の監督のもとでのみこれを設立できることが，改めて明記された。1857年憲法の第3条が「教育は自由である」旨を宣言し，教職につく者の資格などは別に定めるとだけ記した簡潔な条項であったのに対して，1917年憲法第3条は初等教育に宗教が関わることを完全に否定しただけでなく具体的な措置までを明文化した条文として採択された。

表7-1 憲法第3条のカランサ原案・委員会案・成立した条文の比較

[カランサ原案]
第3条 教育は完全に自由である。ただし公立学校機関における教育は非宗教的なものとし，また公立教育機関が行なう初級初等教育［1-4年］と上級初等教育［5-6年］は無償とする。

[作業委員会案]
第3条 教育は自由である。ただし，公立教育機関における教育は非宗教的なものとする。また私立の教育機関が行なう初級初等教育と上級初等教育も非宗教的なものとする。いかなる宗教団体および聖職者も，またいずれかの宗教団体に帰属する者も，初等教育機関を設立または経営することはできず，いかなる学校施設においても個人的に教育に携わることはできない。私立学校は政府の監視のもとでのみ設立することができる。初等教育［1-6年］は，すべてのメキシコ人にとって義務であり，公立教育機関においては無償で提供される。

[成立した1917年憲法第3条]
第3条 教育は自由である。ただし公立教育機関における教育は非宗教的なものとし，私立の教育機関が行なう初級初等教育および上級初等教育も同様とする。いかなる宗教団体および聖職者も，初等教育の学校を設立または経営することはできない。
私立の初等教育施設は，公権力の監督の下でのみこれを設立することができる。
公立の教育機関における初等教育は無償とする。

注 [ ] 内は，筆者による加筆説明である。

2．「信教の自由」を保障した第24条の審議過程

　第24条の作業委員会案が提出されたのは1917年1月4日であったが，実際に審議されたのは1月27日になってからで，後述する第129条（成立後の第130条）と一緒に採決された。**表7-2**は，カランサ原案，作業委員会案，成立した

第7章　1917年革命憲法の反教権主義条項とその審議過程　195

表7-2　憲法第24条のカランサ原案・委員会案・成立した条文の比較

［カランサ原案］
第24条　法律により処罰される犯罪もしくは過失を構成しない限り，何人も，自己のもっとも気に入る宗教を信じ，ならびに寺院ないし自己の住所において，儀式，祈禱，もしくは各宗教の礼拝行為をする自由を有する。
<u>いかなる宗教的行為も，寺院の外部で行なってはならず</u>，それらは常に当局の監視下にあるものとする。

［委員会案］
第24条　法律により処罰される犯罪もしくは過失を構成しない限り，何人も，自己のもっとも気に入る宗教を信じ，ならびに寺院ないし自己の住所において，儀式，祈禱，もしくは各宗教の礼拝行為をする自由を有する。
<u>公衆の礼拝に関するすべての宗教的行為は，的確に，寺院内で挙行されなければならず</u>，それらは常に当局の監視下にあるものとする。

［成立した第24条］
第24条　法律により処罰される犯罪もしくは過失を構成しない限り，何人も，自己のもっとも気に入る宗教を信じ，ならびに寺院ないし自己の住所において，儀式，祈禱，もしくは各宗教の礼拝行為をする自由を有する。
<u>公衆の礼拝に関するすべての宗教的行為は，的確に，寺院内で挙行されなければならず</u>，それらは常に当局の監視下にあるものとする。

条文を比較したものである。同表でみる通り，カランサ原案と若干の修正だけで成立した作業委員会案の違いは，下線を引いた部分の文言のわずかな違いだけで，内容はまったく修正されていない。それにもかかわらず3週間以上の日数を置いて採択された理由には，次のような背景があった。

　1917年の革命憲法の第24条で成文化された信教の自由については，実は1857年憲法においてはその制定過程で意見のあまりにも大きな差異から成立させることができず，3年10ヵ月後の1860年12月4日に「信教の自由に関する法律」という改革諸法のひとつとして成立し，1873年9月25日の憲法改正に

よって憲法に盛り込まれたという経緯があった。そして「信教の自由に関する法律」は，1917年の革命憲法第130条の内容のほとんどを含む長文であり，教会と聖職者の行動を詳細に規制したものであった。そのために，第24条の原案を第129条（成立条文の第130条）と一緒に採択すべきであるという意見が出されて，そのような手順となったのである。

　1月27日，すでに制憲議会の終了が4日後に迫っていたこの日に審議に付されたこの作業委員会案は，結果として修正されることなく成立した。「信教の自由」はほとんど審議の対象となるまでもなく自明であったため，審議過程ではむしろ「信教の自由」とかけ離れた問題に議論が集中した。それらは，当時のメキシコの社会で一般的であり，かつ深刻に受け止められていたと推測できる，「教会と聖職者に対する不信」に関わる問題であった。レシオ（Enrique Recio），ロメロ（Alfonso Romero），リサルディ，ハイメ（Pastrana Jaime）の4名が発言した。取り上げられたのは，「告解を法律で禁止すること」と「聖職者はメキシコ生まれのメキシコ人とし，50歳未満の聖職者は世俗婚による既婚者とする」という条件を加えるべきであると，最初に発言したレシオの提案の是非についての議論に終始した。そして議論は，レシオとロメロの感情論とリサルディとハイメの法律論に二分された。

　レシオが，上記の2点について明文化すべきであるとした理由は，次の通りであった。まず告解については，個人の信条と私生活に聖職者が介入することを意味する告解が家長の権限を侵し，家庭内の安寧を乱す原因となっているだけでなく，メキシコ人の利益を損ねていると説明した。告解への不信と不満は自分だけの特別な思いではないはずだと指摘したレシオの提案には，妻や娘たちが家庭内のあらゆることを告解で神父に話すことの問題の切実さがうかがえる。メキシコ人の利益を損なうという問題点については，メキシコにおけるカトリックの布教が征服の一環として行なわれたもので，［真の］情愛をもって行なわれた，信仰の布教によるものではなかったという歴史観を披瀝して，聖職者はメキシコ人に限ることを提案したのである。そして聖職者に結婚を義務づける理由については，生物としての「種の保存」は自然権であり，聖職者が

独身を貫くのは不自然であること，さらに「恥ずべき行為」を犯させないためにも必要だと説明した[15]。

以上のようなレシオの言い分を支援したロメロは，告解の不道徳性について具体的な例を挙げて説明した。「最愛の妻がもっとも疎ましい人物に心を打ち明けることなど男性は望まないし，家庭内で起こっていることは家庭内に留めておくべきで，告解する女性は不貞をするに等しく，それを許す夫は売春宿の主人のようなものだ」と述べると，議場から盛大な拍手が起こった。ロメロはさらに，聖職者の独身の歴史的由来を解説し，聖職者を既婚者にしなければ，女はみな不貞に走り，神父は好色をむさぼり，家庭は崩壊するという持論まで展開した。議事録で読む限り，ロメロの弁論は議場から盛大な賛同を得た[16]。

一方，リサルディは，カトリックの秘蹟の1つである告解を「告白することですべてが清算される」というカトリックの教義として捉え，制憲議会で議論すべきテーマではないとした上で，仮にレシオとロメロの提案を受け入れるとしても，告解を法律で禁止することの難しさを理路整然と説明した。また聖職者の結婚に関しては，結婚の自由があってよく，革命の成果のひとつとしてすでに離婚法が成立していること[17]を指摘した。さらに，「自分の場合，我が家の家長は自分であり，家族を支配するのは自分である」と述べて，議場から盛大な拍手を受けた[18]。このリサルディの弁論に対して，レシオは「妻や娘の告解」が問題であるのではなく，国民の85％が読み書きのできないメキシコ人が行なっている「告解」が不道徳であり最大の過ちであることを問題視すべきであって，国民の利益のために告解の禁止を提案しているのだと反論した[19]。

ハイメもまた，世俗婚と離婚がすでに立法化されていることと，キリスト教はメキシコ人の心を完全に征服したわけではなく，旧い信仰が受け継がれていることを説いて，メキシコの歴史における教会問題を解説した[20]。

以上のような議論が展開された第24条については，「告解の禁止と聖職者の妻帯」を主張したレシオとロメロ案を取り入れることなく，すでに**表7-2**でみたように，作業委員会案がそのまま成立したが，採決では3分の1以上の反対票が投じられている[21]。

3．宗教団体と聖職者の活動を規制した第130条の審議過程

　宗教活動に関するカランサ原案は，**表7-3**でみるように，4つの要点を書き込んだだけの非常に短い条文であった。それを修正した作業委員会案は，ほぼ4倍の内容となった第129条案として朗読と説明が1月26日に行なわれた。直ちに採決を要求する複数の声が議場から起こったが，審議は採決を延ばしていた第24条と共に翌1月27日の夜に実施された。しかし**表7-3**でみるように，提出された作業委員会案がカランサ原案とは量的にも当然ながら内容においても大きく異なっていたにもかかわらず，2時間ほどの審議で文言の修正も行なわれず採択された。なお，条文の項番号は，原文には付されておらず，便宜上，筆者が付したものである。

　作業委員会案には，レフォルマ革命における改革諸法が具体的に取り入れられており，カランサ原案の基軸である「国家と教会は相互に独立している」とする，政教分離の基本的要件が破棄されて，重要な2点が追加されていた。それは，宗教団体に法人格を認めないことと，聖職者はひとつの職種として関連する法律に従うという点である。こうして，宗教団体の法人格が否定されただけでなく，宗教団体と聖職者の行動が国家の厳しい管理下に置かれることになった。この意味で，成立した第129条（成文化された第130条）は，政教分離の原則そのものを否定した条項となった。

　1月27日の夜9時に始まった第24条の採決が12時に終わり，続いて第129条の審議に入ることが確認されて，28日の未明2時12分，すなわち2時間ほどの審議ののちに委員会案がそのまま採択された。会期末であったという時間的制約，および深夜にずれ込んだことによる代議員たちの疲労といった条件が重なったために，慎重な審議が尽くされなかったということもできるが，前節で紹介したように，反教権主義条文の内容が改革諸法を受け継いでいることはほとんど自明であったから，条文そのものを審議するというよりは代議員たちの教会と聖職者に対する不信と憎悪の念を開陳する機会となったという印象を，議事録からは受け取れる。第129条の審議過程においても，「告解」を禁

止すべしとする意見が再び出され，告解はカトリック教会が犯す不徳・犯罪・陰謀であり，女性を教会の政治的目的達成の手段として利用するものだという指摘がなされた[22]。

教会が政治に介入する危険性については，1911年に設立された国民カトリック党（PCN）の記憶が強く残っているためか，非常に警戒された。それはまた，プロテスタントに対する警戒心でもあった。第3条の審議過程でプロテスタントに対する危機感を表明したパラビシーニは，第129条の審議においても「宗教の危機と問題はリオブラボー川の北側（アメリカ合衆国）ではじまっているのだ」と指摘した[23]。すでに指摘したように，パラビシーニはカランサの側近として活動し，制憲議会においては穏健派に属していたが，この第129条に関してはジャコバン派であった。

この夜の弁論の中でもっとも盛大な拍手喝采を浴びたのは，ムヒカであった。制憲議会のジャコバン派の頭領ともいうべきムヒカの反教権主義は，「教会と聖職者をメキシコから追放すること」を目指すほどのものであった。聖職者たちを，「吸血鬼，泥棒集団，無法者，ペテン師，詐欺師」などの言葉で罵倒した[24]。

このような教会と聖職者に対する不信と憎悪の開陳にもまして，第129条の審議過程で強調されたのが，宗教がメキシコの国益を侵す存在であるという，制憲議会に集まったエリートたちの認識であった。それは，アルバレス（José Álvarez）の弁論に集約的に示されていた。アルバレスは，「メキシコに宗教問題は存在しない。存在するのは政治に介入する宗教団体の問題である」とし，カトリックもプロテスタントも，無知な大衆を取り込んでメキシコの政治を支配しようとしているのだと論じた。その上で，「宗教団体は社会にとって有害な組織であり，国家にとっては敵である」と断じたのである。そして，「アメリカ帝国主義の手先であるプロテスタント」についても，またメキシコ人ではない外国人のカトリック聖職者についても反対した[25]。

表7-3 憲法第130条のカランサ原案と委員会案・成文化された条文の比較

[カランサ原案第129条]
1. 宗教上の儀式および外面上の規律について法律を定め，干渉を行なうことができる権限は，排他的に連邦政府の権限に帰属する。
2. 国家と教会は，互いに独立したものとする。
3. 婚姻は民事契約とする。婚姻およびその他の民事的身分に関する行為は，あらかじめ法律の定める条件にしたがって，民事に関する公務員および当局の排他的所管とし，その法律が付与する効力および効果を有するものとする。
4. 真実を述べる，および契約した義務を遂行する単純な約束は，当事者を拘束し，約束を履行しなかった場合，そのために法律が定める罰則に服する。

[委員会案・成文化された第130条]
1. 宗教上の礼拝および外面上の規律について法律が定める干渉を遂行することは，連邦政府の諸権力に帰属する。その他の政府機関は，連邦政府の補助機関として機能するものとする。
2. 議会は，いかなる宗教であれ，それを創設し，もしくは禁止する法律を制定することはできない。
3. 婚姻は民事契約とする。婚姻およびその他の民事身分に関する行為は，法律の定める条件において，民事に関する公務員および政府機関の排他的所管とし，その法律が付与する効力および効果を有するものとする。
4. 真実を述べる，および契約した債務を履行する，単純な約束は，約束を履行しなかった場合，約束をした者は，そのために法律が定める罰則に服さなければならない。
5. 法律は，教会と呼ばれる宗教団体に対して，いかなる法人格も認めない。
6. 聖職者はひとつの職業を行なう者とみなされ，それに関して制定される法律に，直接服するものとする。
7. 州の立法府は，州内の必要に応じて，聖職者の最大人数を決定する権限を有する。
8. メキシコ合衆国において聖職者の職務を行なうためには，出生によるメキシコ国民でなければならない。
9. 聖職者は，集団を構成する公的もしくは私的な集会において，または宗教儀式や宗教の布教活動において，国の基本的法律，とくに政府機関，もしくは政府全般を批判してはならず，さらに，投票権，被選挙権および政治目的をもって結社する権利を有さない。

10. 公衆に開かれた新しい場所を礼拝に当てるためには，事前に州政府に諮問したのち，内務省の許可を得なければならない。すべての寺院は，当該寺院内における宗教活動および礼拝に必要な物具に関する諸法を履行する責任を当局に対して負う寺院の責任者を置かなければならない。
11. 各寺院の責任者は，住民10名以上とともに，当該寺院の責任者を市町村当局に直ちに届け出るものとする。すべての変更は，退任する聖職者が新任の聖職者と10名以上の住民とともに届け出るものとする。市町村当局は，この規定の履行を監督し，違反した場合，各場合につき，解任および1,000ペソ以下の罰金の罰則を課すものとする。寺院登録簿および責任者登録簿の保管についても，同様の罰則が課されるものとする。新たな寺院を公衆に開設するための，あるいは責任者の変更に関するすべての許可について，市町村当局は州知事を通じて内務省に届け出るものとする。動産の寄付は寺院の内部において受理できるものとする。
12. いかなる理由であれ，聖職者の専門教育を目的とする施設において行なわれる学習は認定されず，特別免除は与えられず，また国家が定める教育課程に振り替える有効性も認められない。この規定に違反する官憲は刑事罰を受けるものとし，特別免除もしくは上記の振り替え措置は無効とされ，この規定に違反して取得された職業上の資格は無効とされる。
13. 信仰に関する定期刊行物は，そのプログラムにおいてであれ，その名称によってであれ，あるいは単なる全般的な傾向によってであれ，メキシコの政治問題を論評してはならず，また，公的諸制度の運用と直接関連する国家機関ないしは個人の行為について報道してはならない。
14. 何らかの宗教上の信仰に関係する文言ないしは表象をその名称に含む，あらゆる種類の政治団体の結成は厳格に禁止される。政治的性格の集会を寺院で催すことはできない。
15. いずれの宗派の聖職者であれ，聖職者は，宗教の布教，宗教上の目的もしくは慈善に関する何らかの団体が占有している不動産を，自ら，もしくは第3者を介して相続し，あるいはその目的を問わず受領することはできない。聖職者は，同じ宗派の聖職者ないしは4親等以内の血族を有しない個人の遺言による相続人となる法的能力をもたない。
16. 聖職者ないし宗教団体の動産もしくは不動産の，個人による取得に関しては，本憲法第27条が適用される。
17. 以上に挙げた諸原則の違反に関する手続きは陪審に付されないものとする。

注　項番号は，説明の便宜上，筆者が付したものである。

4．第27条における教会問題

　以下では，土地と水の根源的な所有権を国家に与え，革命における農地改革の目標を成文化した第27条の中で，教会による不動産の取得と保有を禁じた第II項を取り上げる。

　メキシコ革命の最大の成果として評価された，土地と水の所有権に関する第27条は，制憲議会においては労働関係を規定した現行憲法の第123条と共に特別委員会が設置されて，慎重な審議が行なわれた，全14項で構成された長文の条項である。教会の不動産保有を禁止した第II項のカランサ原案（項番号なし）は，**表7-4**でみるように，宗教団体が不動産を取得する法的権限を有さないことと，本来の目的に直接関係する建物以外のものを管理する権限のないことを明文化していたが，その内容は漠然としていた。それに対して，作業委員会案では，現有する不動産を接収し，［本来の目的に使用される］礼拝堂なども国有の財産とされること，国家がその使用目的を決定することとされた。さらに，司教館，司祭館，神学校，宗教団体の養育院および教育施設，修道院，宗教的信仰・布教や教育のために建設されたか，あるいは使用されている建物が，直ちに，そして完全に，国有化されることが具体的に明記された。また，将来において建てられるものも国家財産となるこの委員会案は，**表7-4**でみるような文言の修正を経て成立した。

　ニーマイヤー（E. V. Niemeyer）は，十分な審議を尽くさなかったことによって，この第27条第II項の教会関係の条文の成立は，大きな禍根を残すことになったと指摘している[26]。それは，同項（カランサ原案では項番号なし）で明記されていた宗教団体が運営する養育所など，福祉に関わる施設や利益を追求しない，恵まれない者たちのための施設などが「宗教団体の不動産所有の禁止」によって，廃止されることを意味していたからである。これらの福祉関係の事業を唯一継続的に行なってきたのがカトリック教会であったという視点からの指摘である。しかし，ニーマイヤーが研究成果をまとめたのは1960年代であることを考えると，革命後のメキシコが教育と社会福祉政策を国家の手によっ

表7-4 憲法第27条第Ⅱ項のカランサ原案・委員会案・成立した条文の比較

[カランサ原案]
宗教団体および宗教関係施設は，その性格，名称，存続期間，目的のいかんにかかわらず，そのサービスと目的に，直ちにかつ直接的に，使用される建物以外の不動産を所有する目的で取得したり，管理する法的能力をもたない。また不動産に投下される資本を取得および管理することは法律上できない。

[委員会案]
第Ⅱ項　信条のいかんを問わず，教会と呼ばれる宗教団体は，いかなる場合であっても，不動産，または不動産に投下される資本を取得し，保有し，もしくは管理することができない。公衆の礼拝に当てられる寺院は，連邦政府により代表される国家の財産に属し，連邦政府はそのどの部分が引き続き礼拝の目的に利用されるかを決定する。司教館，司祭館，神学校，保護施設，宗教団体に帰属する宗教学校，あるいは宗教的信仰の運営，布教または教育のために建設され，または使用されるその他の建物は，直ちに，完全に，国家の直接的支配に移され，連邦もしくは州の管理地域における公共の使用に，排他的に利用される。将来，公衆の礼拝のために建設される寺院は，国家の財産となる。一般の寄付金で建設される場合に，国家の財産となるが，個人によって建設されるものは，現行の法律に従い個人の財産とする。

[成立した条文]
第Ⅱ項　信条のいかんを問わず，教会と呼ばれる宗教団体は，いかなる場合であっても，不動産，または不動産に投下される資本を取得し，保有し，もしくは管理することができない。現在，自ら，もしくは第3者を介して所有しているものは，国家の支配下に移される。そのような状況にある財産を告発するための民衆訴権は許される。推定の証拠があれば，告発を根拠ありと宣告するに足るものとする。公衆の礼拝に当てられる寺院は，連邦政府により代表される国家の所有に属し，連邦政府は引き続きその用途に当てられるべき寺院を決定するものとする。司教館，司祭館，神学校，宗教団体の養育院もしくは学校，あるいは宗教上の礼拝の管理，宣伝，教育する目的でかつて建設されたその他の建物も，当然ながら，国家の直接的支配に移され，連邦もしくは州のそれぞれの管理下に置かれ，公役務に排他的に用いられるものとする。将来において公衆の礼拝のために建設される寺院は，国家の所有とする。

て大胆に実施してきたことをニーマイヤーはかなり軽視していたように思われる。

なお教会堂，修道院，礼拝堂などの教会関係の多くの建物が接収されたのは，次章で取り上げる1920年代後半から1930年代半ばにかけてであった。それらの建物は，各地の学校，公立図書館，博物館などに転用されて今日にいたっている。

むすび

以上で検証した反教権主義条項の審議過程で分かったことは，代議員たちが表明した教会と聖職者に対する不信感の根深さと憎悪の念の強さである。議事録を読む限り，制憲議会が徹底的に敵視したのは大農園主（アセンダード），外国人，労働者を搾取する者たち，そしてカトリック教会であった。

しかし，反教権主義条項の採択における投票行動をみると，以上で検証したいずれの条項も過半数から3分の2の賛成票で成立しており[27]，代議員たちの圧倒的多数が成立した憲法条文に表現されているほどの反教権主義者であったわけではなかったことも分かる。個々の発言からみたように，聖職者に対する強烈な憎悪と侮蔑があったことは事実であっても，パラビシーニの意見に代表されるように，カトリックがメキシコの伝統と文化の基軸であり，メキシコ国民を束ねる紐帯であるとする認識も健在であった。

このような反教権主義憲法が，1917年2月5日に公布された時，第5章で取り上げたように，メキシコ国内の教会組織は機能していなかった。1919年6月のカランサによる恩赦令によって，帰国を許された司教や保守勢力のリーダーたちが戻ったのちに，教会と聖職者たちはカトリック勢力の建て直しに努め，同時に革命憲法の反教権主義条項の修正を執拗に要求し続けることになる。

第III部

対決から協調へ

第8章　国家と教会の対決から協調への20年（1920-1940年）

はじめに

　本章が対象とする期間のはじまりである1920年は，カランサ大統領（Venustiano Carranza）が暗殺され，オブレゴン（Álvaro Obregón）が実権を掌握した年であり，護憲派勢力が1917年の革命憲法の目指す改革に本格的に取り組むことになる年である。一方，1940年は，大規模な農地改革，外国資本の国有化，教会資産の接収を実施して一定の成果をあげたカルデナス政権時代（1934-1940年）が終わった年である。

　1920年から1940年にいたる国家と教会の関係は，「宗教戦争」[1]として捉えることのできる「クリステーロの乱」が終結した1929年6月を分岐点にして，2つの時期に分けられる。前半の1920年から1929年までの期間は，教会首脳が憲法の反教権主義条項の修正を求めて革命政府に対し執拗に挑戦的な行動を繰り返し，ついに教会と信徒集団が一致して宗教戦争へ突入した時期である。この宗教戦争は，約3年（1926-1929年）に及んで，双方に莫大な損害と多数の死傷者をもたらし，1929年6月に締結されたアレグロ（arreglo＝調停）として知られる「和平協定」によって，国家と教会の武力対決は停止した。

　一方，1929年6月から1940年までの後半は，政府と教会がそれぞれの組織内部における対立と衝突を経験しながらも，和平と協調を求める教会首脳とポルテス＝ヒル大統領（Emilio Portes Gil）およびカルデナス大統領（Lázaro Cárdenas）の努力によって，国家と教会の関係が安定に向かった期間であった。しかしこの間，「和平協定」は必ずしも全国的に徹底せず，各地で元クリステーロたち（クリステーロの乱に参加した信徒）が武装蜂起を繰り返して，連邦政府軍と衝突

した。この1930年代半ば頃まで各地で発生した武力衝突を総称して,時として「第2次クリステーロの乱」と呼ぶこともあるが,本書では「第2次クリステーロの乱」という解釈をとらない。その理由は,先に述べたように,本書では「クリステーロの乱」をメキシコのカトリック教会と世俗の国家権力が戦った宗教戦争と捉えており,1930年代の信徒集団による武装蜂起は教会首脳からも,またローマ教皇庁からも否定された,一部の信徒集団とアグラリスタと呼ばれた農地改革を拒否する勢力が複雑に絡んだ反政府運動であったと捉えるからである[2]。

このように,1929年6月にメキシコのカトリック教会首脳と革命政府は,「和平協定」を結ぶことによって妥協の道を選択した。しかし,1929年10月の世界恐慌に始まり,やがて第2次世界大戦へと進む1930年代の世界情勢の中で,革命政府は経済的混乱からの脱却と国民の統合を模索し,急進的な反教権主義からより穏健な教会政策へとその姿勢を変えていった。一方,教会首脳とローマ教皇庁も,革命憲法の反教権主義条項の修正を求める強硬な抗議運動が益しないことを学び,「和平協定」で得られた「法規定を柔軟に運用する」という政府の約束に妥協し,その姿勢を維持した。

このような妥協の道を選択した革命政府と教会首脳が1930年代に直面したのは,それぞれの内部における反対勢力の過激な行動であった。後述する革命目標を達成する過程で打ち出され,教会と信徒集団を激しい反政府抗議運動に駆り立てることになった各州政府が法制化した厳しい反教権主義的政策は,必ずしも連邦政府の意図と合致するものではなかった。教会との妥協を模索する連邦政府にとっては,多くの州政府が採用した反教権主義政策はあまりにも過激であり,中央と地方との関係調整が深刻な問題となった。それだけではなく,連邦政府の内部でも,急進的な反教権主義者たちが独自の主張を繰り返し,混乱を引き起こした。

教会側も,国家に妥協する道を選択した教会首脳と,あくまでも反教権主義憲法の修正を求めて戦うことを主張する信徒集団,および一部の司祭たちとの関係に苦慮した。こうして,宗教戦争を1929年に終結させて,共存のあり方

を模索した国家と教会は，それぞれの組織内部における分裂と対立を克服するのに，ほぼ10年という歳月を必要としたのである。

本章では，第1節で1917年の革命憲法への反発から国家と教会が全面的な対決にいたる過程を考察し，第2節で国家と教会の双方が全面的な対決姿勢をとったカリェス政権時代の関係悪化の実態を明らかにする。そして第3節で，1926年8月1日の「教会ストライキ」にはじまる「クリステーロの乱」の勃発から1929年6月の「和平協定」にいたる過程を検証し，第4節でこの和平協定に基づいて政府と教会がそれぞれ内部に対立と分裂の要因を抱えながらも共存に向けた道筋を，時間をかけ紆余曲折をたどりながらつくりあげた過程を考察する。

1．革命憲法の修正をめぐる国家と教会の全面対決にいたる過程

本章全体が扱う時期は，メキシコ革命史の中では，1917年の革命憲法における反教権主義条項の修正を求めて教会と信徒集団が激しく抵抗し，3年に及ぶ武力抗争を経験した後に10年という長い歳月をかけて，国家と教会が共存を目指して協調関係の基盤を形成した時期である。この間に革命政府の実権を握ったのは，カランサ（在任1917-1920年），オブレゴン（在任1920-1924年），カリェス（Pultarco Elías Calles；在任1924-1928年），ポルテス＝ヒル（在任1928-1930年），オルティス＝ルビオ（Pascual Ortiz Rubio；在任1930-1932年），ロドリゲス（Aberaldo Rodríguez；在任1932-1934年），カルデナス（在任1934-1940年）の7名の大統領である。

カランサは，革命動乱期に護憲派勢力をまとめたリーダーであったが，前章の革命憲法制定の過程でみたように，1857年憲法の擁護者としての枠を大幅に超えるような急進的な改革主義者ではなかった。厳しい反教権主義条項を盛り込んで制定された革命憲法を受け入れたとはいえ，1918年には教会と保守勢力の反発を受けて反教権主義条項の第3条と第130条の修正案を議会に提案さえした。この修正案は議会で否決されたが，1919年6月に革命動乱期に国外へ追放された聖職者たちに恩赦を与え，彼らの帰国を正式に認めた。そして，次期

大統領選出をめぐる革命勢力内部の権力抗争によって引き起こされた「アグア・プリエタ計画」(Plan de Agua Prieta) に端を発する 1920 年のクーデターによって，カランサは暗殺された[3]。

オブレゴンは，革命指導者の中では，第5章でみたように，急進派のリーダーのひとりであり，強固な反教権主義者であった。革命動乱期には組織労働者を革命闘争に動員して護憲派勢力の強化を図り，1917年に設立されたメキシコ労働者地域連合 (Confederación Regional de Obreros Mexicanos = CROM) に参画したモロネス (Luis Napoleón Morones) をはじめとする労働運動の指導者たちを，オブレゴン政権のさまざまなポストに迎えて優遇した。その結果，強固な反教権主義者モロネスの率いる CROM と，教会が組織したカトリック系労働組合が，オブレゴン時代を通じて険悪な対立と衝突を起こした[4]。またオブレゴンは，教育改革でプロテスタントの人材を登用し，さらにプロテスタント系再洗礼派メノナイトに完全な自治権と土地の取得を認めてその移住を受け入れた[5]。このようにオブレゴン時代には，反カトリック的政策が明確に打ち出された。もっともオブレゴン大統領自身は，1920年のカランサ暗殺による国内混乱の回復と，革命動乱によって損害を受けたアメリカ資本の賠償をめぐる対米外交に忙殺され，優先的に教会問題と取り組む余裕はなかった。そしてこの間に教会と信徒集団は，革命政権に対して挑発的な言動を繰り返し行ない，全面的な対決姿勢をみせはじめた。1926-1929年の宗教戦争へと発展する兆しは，後述するオブレゴン時代末期の1923年から1924年に展開された事件に，集約的に見出すことができる。

カリェスは，この期間に革命政権を担当した大統領の中で，もっとも強固な反教権主義者であった。ディアス (Porfirio Díaz) 時代の進歩的，すなわち反教権主義的な師範学校 (Colegio Benigno López y Sierra) を出て教師となり，のちさまざまな職業を経験したカリェスの経歴からみる限り，カトリック教会と聖職者に対するカリェスの思想と感情はほぼ完全な「教会無用論者」のそれであった[6]。オブレゴン政権の内務大臣 (在任1920-1923年) を務めたカリェスは，1924年に大統領になると，産業・通商・労働大臣 (Secretario de Industria, Comercio y

Trabajo) に上述のモロネスを登用して，革命政権と CROM の絆を強化した。これは，カリェス政権の反教権主義的性格をいっそう強めることになった。第3節で取り上げる「クリステーロの乱」を引き起こす直接の原因を作ったのは，後述する「カリェス法」である。

ポルテス＝ヒルは，タマウリパス州出身ながら，革命動乱期を通じて護憲派勢力の中のオブレゴンとカリェスらのソノラ閥に属し，動乱の終結後はタマウリパス州に戻って弁護士として活動し，1920年の「アグア・プリエタ計画」に参加してオブレゴンの権力掌握に寄与した。弁護士活動の中で労働者の組織化や農地改革の実施に関わったことで知られ，また反教権主義者としても有名であった。1928年の大統領選挙で，カリェス大統領の後任として再選されたオブレゴンが就任前の7月に暗殺されたことで革命勢力が混乱したとき，カリェス大統領によって内務大臣に指名され，議会の手続きを経た上で1928年12月1日に大統領に就任した。後述するように「クリステーロの乱」を終結させた「和平協定」の締結に大きな役割を果たしたが，彼が書き残した回顧録では教会を厳しく断罪している[7]。オブレゴン暗殺を契機として革命勢力が取り組んだ，多様な利害をもつ諸勢力を統合するための革命国民党（Partido Nacional Revolucionario = PNR）が設立されたのは，ポルテス＝ヒル政権時代の1929年である。

オルティス＝ルビオは，PNR候補として1930年の大統領選挙で選出されたが，カリェス元大統領との確執から1932年8月に辞任した。それを継いで1934年まで暫定大統領の任にあったのが，ロドリゲスである。通常の歴史解釈では，1928年から1934年まで政権の座についたポルテス＝ヒル，オルティス＝ルビオ，ロドリゲスの3名の大統領はカリェス元大統領の支配下にあったとされるが[8]，後述するように少なくともポルテス＝ヒルは教会問題の解決にあたっては独自の決断を行なっており，必ずしもカリェスの影響力が強かったわけではない。

カルデナスは，1913年に18歳で革命動乱期に護憲派勢力に参加し，オブレゴンとカリェス派につき，やがて頭角を現わした武将のひとりであった。出身

地のミチョアカン州知事時代（1930-1934年）に実施した農地改革では，反対勢力の妨害に対抗するために農民を武装したことでも知られ，革命の忠実な実践者であった。PNRの大統領候補に選出され，大統領に就任すると，革命勢力内部の権力抗争に加担する老権力者カリェスを1936年に国外へ追放して，国内政治の統合を図った。さらに，農地改革を全国規模で進め，1937年と1938年にそれぞれ鉄道と石油産業の国有化を断行し，1938年にPNRを再編してメキシコ革命党（Partido Revolucionario Mexicano = PRM）と名称も新たにして，革命勢力の政治基盤を強化した。

　この間の国家と教会の関係に限ると，「クリステーロの乱」を終結させたポルテス＝ヒル大統領と，1930年代に再発した信徒集団の武装蜂起に対応しなければならなかったカルデナス大統領は，共にオブレゴンやカリェスと同様に強固な反教権主義者ではあったが，現実主義者でもあった。したがって，1929年の「和平協定」によって成立した教会首脳との妥協を尊重し，革命が目指す改革の実現に取り組む過程で，教会に対してはより寛容であった。ポルテス＝ヒルを継いだオルティス＝ルビオとロドリゲスは，革命憲法の実施を求める閣僚と議会の進めた反教権主義的政策を容認し，国家と教会の関係を再び危機的状況に追い込んだ。この状況が「第2次クリステーロの乱」へと発展するのを阻止したのは，現実主義者カルデナス大統領の登場と教会首脳が貫いた政府との妥協の姿勢であった。こうして，1917年の革命憲法をめぐる国家と教会の対決は，カルデナス政権時代後半の1938年までに実質的に沈静化した。それだけではなく，農地改革を大規模に実施し，鉄道と石油産業の国有化を断行したカルデナス大統領が，外国資本の強い反発を受けると，カトリック教会は信徒を動員してカルデナス大統領を支援した。そして，1940年に大統領に選出されたアビラ＝カマチョ（Manuel Ávila Camacho；1940年12月1日就任）は，就任直前の11月に自分がカトリック信者であることを明言して，10年の歳月をかけて形成された国家と教会の実質的な協調関係を確固たるものとする先鞭をつけたのである[9]。

　この間にみられた教会の反応と対応については，次のように考察することが

できる。ウエルタ (Victoriano Huerta) 政権の崩壊と同時に，ほとんどの司教と国民カトリック党 (PCN) の幹部たちが国外に亡命していた中で，カランサの「グアダルーペ計画」に賛同した護憲主義者たちが制定した1917年の憲法は，前章でみたように，「国家が教会を管理する」という厳しい反教権主義条項を盛り込んだものとなった。この憲法制定に対するカトリック教会側の最初の抗議文が発表されたのは，憲法公布の3週間後の1917年2月24日で，多くの聖職者たちが亡命していたアメリカのテキサス州サンアントニオにおいてであった。第3条，第5条，第27条，第130条の取り消しを求めて，5名の大司教と7名の司教および2名の助祭が署名した，この「共同抗議声明文」は，カランサ政府によって完全に無視された。ちなみに5名の大司教は，メキシコ大司教モーラ゠イ゠デルリーオ (José Mora y del Río)，ユカタン大司教トリトシュレール゠イ゠コルドバ (Martín Tritschler y Córdoba)，ミチョアカン大司教ルイス゠イ゠フローレス (Leopoldo Ruiz y Flores)，プエブラ大司教メンドサ゠イ゠エレーラ (Francisco Mendoza y Herrera) およびリナレス大司教プランカルテ゠イ゠ナバレテ (Francisco Plancarte y Navarrete) である。当時の7名の大司教のうちの，署名していない2名は，オアハカ大司教ギロウ (Eulogio Gillow) とグアダラハラ大司教オロスコ゠イ゠ヒメネス (Francisco Orozco y Jiménez) で，前者はロサンゼルスに亡命していた[10]。一方，後者はこの時期にはメキシコに潜入していた。

以上のような高位聖職者の中で，もっとも頑強な反革命主義者として知られたオロスコ゠イ゠ヒメネスは，病死する1929年まで，革命政府に対して徹底的に抵抗した大司教である。彼は1914年にアメリカへ亡命し，アメリカのカトリック教会の高位聖職者のひとりであるケリー神父 (Francis C. Kelley) の庇護のもとで亡命生活を送った，かつてのローマ留学組の中でも飛びぬけたエリートのひとりである。ハリスコ州の名門大富豪のオロスコ家に生まれ，若くしてその富の一部を相続した彼は，チアパス司教時代 (在任1902-1912年) に，学校の建設やサンクリストーバル市内の電灯敷設に私財を使ったことで知られる。シカゴにおける亡命生活を支援したケリー神父は，彼について，「生まれながらのエリートで，まるで植民地時代の大土地貴族のような優美さを身につけ，中

世の聖職者のごとく貧しい者に優しいが，民は上からの命令に従うものであるとし，教会の特権と権力に極めて敏感なエリートであった」と記している[11]。1914年に国外へ追放されたオロスコ=イ=ヒメネスは，1916年11月に陸路アメリカからメキシコに潜入し，信徒に匿われながら，ハリスコ州を中心とするメキシコ中西部に潜んで活動を続けた。こうして，1917年2月24日の「共同抗議声明文」には参加できなかったが，そのかわりに独自の抗議声明文（司牧書簡）を，7月8日の日曜のミサで，グアダラハラ大司教区内の司祭たちに読み上げさせた。ハリスコ州知事ディエゲス（Manuel Diéguez）は，この声明文を読み上げた司祭たちを逮捕させ，7月16日にはそれらの教会を閉鎖した。グアダラハラ大聖堂の再開が許されるのは，10月になってからであった。オロスコ=イ=ヒメネス自身は，この間，信者に匿われて逃亡生活を続け，1918年7月4日にハリスコ州ラーゴス教区内の教会でミサを執り行なって，翌日に逮捕された。このオロスコ=イ=ヒメネス逮捕事件の背景には，後述する1918年7月3日に公布されたハリスコ州法第1913号問題があり，これに公然と抗議して，大司教区の中でも重要な教区ラーゴスの教会でミサを執り行なったのである。その後，保釈金を払って釈放されると再びアメリカに亡命し，カランサ大統領が与えた「恩赦」によって，1919年6月に他の「宗教難民」と同様に帰国が認められてメキシコに戻った。

　以上のような行動をとったオロスコ=イ=ヒメネス大司教を除くと，高位聖職者と多くの聖職者たちが国外へ追放されていた1919年6月まで，メキシコ国内で革命憲法撤回運動を展開したのは，一部の下位聖職者と信徒たちであった。第4章で取り上げたマデロ時代の「政治の民主化」でハリスコ州議会の多数派を占めた国民カトリック党（PCN）の議員であったパロマール=イ=ビスカーラ（Miguel Palomar y Vizcarra）を中心とした信徒集団のリーダーたちは，憲法の反教権主義条項撤廃運動を信徒の間に広げるためにメキシコ青年カトリック協会（Asociación Católica de la Juventud Mexicana = ACJM）の活性化を図った。ACJMは，第5章で取り上げたように，マデロ時代の政治の民主化運動の中で，PCNを支援する若者たちを組織化する計画の一環として，1913年に設立されたものであ

る。この意味では，カトリック信徒の組織化がすでに進んでおり，かつてPCNが州議会で多数派を占めたハリスコ州が革命憲法修正運動の中心となったとしても不思議ではなかった。なお，この時の州知事ディエゲスは，第5章で取り上げたように，護憲派勢力を率いた武将の中でも反教権主義者としてとりわけ名高い人物である。こうして，ハリスコ州政府は革命憲法第130条を受けて1918年7月3日に，州内の聖職者数を人口5万人に1名という割り当てを明記し，聖職者がいない教会の閉鎖と聖職者の登録を義務づけた州法第1913号を公布した。これに対して教会側は8月1日にすべての宗教サービスを拒否し，ハリスコ州全域の教会がいわゆる「教会ストライキ」に入った。そしてACJMを中心とする信徒集団は，9月に「経済ボイコット運動」と称する不買運動を展開した。これは，「ものを買わない，演劇を鑑賞しない，社交を自粛する」などの広範囲な経済活動のボイコットを展開することによって，州政府に経済的打撃を与えることを目的としたものであった。この反州政府運動は成功し，信徒集団は州法の修正を勝ち取った[12]。そしてこの事件は，後に1926-1929年の教会ストライキのモデルとなった。

　しかし，ハリスコ州のように革命憲法を受けて教会に関する州法が1918年までに制定されていたのは，**表8-1**に示されているように，メキシコ州，カンペチェ州，コアウイラ州の4州にすぎず，また教会側も反教権主義条文の修正を求める運動を開始する状況になかったことは上述した通りである。1919年6月の恩赦によって，亡命していた聖職者たちが次々に帰国しても，まず荒廃した教会施設を整備し復興させることからはじめなければならなかった。そして，信者との関係で教会首脳が最初に取り組んだのはカトリック精神に基づく社会改革運動の活性化で，第3章で取り上げたディアス時代後半に教会が採用した方法であった。1920年に，メキシコ・カトリック協会連合（Confederación de Asociaciones Católicas de México = CACM）が設立され，この組織がカトリック社会活動を展開する全国のさまざまな組織を統括することになった。CACMを実質的に統括したのは，メキシコ大司教を頂点とする司教団である[13]。

　カトリック教会の再興を目指して展開された活動は，ディアス時代に実践さ

表 8-1 1917年連邦憲法第130条に

州　名	州名邦語	最初の実施細則制定年	州内の聖職者数の規制
Aguascalientes	アグアスカリエンテス	1926	5,000人に1名
Campeche	カンペチェ	1917	A
Coahuila	コアウイラ	1918	A
Colima	コリマ	1926	最大20名
Chiapas	チアパス	1929	40,000人に1名
Chihuahua	チワワ	1926	9,000人に1名
D.F.	（メキシコ市）	?	?
Durango	ドゥランゴ	1923	最大25名
Guanajuato	グアナフアト	1926	5,000人に1名
Guerrero	ゲレロ	1928	最大14名
Hidalgo	イダルゴ	1926	A
Jalisco	ハリスコ	1918	5,000人に1名
México	メキシコ	1914	数値なし。多くの禁止事項
Michoacán	ミチョアカン	1926	5段階で配分
Morelos	モレロス	?	?
Nayarit	ナヤリ	1926	最大40名
Nuevo León	ヌエボレオン	1927	最大38名
Oaxaca	オアハカ	1928	10,000人に1名
Puebla	プエブラ	1926	4,000人に1名
Querétaro	ケレタロ	1928	8,000人に1名
San Luis Potosí	サンルイスポトシ	1926	A
Sinaloa	シナロア	1926	最大45名
Sonora	ソノラ	1919	10,000人に1名
Tabasco	タバスコ	1919	30,000人に1名
Tamaulipas	タマウリパス	1926	最大12名
Tlaxcala	トラスカラ	1926	最大36名
Veracruz	ベラクルス	1931	100,000人に1名
Yucatán	ユカタン	1926****	最大40名
Zacatezas	サカテカス	1926	A

注　A：ムニシピオ（自治体）別に人数を規定。
　　細則改定年と規制欄の（　）内数字は再改定年とその内容を示す。
　　＊ハリスコ州：グアダラハラ市に65名、その他は人口に比例配分。
　　＊＊ケレタロ州は、1934年の再改定で20万人に1名の聖職者としたが、2年後に3万人に
　　　1名に変更している。
　　＊＊＊タバスコ州：聖職者を専門職とみなし、年齢を40歳以上、公立の高等学校卒業以上、
　　　品行方正、既婚を条件とする。
　　＊＊＊＊ユカタン州は、衛生上から聖人像への口づけを禁止。

第 8 章　国家と教会の対決から協調への 20 年（1920-1940 年）　217

基づく州別施行細則の制定と規制概要

1930 年の人口	細則改定年	州内の聖職者数の規制
132,900	1934	30,000 人に 1 名
84,630	1934	各宗派 3 名まで
436,425	1934	各宗派 9 名＋助祭 9 名まで
61,923	1932（1934）	最大 10 名（5 名）
529,983	1932（1934）	60,000 人に 1 名（全州 1 名のみ）
491,792	1931（1934; 1936）	45,000 人（100,000 人）に 1 名
1,229,576	1931	50,000 人に 1 名
404,264	1932（1934）	最大 25 名（9 名）
987,801	1932	25,000 人に 1 名
641,690		
677,772	1934	50,000 人に 1 名
1,255,346	1926（1932）	5,000 人に 1 名*
990,112	1932	最大 34 名
1,048,381	1932	各地区 3 名（11 区）
132,068	1934	20,000 人に 1 名
167,724	1934（1936）	最大 7 名（20 名）
417,491		
1,084,549	1934	60,000 人に 1 名
1,150,425	1934	各区に 1 名（23 区）
234,058	1933（1934; 1936）	30,000 人（200,000 人**）に 1 名
579,831		
395,618	1934	最大 20 名
316,271	1931	20,000 人に 1 名
224,023	1925（1929***）	30,000 人（100,000 人）に 1 名
344,039		
205,458	1931	100,000 人に 1 名
1,377,293		
386,096	1933	各地区 1 名（18 地区）
459,047		

注　1930 年の人口は国勢調査による。
[出所]　Jesús García Gutiérrez, *Persecución religiosa en Méjico desde el punto de vista jurídico: Colección de leyes y derechos relativos a la reducción de sacerdotes precedida de un estudio histórico por el Lic. Félix Navarrete y de otro jurídico por el Lic. Eduardo Pallares*（México, D.F.: 出版社不明, 1939）, pp.74-85.

れた社会活動とほぼ同様なものであった。社会週間（Semana Social）と名づけた社会改革運動を推進するための集会が，1920-1924年の間に14回開催され，全国の信徒集団の組織化が進められた。農業問題，労働問題，学校教育問題などをテーマとした教会主導の社会活動が再開され，1921年1月に，グアダラハラ市で開催された「サポパン農業社会学習会（Curso Social Agrícola Zapopano）」と称する集会で，カトリック系労働組合の設立を促進することが決定された。そして1922年4月には，第1回全国カトリック労働者会議（Conferencia Nacional de Obreros Católicos）が同じくグアダラハラ市で，オロスコ=イ=ヒメネス大司教主催，メキシコ大司教モーラ=イ=デルリーオ後援のもと，1,300名にのぼるカトリック系労働組合代表を集めて開催され，活動方針が決定されたほか，3月19日を「カトリック労働者の日」とすることを決めて，宗教儀式を伴う記念行事を行なうことが確認された[14]。このような，オロスコ=イ=ヒメネス大司教を中心とする教会主導の社会改革運動は，アメリカから「政府承認」を得るための外交努力を続けていたオブレゴン政府にとっては，神経を逆なでするような行動であった。

　一方，1920年10月には，憲法の反教権主義条文の修正を目指す信徒組織として，メキシコ社会事務局（Secretariado Social Mexicano = SSM）がメンデス=メディーナ神父（Alfredo Méndez Medina）によってメキシコ市内で組織され，教会主導による活動が開始された。やがてSSMはカトリック教会の常設機関となり，メキシコ大司教モーラ=イ=デルリーオ，プエブラ大司教サンチェス=イ=パレデス（Enrique Sánchez y Paredes），クエルナバカ司教フルチェリ=ピエトラサンタ（Manuel Flucheri Pietra Santa）がそのトップの座についた。グアダラハラ市内の信徒集団は，SSMと緊密な連絡を保ってメキシコ中西部の労働者の組織化を進めた。1921-1925年に存在したグアダラハ市の新聞『エル・オブレーロ』（El Obrero）は，SSMの事実上の広報機関紙の役割を果たした[15]。

　このような教会と信徒集団の活動が目指した第1の目的は，憲法の反教権主義条項の撤廃であった。しかし同時に彼らは，社会秩序は教会によって保たれること，社会は指導者とそれに従う人びとで構成されるものであり，階級なき

平等社会などありえないという信念をもっていた。そして，もてる者が貧しき者を慈しみ，彼らの手をとり兄弟として扱う，貧しき者は己の質素な立場を甘受し，労働を慈しむ，目を天に向ければそこに真の豊かさがある，とするカトリックの教えに従い，貧富の格差と不平等な社会を肯定した上で社会問題と取り組んだ。教会は，カトリック系労働組合運動を促進しながらも，労働者の権利を主張して結成された CROM に信徒が参加することはキリスト者のモラルに反するとして禁止し，革命勢力による労働運動と農地改革運動は教会が主張する社会改革に反すると主張した。このように，カトリックの教えを説きながら，革命政府に対してもっとも攻撃的な反政府運動を指揮したのが，グアダラハラ大司教オロスコ゠イ゠ヒメネスであった。彼は，カトリック教会が主導する慈善主義的な社会改革運動の中心で活動しただけでなく，法律で禁止されていた僧衣姿で堂々と外出し，憲法を批判するという挑発的な言動をとり続けた。

　1917 年憲法の反教権主義条項を受けて制定された州法については，前掲の**表 8-1** にみるように，憲法公布以前の 1914 年のメキシコ州法を除いて，1917 年のカンペチェ州にはじまり，オブレゴン政権時代が終わる 1924 年までに合計 6 つの州が，連邦憲法に基づいて州内の聖職者の数を制限する州法を制定していた。それに伴ってそれらの州では，州政府と教会および信徒集団がすでに激しく対立していた。とりわけ，住民 3 万人に 1 名の司祭を割り当てたタバスコ州では，その撤回を求める運動が過激化していった。ハリスコ州でも 5 万人に 1 名の司祭を割り当てたことに対する経済ボイコットが行なわれ，州政府が撤回したことについてはすでに取り上げた。

　一方，1921 年にはミチョアカン州で，州都モレリアの大聖堂の神聖が冒瀆されたとして，約 1 万人の信徒が抗議デモを行ない，警察部隊が発砲して数十名の死傷者を出すという事件が発生した。この時のミチョアカン州知事は，第 7 章で取り上げた制憲議会でもっとも強硬な反教権主義者として知られたムヒカ (Francisco Múgica) であった。ムヒカは，革命憲法の理念を実践に移し，ミチョアカン州内の教会資産の接収と農地改革を推進したが，その急進的な政策によってオブレゴン大統領と対立し，1923 年には辞任に追い込まれている。

このような経緯の中で1923年は，国家と教会の関係を悪化させ，やがて「クリステーロの乱」を勃発させる基点となる年となった。それを誘発したのは，教会の挑戦的行動である。1919年6月の恩赦によって亡命先から帰国した高位聖職者たちは，はじめ表面的には憲法批判を慎み，すでに述べたように革命動乱中に破壊された教会施設の復興や信徒の組織化などに没頭した。この間，革命政府も，長期にわたる革命動乱によって荒廃した経済の再建に追われると同時に，対米外交にエネルギーを割き，憲法で謳った改革を実施に移す余裕がなかった。しかしこの国家と教会の「沈黙」の関係は長くは続かず，1923年に，オブレゴン政府の感情を刺激する状況が教会側から仕掛けられた。それは，1923年1月11日に実施された，グアナファト州のエル・クビレテ丘の頂上に建立された高さ20mのキリスト像の完成を祝賀する野外ミサである。「キリストをメキシコの国王に」と呼びかけて，8万の信者の巡礼を実現させたローマ教皇使節フィリピ神父（Ernesto Philippi）は，「国益を危険にさらす外国人」という憲法第33条の規定が適用され，オブレゴン政府によって国外に追放された。オブレゴン大統領は，教会が国家の目指す改革政策を受け入れ，国家と教会の共存関係の形成に教会が協力すべきであると考えていた。しかし教会側はこのオブレゴン大統領の考えを受け入れず，さらに革命勢力の感情を逆なでにする行動をとったのが，1924年10月5日から12日の間にメキシコ市内で行なわれた第1回全国聖体大会であった。全国の聖職者がメキシコ市内のグアダルーペ寺院に集合するという一大宗教行事の実施にあたって，信徒のグアダルーペ寺院への巡礼が計画された。この計画に対してオブレゴン大統領は，これらの計画がレフォルマ革命における改革諸法と革命憲法に違反すると警告し，大会に参画した外国人聖職者を追放し，参加した公務員すべてを罷免し，大巡礼を中止させた。

2．カリェス大統領と反教権主義憲法条項の実施

1924年12月1日に就任式を挙げたカリェス大統領は，就任から2ヵ月足らずの1925年1月26日にメキシコ大司教モーラ゠イ゠デルリーオから，「教会は憲

法第3条, 第5条, 第27条, 第130条と闘う」という挑発的な声明を受け取った。事態を悪化させたのは, 同年2月18日にメキシコ市内で発生したラ・ソレダ教会事件である。2名の元司祭が同教会を占拠して, ローマ・カトリック教会に対抗するための分派的なメキシコ・カトリック使徒正教会 (Iglesia Católica Apostólica Ortodoxa de México) を設立するという行動をとった。それに対して信徒たちが激しく抗議し, 警官の出動で死傷者が出た事件である。ローマ教皇の権威を否定し, 聖職者の結婚を容認するこのキリスト教分派の誕生が, カリェス政権の仕組んだローマ・カトリック教会排除を目論んだ陰謀であったという証拠はない。しかしカリェスは, カトリック使徒正教会にラ・ソレダ教会の建物の占有を認め, 撤退後は教会の建物を旧信徒に返還せずに図書館に変えてしまった。これに対して, カトリック教会と信徒集団はカリェス政府に激しく抗議した。またこの事件には, カトリック信徒の中でも保守的な集団からなるコロンブス騎士団に対抗するために, モロネス産業・通商・労働大臣が率いるCROMが結成したグアダルーペ騎士団に加わっていた聖職者たちが関わっていたことも, 事態を複雑にし, カトリック教会と信徒集団に強い危機感を募らせた[16]。

このラ・ソレダ教会事件によって, カリェス政府の反教権主義性を改めて認識した信徒集団の急進派は, 3月9日に「宗教の自由を守るための国民連合」(Liga Nacional Defensora para Libertad Religiosa = LNDLR) を設立した。会長職にはセニセロス (Rafael Ceniceros y Villarreal) がつき, パロマール゠イ゠ビスカーラ, ブストス (Luis G. Bustos), カピストラン゠ガルサ (René Capistran Garza) が執行部に参加した。上記の執行部4名は, いずれも1910年代の急進的なカトリック信徒運動を率いたリーダー格の人物である。セニセロスは, ウエルタ政権時代にサカテカス州知事を務めており, すでに取り上げたパロマール゠イ゠ビスカーラは革命動乱期に信徒の組織化で活躍した人物で, またPCN党員としてハリスコ州議会にも選出されたことのある人物である。ブストスは, メキシコ・コロンブス騎士団の団長であり, カピストラン゠ガルサは若者を組織したACJMの会長であった[17]。

LNDLR は，教会首脳の了解を事前に取り付けていなかったが，設立直後にセニセロスがミチョアカン大司教ルイス=イ=フローレスに面会し，設立に反対しない旨の了解をえていた。また LNDLR は，パロマール=イ=ビスカーラをローマ教皇庁に派遣した。このパロマール=イ=ビスカーラのローマ教皇への直訴は，教皇ピウス XI 世が 1926 年 2 月 2 日と 4 月 19 日に発表した，「非合理的な法律から教会を守るために信徒は結束するように」と呼びかけた教皇回状に影響を与えたとされている[18]。これらの LNDLR の行動が意味するところは，信徒集団がメキシコの教会首脳に先駆けて，革命政府との対決に向けた行動をとったことである。

　1925 年は，カリェス政権にとって多難な 1 年となった。議会は分裂しており，閣僚は汚職や不正といった不祥事を起こし，地方では反乱が発生し，アメリカ政府はアメリカ人のメキシコ国内の資産を，改革政策の対象からはずす聖域化を要求していた。さらに，教会問題を担当する内務大臣が，政権発足時のオルテガ（Romero Ortega；在任期間 1924 年 12 月 1 日-1925 年 1 月 9 日）からバレンスエラ（Gilberto Valenzuela；在任期間 1925 年 1 月 9 日-1925 年 8 月 24 日）へ，さらに通信・公共事業大臣であったテヘーダ（Adalberto Tejeda；内務大臣在任期間 1925 年 8 月 25 日-1928 年 4 月 30 日）へと替ったことからも推測できるように，閣僚の足並みがそろっていなかった。そして，強固な反教権主義者であるテヘーダが内務大臣になったことで，教会問題は急速に緊迫状態へと発展した。テヘーダは，1910 年代のベラクルス州の革命運動で活躍した護憲主義者の中でも反教権主義者として知られ，内務大臣となる前の 1920-1924 年のベラクルス州知事時代に，州内のカトリック教会と聖職者を徹底的に弾圧した人物である。

　それでもカリェスは，1925 年 9 月 1 日の大統領教書の中で，聖職者たちの政府に対する憎悪について言及したものの，憲法の反教権主義条項の実施のための細則の制定を議会に求めなかった。また，1926 年 1 月 1 日の新年のメッセージの中でも，教会問題に直接触れなかった。ただし，教会問題が州政府および司法の手に移ったことで，憲法規定が実施段階に入ったことに満足していると表明した[19]。一方，チアパス州，タバスコ州，イダルゴ州，ハリスコ州，コリ

マ州で起こっていた，反教権主義条項の実施の実態を批判するメキシコ司教団の声明文が1月11日の『エル・ウニベルサル』(El Universal) 紙に掲載され，さらに1月27日付の『エル・ウニベルサル』紙上に，メキシコ司教団が約10年前の1917年2月に出した共同声明文がそのまま掲載されると，教会とカリェス政府との関係は一挙に悪化していった。10年前に教会側が出した断固たる憲法批判を『エル・ウニベルサル』紙が再掲載した意図についてはさまざまな意見が提示されているが，明らかに教会による政府への挑発であった。『エル・ウニベルサル』紙は，2月4日にメキシコ大司教モーラ=イ=デルリーオのインタビュー記事をコメント抜きで掲載したが，そこで大司教は「教会の主張は不変であり，1917年憲法に反対するメキシコ司教団の姿勢に変更がないこと，憲法第3条，第5条，第27条，第130条の撤回に向けて闘い続けること」を明言したのである[20]。

1926年1月にシカゴで開催された聖体大会への出席を司教たちが計画していたが，アメリカとメキシコの聖職者たちが一堂に会することを懸念したメキシコ政府が出席者の帰国を拒否したために，オロスコ=イ=ヒメネス大司教を除いて誰も出国しなかった。シカゴにおけるオロスコ=イ=ヒメネス大司教はメキシコ国内の闘争資金の募金に奔走した。このような状況の中で，カリェス大統領は憲法第130条に違反する行為をとった聖職者に刑罰を科すことができるよう，憲法第130条の細則を公布した。1926年1月18日の官報に掲載された「連邦憲法第130条実施細則」(Ley reglamentaria del artículo 130 de la Constitución Federal) は全20条からなり，憲法第130条に定められた規定違反に対して刑法に定める罰則を科すことを明文化したものである。

検察庁は，オロスコ=イ=ヒメネス大司教を2月8日に聴取したが，憲法違反の罪状で提訴する根拠はないとして，事件化しなかった。しかし政府は，2月11日に外国人聖職者の逮捕と追放を命じ，2月13日には全国の州知事に対して，憲法第3条，第5条，第130条を厳格に執行するよう命じた。これを受けてメキシコ市内では，各教会の管理責任者の登録の有無が調査され，聖家族教会 (Iglesia de la Sagrada Familia) ではそれに抗議する約2,000名の信徒と警官の衝

突によって2名が死亡するという流血事件が発生した。

さらに2月22日には，プイグ（J.M. Puig Cassuranc）公教育大臣（在任1924-1928年）が，全国のカトリック系学校の遵法に関する調査を命令し，私立小学校における宗教教育を全面的に禁止した。これらの遵法命令は，聖職者の登録有無の確認を含んでおり，これを受け入れることは教会にとって国家の権限を認めたことを意味した。また，レフォルマ革命の改革諸法と1917年憲法のもとで政府が実施した教会財産の接収を容認したことを改めて確認されたことになるため，教会側は徹底的に抵抗した。

こうして，1926年2月から6月末までのほぼ5ヵ月間，国家と教会は一触即発の状態に陥ったといっても過言ではなかった。この間の対決を決定した要因は，国家と教会の双方にみられた頑迷さにあった。カリェス大統領は，教会の憲法批判をこれ以上許すことができなかった。一方，教会首脳は，メキシコ大司教モーラ＝イ＝デルリーオとグアダラハラ大司教オロスコ＝イ＝ヒメネスを代表とする，ディアス時代のローマ留学組のエリートが実権を握っており，革命憲法の撤回を要求して一歩も譲らなかった。モーラ＝イ＝デルリーオ大司教は，憲法批判の声明についてその意図を聴取するために出廷を命じたメキシコ市裁判所の命令に対して，病気を理由に応じなかっただけでなく，「現世ではローマ教皇が，そして死後には神が支配するもので，純粋に宗教の問題に裁判所が介入する論拠はない」とまで主張したほど，国家権力に対する憎悪を，この時点でもむき出しにしていた[21]。3月10日にはイダルゴ州で，ウエフトラ司教マンリケ＝サラテ（José de Jesús Manrique Zárate）が憲法全般を批判し，信仰を守るための団結を全国のカトリック信者に呼びかけた司牧書簡を発表した。その中で彼は，「法律に従う前に犠牲とならなければならない」と説いた。イダルゴ州政府は，直ちに同司教の裁判所への出頭を命じた。しかし司教は，世俗の司直に従う必要はないとして応じず，2度目の出頭命令を無視したのちに軍隊の手で連行され，さらに法廷においては裁判官の命令にもかかわらず僧衣を脱ぐことを拒否した[22]。またミチョアカン州の場合には，モレリア大司教ルイス＝イ＝フローレスとタカンバロ司教ラーラ＝イ＝トーレス（Leopoldo Lara y Torres）が

聖職者の数を制限した州法に抗議して，カリェス大統領と連邦裁判所に対して憲法改正を求める長いメモを送り，その中で国民投票にかけることを提案した。後者は逮捕されたが，保釈金を払って釈放された。そして4月26日には，メキシコ司教団が共同の司牧書簡を出して，カリェス政府だけでなくカトリックを否定する政治・経済・社会・宗教の分野における全般的な傾向を批判し，「教会の立場を変えることのないことと憲法改正を求める」声明を発表した[23]。このような教会首脳の強固な抗議に歩調を合わせて，LNDLR は憲法改正を議会に陳情するための50万人分の署名を集め，同時に国家との対決に備えて全国の拠点づくりを画策した。

　この国家と教会の対立をさらに複雑にしたのは，アメリカのカトリック教会の関与である。常にメキシコの高位聖職者の亡命を受け入れてきたアメリカのカトリック教会は，メキシコ国内の状況に強い関心を抱いていた。1926年5月4日に，メキシコのカトリック教会の実態を調査する目的で一般市民を装ってラレドからメキシコに不法入国したアメリカ国籍をもつセバステ大司教カルアーナ神父（George J. Caruana）が，10日ほどメキシコ市内に滞在したのちに，メキシコ政府によって国外へ追放されるという事件が発生した。カルアーナ神父の目的は，メキシコの教会がおかれた状況視察を兼ね，メキシコのカトリック教会首脳と懇談することであったが，カルアーナ神父がメキシコにおける新しいローマ教皇使節であったことが伏せられていたため，メキシコ政府の心証をひどく害した事件となった[24]。

　6月14日に，反教権主義条項に違反した場合の罰則を明記した，いわゆるカリェス法として一般に知られている大統領令が制定された。ただし7月31日発効とされた同法が官報に掲載されたのは，7月2日である。この一見非常事態にみえる制定過程は，連邦議会の休会中に大統領がもつ暫定立法権を行使して公布した，首都メキシコ市と直轄領を対象とした政令であり，議会の再開によって承認されて，将来的には州政府がそれに倣って州法を制定し，全国規模へと発展するのが通常であった。

　カリェス法は，正式には「宗教団体と外国人が犯す国家犯罪に関する刑法の

改正」(Ley reformando el Código Penal para el Distrito y Territorios Federales sobre delitos del fuero común y delitos contra la Federación en material de culto religioso y disciplina externa) という名称を有する，全33条からなる，連邦政府が直接統治する首都メキシコ市と直轄領で有効な政令である[25]。第1条で，いかなる宗教の聖職者もメキシコ生まれのメキシコ人であるべきことを謳い，第3条では，あらゆる公立学校における宗教教育を禁止するほか，初等教育レベルでは，私立学校においても宗教教育を禁止すること，第4条では，宗教団体および聖職者が小学校を設立し，運営に携わることを禁止した。聖職者は法律を批判したり（第10条），政治目的で結党すること（第11条）が禁止されただけでなく，宗教関連の出版物で政治問題を論じることも，政府および公務員の行動について情報を流すことも禁止された（第13条）。特定の宗教を示す言葉を含む政党の結成（第15条）や，教会堂内での政治集会（第16条）の禁止，すべての宗教行事は教会堂内で行なうこと（第17条），教会堂の外でそれと認識できる僧衣類を身につけてはならず（第18条），宗教団体の不動産の取得と所有が禁止された（第21条）。さらに，教会堂のみならず宗教団体が所有するすべての不動産が国に帰属するものとされ，教会堂は宗教目的で利用する場合に限り貸与されるとされた（第22条）。違反に対する罰則が明記されたカリェス法は，その実施責任は原則として連邦政府にあるとしながらも，補助的実施機関として位置づけられた州政府および自治体（ムニシピオ）も，法の執行に責任をもつものとされた（第23条）。こうして，連邦政府の積極的な反教権主義的立法に従って，多くの州が次々と州内の教会と聖職者の活動を制限する州法を制定した。前掲の**表8-1**でみるように，1926年中に28州のうち14州が州内の聖職者数を制限する州法を制定した。なお，1934年には14の州とメキシコ市が聖職者数をさらに厳しく制限していることが分かるが，それについては第4節で取り上げる。

　カリェス法の公布に対して，ローマ教皇特使クレスピ（Tito Crespi）は実施の延期を求めたが，テヘーダ内務大臣はそれを受け付けなかった。モーラ=イ=デルリーオ大司教は，当初沈黙を守った。しかし，ACJM，コロンブス騎士団，LNDLRなどの信徒集団は，カリェス法の撤廃を求めて激しく反発し，ハリス

コ州の信徒が1918年の州法撤廃を求めて成功した,あの経済ボイコット運動を各地で展開した。カリェス法をめぐって,内務大臣テヘーダと教皇特使クレスピの間で会談がもたれる一方で,ヴァチカンは,「政府との対決はメキシコの教会の自殺行為である」として,教会首脳にカリェス政府との妥協を命じた。7月11日に,モーラ゠イ゠デルリーオの大司教館に集まった教会首脳は,教会がとるべき道を探ったが,解決策を見出せなかった。7月24日になってメキシコ司教団は,「カリェス法が発効する7月31日に聖職者は教会から退去し,徹底的に政府に抗議する」という最終結論を出したのである[26]。こうして,8月1日の日曜日のミサが中止され,いわゆる「聖職者のストライキ」はそれからほぼ3年間続き,メキシコ中の教会が宗教サービスを停止した。

3．クリステーロの乱と1929年の「和平協定」

　以上のような経緯を経て,カリェス政権に対する教会のストライキがはじまったが,それでも直ちに国家と教会の間で武力闘争が勃発したわけではなかった。礼拝堂を閉じ,ミサを中止して「ストライキ」作戦をとった教会側も,その背後では大統領と連邦議会に,解決策を求めて接触していた。8月16日に,メキシコ大司教モーラ゠イ゠デルリーオとメキシコ司教協議会（Consejo Episcopal Mexicano = CEM）事務局長の地位にあったパスクアル・ディアス司教（Pascual Díaz）が,CEMを代表して「信教と宗教の自由」を求める請願を大統領に対して行なった。しかし,カリェス大統領は会見に応じたものの,教会側の主張を受け入れなかった。80万人の署名と共に議会に提出された反教権主義法改正の請願は,法人格をもたない教会に請願資格がないことを理由にして,議会では171対1という圧倒的多数で拒否された[27]。

　こうして,政府にも議会にも反教権主義的条文を撤回する意思がないことを確認した信徒集団LNDLRは,11月になって改めてCEMに対して武装蜂起の許可を求めた。CEM事務局長ディアス司教が「教会はLNDLRの問題に介入しない」という見解を伝えたことで,間接的に信徒集団の武装蜂起を承諾したことになった。12月に入って,LNDLRはアメリカとメキシコ両国においてマニ

フェストを作成し,「カトリック教会を敵視し, カトリックの信仰に根づいた伝統社会を破壊しようとしている」革命政府に対して武装蜂起に訴えて抗議することを宣言した。1927年1月1日をもって,カトリック信者は全国で一斉に政府に対して反旗を翻すことになった。

ただし,全国規模での一斉蜂起は起こらなかった。各地の地域リーダーたちが集めた数十人規模あるいは数百人規模の信徒集団が,軍事訓練も武器も不十分なままに政府軍と対決していった。彼らは,「キリストは王なり」と叫んで蜂起したことからクリステーロと呼ばれた。はじめ,全国各地にクリステーロたちの武装蜂起は広がったが,それは1年も続かなかった。1927年8月頃には,クリステーロたちが果敢に政府軍と戦ったのは中西部に限られていた。図8-1でみるように,ハリスコ州,グアナフアト州,ミチョアカン州を含むメキシコ中西部と北部のチワワ州とドゥランゴ州がクリステーロの主要な活動地域となっていた。しかしアメリカでの資金調達に失敗したLNDLRは,政府軍と戦うための十分な武器と兵力を確保できなかった。

この宗教戦争に参加したクリステーロたちの実像については,おおよそその実態が明らかにされている。彼らは,ACJM,LNDLR,コロンブス騎士団,カトリック婦人協会などに参加したメンバーを中心にした,伝統的なカトリック信仰を保持する比較的豊かな中産階級以上の人びとと,彼らの周辺で暮らす下層の人びとであった。革命政権が追求する,カトリック教会と聖職者の富・特権・権威の剥奪を容認できなかっただけでなく,植民地時代に形成された人種別身分制社会の残滓に安住し,社会の矛盾はすべて神の支配する世界で解決されるとするカトリックの教義を信じる,敬虔なカトリック信徒たちであった。同時に,革命政府が取り組む農地改革に強い危機感を抱いていた。1920年代には,まだ大規模な農地改革は進展してはいなかったが,中西部の諸州では急進的な知事が送り込まれ,農地改革がはじまっていた。土地の再分配が比較的早く取り組まれた中西部では,革命政権の反教権主義政策と相まって,自営農民層がクリステーロに参入する傾向が強かった。彼らは,連邦政府の宗教への介入は,長い歴史の中で培われてきた地域社会の伝統文化と農村社会の価値観を

図8-1 宗教の自由を守るための国民連合（LNDLR）が1925-1927年に組織した活動拠点からみるクリステーロ勢力の全国分布状況

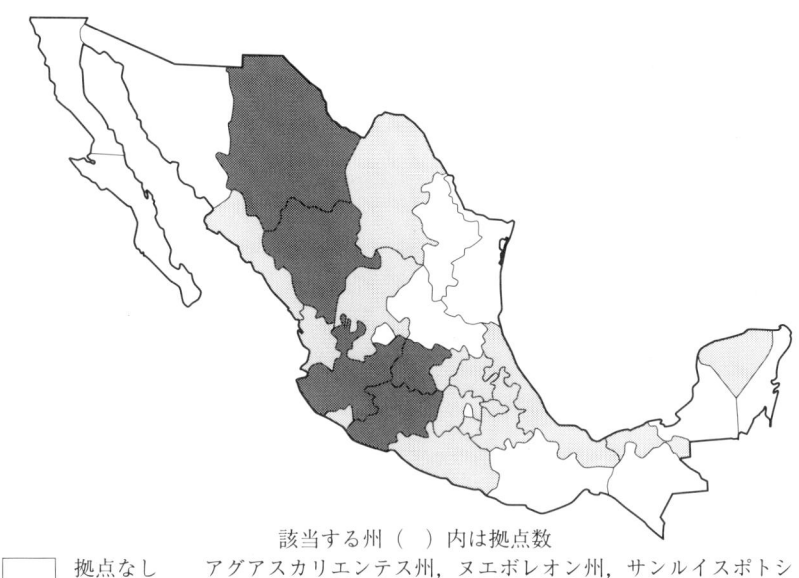

該当する州（ ）内は拠点数

- 拠点なし　アグアスカリエンテス州，ヌエボレオン州，サンルイスポトシ州，タマウリパス州，キンタナロー(直轄領)，バハカリフォルニア州，ソノラ州，オアハカ州，チアパス州，カンペチェ州，メキシコ市
- 1～9ヵ所　モレロス州（1），トラスカラ州（1），タバスコ州（1），ユカタン州（1），ナヤリ州（2），シナロア州（2），ゲレロ州（3），プエブラ州（3），ベラクルス州（3），コアウイラ州（5），コリマ州（5），メキシコ州（5），イダルゴ州（6），サカテカス州（6）
- 10ヵ所以上　ドゥランゴ州（15），チワワ州（16），グアナファト州（16），ミチョアカン州（16），ハリスコ州（17）

[出所] Alicia Olivera Sedano, *Aspectos del conflicto religioso de 1926 a 1929: Sus antecedentes y consecuensuas* (México, D.F.: Instituto Nacional de Antropología e Historia, 1966)の挿入地図(頁数なし)より作成。

変化させ，地域社会の自治を崩壊させるという認識をもっていた。

　このような信仰と地域社会の伝統的価値観に根ざすクリステーロの反乱軍を，圧倒的に有利な軍事力をもつ連邦政府は，容易に平定することができなかった。メキシコ政府と直接交渉する窓口をもたなかったローマ教皇は，「武装蜂起を諫めると同時に，メキシコ政府代表のローマ派遣を」という難題をメキ

シコの教会に求めたが，メキシコの教会首脳の多くはすでに国外へ追放されており，そのような要請に応えることができなかった。当時，メキシコ国内に残っていた司教たちは，総勢29名のうち9名にすぎなかった。13名はアメリカに亡命しており，フランスとイタリアに2名ずつ，さらにキューバのハバナに3名が亡命しているという状態であった[28]。

　1928年元旦に，カリェス大統領は国民への新年のメッセージの中で，「教会が国家の中の国家として存在することを許さない」として，教会に対する妥協のないことを明らかにした。この声明を受けて教会は，「教会が原則を曲げられないことを政府は認めるべきである」とし，政府に解決策を検討するようディアス司教を通じて求めた。転機となったのは，1928年4月である。アメリカに亡命中のメキシコのカトリック教会高位聖職者たちが，テキサス州のサンアントニオに集まり，政府との和解に向けた交渉内容を検討した。クリステーロの乱の間に占拠された教会関係の建物の返還と，反乱に加わった信者および亡命聖職者の生命の保障などが，政府との関係修復協定書案に盛り込まれた。この間の4月23日に，サンアントニオに亡命中のメキシコ大司教モーラ゠イ゠デルリーオが，78歳で死去した。これらの状況を受けて，5月に入るとミチョアカン大司教ルイス゠イ゠フローレスとアメリカの全米カトリック福祉協議会（National Catholic Welfare Conference）代表のバーク（John J. Burk）がカリェス大統領と会談し，ルイス゠イ゠フローレスが直接ローマに出向いてローマ教皇庁との調整を図るという手順がとられ，実質的な和解に向けた作業がはじまった。この間，メキシコ国内の各地で武器を取って政府軍と戦っていた信徒集団を統括していたLNDLRは，完全に蚊帳の外におかれていた。

　もっとも，教会首脳が全員一致で政府との和解を望んでいたわけではなかった。ローマ教皇の「武装蜂起を諫める」命令を受け入れながらも，他方でグアダラハラ大司教オロスコ゠イ゠ヒメネスのように，武装蜂起に訴えてまでも教会に忠誠を尽くそうとする信徒への同情を隠さない者もいたからである。グアダラハラ大司教は連邦政府の監視下におかれていたが，1910年代の逃避行動のときと同様に，信者たちが自分を匿ってくれることを信じていた。さらに，ハリ

第8章　国家と教会の対決から協調への20年（1920-1940年）　*231*

スコ州だけでなくほかの地域にも，クリステーロ軍のための兵士の勧誘と組織化に積極的に関わり，戦闘にすら直接参加する聖職者たちがいた。オロスコ=イ=ヒメネス大司教に劣らず反政府行動をとり続けたソノラ司教ナバレテ=イ=ゲレーロ（Juan María Navarrete y Guerrero）は，ソノラ州内のヤキ族を動員してカリェス政府に宣戦布告すらした[29]。

　1929年6月に「クリステーロの乱」を実質的に終結させたのは，アメリカである。アメリカのクーリッジ大統領（John Calvin Coolidge；在任1923-1929年）は，メキシコにおける安定政権の確立とアメリカの利権保護のために，1927年10月に，アマースト大学のクラスメートであった会社法専門の弁護士モロウ（Dwight W. Morrow）を大使としてメキシコへ送り込んだ。はじめモロウの大使起用はアメリカの帝国主義的外交の強行という印象をメキシコ側に与えた。革命動乱によって損害を受けたアメリカ人の財産と利権の保全を主張するために，ウォール街のベテラン弁護士である大統領の親友をメキシコへ送り込むことは，アメリカの利権をめぐる干渉の第一歩であり，それに続いて海兵隊が派遣されるという常套手段が予想できたからである。しかし，そのような予想は外れた。モロウ大使は，着任早々にカリェス大統領の信頼を獲得した。モロウはメキシコ文化を愛で，メキシコの民芸品に興味をもち，誠実で素朴な，メキシコに派遣されたアメリカの外交官としては異例の大使であった。このようなモロウは，膠着したクリステーロの乱をめぐるカリェス政府と教会の間の妥協策を模索する過程で，決定的な役割を果たすことになった。その背景には，モロウがメキシコにおける国家と教会の確執に対する知識をもっていたからでもある。実際，モロウはメキシコへ赴任する前に，前述の全米カトリック福祉協議会のバークからメキシコの事情を学び，「カリェス大統領と教会代表を直接会わせること」を助言されていた。こうして，1927年10月27日に信任状をカリェスに手渡したモロウは，その人柄を認めたカリェス大統領とすぐに親しい間柄になり，大統領官邸で朝食をとる仲になった。モロウは，カリェスを継いだポルテス=ヒル大統領とも，良好な関係を築き上げた[30]。

　1928年の大統領選挙で再選されながら，就任前の7月17日に狂信的なカト

リック信者によってオブレゴン次期大統領が暗殺されたのち，12月1日に大統領に就任したポルテス＝ヒルは，「いかなる宗教も迫害されない。……憲法に従うかぎり，信教の自由は守られるであろう」と述べて和解を呼びかけた。こうして紆余曲折の折衝を重ね，ヴァチカンの意向を打診しながら，ポルテス＝ヒル大統領，ディアス司教，ミチョアカン大司教ルイス＝イ＝フローレスの間で3者会談が開かれ，アメリカ大使モロウが準備した和解案を基に，1929年6月21日にメキシコ政府とメキシコのカトリック教会は，共同声明文を発表して正式に和解したのである[31]。

ただし，この和解は一種の紳士協定にすぎなかった。交渉の過程で政府側は，憲法の反教権主義条項の修正に関しては議論の余地すらないことを明言し，礼拝堂を閉鎖してミサをはじめとする宗教サービスを自ら放棄した教会が自らそれらを再開すべきであるとした。しかし同時に，法規則の運用を緩和することと，無条件で降伏するクリステーロに対しては恩赦を与えることを約束した。もっとも1929年6月21日に発表されたポルテス＝ヒル大統領の声明文では，以下の3点しか明記されなかった。すなわち，① 法律で義務づけられている聖職者の登録に関して，教会が指名しない者を政府は登録しないこと，② 公立学校か私立学校かを問わず宗教教育は一切禁止されるが，教会内部における宗教教育については禁止しないこと，③ 聖職者を含めてメキシコ国内に居住するものに請願権があること。この大統領の声明とともに発表されたモレリア大司教レオポルド・ルイスの署名した声明文は，「数回にわたって大統領と友好的な会談を行なったこと，そして大統領の声明を受けて聖職者がストライキを中止し，宗教サービスを再開することが私の希望である」という趣旨を述べた短いものであった[32]。

以上のような経緯を経て，クリステーロの乱は終結した。1929年6月30日には，3年ぶりの日曜のミサが行なわれた。宗教戦争として捉えたクリステーロの乱では，貧弱な武装で正規軍と戦ったクリステーロたちの多くが，教会護持のための殉教者となった。同時に，ゲリラ戦術をとったクリステーロたちは，しばしば一般市民をも巻き込んで死傷させた。一方，政府軍はゲリラ戦術で襲

撃するクリステーロの攻撃に手を焼き，殺害したクリステーロの遺体を電柱や樹木に吊るすなどの蛮行を行なった。これらの残虐な宗教戦争の記録は，多くの写真に残されている。全国を巻き込み，死者100万を数えた1910年代の革命動乱期と比較すると，クリステーロの乱の戦闘はすでに言及したように規模も地域も限定的であった。図8-1でみたように，地域としては中西部と北部の一部にほぼ限定されており，1926年から1929年にかけてクリステーロとして蜂起した信徒数は総勢で約4万人，そのうちの1万4,000人が「和平協定」によって降伏して武器をおいたと，「和平協定」の当事者の1人であるポルテス＝ヒル大統領は指摘している[33]。ウィルキー（James W. Wilkie）の研究によると，武力抗争が激しかった1927年と1928年および1929年前半の合計30ヵ月の間に，この内乱で命を落とした人数は2万4,000人から3万人にのぼったと推定されており，そのほぼ半分がクリステーロたちであったという[34]。これらのクリステーロの兵力に対して，連邦政府軍は7万人の兵力を投入していた。

4．「和平協定」後の国家とカトリック教会の関係

1929年6月21日の「和平協定」は，現代メキシコにおける政教関係の基軸を決定したという意味で重要な基点となった。ただし，それが確固たる軸として定着するには，1930年代に発生した新たな挑戦を乗り越える必要があった。その挑戦は，国家にとっては連邦政府と州政府との対立であり，教会にとっては教会首脳と信徒集団および一部の聖職者たちが続ける強固な反政府運動であった。これらの挑戦を克服した1940年代はじめに，メキシコの国家と教会は，相互に決定的な対決を回避する巧妙な関係を保つ，新しい時代に入ったのである。

保守勢力は，カルデナス時代に進展した大規模な農地改革と政府が主導権を握る経済政策，さらに1938年に革命国民党（PNR）が再編されて誕生したメキシコ革命党（PRM）に対抗して，1939年に国民行動党（Partido Acción Nacional = PAN）を結成した。しかしPANは，かつての国民カトリック党（PCN）のような存在とはならなかった。教会首脳には，PANを政治的目的で利用する意思はなく，少なくとも1970年代まで教会首脳にとっては，PRMから1943年に制度的

革命党（Partido Revolucionario Institucional = PRI）へと再編成された革命勢力との，「非公式の協調関係」の方が重要であった。

　このような「非公式の協調関係の時代」の，いわば確立期にあたる1930年代に国家と教会が対立した事件は，一部の州政府による過激な反教権主義政策と公教育省が推進した「性教育」および「社会主義教育」に関してである。1929年の「和平協定」からほぼ2年間は比較的平穏な状況が続いたが，1931年にみられた各州における憲法第130条の細則の適用強化と，1929年に設立されたPNRの内部対立によって状況が変化しはじめた。そして，1931年にオルティス=ルビオ政権の公教育大臣バッソルス（Narciso Bassols）が教育における宗教の排除を強化し，さらに1932年になると聖職者の数を制限する州法が強化されたことで，ベラクルス州，ケレタロ州，ハリスコ州では旧クリステーロたちが再び武器をとるという事態へと発展した。

　とくに，バッソルス公教育大臣の教育改革と宗教色の一掃を図った1932年2月の教職からの聖職者追放と1933年5月に導入された学校教育における性教育は，信徒集団の大規模な反政府運動を引き起こした。教会は子供を学校に送らないよう信者に訴え，信者たちは自発的に，あるいは司祭たちの求めに応じて，子供を学校に送ることをやめた。この「性教育」導入に対する国民の抵抗と反発は大きく，バッソルス公教育相は1934年5月9日に辞任に追い込まれた。しかも，教育をめぐる国家と教会の対立はこれだけではすまなかった。科学的教育を実践する過程で，「社会主義教育」が1933年12月のPNR第2回党大会の6ヵ年計画の中に盛り込まれ，それを受けて連邦議会が1934年10月20日に，「教育の自由」を謳った憲法第3条を修正して，「社会主義教育」を国是に掲げたからである。「性教育」も「社会主義教育」も，国民の強い反発を招き，結果として失敗に終わった[35]。しかしこれらの事件は，革命憲法の精神を受け継ぐ反教権主義勢力が，閣僚の間にも，また連邦議会においても，まだ健在であったことを示す事件でもあった。

　一方，国内各地方の状況をみると，連邦政府と教会の対立とは異なる様相が展開されていた。地方レベルでは，「和平協定」において国家が約束した元ク

リステーロたちへの恩赦や接収した教会関係の建物の返還などがしばしば実行されず,「クリステーロ狩り」が行なわれた。急進的な州知事を擁する州では,連邦政府と教会の妥協が無視され,教会と聖職者の扱いは極端なほど過激なものとなっていた。タバスコ州で迫害された聖職者の逃亡をテーマにして,イギリス人作家グリーン (Graham Greene) が『権力と栄光』(The Power and the Glory) で描いた状況は,残酷なまでに現実を描写したことで知られている[36]。

　教会首脳も,「和平協定」に反対するACJMとLNDLRをいかに管理するかという難題を抱えていた。LNDLRがローマ教皇に「和平協定」の破棄を直訴し,強硬派のサンルイスポトシ司教デラモーラ (Miguel M. De la Mora) が,信徒に対してLNDLRに参加するよう呼びかける声明を発表し,このデラモーラの声明をCEMの37名のメンバーのうち16名が支持するというように,CEM内部の対立も深刻であった。そして後述するように,これらの内部の分裂・対立にもかかわらず,教会首脳は「クリステーロの乱」を2度と起こさないという固い決意のもとに,国家との協調を最優先させる戦術を固めていった。

　「和平協定」の合意を取り付けたディアス司教は,1928年4月に死去したメキシコ大司教モーラ゠イ゠デルリーオの後を継ぐと,LNDLRおよび司教団の一部の不満に対して,「和平協定」の変更はありえないことを明言して,武装蜂起の再開を禁止した。しかし,「和平協定」に激しく反対するLNDLRの指導者層を説得できなかった教会首脳は,1929年12月までにLNDLRを解散させた。そして,もともと教会の監督下にあったACJMを取り込んで,メキシコ・カトリック・アクション (Acción Católica Mexicana) を新たに設立した。しかし解散させられたLNDLRのリーダーたちは,国家に妥協した教会首脳の指示を無視して各地で武装蜂起し,1934年2月にLNDLR会長セニセロス (Rafael Ceniceros y Villarreal) が武力衝突で死亡するまで激しく政府軍に抵抗した[37]。

　一方,政府は法に基づく教会資産の接収を実行していった。巻末資料3のデータをまとめた**表8-2**でみるように,1930年から1936年にかけて297件の教会関係の建物が各地で接収された。この件数は,1920年から1940年の間に官報 (Diario Oficial) で告示された接収件数406件の約73％にあたる。もちろん

表8-2 年別宗教団体所有不動産の接収件数（1920-1940年）

年	件 数	年	件 数
1920	2	1931	10
1921	0	1932	52
1922	0	1933	37
1923	0	1934	150
1924	0	1935	23
1925	0	1936	14
1926	16	1937	3
1927	85	1938	0
1928	2	1939	1
1929	0	1940	0
1930	11	計	406

［出所］　資料3より集計。

表8-3 州別宗教団体所有不動産の接収件数（1920-1940年）

順 位	州（首都）	件 数	順 位	州	件 数
1	チアパス	87		モレロス	7
2	メキシコ市（D.F.）	47	16	ゲレロ	5
3	ベラクルス	41		ケレタロ	5
4	ソノラ	38	18	サカテカス	4
5	ミチョアカン	36		コアウイラ	4
6	ハリスコ	23		タマウリパス	4
7	タバスコ	16		カンペチェ	4
8	メキシコ	12	22	ヌエボレオン	3
	コリマ	12		サンルイスポトシ	3
	チワワ	12		グアナファト	3
11	プエブラ	10	25	シナロア	2
12	オアハカ	9	26	トラスカラ	1
	イダルゴ	9		ユカタン	1
14	ドゥランゴ	7		アグアスカリエンテス	1

［出所］　資料3より集計。

地域差は大きく，**表8-3**でみるように，チアパス州だけで全体の21％を占め，最上位のチアパス州を筆頭としてメキシコ市，ベラクルス州，ソノラ州，ミチョアカン州の4つの州と首都だけで全体の約61％を占めており，逆に1桁台の接収で終わった州が17にのぼっていた。ただし，資料3のデータは，官報

に掲載された接収命令を件数で整理したものであり，またその評価価値は官報上に記載されていない。

　またすでにみた**表8-1**で示したように，1930年から1936年の間に，27州のうち22州が教会と聖職者の活動を制限する州法を改正して，一段と厳しい管理体制をとった。ナヤリ州，タバスコ州，チワワ州，ベラクルス州は信者10万人に1名の聖職者の枠しか認めず，ケレタロ州のように一時的ではあったが，住民20万人に1名の聖職者しか認めないという極端な例のほかに，タバスコ州のように，聖職者の登録条件に年齢制限と妻帯を明記した州さえあった。これらの極端な州を別にしても，信者数2-5万人につき聖職者を1名に制限した州が多くあったことは，1917年憲法の反教権主義条項が一部の急進的な議員たちによって制定されたものではなく，広く全国的に受け入れられていたことを示していよう。

　このような状況の中でも教会首脳は，「和平協定」の破棄と再蜂起の許可を求める信徒集団の要求に同意しなかった。教会首脳は，「ストライキ」の中止と礼拝堂の再開を条件とした政府との「和平協定」を受け入れており，憲法の反教権主義条項の改正要求をすでに放棄していた。このような教会首脳の姿勢に対する旧LNDLRメンバーの反発は激しかった。教会首脳の了解と支援を受けずに信徒集団が政府軍と武力対決をすることの無謀さは明らかであったが，各地で小規模グループによるクリステーロたちの武装蜂起が再開された。

　従来のクリステーロの乱の研究で見過ごされてきたとして，これを「第2次クリステーロの乱」と捉える研究者もいるが，これらの武装蜂起は「第2次クリステーロの乱」と呼ぶには非常に規模が小さく，かつ散発的で，すでに指摘したようにローマ教皇からもメキシコの教会からも見捨てられた信徒集団による蜂起であった。しかし，これらの信徒集団がカトリック社会の再建を目指して教会を守ろうとしたカトリック信者であったことは確かである。

　以上のような状況の中で，1934年12月1日に大統領に就任したカルデナスは，決定的な武力衝突を回避し，教会との妥協と協調関係の確立を目指した。その姿勢は，1935年から1937年にかけて起こった次のようないくつかの事件

からも分かる。まず，最高権力者と自他共に認めて政治力を行使してきたカリェス元大統領とカルデナスの決別が決定的となり，1936年4月にカリェスが国外へ追放された。反教権主義者として自他共に認めてきたカルデナスであったが，カリェスよりは柔軟性があり，もっとも頑強に革命憲法を攻撃し続けたオロスコ=イ=ヒメネス司教に亡命先からの帰国許可を与え (1935年)，1936年2月には「政府の目的は信仰そのものと闘うことではない」と明言し，グアダラハラに戻った翌年1936年に72歳で死去したオロスコ=イ=ヒメネス大司教の盛大な葬儀を含めた教会の野外行事に寛容な姿勢をとった。また1936年11月に最高裁判所は，「宗教儀式に対する干渉権を州政府に与えた1931年の連邦法は憲法違反である」とする判決を下し，教会と聖職者を過激なまでに迫害した州政府に，違憲の宣告をした。続いて，先にみたような急進的な教育改革の失敗をPNR急進派が認めたことで，革命勢力の中の急進派の影響力が低下すると同時に，地方の急進派勢力も軟化していった。

　さらに事態を変化させた重要な要因は，1936年5月のディアス大司教の死と，翌1937年2月にメキシコ大司教に叙任されたマルティネス大司教 (Luis María Martínez Rodríguez) の登場である。ルイス=イ=フローレス大司教 (在任1912-1941年) が長期にわたって統括してきたモレリア大司教区の司教のひとりであったマルティネスは，ミチョアカン州知事時代のカルデナスと知己であっただけでなく，高位聖職者の中では穏健派として知られた人物であった。1938年1月にマルティネス大司教が出した第1回司牧書簡では，聖職者と信徒に対して「平和のために働くこと」と「政府批判を慎むこと」が明言されている[38]。こうして教会は法律を拒否して抵抗するよりも平和的な姿勢を貫く方が利益となることを認識し，メキシコ革命の現実を受け入れる決意をしたのである。

　カルデナス政権の方針に合わせて，いくつかの州政府もまた，1936年以降に対教会政策を軟化させていった。

むすび

　以上でみたように，1929年の「和平協定」はほぼ10年の歳月をかけて，紆

余曲折をたどりながらも，国家と教会の間で保持された。しかしこのことは，革命政府が教会に大幅な妥協をしたことを意味していなかったことも明らかになった。圧倒的多数のカトリック信徒からなる国民を統合する力をもつ教会の影響力を必要とすると考えた革命政府にとっての妥協であり，教会の過去の権力と富を拒否する姿勢を翻すことはなかったからである。それどころか1930年代には，教会に唯一残された礼拝堂までも接収された実態を，本章では明らかにした。巻末資料3に整理したように，1930年代前半に国家は教会の不動産を次々と接収した。19世紀半ばのレフォルマ革命以降，メキシコのカトリック教会は，ここにおいてほぼすべての不動産を実質的に接収され，憲法が謳った反教権主義条項を受け入れて，国家の支配下におかれたのである。

　従来，多くの研究者が指摘してきた，「私はカトリック信者である」(Soy creyente) と宣言した，1940年11月のアビラ＝カマチョ次期大統領（1940年12月1日就任）の言葉をもって，国家と教会の対立が融和に向かったとする解釈が，1930年代に国家と教会の双方が時間をかけて歩み寄った過程を無視する説明であることを，本章では明らかにできたと考える。

第9章 「非公式の協調時代」と1979年のローマ教皇の メキシコ訪問

はじめに

　前章で取り上げたように,「クリステーロの乱」を経験した国家と教会の関係は, 1929年の和平協定によって, 事実上, 協調と妥協の時代に入った。しかしそれは, あくまでも教会上層部と政府のトップの間で成立した, 水面下における非公式の協調関係であった。この, いわば「非公式の協調時代」は1970年代まで続き, その後1980年代にメキシコが経験した経済危機の過程で, デラマドリ大統領（在任1982-1988年）とサリナス大統領（在任1988-1994年）がカトリック教会へ接近を図り,「非公式の協調時代」は公式とはいえないまでも,「協調時代」へと転換した。その分岐点となったのが, 1979年に実現したローマ教皇のメキシコ訪問である。

　本章では, 第1節で高度経済成長を経験した1940年代から70年代にかけて起こったメキシコ社会の変化を考察し, 第2節から第4節において,「非公式の協調関係の時代」から「協調の時代」へと国家と教会が歩み寄る転換点となった, 1979年のローマ教皇ヨハネ・パウロ2世のメキシコ訪問が, どのような経緯を経て実現し, どのような影響をメキシコに与えたかを検証する。

1. 戦後メキシコ社会の変容とカトリック教会

　1930年代の世界恐慌の影響と, 第2次世界大戦の勃発によって加速された輸入代替工業化は, メキシコの経済活動における国家の役割を拡大させた。1950年代には, 公共投資が投資総額の30-50％台を占め, インフラストラクチャーの整備と多様な産業の国有化およびその育成とによって, 経済活動が活発化し

た。1930年代後半に実施された鉄道と石油産業の国有化に加えて，1940年代には電力会社の国有化が実施され，鉄道・石油・電力は100％国家の支配下におかれた。さらに，産業の公営化は航空産業，ホテル，保険，映画産業などにまで及び，1970年代の経済活動の20％が国営・公営企業の支配下にあった。この間のメキシコ経済の成長は著しく，1940年代と1950年代には年平均6％台の成長を続け，1960年代には年平均7％台へ，1970年代には6％台を保ち，「メキシコの奇跡」と呼ばれる高度経済成長を達成した[1]。この間，革命が取り組んだ農地改革，農村の識字教育，教育全般の進展，医療制度の整備と近代医療の普及などによって，メキシコの社会は大きく変容した。人口の急増，急速な都市化，中間層の拡大，伝統的な家族形態と生活様式の変化は，それまで数百年にわたってゆっくりと変化してきた社会を激変させた。

表9-1は，以上のような第2次世界大戦後のメキシコ社会の変容を，数字にまとめたものである。人口については，1940年の1,965万人が30年後の1970年には，約2.5倍の4,823万人に達した。この間の人口増加の主要な要因は，第2次世界大戦後の公衆衛生の改善と医療の発達と普及，および国民生活の全般的な改善による死亡率の低下に起因している。1940年のメキシコ人の平均寿命41.5歳は，1970年には65.0歳へと大幅に延びた。そして，この急増した人口の多くは，経済成長と共に都市へ流入した。都市への人口の集中は，人口増加率をはるかに上回る年率5％以上の割合で起こった。経済成長は，政府の強

表9-1 国勢調査にみる人口・都市化率・識字率・カトリック人口の割合の推移
(1940-1980年)

国勢調査年	総人口(人)	都市化率(%)	識字率(%)	カトリック人口と割合	(%)
1940	19,653,552	36.1	34.6	19,005,585	96.5
1950	25,791,017	42.6	48.1	25,329,498	98.2
1960	34,923,129	50.7	60.5	33,692,503	96.3
1970	48,225,238	57.8	75.1	46,380,401	96.2
1980	66,846,833	66.3	86.4	61,919,757	92.6

注 都市化率の定義は国勢調査によって異なり，人口2,000-4,000人以上の町を意味する。
[出所] 各国勢調査より。

力な教育政策と相まって，社会のあり方を大きく変えた。

　就学率の向上によって1940年の識字率34.6％は，1970年には75.1％に上昇し，同時にホワイトカラーを中心とする中間層が拡大した。1950年の人口に占める割合が20％であった中間層は1970年には27.9％になり，1980年には31.1％へと拡大した[2]。先進国と比較すると中間層の規模は小さいが，1970年代半ばには安定した物価水準と賃金の上昇によって，人口の3分の1を占める中間層も豊かさを享受するまでになっていた。経済成長は，中間層が快適な住環境の中で家電製品に囲まれ，安い伝統的な家事労働者を雇用し，国内だけでなく外国にまで観光旅行をすることのできる，新しい社会を出現させたのである。

　都市化，教育の普及，中間層の拡大は，カトリックの伝統社会をも変容させた。都市化によって，伝統的な農村社会から出てきた人口は，農村の地域社会が保持していた旧来のカトリックの伝統に基づく風俗習慣と社会規範から解放された。表9-1で示されているように，1970年のメキシコ社会では，人口の96.2％がカトリック信者であっても，宗教を排除した公教育を受け，とりわけ都市中間層へと社会上昇を果たしたメキシコ人の教会に対する姿勢は，社会的に影響力をもつ人びとの宗教観にも影響を受けて変化したと考えられる。1955年と1969年に行なわれたメキシコの政治評論家たちのカトリック教会との関係に関する調査によると，言論界で活躍する人びとのうち，ミサに定期的に出席してカトリック信仰を日常生活の中で実践しているのは5％にすぎず，76％はカトリックを信じておらず，10％は無神論者であった[3]。世論をリードする評論家たちのこのような宗教観は，恐らく彼らの論評など読む機会がないであろう下層の庶民に影響を与えはしなかったとしても，中間層を中心とする若い世代へ与えたであろう影響力は無視できないと思われる。

　メキシコのカトリック教会が司教区の新設に取り組みはじめ，教会組織の強化を図るのは1950年代に入ってからである。表9-2は，1950年から1990年にかけてメキシコで新設された司教区の一覧である。20世紀になって，1950年以前に新設された司教区は，1902年のウアフアパンのみで，1950年に設置

表9-2 1950-1990年の間に分離・新設・名称変更された司教区

設立年	新司教区名	独立する以前の所属司教区
1950	トルーカ	メキシコ
1951	ハラパ	ベラクルス
1957	シウダー・フアレス	チワワ
	タパチュラ	チアパス
	トレオン	サルティリョ
	アカプルコ	チラパ
1958	マタモロス	タマウリパス
	マサトラン	テペック
	エルモシーリョ	ソノラ
	シウダー・オブレゴン	ソノラ
	クリアカン	ドゥランゴ
	サンアンドレス・トゥストラ	ベラクルス
	トラスカラ	トラスカラ・プエブラ
	シウダー・バリェス	ミチョアカン
1960	テスココ	メキシコ
	アウトラン	グアダラハラ
1961	トゥーラ	トゥランシンゴ
	アパチンガン	ミチョアカン
	リナレス	リナレス・モンテレイ
1962	テウアカン	トラスカラ・プエブラ
	トゥスパン	ベラクルス・ハラパ
	ベラクルス	ベラクルス・ハラパ
1963	ティフアナ	バハカリフォルニア
	シウダー・アルタミラノ	チラパ
1964	シウダー・ビトリア	タマウリパス
	トラネパントラ	メキシコ
	トゥストラ・グティエレス	チアパス
1965	メヒカリ	ソノラ
	シウダー・グスマン	グアダラハラ
1972	サンフアン・デ・ロスラゴス	グアダラハラ
	セラヤ	サンルイスポトシ
	クアウティトラン	メキシコ
1979	トゥステペック	オアハカ
	シウダー・ネサワルコヨトル	メキシコ
1984	コアサコアルコス	ベラクルス
	アルタコムルコ	メキシコ
1985	ラサロ・カルデナス	ミチョアカン
1988	バハカリフォルニア	バハカリフォルニア*
1990	ヌエボレオン	サルティリョ

注 *印のバハカリフォルニアは,1988年まで助祭司教区であった。
[出所] María Alicia Puente Lutteroth (compiladora), *Hacia una historia mínima de la Iglesia en México* (México, D.F.: Editorial Jus y Comisión de Estudios de la Iglesia en Latinoamérica, 1993), pp.251-252.

されたトルーカ司教区が2つ目であった。

　すなわち，1900年の人口1,360万人が1950年にほぼ2倍の2,579万人へと増大したこの間に，カトリック教会は信者数に見合った宗教サービスを行なうための施策をとれなかったことになる。もちろんこの間に，メキシコのカトリック教会がメキシコ革命によって大きな打撃を受けたことはすでにみてきた。同表から，メキシコ革命が教会活動の停滞に決定的な影響を及ぼしたことを改めて知ることができると同時に，教会組織の復興は想像以上に困難を極めたことも推察することができる。1950年代に入ってやっと14の司教区が新設され，1960年代に15司教区が，また1970年代には5司教区が，そして1980年代には4司教区が新設された。しかしこの間の人口の急増は，聖職者1人が担当する信徒数を大幅に増加させており，メキシコのカトリック教会が革命後に復興を遂げて信徒に十分な宗教サービスを提供するには，あまりにも厳しい状態にあった。ベイリー（David C. Bailey）によると，1975年のメキシコ大司教区に勤務していた1,400名の聖職者の75-80％が外国人であったという[4]。このことが意味するのは，メキシコの教会が養成する聖職者数が人口増加に追いつかず，憲法で禁止されていた外国人の聖職者に依存せざるをえなかったことと，それを革命政府が黙認していたことである。

　1960年代は，世界のカトリック教会にとって一大転換期であった。1962-1965年に開催された第2回ヴァチカン公会議によって，カトリック教会の役割が大きく転換され，それを受けてコロンビアのメデジンで開催された1969年の第1回ラテンアメリカ司教協議会（Consejo Episcopal Latinoamericano = CELAM，以下メデジン会議と略す）は，教会の果たすべき役割を「教育問題と貧困の解決」におき，進歩派の聖職者たちが貧しい大衆の現実の生活の中に自ら身をおいて活動をはじめた。貧困問題に取り組むカトリック教会の政策転換の背景には共産主義の脅威があり，ソ連邦とアメリカ合衆国による冷戦構造の拡張があった。とりわけキューバの社会主義政権の出現は，その宗教弾圧と相まって，ラテンアメリカ諸国のカトリック教会に衝撃を与えた。ここに貧困問題と主体的に関わって問題を解決しようとする，「解放の神学」が誕生した[5]。

しかしメキシコのカトリック教会首脳は，このように事態が大きく転換した1960年代においても，この新しい改革への動きに距離をおき，国家への妥協的な姿勢を変えなかった。協調的姿勢を保持する教会首脳に対して，歴代大統領もまた，それぞれの時代の内外の情勢と権力闘争の中で教会との妥協を必要としていた。明らかに憲法違反である教会と聖職者たちの数々の言動を黙認し，禁止されているはずの教会が経営する学校が存在することにも，私立学校で宗教教育が実施されていることにも目をつぶった。また名義を替えての教会の資産保有，聖職者による政府批判，選挙への介入，数々の憲法批判なども黙認された。これらすべての憲法違反行為は「公然の秘密」であったと，メキシコの著名な憲法学者マルガダン (Guillermo F. Margadant) は指摘している[6]。次のような事例は，政府首脳と教会の間で妥協と協調が図られた事件であった。

ロペス＝マテオス大統領（Adolfo López Mateos；在任 1958-1964 年）時代の歴史教科書事件は，導入が決まった小学校の国定無償教科書の制作過程で教会に関する記述箇所をめぐって教会が政府に抵抗しただけでなく，信徒を動員し世論を動かした事件である。「カトリック教会をメキシコの近代化を阻害する要因」とした記述について，政府は信徒集団と教会の抗議を受け，政府首脳と教会首脳の非公式会談によって修正され，この教科書問題は抗議デモ以上には発展しなかった[7]。

もうひとつの事件は，1968年のメキシコ・オリンピック開催に反対した，学生を中心とする激しい抗議デモを出動した軍隊が鎮圧し，多数の死傷者を出した，いわゆる「トラテロルコ事件」である[8]。政府の対応に対して，一部の司教による政府批判を除くと教会首脳は沈黙した。解放の神学派司教として名高かったクエルナバカ司教セルヒオ・メンデス＝アルセオ (Sergio Méndez Arceo) は，繰り返し政府側の「学生虐殺と投獄」を批判し，メキシコ司教協議会（CEM）による調査を要求したが，CEMはそれを無視した[9]。

別の事件は「家族計画」である。エチェベリア大統領（Luis Echeverría；在任 1970-1976 年）はローマ・カトリック教会の公式教義に明らかに反する「家族計画」を実施したが，メキシコの教会はそれを結果として容認した。エチェベ

リアは，1970年の大統領就任時には家族計画に反対の立場を表明しており，大統領自身8人の子供の父親でもあった。しかし爆発的な人口増加が世界的な問題となったこの時代に，メキシコもまた人口問題を深刻に受け止めざるをえず，1973年にはエチェベリア政権下で「家族計画」が国家の手で導入されることになった。その趣旨は，「責任ある親のあるべき姿を説き，避妊についての情報を政府が提供する」という間接的な政府の関与に留まったが，政府は事前に教会首脳に諮問し，教会の理解と合意を取り付けていた。この家族計画がメキシコの爆発的な人口増加に歯止めをかけ，「人口の急増を回避することに成功した模範的な国」として，メキシコの実績は世界で認知されている。1960-1965年の合計特殊出生率6.8人が1980-1985年には4.3人へ，さらに1990-1995年には3.2人にまで低下した現実が[10]，教会の暗黙の協力なくしては達成できなかったであろう。もっとも，国民一般が家族計画の必要性を理解し現在の状況にいたる過程では，さまざまな混乱があった。男性が圧倒的な支配権をもつマチスタ社会（男性性を優位視する男性支配の社会）で女性の立場は弱く，女性の意識改革も容易ではなかった。さらに，多くの女性たちが告解を通じて家族計画についても神父に相談し，それに対応する神父たちの応えも実にさまざまで，女性たちを混乱させた。またすでに指摘した，告解によって家庭内の夫婦間の微妙な関係が神父を通じて「公開」されるという事態は，聖職者への信頼をいっそう損ねる結果ともなった。

　1969年のメデジン会議で示された教会の社会活動に関する指針は，ラテンアメリカのいくつかの国で「解放の神学」として知られる，貧困と取り組む聖職者たちの活動となって大きな影響力をもちはじめたが，すでに指摘したように，メキシコにおいてはそれほど大きな影響力をもたなかった。1979年にメキシコのプエブラで第2回ラテンアメリカ司教協議会（以下，プエブラ会議と略す）を開催することが決定されたのも，ラテンアメリカ諸国の司教たちの間でメキシコの司教たちの消極的な姿勢が問題となり，メキシコの教会がこの新たな活動方針にもっと真剣に取り組む契機とするためであったという証言を，メキシコの宗教社会学者であるブランカルテ（Roberto Blancarte）は関係者から引き出

ている。そしてメキシコの教会関係者すべてを含めても，ヴァチカン公会議とメデジン会議の，貧困と闘うカトリック教会という指針に同意するメキシコの教会関係者は15％ほどにすぎなかったという数字をブランカルテは示している[11]。この15％という数字の中には，教区内における活動でミサをはじめとする信徒へのサービスのあり方を変えようとした，「大衆のための神父」を目指した神父たちが含まれている。メキシコの絶対的少数派に留まった解放の神学派の聖職者として知られていたのは，もっとも著名なクエルナバカ司教メンデス＝アルセオを筆頭として，1970年代に「解放の神学」を北部チワワ州で実践したアルメイダ司教（Adalberto Almeida Merino）やタラマス司教（Manuel Talamás）らであった[12]。しかし次節で取り上げる，1979年のプエブラ会議とヨハネ・パウロ2世のメキシコ訪問は，メキシコに広がりはじめたカトリック教会主導の社会改革の芽を摘み取ってしまったといっても過言ではない。

2．ローマ教皇の訪問要望とメキシコ側の反応

　1978年11月12日に新ローマ教皇となったばかりのヨハネ・パウロ2世が，1979年1月にメキシコのプエブラで開催される予定であったCELAM第2回総会に出席を希望していることが，『エクセルシオール』（*Excelsior*）紙パリ特派員のレポートとして1978年12月7日に報じられると[13]，メキシコ中が戸惑いと混乱の渦に陥ったといっても過言ではなかった。外交関係の復活と憲法の反教権主義条項への抵触をめぐって，多様な立場の人びとがさまざまな主張をはじめたからである。しかも12月下旬まで，メキシコ政府もヴァチカンも，希望と意見を間接的に表明するだけで正面から取り組んだ交渉に入らなかったことが，メキシコ側の事態をいっそう混乱させた。19世紀半ばのレフォルマ革命と20世紀前半のメキシコ革命で国家と教会が厳しく対立したのち，時間をかけて築き上げられた政教分離の原則に則った国家と教会の「相互不干渉主義」の関係が，予期せぬ新たな事態に直面したのである。法律上メキシコでは存在しないカトリック教会の宗主であるローマ教皇の来訪希望をどのように受け止め，どのように処遇すべきか，そして何にもまして憲法に抵触する問題をどう

するかは，メキシコにとって即断できない重大事件であった。

『エクセルシオール』紙特派員が送ったレポートより前の1978年11月半ばには，ローマ教皇ヨハネ・パウロ2世がメキシコを1979年1月に訪問することがほぼ確実視されていたとされるが[14]，メキシコではヴァチカンの声明が報道された12月7日から教皇がメキシコ市のベニート・フアレス国際空港に降り立つ1979年1月26日までの約50日間，教皇の来訪をめぐって対立する見解が表明された。『エクセルシオール』紙をはじめとする主要新聞記事からその過程を要約すると，メキシコ側の混乱は，次のような4つの段階を経て，教皇受け入れへと収束した。まず第1段階は，12月7日の教皇訪墨希望の報道からメキシコ政府が正式に教皇のメキシコ訪問受け入れを表明する12月25日までである。第2段階は，この日から翌年1月2日にいたる，ヴァチカンとメキシコ政府が教皇訪墨の日程などを協力して調整した時期である。第3段階は，1月2日に社会主義人民党（Partido Popular Socialista = PPS）が，メキシコ市で発行されている『エル・ディア』（El Día）紙に半頁大の広告を掲載して「教皇来墨が特定の利益集団に利用されている」という警告を出したことによって，急遽「改憲論」が沸騰した1月半ばまでである。第4段階は，1月17日にハリスコ州知事とメキシコ市長が発表した「受け入れ賛成」の談話によって，教皇訪墨に向けたメキシコ側の準備が急ピッチで進み，1月26日のローマ教皇のメキシコ到着にいたる時期である。以上の4段階の過程はメディアに現われた情報を整理したものであるが，同時に国民がメディアに翻弄された過程であると捉えることもできる。

第1段階は，教皇のメキシコ訪問の希望がヴァチカン側から一方的にマスメディアを通じて公表され，それに対してメキシコのさまざまな団体が見解をマスメディアに発表する形で，問題点が集約されていった期間であったと理解できる。この間，メキシコ政府は積極的な対応をとらず，12月25日に正式に受け入れを発表するまでの間，メキシコ政府もヴァチカンも正式見解を発表していない。ヴァチカンの意向と要望は世界の通信社を通じて流されるか，メキシコ駐在の教皇代理ジロラモ・プリジオーネ（Girolamo Prigione）の談話として発

表された。一方，この間にメキシコ側の見解は，政党や各種団体の意見表明の形で報道されたが，政府見解は12月25日まで公表されなかった。この間に議論された問題点は，次の2点に集約できる。

まず第1点は，メキシコとヴァチカンとの間で1859年以来断絶している外交関係をどうするかという問題で，その関係修復を主張する意見と必要なしとする意見が対立した。真っ先に反応したのは，関係の正常化を支持するグループであった。その先陣を切ってローマ教皇のメキシコ訪問を歓迎したメキシコ共産党（Partido Comunista Mexicano = PCM）の姿勢は，注目に値する。これを，メキシコ国民に植え付けた共産党への恐怖心を取り除く絶好の機会として共産党が利用したのだという指摘から[15]，「日和見主義で不毛な主張であり，誰をも納得させえないものだ」[16] という厳しい指摘まであった。しかし共産党自身は，ヴァチカンとの国交修復の必要性と教皇来訪歓迎の理由について，次のように述べている。すなわち，「教会はその政治的立場を変えており，この変化は教会内のもっとも進歩的な勢力によって推進されていること，そして教会は今や社会問題については右派政党よりもずっと進歩的見解を有している」[17] という主張であった。

一般にカトリック教会の支援を受けた政党とみなされている国民行動党（Partido Acción Nacional = PAN）は，「ヴァチカンとの外交関係修復はメキシコの政教分離の原則を侵すものではない」とし，「メキシコが必要としなくても外交関係はあるべきだ」と主張するに留まった[18]。

このような動きに同調するかのように，教会側は「外交関係の修復は憲法を侵すものでないこと，教会は国民の統合と社会の発展に寄与する組織にすぎないこと，教会は人びとの精神的・物質的慰労を進めるもので，政党に力を貸すものではない」というコメントを出した[19]。さらに，ヴァチカンとメキシコの関係改善のために外交関係修復を期待するという，メキシコ大司教コリピオ＝アウマーダ（Ernesto Corripio Ahumada）のメッセージが報道された[20]。このヴァチカンとメキシコ国内の一部の勢力が望む外交関係の修復に関して，メキシコ政府はこの時点では否定的であった。ロペス＝ポルティリョ大統領（José López

Portillo；在任 1976-1982年）は，教皇来墨の受け入れを正式に表明したのちでも，「教皇のメキシコ滞在中に外交関係の修復はありうるのか」という記者団の質問に対して，「メキシコ側からの要請はありえない」と述べている[21]。実際に，メキシコとヴァチカンが正式な外交関係を再開するのは，この13年後の1992年になってからである。

外交関係修復に否定的な意見の中で，手厳しい意見を述べたのは，政治評論家として著名なグラナードス＝チャパ（Miguel Ángel Granados Chapa）である。彼はその論評の中で，「外交関係不要論」を次のように展開している。すなわち，ヴァチカンはメキシコ社会の自由と進歩を妨げた勢力と結びついて19世紀のメキシコの歴史に深く関わったこと，20世紀の歴史からみてもメキシコがヴァチカンと結びつくことに合理性はあまりないこと，2,000キロの国境線を共有している強国アメリカをメキシコは無視できないが，ヴァチカンとはそのような関係にないこと，メキシコの保守勢力が教皇の来訪を政治的に利用しようとしていること，ローマ教皇の来墨はヴァチカン側のメキシコとの外交関係樹立を目指したものにしかみえないことを，グラナードス＝チャパは指摘したのである[22]。

第2点の，憲法条項に抵触するという問題は，より複雑であった。教会堂あるいは個人の自宅以外における宗教行事を禁じている憲法第24条と，聖職者の僧衣の着用からミサにおける発言の制約にいたるまで，聖職者と教会の行動を細かく規定している憲法第130条をどのように教皇が遵守できるのか，さらにはそもそも，法律上その存在が認められていないカトリック教会の宗主であるローマ教皇の来墨自体が憲法違反であるとする意見までが表明されるほど，この問題は多岐にわたり複雑を極めた。

しかもこの間に，教皇のメキシコ訪問の資格をめぐる問題が取り上げられた。メキシコ政府による公式招待を期待したヴァチカンに対して[23]，メキシコ政府側は「たとえ外交関係が存在しなくても移民法の要件を満たしていれば入国できる」として招待案をはねつけた[24]。これを受けてヴァチカンは，教皇がCELAM議長の招待を受けてメキシコを訪問するだろうと発表した[25]。そして

AFP通信が,「教皇は公式の招待状の有無にかかわらずCELAM会議に出席するためにメキシコに出かけるだろう」という報道を[26],各紙を通じて流した翌日,プリジオーネ教皇代理が,「1月27日正午にグアダルーペ寺院においてCELAM会議の開会式を行ない,この時に教皇はラテンアメリカと世界に向けて15分間のメッセージを読み上げる」ことを発表した[27]。

このように第1段階は,教皇のメキシコ訪問の実現に向けた可能性を探って,ヴァチカンとメキシコの各種団体や評論家がメディアを通じて一方的に見解を発表する形で進展したが,次節で取り上げる12月26日の内務大臣の正式なコミュニケによって,この奇妙なやり取りの第1段階は終了した。

3. メキシコ政府の「ローマ教皇受け入れ公式表明」から改憲論へ

12月26日に,内務大臣レイエス=エローレス (Jesús Reyes Heroles) がコミュニケを発表し,ローマ教皇のメキシコ訪問を,「重要な賓客として,メキシコの伝統をもって迎える」ことを正式に表明すると同時に,メキシコ政府の立場を明確に説明した。内務大臣は,メキシコが19世紀の独立以来抱えてきた国家と教会の関係の歴史にまで言及し,現在の教会に関する法律がいかに歴史的体験に基づいたものであるかを指摘して,それを守るのがメキシコの社会にとっても,政府にとっても,すべてのカトリック信者にとっても必要であるとした。とくに,1926-1929年のクリステーロの乱に言及し,すでに50年の歳月を経た現在,メキシコが維持している社会的安定を再び乱す懸念はないとしながらも,国家と教会の複雑な問題に対する現行の法的規制を尊重して,社会の平和と秩序を守ってほしいという要望まで述べている[28]。ここで,ローマ教皇はメキシコの憲法が宗教団体と聖職者に課している第24条と第130条の規定を遵守することをメキシコ政府から要望されたことになるが,すでにヴァチカン側は野外でのミサを計画しており,それが憲法に抵触することは明らかであった。したがってこの内務大臣の公式見解の発表は,メキシコ政府が教皇のメキシコ訪問に対して柔軟に対応することを示したものであったといえる。

この公式見解発表直後の数日間は,教会と政府の双方の儀礼的な見解がメデ

第9章 「非公式の協調時代」と1979年のローマ教皇のメキシコ訪問　253

ィアを賑わした。メキシコ大司教コリピオ=アウマーダは内務大臣のコミュニケを格調高い洗練されたものとして絶賛し[29]，政府側はカトリック教会が第2回ヴァチカン公会議以降多くの国々の発展と平和を支援していることを賞賛した[30]。メキシコ大司教は，記者会見で「教会の使命は人類の幸せのためにあり，物質的・精神的発展を遂げるために世俗権力に協力することであり，メキシコ国民は国内の平和維持に協力すべきである」と説いた[31]。

　内務大臣の公式受け入れの発表を機に，メキシコ政府とローマ教皇庁は，教皇のメキシコ訪問のスケジュール調整に入った。内務大臣のコミュニケが発表されたこの日に，政府高官が，受け入れ準備作業に向けての調整で教皇代理と面会した。こうして，教皇のメキシコ訪問は公式のテーブルにのり，受け入れ準備がはじまったのである。ロペス=ポルティリョ大統領の特使として，国立協同組合振興銀行総裁（Banco Nacional de Fomento Cooperativa）のゴメス=デルカンポ（Joaquín Gómez del Campo）がヴァチカンに派遣された。あくまでも大統領個人の代理人という資格であったが，ゴメス=デルカンポはカトリック保守派に属するコロンブス騎士団のメンバーであったことから，のちに左派の社会主義人民党（PPS）から激しく批判された。PPSは，のちに取り上げるように，教皇来墨が国内の右派勢力に利用されるとして，訪墨に反対する急先鋒のひとつであった。

　また，この間に指摘された多様な問題点が政府関係者を悩ませた。憲法第130条で禁止されている「僧衣姿で教会敷地の外に出ること」に関して，教皇がどのような衣装でメキシコの地をはじめて踏むのか，公人として教会の儀式に参列することも聖職者と言葉を交わすことも禁じられている政治家や官僚および公務員はどのように振る舞うべきかなど，実にさまざまな問題が検討課題としてあがった。

　さらに重大な問題としては，カトリックの教義に関わる家族計画に関して，双方がどのようにそれぞれの見解を摺り合わせていくのかという問題もあった。メキシコ政府は人口政策としての家族計画を積極的に推進しており，ヴァチカンとは異なる産児制限の手段を推奨し，広報活動をしていたからである。

これについてヴァチカン側が，イタリア政府との間における教会の教義に関わる「妊娠中絶」の問題を例にして，世俗国家は独自の法律を制定する権利があり，教会にはそれを独自の理念で判断する権利があるという「玉虫色」の見解を示したことで，一応の決着がつけられた[32]。しかし1月2日以降，教会と政府は一転して対立した見解を提示することになった。

状況が急転換したのは，1979年1月2日の新聞『エル・ディア』に掲載された前述のPPSの半頁大の広告である。それは，ローマ教皇の来墨が特定の利益集団に利用される恐れがあるという警告であった。この警告文の中では，プエブラ会議出席のために教皇が来墨することを「保守勢力と反動勢力」が利用していること，教皇代理がこれまで憲法の反教権主義条項をすべて改変する必要性と外交関係の再開を主張してきたこと，すでにロペス=ポルティリョ大統領の特使としてローマに派遣されたゴメス=デルカンポを含む「重要委員会」なるものが設立されており，外交関係の再開に向けた作業が進められていることが，指摘されていた[33]。

この広告を契機として，聖職者と保守勢力が教皇の訪問を実現するために莫大な資金を投じて広報活動を展開していることを，『エクセルシオール』紙も報じた[34]。その記事によると，特定の民間企業グループと保守勢力がメキシコとヴァチカンの外交関係の再開を画策していること，ヴァチカンは1960年代からメキシコの憲法の反教権主義条項（第3条，第5条，第24条，第27条，第130条）の改変の必要を明確に指摘しており，そのために必要な外交関係の再開を期待してきたこと，さらには，今回の教皇来墨の受け入れを決断をしたのがメキシコ政府自体ではなく，メキシコ国内の特定の利益集団の圧力によるものであった，ということであった。

こうして，国内のさまざまな集団が改憲論の是非をめぐって議論しはじめた。聖職者に政治的権利を与えることは社会問題の改革に役立つという評論家ラミレス=クエリャル（Héctor Ramírez Cuellar）の主張が，『エル・ディア』紙に掲載されたのは1月6日であった。教会が一枚岩的な組織ではなく，上下に大きな格差のある組織であるという指摘からはじまり，独立戦争に参加したイダルゴ

神父（Miguel Hidalgo）やモレロス神父（José María Morelos）の例をあげて，進歩的聖職者が政治的に活動できることはメキシコ国民にとってプラスであると主張して，改憲を支持した[35]。

もっと強烈な教会擁護論・憲法改正論が，ヌエボレオン州の州都モンテレイをベースとする地方紙『エル・ノルテ』（El Norte）に署名記事として掲載された。その論調を要約すると次のようになる。「憲法は聖書ではない。人間の作った不完全なひとつの法律にすぎない。1917年憲法はそもそも力によって国民に押し付けられたものであり，第24条と第130条は公正ではなく，また管理不能なものである。メキシコ国民はカトリックの教えに導かれて生活しており，憲法第24条や内務大臣の解説などと関係なく暮らしている。政府はクリステーロの乱の経験を学ぶべきである。公務員は自由主義派を恐れてカトリック信者であることを隠して社会生活を送り，実際には密かに教会に通っているのだ」というのが，この改憲論の大筋であった[36]。

一方，週刊誌『シエンプレ』（Siempre）の1月10日号に掲載された，評論家として著名なガルシア=カントゥー（Gastón García Cantú）の論説は，ローマ教皇受け入れにあたってメキシコ国民が自覚すべき事項を解説した，格調高い論説であった。彼は，1917年憲法の反教権主義条文をめぐる歴史的考察を踏まえ，「しかし政治的に1979年は1929年とは異なる——ヨハネ・パウロ2世とカーター（James E. Carter）の2人の来客」という，この論説のタイトルのように，1929年に起こった教会上層部の反政府運動と，その背後にあった石油問題をめぐるアメリカ側の扇動とメキシコの教会の関係に言及し，1979年のメキシコは1929年当時のメキシコではないことを指摘した。つまり教皇のメキシコ訪問を，メキシコ国内における国家と教会の関係に限定して取り上げるのではなく，1973年の石油危機にはじまる国際環境と，石油大国メキシコのおかれた状況の中で考えるべきであるとするものであった。そして，教皇の来墨を受け入れるにあたっては，このような歴史認識に立って内務大臣のコミュニケで発表されたように，「重要な賓客」としてもてなすことに賛同している[37]。

憲法の改変に明確に反対を唱えたのは，メキシコ革命の理念を受け継ぎ，全

国の労働者を束ねるメキシコ労働者連合（Confederación de Trabajadores Mexicanos = CTM）を率いるフィデル・ベラスケス（Fidel Velázquez）であった[38]。続いて，PRI系労働組合および農民組合がそれに同調した。「教会はマスメディアやミサを通じてメキシコ国民を操作しようとしていること，できるだけ多くの国民を教皇のための歓迎集会に集め，メキシコ政府が国民の多数を代表していないことを証明しようとしている」と指摘し，とりわけオアハカ州の先住民の動員状況を指摘した[39]。「教会に自由を認めすぎている。CELAM会議に出席するためにメキシコを訪れる教皇が，なぜオアハカ市やグアダラハラ市に出かけるのか」という，上院議員デラウエルタ=オリオル（Adolfo De la Huerta Oriol）の意見も『エクセルシオール』紙に掲載された[40]。

一方，民間企業グループが教皇来墨に関する情報提供施設として，メキシコ市内のバナメックス（Banamex, S.A.）銀行内に情報センターを設けると，その維持費の出所がモンテレイ市の銀行と企業グループであることも明らかになり，1月2日の『エル・ディア』紙のPPSの広告が裏づけのあるものであることが証明された。これに対して，企業が教皇来墨を支援していることを懸念し，カトリック組織内部からもプエブラ会議に反対する声があがった[41]。

このように，ローマ教皇のメキシコ訪問の真の狙いをめぐり見方が分かれる中で，1月16日にロペス=ポルティリョ大統領と会談したハリスコ州知事ロメロ=ベラスコ（Flavio Romero Velasco）とメキシコ市長アンク=ゴンサレス（Carlos Hank González）の見解表明がひとつの転機となった。前者は，「自分がカトリック信者であることを否定する必要のないこと，自分が自由な社会で暮らしていること，そしてこの社会では誰がどの団体に属し，何をしているか，何を信じないかは，まったくの自由である」と述べて，メキシコ社会の健全性に信頼をおくと発言した[42]。一方，後者は，「ヨハネ・パウロ2世のような人物をメキシコ市に迎えることができるのは大いなる喜びであり，宗教サービスは大聖堂とグアダルーペ寺院内で行なわれる予定であるから憲法違反にはならない」という談話を発表した[43]。

さらに，1月19日にオアハカ市で催されたPRI結成50周年の祭典で，サン

ソーレス=ペレス PRI 総裁（Carlos Sansores Pérez）が行なった，ローマ教皇のメキシコ訪問を受け入れた連邦政府を擁護するスピーチが，世論の方向を決定したといえる。「メキシコ・リベラリズムの伝統が消滅していないことを PRI は宣言する」とし，「ベニート・フアレス（Benito Juárez）は歴史的勝利のシンボルである」と，サンソーレス=ペレス PRI 総裁は明言した。そして，メキシコの歴史の中で勝ち取られ，憲法上に明記された政教分離を，メキシコ人であれ外国人であれ，教皇の来訪を利用して侵すべきでないとし，宗教を利用して政治的目的を達成しようと考える者はメキシコのホスピタリティを見誤るだろうと述べて，メキシコ政府は教皇の訪問に反対することなく，同時に，ヴァチカンによって表明される意図や目的に応じるべきでないと述べたのである[44]。なお，ベニート・フアレスは，すでに第2章で取り上げた，19世紀メキシコの自由主義者たちが成し遂げたレフォルマ革命のリーダーのひとりであり，オアハカ州の出身である。この PRI 総裁のスピーチは，ロペス=ポルティリョ大統領にとって大きな支援となったに違いない。翌日の新聞の第1面で，ロペス=ポルティリョ大統領の教皇歓迎の声明文が報じられた。「私は隠れてヨハネ・パウロ2世に挨拶する必要はない。私は恥知らずの人間ではない。メキシコ国民の精神的リーダーである人物がメキシコを訪れる時には，私は挨拶をする。政教分離はメキシコに根づいた確固たるナショナリズムである」と大統領は国民に語った[45]。

4．メキシコにおけるヨハネ・パウロ2世

　1979年1月26日午後1時に，メキシコ市の国際空港に降り立ったヨハネ・パウロ2世は，首都メキシコ市のほかにプエブラ市，オアハカ市，グアダラハラ市，モンテレイ市を訪れるという，6日間の強行スケジュールをこなし，延べ1万5,000キロを移動した。この間に，約2,000万人，すなわちメキシコ国民の4人に1人が，教皇を直接歓迎するために，教会や広場ばかりでなく，教皇を乗せた車列が通過する道に沿ったさまざまな所に集まったとされ，さらに世界中で5億の人びとが，テレビを通じてメキシコにおける教皇の行動を見守

ったとされる[46]。

　空港にはロペス=ポルティリョ大統領夫妻が出迎えたが，教皇を歓迎する短い挨拶だけで終わった。教皇の滞在した6日間に大統領が教皇に接触したのは，この空港における短い歓迎の辞を述べた数分間，この日の夕方に大統領官邸を訪問した教皇と懇談した1時間15分，翌日のグアダルーペ寺院における晩餐会に2人の娘を伴って出席した時と，帰国直前に教皇代理の邸宅に母親と妻を伴って挨拶に出向いた時である。これらの接触の間に大統領と教皇が何らかの重大な課題を話し合ったとは考えられないが，すでに大統領と教皇庁との間にはある種の関係改善に向けた暗黙の了解が出来上がっていたことを，メキシコの政治学者ロアエサ（Soledad Loaeza）は指摘している。しかもそれは，ロペス=ポルティリョ大統領によって提案されたのではなく，エチェベリア大統領時代（在任1970-1976年）にはじまっていたという[47]。

　メキシコにおける教皇の行動は，テレビ・ラジオ・新聞によって詳細に報道された。とくに，民間テレビ局テレビサ（Televisa）は，2チャンネルと5チャンネルを通じて報道番組および特別番組を組み，ほとんど一日中ヨハネ・パウロ2世の行動を報道した。そのスポンサーは，大銀行であるバンコメル（Bancomer, S.A.）とバナメックス，および新しい世代の銀行家たちであった。経費の問題については，すでに指摘したように，社会主義人民党（PPS）が『エル・ディア』紙に掲載した1月2日の警告の広告の中で保守勢力と企業が莫大な経費を負担していることを指摘しており，また『エクセルシオール』紙もそれを指摘し，教皇のメキシコ訪問の経費の大部分がメキシコ側によって負担されていることが示唆されていた。教皇一行がメキシコ訪問に利用したのは，当時のメキシコ国営航空のアエロメヒコ（Aeroméxico）である。執務室，応接室，バーを備えたメキシコ大統領専用機と同じ仕様の飛行機であった。

　ヨハネ・パウロ2世がメキシコで信者に語りかけた説教の中で触れた主要なテーマは，教育問題，家族，「新しい」教会，雇用者と被雇用者の関係，貧困と階級格差，農民問題，労働組合，カトリック信徒の義務など多岐にわたったが，慈善活動を推奨する以上の枠を出ず，メキシコ政府を警戒させるような発

言は,何もなかった。むしろ,8,000名の聖職者を集めたグアダルーペ寺院のミサにおける説教,グアダルーペ寺院に招待した2万3,000名の,カトリック教会の事業に携わる女性たち (religiosas)[48]に語った説話において,さらにプエブラ会議にラテンアメリカ諸国から集まった司教たちに向けた説教の中で,「汝らは宗教者 (religiosos) である。聖職にある者は世俗政治の問題に関わるべきでなく,精神面においてのみ関わるべし」とする趣旨の発言を繰り返したことが注目に値する。宗教団体としての教会と聖職者のあるべき姿を訓示してメデジン会議が決議した,貧困と不正義を解決する運動に聖職者自らが参加する「解放の神学」を批判した。この警告の言葉は,プエブラ会議を組織したメキシコの司教団にとって大きな助けとなった。なぜなら,メキシコにおいては,ブラジルやエルサルバドルのような「解放の神学」を実践する進歩派司祭の活動が限定されていたとはいえ,クエルナバカ司教メンデス=アルセオに代表されるような著名な解放の神学派司教の存在は,メキシコ司教団にとって深刻な問題であったからである。ちなみに,メンデス=アルセオ司教はプエブラ会議に出られる司教としては選出されず,出席していなかった。プエブラ会議は,メデジン会議で合意されたカトリック教会の使命を後退させてしまったといっても過言ではない。本来なら,プエブラ会議で教皇は,「メデジンの使命」をさらに推進することで,メキシコおよびラテンアメリカ諸国が抱える深刻な問題の解決への道を探り,それを広める活動指針を明示すべきであったのであろう。

むすび

さまざまな憶測が飛び交う中で実現したローマ教皇のメキシコ訪問は,メキシコとヴァチカンにどのような成果をもたらしただろうか。

外交関係再開の見通しも,憲法改正への第一歩も手にすることはなかったという点からすると,ヴァチカンにとって実りはなかったといえる。しかも,プエブラ会議における教皇のメッセージは,社会の不正と貧困にメデジン会議以降取り組んできたラテンアメリカ諸国の多くの進歩的聖職者たちを裏切るものであった。鋭い政治評論で定評のあるゴメス=アリアス (Alejandro Gómez Alías)

は，教皇来墨の10日前の『シエンプレ』誌に掲載した「ヨハネ・パウロ2世よ，何しに来るのだ」と題した論評で，この結末をずばりと言い当てていた。ゴメス=アリアスは，「進歩派の聖職者たちが闘っている，社会正義を目指す活動を激励するために来るのでなければ，超豪華な装飾を施したローマの宮殿［ヴァチカン］から出るべきでない」と述べていた[49]。

　ローマ教皇のメキシコ訪問で大きな利益を得たのは，メキシコのカトリック教会首脳そのものであった。メデジン会議以降の進歩的聖職者の台頭によって，統制力を弱めていた教会首脳が進歩派司教の封じ込めに成功し，教会組織分裂の危機を回避したからである。そして，教皇がもつメキシコ国民の動員力は，政治危機の過程にあったPRI体制に対する「教会重視すべし」というシグナルになったはずである。結果として，この教皇の訪問は，メキシコのカトリック教会と聖職者たちが政治的発言力を強化し，次章で取り上げる，1980年代の経済危機の中で選挙に介入し，政治を批判するにいたる「教会変貌」の出発点となった。

　一方，メキシコ政府にとっては，プラスにもマイナスにもならない事件であったといえる。ヴァチカンとの外交関係の再開も憲法改変も議題にのぼらなかった。しかし，ロペス=ポルティリョ大統領にとっては，レイエス=エローレス内務大臣やCTMのフィデル・ベラスケスのような強硬な反教権主義勢力の存在が明確に理解できたことに意味があったであろう。

　以上のような結論から引き出せることは，保守勢力にとって莫大な資金を投入した割には具体的に得るものはなかったということである。

第10章　サリナス政権による1992年の憲法改変とカトリック教会

はじめに

　サリナス大統領(Carlos Salinas de Gortari；在任1988年12月1日-1994年11月30日)は，当時メディアや評論家によって，「サリナストロイカ」あるいは「サリナス革命」と名付けられた大胆な政治・経済改革を断行したが，その政治・経済における近代化と民主化政策は，19世紀前半の独立国家形成期から激しく敵対してきた国家と教会の関係の修復にも及んだ。それは，反教権主義を成文化した1857年憲法と改革諸法を受け継ぐ1917年の革命憲法の基軸を変えた，1992年の憲法改変である。

　1855-1867年の間に制定された反教権主義諸法として名高い「改革諸法」(第2章参照)と1857年憲法によって，カトリック教会が植民地時代から保有してきた政治的，経済的，社会的特権と影響力を剥奪したメキシコの自由主義勢力は，1910年に勃発したメキシコ革命でさらに徹底した反教権主義政策をとり，宗教団体としてのカトリック教会と聖職者を国家が管理する体制をつくりあげた。それを具体的に成文化したのが，宗教団体および聖職者の扱いに言及した1917年憲法の第3条，第5条，第24条，第27条第Ⅱ項と第Ⅲ項および第130条であった。

　これらの反教権主義条項の撤廃を要求した教会と信徒集団の革命政権に対する挑戦が1926-1929年の武力衝突である「クリステーロの乱」へと発展したことについては，第8章で取り上げた。また，1930年代からほぼ半世紀に及んだ国家と教会の「非公式の協調時代」における実態については，第9章で考察した。しかし，メキシコ革命の後継者として自他共に認める制度的革命党

(Partido Revolucionario Institucional = PRI) の歴代政権は，違反行為が日常化していた憲法の反教権主義条項を改変することを拒み続けた。そして，メキシコが革命動乱以来最悪といわれた経済危機の最中の1988年に大統領に就任したサリナス大統領は，これらの条項の根本的な改変を実現させ，メキシコ革命の根幹の1つであった反教権主義を大きく変更したのである。

本章の目的は，サリナス大統領のもとでこれらの反教権主義条項が改変されるにいたる経緯とその歴史的意味を検証することにある。

1. 反教権主義条項改変への道

1917年の革命憲法に盛り込まれた，反教権主義条項として知られる憲法第3条，第5条，第24条，第27条第Ⅱ項と第Ⅲ項および第130条の撤回を求めるカトリック教会と信徒集団の活動が憲法公布の直後からはじまったことについては，すでにみてきた。政教分離を謳った1857年憲法および1873年の憲法修正を超えた，「宗教団体を国家権力のもとで厳しく管理する」ことを定めた1917年革命憲法の違反に対する罰則規定を盛り込んだ実施細則である，いわゆる「カリェス法」の公布（1926年）が，教会側の一段と激しい反発を招き，3年に及ぶ「クリステーロの乱」（1926-1929年）と呼ばれるカトリック勢力の武装蜂起を引き起こしたことは，第8章でみた通りである。さらに，1934年の第3条の修正によって導入された「社会主義教育」をめぐって，教会と保守勢力のみならず，広く国民的な反対運動が起こったことにも言及した。

このように，1920年代に激しい対立を経験した国家と教会の関係は，1929年6月にクリステーロの乱を終結するために国家と教会首脳が締結した「和平協定」によって実質的には終結し，その後いくつかの対立と信徒による散発的な武装蜂起はあったものの，国家と教会首脳は前章で取り上げた「非公式の協調関係」を保ち，1979年にローマ教皇のメキシコ訪問が実現した。そして，未曾有の経済危機を経験した1980年代のデラマドリ政権（Miguel De la Madrid；在任1982-1988年）のもとで，国家と教会の関係は「非公式の協調関係」から「公然の協調関係」へと転換した。1988年12月1日の大統領就任式でサリナス

大統領が言及した「国家と教会の関係(以下,政教関係と呼ぶ)の近代化」についての発言にはじまる憲法改変の動きは,1992年にその目的を達成し,133年間断絶していたメキシコとヴァチカンの外交関係が復活したことによって,メキシコ近現代史における政教関係は大きく転換した。

サリナスの大統領就任式における政教関係の近代化に関する言及と,1992年の反教権主義条項の改変は,専門家の多くにとっても予想しない驚きであった。メキシコの政教関係に関する研究の第1人者である宗教社会学者ブランカルテ(Roberto Blancarte)は,サリナス大統領の就任演説での発言を,「大胆で,歴史的」とした[1]。教会史を専門とする歴史人類学者プエンテ(María Alicia Puente Lutteroth)は,教会に法人格を認めなかった第130条はPRI政権にとって「不可侵」であったにもかかわらず改変され,さらに広く議論をされることなく短期間に憲法修正が行なわれたことは驚きであるとした[2]。

しかし,本書の第8章と第9章で検証した国家と教会の協調関係の変遷過程をみると,1992年の憲法改変による国家と教会の関係修復がサリナス時代に唐突に行なわれたわけではなかったことが分かる。なぜなら,「非公式の協調時代」を通じて「実在しながら法律上は存在しない」教会は,国家に無視されたはずであったが,実際には,歴代大統領との間に意見交換のできるチャンネルをもっていた。そして,メキシコ革命の後継者であるPRIそのものが,未曾有の経済危機の中で崩壊の危機に直面したデラマドリ政権時代に,この「非公式の協調関係」を「公然の協調関係」へと移行させ,デラマドリ政権を継いだサリナス政権が憲法改変を断行したのである。

もっとも政教関係をめぐっては,PRI内部においても,また教会内部においても,立場の異なるグループが存在しており,決してそれぞれが一枚岩的な立場で「非公式の協調関係」を「公然の協調関係」へと移行することを認めたわけではなかった。後述するように,閣僚の中にも強固な反教権主義者たちがいた。そして,PRI内の守旧派と呼ばれるメキシコ労働者連合(Confederación de Trabajadores Mexicanos = CTM)や全国農民連合(Confederación Nacional de Campesinos = CNC)もまた,頑強な反教権主義的姿勢を保持していた。一方,教会には,メ

キシコ市に駐在するローマ教皇代理と緊密な関係を保つメキシコ・カトリック教会の中枢部保守派と，地方の司教区の聖職者たちとの間に対立があった。

　教会による政治的発言が顕著になるのは，前章で取り上げたロペス゠ポルティリョ大統領時代（José López Portillo；在任1976-1982年）の1979年に実現した，ローマ教皇ヨハネ・パウロ2世のメキシコ訪問以降である[3]。しかし，その前任者エチェベリア大統領（Luis Echeverría Álvarez；在任1970-1976年）は，ディアス゠オルダス政権（Gustavo Díaz Ordaz；在任1964-1970年）の内務大臣時代に多くの聖職者と個人的な交友関係をもち，教育改革や地方政治の問題などについて教会首脳とかなり率直に意見を交わしていた。エチェベリア大統領は，カトリック教会の総本山であるローマ教皇庁との接触ルートづくりに努める一方で，独特の個性で民衆のための教会活動を実践し，教会保守派と一線を画していたメキシコの数少ない解放の神学派司教として知られたクエルナバカ司教区のメンデス゠アルセオ司教（Sergio Méndez Arceo）を大統領官邸に招いてもいる[4]。この意味では，エチェベリアは，「非公式の協調関係」から「公然の協調関係」へと移行する過程期の大統領であったといえる。

　エチェベリア大統領を継いだロペス゠ポルティリョもまた教会への接近を図り，とくにメキシコ市に駐在するローマ教皇代理のジロラモ・プリジオーネ（Girolamo Prigione）との関係を強めたことが知られている。双方には，接近する理由があった。ロペス゠ポルティリョは，1978年の政治改革によって政治活動が認められた左翼勢力の台頭に強い危機感をもっていたが，教会首脳も同じく，教会内部の革新勢力の台頭に強い警戒心をもっていたからである[5]。すでに第9章でみたように，教会の政治的発言力が明らかに高まる契機となった1979年のローマ教皇ヨハネ・パウロ2世のメキシコ訪問は，プエブラ市で開催された第2回ラテンアメリカ司教協議会（Consejo Episcopal Latinoamericano = CELAM）に出席することが公式の名目であった。ヨハネ・パウロ2世のメキシコ訪問についての打診があった時，ロペス゠ポルティリョ政権と与党PRIには統一した見解がなかった。PRI内の守旧派は革命の基軸である反教権主義を固く保持しており，中でも厳格な政教分離と革命憲法の精神を信奉するレイエス゠エロー

レス内務大臣（Jesús Reyes Heroles）とロエル＝ガルシア外務大臣（Santiago Roel García）は容易に妥協しなかった。また，PRI の労働部会の中核を長年独占してきたメキシコ労働者連合（CTM）の書記長フィデル・ベラスケス（Fidel Verázquez）は，もっとも強硬な反教権主義者であった。このような状況の中で，ロペス＝ポルティリョ大統領がヨハネ・パウロ2世の訪墨受け入れを決断したことは，すでに第9章でみた。

1979年1月26-31日のヨハネ・パウロ2世のメキシコ訪問は，メキシコ国民の熱狂的な歓迎を受けた。憲法に明白に抵触する野外ミサと，僧衣をまとった聖職者の教会外での行動は黙認され，ロペス＝ポルティリョ大統領は教皇を大統領官邸に招いて1時間15分の懇談の機会をもった。そして，このヨハネ・パウロ2世のメキシコ訪問を契機として，メキシコにおけるカトリック教会をめぐる環境は大きく変わり，教会は存在感を強め，公然とさまざまな主張をはじめた。1982年9月にロペス＝ポルティリョ大統領が断行した銀行の国有化を批判し，同年11月には，メキシコ司教協議会（Consejo Episcopal Mexicano = CEM）の代表を退いたコリピオ＝アウマーダ大司教（Ernesto Corripio Ahumada）は，「教会は恥ずべき存在から脱却しよう」と呼びかけて，憲法第130条の撤回を声高に要求さえしたのである[6]。

このような政治経済環境に置かれたロペス＝ポルティリョ政権を継いだデラマドリ大統領の6年間は，経済危機の中で教会の発言力がさらに増した時代となった[7]。「憲法第130条は国連の人権憲章に抵触している」とする議論，「憲法は，メキシコ国民を代表しない革命家たちによって書かれたものである」とする発言，政府の経済政策への厳しい批判などが，聖職者の間から飛び出した。とりわけ，長年ほとんど慣行となっていたといっても過言ではない選挙の不正と政治家の腐敗を糾弾する聖職者たちの発言が急増した。その中でも，もっとも顕著だったのがチワワ州地方選挙をめぐる事件である。

チワワ大司教区は，中央のカトリック教会首脳と一線を画する，「北部司教団」の名で知られたアルメイダ大司教（Adalberto Almeida Merino）をはじめとする，改革派の司教たちがいる地域であった。1983年に「変革のための投票」を

説いて信者に投票を促したアルメイダ大司教の「信者への手紙」にはじまり，1986年のチワワ州選挙（州知事および州議会議員選挙）における不正をめぐって，チワワ大司教区およびシウダー・フアレス司教区の司教グループが選挙違反に対して抗議行動を起こした。中央からは週刊誌『プロセソ』(Proceso) がベテラン記者オルティス＝ピンチェティ (Francisco Ortiz Pinchetti) を送り込み，地元の政治学者と連携してPRIの選挙違反の実態を次々と暴いた[8]。批判と抗議を無視したチワワ州政府に対して，教会はミサの停止を発表するという強硬手段に出た。しかし，1926年のミサの停止にはじまり3年に及んだ「クリステーロの乱」を思い起こした連邦政府は，内務大臣バルトレット (Manuel Bartlett) と教皇代理プリジオーネの連携でローマ教皇の中止命令を得て，ミサの停止は回避された[9]。

バルトレットはPRI政権の教会接近に大きな役割を果たした人物で，彼とプリジオーネの個人的に親密な関係は広く知られていた。なお，デラマドリ政権はこのチワワ事件を教訓として，選挙に介入する聖職者を罰するため，連邦選挙法を改正した。1987年2月12日に公布された新連邦選挙法の第343条で，聖職者が特定の候補者や政党に投票するよう誘導した場合，最低賃金の500日から1,000日分の罰金と，4年から7年の実刑が科されることになった[10]。メキシコ司教協議会 (CEM) は，直ちに公式の反対声明を発表して政府を批判した。これは，教会に歩み寄ったデラマドリ政権にとって，唯一の深刻な対立であったといっても過言ではない。ただし，2004年に出版されたデラマドリ元大統領の回顧録によると，後日の教会首脳との会談の席で，上記の罰則を提案したのは社会主義人民党 (Partido Popular Socialista = PPS) と社会主義労働党 (Partido Socialista de los Trabajadores = PST) であり，それを議会が成立させたもので，自分はそのような法律が成立することを知らなかったと説明すると，教会首脳は「大統領の意図で制定されたと考えていたことが誤りであったことを知って安心した」と述べたという。さらにデラマドリは，チワワ大司教が選挙の不正と民主主義の欠如をあからさまに批判したことに苦言を呈したとも述べている[11]。デラマドリ大統領は，明らかに教会に擦り寄っていた。その理由は，

社会に大きな影響力を保有する教会の支持を得る必要があったからである。

　大統領就任と同時に1929年の世界恐慌以来最悪の危機下にある経済の舵取りを担うことになったデラマドリ大統領は，メキシコのカトリック教会とヴァチカンとの関係を改善し，累積債務問題の解決策をめぐって教会に仲介役を依頼するという究極の選択さえとった。1983年には，トラスカラで開催された第2回ラテンアメリカ伝道士会議にローマ教皇の来訪を密かに計画し，PRI幹部に反対されて実現しなかったという事態が起こった。また，国家と教会の関係をより現実に合ったものにするための改革が必要であるとも明言した[12]。もっとも，退任後ずっと後になって受けた，アメリカのメキシコ研究者とのインタビューの中で，教会側から憲法第130条の改変を求める明確なシグナルを受けたことは事実であるが，デラマドリ自身には憲法改変の意図はまったくなかったと述べている[13]。しかし1987年10月には，最大野党の国民行動党（Partido Acción Nacional = PAN）が人権問題に絡めて憲法の反教権主義条項の修正案を下院に提出し，聖職者の市民権と教会の法人格を認め，宗教儀式と聖職者の発言および行動を大幅に規制していた第3条，第5条，第24条，第27条第II項と第III項および第130条の変更を迫った[14]。このようにデラマドリ政権末期には，すでに憲法改変への気運が高まっていたのである。

　もっとも教会自体は，これ以上強く憲法改変を要求するほど統制のとれた組織ではなかった。むしろ，教会内部の対立と分裂は深刻な状態にあったといった方が適切である。メキシコ社会において担うべき役割について，また深刻化する中米紛争に巻き込まれ，さらには教会中枢部が関与しにくい「解放の神学」を支持する進歩派司教たちの台頭などで，教会内部は分裂し，厳しい対立状態にあった。もともとメキシコの教会組織には，全国の司教区を統率するピラミッド型の権力構造が存在していない。植民地時代から各司教区はほぼ独立し，メキシコ市大司教区を管轄する大司教や枢機卿がメキシコのカトリック教会全体を統率する組織とは必ずしもなっていない。その伝統を受け継いでいる現代メキシコの教会組織では，枢機卿，大司教，司教はほぼ対等の地位にあり，これらの意見を調整する機関としてメキシコ司教協議会（CEM）が存在している。

もともと各司教たちにはローマ教皇庁と折衝する独自のチャンネルが与えられており、任命された自らの司教区をほぼ自由に管理運営することができる。枢機卿であれ大司教であれ、ほかの司教区に干渉することはできない。その結果、「赤い司教」と揶揄された、「解放の神学」派のメンデス=アルセオ司教が31年（1952-1982年）にわたって司教の地位にあったクエルナバカ司教区や、1994年のサパティスタ民族解放軍（Ejército Zapatista de Liberación Nacional＝EZLN）の蜂起と共にメディアに取り上げられ先住民の人権擁護運動の最大の支援者とされたルイス=ガルシア司教（Samuel Ruiz García）が40年間（1960-1999年）その地位にあったチアパス司教区のように、「解放の神学」派司教が教会中枢から自立して行動する司教区が出現しえたのである。これらの革新派司教たちは、ローマ教皇庁と緊密に結びついたメキシコのカトリック教会中枢部と同じ考えをもっておらず、むしろ中枢部と厳しく対立していた。なかでもメンデス=アルセオ司教の場合、31年に及んだ司教職のうちその大半は教会中枢部保守派との抗争に費やされたとされる[15]。

　1980年代にメキシコが陥った経済危機とPRI（プリ）体制の明らかな弱体化がロペス=ポルティリョ大統領とデラマドリ大統領を教会へ接近させたが、それを加速させ、レフォルマ革命とメキシコ革命がつくりあげた「メキシコの政治・経済の脱宗教化」の仕組みを打ち壊したのが、サリナス大統領である。

2．サリナス改革における反教権主義条項の改変過程

　すでに指摘したように、サリナス大統領が就任演説で言明した「メキシコの近代化と民主化」に向けた改革は、就任直後から実際に取り組まれた。汚職の摘発、地方選挙における不正に対する野党の抗議と反政府行動への対応、選挙法の改正、中立性が保障された連邦選挙管理機構（Instituto Federal Electoral＝IFE）の設立など、政治の近代化への取り組みが行なわれた。そして「国家と教会の関係の近代化」も、次節で取り上げるように実現する。

　サリナス大統領がこれらの政治改革を短期間に実行した背景には、デラマドリ政権から受け継いだ未曾有の経済危機への対応と、自らの大統領選出にまつ

第10章　サリナス政権による1992年の憲法改変とカトリック教会　*269*

わる「歴史的な事件」があった。後者は，投票の集計途中で起こったコンピューターの停止と，その機能が回復した時には，それまで優勢であった対立候補カルデナス（Cuauhtémoc Cárdenas）との得票が逆転していたという「疑惑の当選」であり，しかもPRI（プリ）体制はじまって以来最低の得票率50.36％で選出されたことである[16]。選挙結果に対する国民の不信を重く受け止めたサリナス大統領は，経済の改革と政治の民主化に精力的に取り組むことになったといえる。そして，この過程で進められたのが国民の統合に大きな影響力をもつと考えた教会への積極的な接近であり，やがてそれは憲法改変を決断させることになった。しかしのちに検証するように，憲法改変を決断させたのは教会の巧みな攻勢によるものでもあった。

　1988年12月1日に行なわれた大統領就任式は，教会と関連した次の2点で，メキシコ近現代史上突出した「政治的事件」となった。第1点は，19世紀半ばのレフォルマ革命以来はじめて，教会上層部が上下両院議員に混じって，連邦議会議場で行なわれた大統領就任式に参列したことである。ローマ教皇代理プリジオーネ，メキシコ枢機卿兼メキシコ大司教コリピオ＝アウマーダ，メキシコ司教協議会（CEM）を代表して出席したサンチェス＝リベーラ大司教（Adolfo Sánchez Rivera），ポサーダス大司教（Juan Jesús Posadas Ocampo），ペレス＝ヒル司教（Manuel Pérez Gil）およびグアダルーペ寺院大修道院長シューレンブルグ司教（Guillermo Schulenburg）の6名が，ローマ・カトリック教会の位階を示す正装ではなく，通常の黒い背広姿で参列した。高位聖職者たちは，当時の憲法で禁止されていた「僧衣姿で教会の敷地の外に出ること」の規定を守っていたことになる。なお，大統領就任式への聖職者の列席は憲法違反であるとした社会主義人民党（PPS），メキシコ革命正真党（Partido Auténtico Revolucionario Mexicano＝PARM），全国革命農民前線党（Partido Frente de Campesino Revolucionario Nacional＝PFCRN）の3党が提出した議案は，226対106で否決された[17]。

　第2点は，サリナス新大統領が就任演説の中で，国家と教会の関係を「近代化」する必要があると指摘したことである。正確には，「教会と新聞社を含めたあらゆる政治組織および社会組織と，国家の関係を"近代化"する」と述べ

たものである。すでに指摘したように，これを「歴史的発言」としながらも，十分に熟慮された対教会政策を述べたものではなかったとブランカルテは指摘しているが[18]，実際には，予備知識がなければほとんど素通りしてしまうほどの簡単な文言である。

しかしこの大統領の発言を受けて，教会は「我々は近代化の瞬間を生きつつある」と述べ，大統領が「国家と教会の関係」の変更を示唆したことに対しては「教会は，ペレストロイカを民主主義体制の構築を意味するものであると受け止めている」と発言した[19]。さらに教会は，メディアのインタビューに答えて，政府との対話を公開し，憲法第3条と第130条の改革が取り上げられるべきであることなどを表明した[20]。これを受けて，グティエレス=バリオス内務大臣（Fernando Gutiérrez Barrios）は「教会との対話はありうる」としながらも，「政教分離，公立学校における宗教教育の禁止，信教の自由」という3つの条件は不変である，との見解を発表した[21]。もっとも，サリナス大統領の「教会の近代化案」は一向にみえてこなかった。憲法の反教権主義条項の改変問題が具体的に国民の前に示されたのは，メディアを通じた教会広報担当者や教会首脳の発言によってであった。しかし，この間に教会が一方的に発信した発言内容から考えると，「教会と国家の関係」の修復のイニシアティヴをとったのはサリナスであった[22]。

一方，サリナス大統領は具体的な改革案を公に示さないままに，対外累積債務問題において教会の影響力を利用する行動をとっていた。1989年5月31日にメキシコ北部モンテレイ市で開催された，ラテンアメリカ，アメリカ，カナダの司教たち23名が会合する米州司教会議に，アスペ財務大臣（Pedro Aspe Armella）の代理人として次官のオルティス（Guillermo Ortíz Martínez）が参加し，債務国救済のための債権国の世論形成に教会が果たせる役割を司教たちに説いたとされる。場違いの会場に姿を現したオルティス次官を追いまわし説明を聴けなかった記者団は，教会側の代表からその経緯の説明を受けたが，教会と政府の関係の強さをうかがわせる事件であった[23]。司教たちは，記者会見の席でメキシコ政府の意向に沿う発言をしたことを認めたが，それは，「債務問題が

人権および政治経済に重大な危機をもたらす［ことを勘案して救済すべきである］と述べた」，というのが趣旨であった[24]。

しかしサリナス大統領の対教会姿勢は，すでに指摘したように，必ずしも閣僚の間で一致したものであったわけではなかった。とくに，グティエレス=バリオス内務大臣は，8月になっても大統領の思惑とは反対に憲法改変をまったく考えていなかった。8月1日に司教団のスポークスマンが翌年5月のローマ教皇のメキシコ訪問の日程を発表したことに対して，内務大臣は教皇の来訪予定の事実を認めたが，憲法第130条の改変はありえないと，記者会見で言明した[25]。これに対して，グアダルーペ寺院大修道院長シューレンブルグ司教は，「連邦議会が第130条の改正に前向きの関心をもっている中で，改正を拒否することはまるで新聞記者的発想だ」と反論した[26]。

グティエレス=バリオス内務大臣の発言後，サリナス大統領は憲法改変に否定的な内務省を避けて，大統領側近に教会側と直接交渉をさせた。というのも，メキシコ司教協議会（CEM）の構成メンバーである司教たちが，大統領側近とローマ教皇代理の私邸で会合を頻繁にもっていたことが知られているからである。またこの間に，教会側はマスメディアを通じて，憲法改変に向けた具体的な案を明示しはじめていた[27]。そして1990年2月，サリナス大統領は，最高裁判所長官およびグアナフアト州知事を歴任したテリェス=クルス（Agustín Téllez Cruz）を大統領の私的使節としてローマ教皇庁へ派遣した。

1990年5月6-13日のヨハネ・パウロ2世のメキシコ訪問は，10州と12都市を歴訪するという強行日程であったが，1979年の最初の訪問にもまして熱狂的な国民の歓迎を受けた。それはメキシコの知識人たちにとって驚きであったが，それ以上に識者を驚かせたのは大統領の行動であった。5月6日にヨハネ・パウロ2世を乗せた専用機がメキシコ市の国際空港に到着したとき，サリナス大統領は閣僚と共に出迎え，ローマ教皇の活動を絶賛する挨拶を行なったからである[28]。

国民の90％がこのシーンをテレビでみたとされ，サリナス大統領の支持率は，4-6％上昇したという[29]。この教皇の再訪は，沈滞していた憲法改変へ

の動きを再び活発にした。国民の熱狂的なローマ教皇への畏敬と憧憬の感情，東欧諸国で起こったカトリック教会の復活，そして教皇の国民動員力を目のあたりにして，サリナス大統領がPRI(プリ)体制の弱体化と不人気を挽回するために，カトリック教会のもつ力の活用を積極的に考えたとしても不思議ではない。

　ローマ教皇のメキシコ再訪は，サリナス大統領が実行に移すのを躊躇していた憲法改変を，一挙に進める契機となった。この直後に，1857年以来断絶していたメキシコとヴァチカンの間で特使の相互派遣が決定され，外交関係の修復への第一歩が図られた。その結果，それまでローマ教皇の私的代理人としてメキシコに13年間駐在していたプリジオーネがメキシコ駐在ヴァチカン特使となり，大統領の私的使節としてローマに駐在していたテリェス=クルスはヴァチカン駐在メキシコ特使に昇格した。

　サリナス大統領は1991年6月末から7月はじめにかけてドイツ，イタリア，ソ連，チェコを歴訪したが，最後にヴァチカンを非公式に訪問して45分間ヨハネ・パウロ2世と会見している。この会見で教皇のメキシコ訪問以降の出来事などが話題となり，やがて教皇は「メキシコで司教が不足していること，またプリジオーネ教皇特使がメキシコとヴァチカンの関係修復に関心をもっていること」を，慎重な言い回しでサリナスに語ったという。これに対してサリナスが「外交関係の断絶は時代錯誤であり，透明な形で関係修復をする必要がある」と応えると，その瞬間，教皇の目が輝き，「そう言っていただいて嬉しい」と述べながらサリナスの手をとって感謝したと，サリナスはその回顧録に記している[30]。このとき，憲法の反教権主義条項の修正と，133年間断絶していたメキシコとヴァチカンの公式関係の修復を，サリナス大統領は決断したのではないだろうか。

　4ヵ月後の11月1日に連邦議会で行なわれた3回目の年次教書の中で，サリナス大統領は，憲法改変の骨子を示した。サリナス大統領が就任演説で，「国家と教会の関係の近代化」を示唆してから2年11ヵ月が経っていた。しかし，この教会関係への言及は，1時間余にわたる教書の中でわずか数分，語数にして211語にすぎず，しかも具体的な改正案を示唆するものではなかった。

要点としては，① 政教分離を制度化すること，② 国民の信教の自由を尊重すること，③ 公立学校における非宗教教育を維持することの3点にすぎない[31]。そのために，この教書における教会関係への言及をめぐって，相反する解釈が生まれた。

プリジオーネ教皇特使は，上記の大統領の言及に賛同するとし，「従来の偽善的政策にサリナス大統領は終止符を打った」としながらも，漠然とした提案であるために議会での進展を見守りたいとする見解を発表した。民主革命党（Partido Revolucionario Democrático = PRD）は「私立学校における宗教教育を認めた」とする指摘を行なったが，社会主義人民党（PPS）は「憲法第24条，第27条，第130条の改変はなく，公教育の非宗教性は維持される」として大統領の発言支持を表明した[32]。このように，論評が相反するものとなったことに示されているように，大統領の表明は現実には漠然とした提案にすぎなかった。

実際，この約3年近い間に，メディアを通じて国民に知らされたサリナス政権が目指す「国家と教会の関係の近代化」に関する情報は限られていた。大統領や政治家たちは沈黙し，教会側はメキシコ司教協議会（CEM）スポークスマンか特定の教会首脳がメディアのインタビューに答える形で政府側の教会へのアプローチをさりげなく示唆するパターンが目立った。また，研究者や評論家の発言も限られたものであった。シンポジウムが開かれ，専門家の発言が新聞や雑誌に掲載されたが，そのほとんどは専門的な知識の開示であり，現実の「国家と教会の関係の近代化」問題に正面から取り組んだ発言はほとんど現われなかった。そして，この間に水面下で図られてきた大統領と教会側の交渉の一部を暴露したのが，第3回大統領年次教書が発表される前日の，メキシコ司教協議会（CEM）スポークスマンの記者会見であった。

メキシコ司教協議会スポークスマンのアラミリャ司教（Genaro Alamirya Arteaga）は，「政治的目的をもって」教会に接近したのはサリナス大統領であり，ローマ教皇に接見したことや，メキシコ市の国際空港で教皇の異例の出迎えを行なったことなど，すべてがサリナス大統領側の積極的な行動であったことを示唆した。そして，翌日に予定されている大統領教書発表で第130条の改正に言及

されるかどうかを尋ねられると,「それを期待している」と答えている[33]。翌11月1日の大統領年次教書の発表は,特別に招待された500名の中に9名の教会首脳が含まれ,司教たちの地味な服装は襟元の白いカラーがなければ聖職者であることが分からないほどであった。しかし,教書の内容が教会側の期待したような中身でなかったことは先に指摘した通りであり,教会側スポークスマンは「教会と国家の和解は歴史的な出来事であり,政府の見解と一致しているわけではないが教会は満足している」との談話を発表したに留まった[34]。

1991年11月1日の大統領教書の中で発表された,「近代化と民主化」に向けた改革は,選挙法の改正,農地改革政策の変更,教育制度の近代化という大きなテーマを含んでおり,教会関係は主要な改革目標ではないという印象を国民に与えたようにみえる。しかしブランカルテは,「第130条と第3条の改変か?」というタイトルで,大統領教書の文言を解説した論評を,11月11日付の有力紙『ラ・ホルナーダ』(*La Jornada*) に寄せた[35]。教会側は,早くも,法人格が認められることや第130条の改変が予定されていることを前提とした発言を矢継ぎ早に行なった[36]。ブランカルテが予測したよりも大幅な改変案がすでに大統領と教会の間で詰められていたことをうかがわせたのは,「教会は資産をもっていないので,法人格を認められても税金を払うことができないから,徴税免除を認められるべきである」とか,「セクト(主としてプロテスタントを意味する)による先住民への宗教教育を認めることは危険である」といった,具体的に詰めた内容の教会首脳の談話であった[37]。

3. 改変された反教権主義条項と教会の新しい地位

1991年11月1日の大統領教書の発表から3ヵ月足らずの,翌1992年1月28日に,反教権主義条項として知られた,憲法第3条,第5条,第24条,第27条,第130条の改正案が与党PRIによって提案され,圧倒的多数の賛成で成立した[38]。以下でみるその内容から,メキシコのカトリック教会は,19世紀半ばのレフォルマ革命とメキシコ革命で失った地位と影響力を再びもつことの可能な,法的地位を取り戻したことが分かる。なお1992年7月には,この憲法

改正に基づき,「宗教団体および公衆の信仰に関する法律」(Ley de asociaciones religiosas y cultos públicos) という施行細則が公布された。以下では,改変された憲法の反教権主義条項に関する,それまでの経緯と改変された要点のみに言及する。なお改変前と改変後の関係条項（第3条, 第5条, 第24条, 第27条第Ⅱ項と第Ⅲ項, 第130条）の全文（原文および邦語訳）は, 資料4に収録されている。

憲法第3条は,1917年に制定された原文では,第7章で取り上げたように「教育の自由」を謳ったもので,1934年にいわゆる「社会主義教育」のために修正され,さらにその修正が行なわれ（1946年）,1980年の改変を経て,単に教育の自由を謳うだけでなく,宗教教育を排除するための具体的な制約を明文化した,全9項からなる条文となっていた。改変された第3条では,宗教に関わる旧条文の第Ⅰ項から第Ⅳ項までの構成が大きく再編さたほか,一部の文言が削除・変更されている。

保持された原則は,教育を非宗教的なものとすることである。しかし旧第Ⅳ項で明記されていた「宗教団体,聖職者,教育活動に専念もしくは主に従事する株式組織の団体,ならびに,いずれかの宗教的信仰の普及に関わる協会もしくは団体は,形式のいかんを問わず,初等,中等および師範教育,ならびに労働者もしくは農民を対象とする教育を行なう学校に関与しないものとする」という全文が,完全に削除されている。すなわち第3条の文脈で読むと,改変前に明示されていた宗教関係者が小学校・中学校・師範学校そして労働者と農民を対象とした学校教育に関わることを禁止していた原則が,国の計画に従うという条件に変更されたことになる。こうして教会および聖職者の公教育への関与が大幅に認められたものとなった。

憲法第5条は,1942年,1974年,1990年の3回にわたり修正された,職業選択の自由と強制労働を禁止した条文であったが,3回の改変後も,修道院の禁止を明文化した箇所は一度も修正されずに残っていた。しかし「……法律は,名称がどのようなものであれ,修道会の設立を許さないものとする」という文言が削除された。つまり,修道院の設立が認められたのである。

憲法第24条は,信教の自由を保障した条項で,1917年の制定以来一度も修

正されたことがなかった。旧条文で改変されたのは2点である。まず第1点は，旧条文にあった個人の信教の自由を認めた上で宗教的儀式は「寺院または自己の住所において」行なうものとするという文言が削除されたことである。なお「公衆の礼拝に関する宗教行為は，的確に，寺院内で挙行されなければならない」とする箇所は，「通常は寺院内で挙行されなければならない。例外的に行なわれるものは，施行細則に基づくものとする」という文言に変更され，宗教行事の遂行が厳しい国家の管理下から原則的に解放された。つまり「的確に」という文言が「通常では」と書き換えられ，従来たびたび問題視された野外での宗教儀式と行列が手続きさえ踏めば比較的容易に実施できることになったと理解できる。なお改変された条文では，連邦議会が特定の宗教を創設したり，禁止する法律を制定することができない旨が追加されている。

憲法第27条は，土地と水の根源的な所有権は国家にあるとする理念を表明し，農地改革および外国資本の国有化の根拠となった条文で，長い前書きと全20項からなる長大な条文であった。この第27条はそれまでに16回改変が行なわれていたが，教会の資産所有に関する第II項と第III項は，1992年まで一度も修正されていなかった。

宗教団体の不動産取得と保有を禁じた旧第II項では，宗教団体が宗教儀式に使用する礼拝堂すら国有財産とされ，宗教団体が本来の目的のために使用する建物は連邦政府から貸与されて使用することになっていた。この詳細な規定は，資料4でみるように，制限があるとはいえ大幅に改変され，「第130条および施行のための法律に基づいた宗教団体は，その目的を遂行するために不可欠な不動産を，施行するための法律が定める条件と制限に従って，取得し，排他的に保有し，管理する能力を有するものとする」という，簡潔な文言に書き換えられた。つまり，教会は制約があるとはいえ，不動産を取得し，所有することが可能となった。

慈善施設など，宗教団体以外の団体がその目的に必要とする以外の不動産取得と保有を禁止し，かついかなる形であれ宗教団体との関わりを拒否した第III項もまた，第II項と同様に，団体の本来の目的に使用される不動産の取得・保

有を認める内容に変更されたほか，後半の部分が削除されて簡潔な条文となった。

第130条は，第7章で取り上げたように，教会と聖職者の行動を詳細に規制した，長文の条文であったにもかかわらず，項の区分がなかった。また1917年に制定されてから一度も修正されていなかった。資料4でみるように，この第130条はその構成と全文が大きく変更され，分量も旧条文の3分の2ほどに縮小された。以下では，改変された新条文で付けられたa－eの順序に従い，要点とその意味について整理し列挙する。

(a) は，教会および宗教団体に法人格を認知することを明記した箇所で，法律の定めるところに従って登録することで法人格を取得できることになった。法人格の取得は，財産の取得と保有，学校や各種施設の経営などの認可に関わることである。この部分と関連する第27条II項において，宗教団体は法律の定めるところに従えばその目的を遂行するために不可欠な不動産を取得し所有・管理することができることになった。

(b) は，「政府関係機関は宗教団体の内面的活動に関与してはならない」という短い文言となっているが，これは旧条文にはなかった部分である。政教分離の原則を文字通りに受けて，宗教本来の活動に関して国家は一切干渉しない旨を宣言したものと解釈できる。

(c) では，外国人聖職者は国外からの指示で宗教活動をするとされて聖職者をメキシコ生まれのメキシコ国民に限っていた旧条文が書き換えられた部分である。外国人でもメキシコの法律に従えばメキシコで聖職者として活動できることが明記されている。

(d) では，旧条文で完全に否定されていた聖職者の公民権の一部が認められた。現職の聖職者が公選によって公職につくこと，すなわち，被選挙権

は旧条文と同様に否定されているが，投票権は認められた。ただし僧籍を離脱した場合には被選挙権は認められる。

(e) では，旧条文に盛り込まれていた次の6点，すなわち，① 聖職者の政治的集会への参加と政治的発言および活動の禁止，② 宗教上の信仰と関係する文言や名称を付けた政治団体の結成の禁止と寺院における政治集会の禁止，③ 約束と契約の不履行に対する責任，④ 聖職者とその家族および宗教団体が，個人から遺言による財産相続を受けることの禁止，⑤ 婚姻の民事婚は，そのまま残っている。

新条文で削除された部分は，① 聖職者をひとつの職業とみなし，その職制に関して制定される法律に直接服すること，② 各州の立法府が州内の事情に応じて聖職者の必要数を決定すること，③ 新たな礼拝所設置に関して当局の許認可が必要であること，④ 寺院管理者の登録と変更に関する煩雑な手続き要件の撤廃，⑤ 聖職者が受ける専門教育における認定の拒否である。すなわち，新条文では教会と聖職者の資格と活動に関する制限と規制が大幅に緩和され，それまで州政府が保有していた聖職者数や新しい教区および教会の建設の許認可権が消滅したことである。

む　す　び

サリナス大統領主導で進められたと教会側が主張する，サリナスのヴァチカンへの接近と憲法改変への取り組みの背景として，次のような要因がサリナス大統領を行動に移させたと理解することができる。

第1に，メキシコ革命の理念を保持し，革命の正統な後継者を自認してきたPRIの一党支配体制が，大統領選挙の集計における「謎のコンピューター故障事件」によって，サリナスの大統領選出を含めた不正，汚職，腐敗を蔓延させた非民主体制の象徴となっていたこと，そして1982年にはじまった経済危機と政治の混乱が，強力な支援者を必要としたサリナスをカトリック教会へ接近

させる大きな要因となった。

　第2に，このような戦略で教会に接近を図ったサリナスにもまして，教会側にも打算があった。1960年代にラテンアメリカで広まった，「解放の神学」派のメキシコにおける台頭は，ローマ教皇代理（のちに特使）プリジオーネと緊密に連携していたメキシコ司教協議会（CEM）の中枢部にとっては深刻な問題であった。教会首脳は，革新派司教を隔離追放するためにも国家に擦り寄った。

　第3に，ヴァチカン側にも，解放の神学の台頭に直面する中で，メキシコのみならずラテンアメリカのカトリック教会が岐路に立たされているという認識があり，解放の神学派聖職者の活動を抑止すると同時に，プロテスタントの拡大を阻止しようとする考えから，ヴァチカンはサリナスの立場を利用し，また支援して，憲法改変にいたる過程でサリナスに好意を示し続けた。

　第4に，サリナスは東欧諸国を歴訪したが，この体験を含めて，サリナス政権時代に起こったソ連邦および東欧諸国の社会主義体制の崩壊と民主化の進展に伴って旧社会主義圏での宗教の復興が顕著になったことが，メキシコにおけるカトリック教会の存在意義を再認識させる重要な契機となった。

　第5に，本章では取り上げなかったが，メキシコでは，1980年代には多様な市民グループが基本的人権の擁護と貧困問題の解決への取り組みを求めて立ち上がり，その市民運動が全国規模で拡大しつつあり，このような目覚めた国民をPRI支持へと引き戻すには，長年にわたって慣行となっていた，利権と金と支援物資をばら撒くポピュリスト型政治だけでは難しく，より広い影響力をもつカトリック教会との協調関係こそがPRI（プリ）体制の危機を緩和させることができると考えられた。

　第6に，サリナス大統領が目指した，国際社会で容認される「先進国メキシコ」の地位を確立するためには，教会に法人格を認め，「人権と社会正義に取り組む宗教団体」として自他共に認めるヴァチカンとの関係を正常化することが必要であった。

　以上のように整理した要点から結論を出すなら，メキシコにおいて国家と教会が互いに手を結ぶ必要があったために，サリナスと教会とヴァチカンは相互

の関係を見直しながら接近し合い，その結果として憲法の改変が実現したのである。したがって一部で議論されている「どちらが積極的に接近したか」ということは，それほど重要な問題ではないであろう。補論でみるように，現代メキシコ社会におけるカトリック教会の影響力は，サリナスや教会首脳が考えていたよりもはるかに小さなものである。その意味では，国民の意思を統括し，間接的であれ政治的目的に活用しようとした思惑は外れたと考えることができよう。

終　　章

確立したメキシコにおける政教分離とカトリック教会

　本書のテーマ「メキシコ革命とカトリック教会の関係」について考察するにあたり，序章において筆者はこのテーマに関して抱いてきたいくつかの疑問を提示した。それらを要約すると，2つの問題に集約できる。その1つは，メキシコ革命がマデロに代表される自由主義者たちによる政治の民主化運動にはじまり，全国民を巻き込んで農地と労働問題の根本的な改革を目指す革命運動へと発展する過程で，なぜあれほどまでに激しい反教権主義的運動を招き，19世紀後半のレフォルマ革命によって解決されていたはずの国家と教会の関係が革命憲法の制定過程で重要な審議課題となったのかという問題である。もう1つは，1917年に制定された革命憲法の反教権主義条項である第3条，第5条，第24条，第27条第II項と第III項および第130条が，1930年代に社会主義教育を導入するために第3条が一度改変されたのち再度変更されたという例外を除くと，1992年まで「触れてはならない条項」として憲法上で堅持されながら，その憲法上の理念と現実に大きな乖離が存在していたという問題である。

　そこで本書では，3つの課題を設定して，考察と検証を試みた。第1の課題は，メキシコ革命における教会問題の歴史的背景を整理することである。そのために第1-3章で構成された第I部で，独立運動からメキシコ革命勃発にいたる時期の，国家と教会の関係を考察した。第2の課題は，メキシコ革命が徹底した反教権主義運動へと転換した革命動乱期にカトリック教会と聖職者が迫害された実態を検証し，反教権主義条項を盛り込んだ革命憲法の制定過程を考察することである。そのために，第4-7章で構成される第II部を設けた。第3の課題は，革命憲法の反教権主義条項に基づき，カトリック教会と聖職者の活動を国家の管理下においた革命後の，メキシコにおける国家と教会の関係を考

察することである。そのために設定された第8-10章で構成された第Ⅲ部では，カトリック教会と国家が，「対決から協調へ」とその関係を転換させる過程を考察した。以上のような構成で取り組んだ本書で明らかにしたことは，次のような点である。

第Ⅰ部（第1-3章）で明らかにしたことは，カトリックを国教と位置づけた19世紀前半の独立国家建設期において宗教団体（カトリック教会）の政治への介入を制限しようとする政教分離の原則が，聖職者の被選挙権の否定という形ですでに芽生えていたことと，教育を世俗化（非宗教化）する必要性が認識されていたことである。第1章では，独立運動期を含めた19世紀前半の新生国家建設期に制定された4つの憲法においてカトリックが国教として位置づけられた背景を考察した。とくに王権とカトリック教会が一体となって進めた，植民地支配におけるカトリック教会の特権と地位を保障した「宗教保護権」をめぐる新生国家と教会の対立と，多様な住民で構成された新生国家メキシコが国民統合の基軸としてカトリック教会を必要とするという，保守派と自由主義派の共通認識を考察した。同時に，聖職者への政治参加を投票権に留めた憲法条項を検証することによって，政教分離への萌芽があったことを明確にした。

第2章では，19世紀後半に実権を握った自由主義勢力が，レフォルマ革命と呼ばれる「宗教改革」を断行した過程を検証した。ここで明らかにしたことは，レフォルマ革命が追求した反教権主義の激しさと徹底した改革のための立法化である。カトリック教会と聖職者が保有していた特権の廃止，信教の自由の確立，教会資産の国有化，社会生活と教育に対する教会の介入の大幅な制限などを検証することによって，国家と教会の関係が根本的に改変されたことを明らかにした。

第3章では，第2章で検証したレフォルマ革命によって「信仰としての精神的・社会的役割」を除く，ほぼすべての特権と富と影響力を失ったカトリック教会が，ディアス独裁時代（1876-1911年）に復活したとする従来の主要な研究に対して異論を提示し，その論拠を示すためにディアス大統領と教会首脳の関係，教会組織の再編，近代教育制度の導入とその実態を考察し，「教会はディ

終　章　確立したメキシコにおける政教分離とカトリック教会　285

アス時代に復興した」とする従来の多くの研究者の主張が必ずしも正確ではないことを明らかにした。

　第Ⅱ部は，本書の中心課題である，メキシコ革命動乱期におけるカトリック教会の問題と1917年2月に公布された革命憲法における反教権主義条項の制定過程を取り上げた，第4-7章で構成されている。第4章では，マデロを中心とする自由主義者たちが要求した政治の民主化を求める運動としてはじまった改革運動がカトリック勢力を再び「政治化」させた過程を，国民カトリック党（PCN）の出現とその活動を考察することによって明らかにした。革命動乱期（1910-1915年）前半の，わずか3年足らずの期間存在したにすぎなかった国民カトリック党（PCN）は，従来の研究では断片的にしか取り上げられなかったため，その影響について深く考察されることはなかった。本書では政治の民主化を要求して蜂起した自由主義者マデロがカトリック勢力による政党結成を歓迎したことを明らかにしたが，ウエルタ反革命政権時代（1913-1914年）に国民カトリック党（PCN）が教会首脳と共にウエルタ政権を支持したことによって，ウエルタ政権崩壊後に展開された護憲派勢力による反革命勢力に対する攻撃が激しい反教権主義運動へと転換した経緯を，第5章で考察した。

　第6章と第7章では，革命動乱を制した護憲派勢力による1917年の革命憲法の反教権主義条項が，どのような特徴を有する代議員で構成された制憲議会で，どのように審議されて成立したのかを考察した。まず第6章では，制憲議会代議員の資格がその選出過程で1857年憲法の擁護者である護憲派勢力に限定されていたにもかかわらず，制憲議会が農地改革を含む根本的な社会改革を目指す急進的な制憲議会へと変容したことについて，代議員の経歴と思想を検証することにより制憲議会の急進性と特徴を明らかにした。制憲議会に結集した代議員たちの71％が弁護士と医師を中心とする専門教育を受けた高学歴者で構成されており，彼らの多くが反ディアス運動，マデロ運動，護憲派運動に参加して急進的な改革主義者となっていたことを明らかにした。

　第7章では，第6章でみたような高学歴の専門家集団を中心として構成された制憲議会において審議された反教権主義条項の成立過程を，制憲議会の議事

録に残された代議員たちの発言の内容を検証することによって考察した。その結果,代議員たちがカトリック教会と聖職者を「メキシコ社会を後進状態に押し留めた諸悪の根源」としてみなし,政教分離の理念を超えた,怨念とも呼べるような激しい憎悪の念をカトリック教会と聖職者に対して持っていたことを明らかにした。

　第Ⅲ部は,革命憲法制定後の政教関係を3つのテーマに分けて考察した第8-10章で構成されている。第8章では,革命憲法に盛り込まれた反教権主義条項が,カトリック教会と敬虔な信徒集団による激しい反発と抵抗を招き,それが「クリステーロの乱」と呼ばれる3年に及ぶ国家とカトリック勢力が対決した宗教戦争(1926-1929年)へと発展した過程と,その終結後に国家と教会首脳が歩み寄ることによって成立した,教会と国家の間に形成された「非公式の協調関係」の実態を考察した。ここでは,革命政権の確立期でもある1920年代に展開された国家と教会の激しい対立を,単に強固な反教権主義者であったカリェス大統領とカトリック勢力の衝突として捉えるのではなく,むしろ全国の州政府が採択した反教権主義的立法を検証することで反教権主義が全国規模で追求された事実を明らかにした。

　この1920年代後半から1930年代前半の対立関係は,やがて非公式の協調関係へと変容し,さらに1979年のローマ教皇のメキシコ訪問によって公式の協調関係へと転換したが,その転換点となった1979年のローマ教皇ヨハネ・パウロ2世のメキシコ訪問を取り上げたのが,第9章である。ここでは,1859年から外交関係を断絶させていたメキシコとローマ教皇庁との疎遠な関係の中で実現されたヨハネ・パウロ2世のメキシコ訪問が,徹底した政教分離の姿勢を堅持する歴代革命政権と,経済的に無力化され社会的影響力を失ったカトリック教会という,それまでの短絡した革命政権とカトリック教会の関係認識を見直す契機となったことを明らかにした。

　第10章では,1980年代の政治・経済危機の中で,革命の後継者である制度的革命党(PRI)政権がその権力を失墜させていく過程で成立した,サリナス政権(1988-1994年)の断行した革命憲法の大幅な改変によって,反教権主義条項

が実質的に破棄された背景を考察した。1980年代の国家財政の破綻と経済危機を克服する過程で，国際金融機関と先進諸国からの支援と協力を受けたサリナス政権は，アメリカをはじめとする先進諸国と世界銀行などが求める経済構造の抜本的改革を進める過程で，国民に精神的影響力を有すると判断したカトリック教会へ接近し，憲法の反教権主義条項を改変するにいたった過程を明らかにした。

　以上のように，独立によってはじまった国家と教会の対立は，レフォルマ革命とメキシコ革命を経て徹底した政教分離と国家による教会の管理体制の確立へと発展した。しかしこの管理体制はサリナス政権によって破棄され，革命憲法における反教権主義条項は大幅に改変された。教会は政治の舞台に再び登場したのである。その象徴的な出来事は1988年12月1日の大統領就任式であった。政教分離を表明している多くのキリスト教を主要宗教としている国々では，就任式で新大統領が聖書に手を置き神に誓約し，その式典に高位聖職者が列席することが恒例となっている。しかし宗教と政治が儀礼的にではあっても関与しあうこのような光景は，メキシコでは19世紀のレフォルマ革命で否定され，メキシコ革命でさらに厳しく排除され，少なくとも1988年のサリナス大統領の就任式に高位聖職者が出席するまで見られなかった光景であった。政治家と官僚は公人として，神に誓約することも，ミサに出席することや，聖職者と接触することも，禁じられていたからである。このような政治と宗教の関係のあり方を規定した反教権主義条項が制定された背景には，カトリック教会が16世紀はじめの進出以来，メキシコ人の心を征服し，支配し続け，経済的搾取を続け，かつ宗教組織への無条件の服従を強いてきた結果がもたらした「メキシコ社会の後進性」に対するメキシコの指導者層の怒りがあったことを，本書では明らかにした。

　しかし，このようなメキシコ革命憲法の反教権主義条項に集約された，カトリック教会に対する革命運動の指導者層の激しい憎悪とは対照的に，メキシコ国民の大多数は現在でも敬虔なカトリック信者として暮らしている。カトリック的精神が社会の摩擦を緩和し，人びとに安らぎと寛容の気持ちをもたらし，

権力抗争としての国家と教会の関係を超えた，宗教としてのカトリックの役割は，肯定的に認知することができる。そこで，国家レベルでの政教関係と，国民とカトリック教会の関係との間にある乖離の実態を明らかにするために，補論として「現代メキシコ社会とカトリック教会」を追加することにした。そこで明らかになるのは，メキシコ国民のほとんどは国際的にみても強い宗教心を抱く国民であり，カトリック信仰を堅持しているが，同時にメキシコ人は政教分離を明確に支持しており，カトリック教会と聖職者に対する国民の信頼は決して高くはなく，カトリックの教義と根本的に対立する家族計画やエイズ予防キャンペーンなどをメキシコ国民が支持していることである。

メキシコ革命は，植民地時代の負の遺産としてのカトリック教会から，その特権と富と権力を，徹底的に剥奪した。そのために，メキシコ国民は多大な犠牲を払った。また教会は立ち直れないほどの打撃を蒙り，カトリック教会はメキシコの歴史の中の1頁に納まったかにみえた。しかし革命の後継者である制度的革命党 (PRI) 政権は，その弱体化に歯止めをかけるためにカトリック教会に擦り寄った。サリナス政権が断行した1992年の憲法改変によって，革命憲法の反教権主義条項は大幅に書き換えられ，カトリック教会が一定の復活を遂げる環境が整えられたのである。本書が考察の対象としたのは，この憲法改変までである。

その後，政治家と教会および聖職者の関係はさまざまな分野で緊密化し，また時には対立している現実が広く知られている。政治と宗教（カトリック）が，それぞれの利害に敏感，かつ貪欲に反応し，相互に利用し合う関係がより加速している。

補論

現代メキシコ社会とカトリック教会
―― 1990年代のアンケート調査が描くメキシコ人と宗教 ――

はじめに

　メキシコを含むラテンアメリカは、世界のカトリック信徒総数11億人の中の5億人を擁する世界最大規模のカトリック地域である。その背景には、1492年のコロンブスの新大陸「発見」以降、ほぼ3世紀にわたるスペインとポルトガルの植民地時代を通じて、この地域がカトリック教会の厳しい支配下におかれ、独立後もカトリック教会が長年にわたり国教の地位を保持して、政治・経済・社会に大きな影響を与え続けた歴史がある。

　このようなラテンアメリカ地域では、各国が独立以降の新生国家建設の過程で受け入れた19世紀の自由主義思想と、19世紀後半から20世紀にかけて採用された自由主義経済政策によって、反教権主義運動が激化した。3世紀にわたって蓄積した莫大な資産を所有し、政治的にも社会的にも国家主権を凌駕する強大な影響力を保有するカトリック教会からの解放を目指した自由主義勢力と、教会を擁護する保守勢力の間で、壮絶な抗争が展開されたのである。そのようなラテンアメリカ諸国の中で、メキシコほど徹底した反教権主義体制を長期にわたって保持した国は、20世紀後半に社会主義体制を選択したキューバを除くと、存在しないといっても過言ではない。

　メキシコは、1821年に独立を達成し1824年の憲法で「カトリックを国教とする」ことを謳ったが、1830年代にゴメス=ファリアス (Valentín Gómez Farías) が教会の権限を制限する自由主義改革に着手し、1854-1876年のレフォルマ革命によってベニート・フアレス (Benito Juárez) をリーダーとする自由主義勢力が、政教分離、信教の自由、公教育からの宗教の排除、婚姻と住民登録と墓地

管理の世俗化，教会資産の国有化などを断行した。この間，フアレスの率いる自由主義政府は，教会を擁護して新たな政権を樹立した保守勢力と3年にわたる内戦を戦っただけでなく，保守勢力が擁立したフランスのナポレオン3世の送り込んだマキシミリアンによる帝政とフランス軍を相手に戦うという，フランス干渉戦争（1863-1867年）として知られる戦争を経験しなければならなかった。そしてこの間の1859年に，メキシコはヴァチカンとの関係を断ち，それを復活させたのは1992年になってからである。

　1910年に勃発したメキシコ革命では，政教分離を謳った1857年憲法を擁護して戦った護憲派勢力の勝利によって，さらに徹底した反教権主義条項が1917年の革命憲法に盛り込まれた。その施行過程で，「クリステーロの乱」と呼ばれるカトリック信者と教会勢力を相手に革命政府は1926年から3年にわたる武力抗争を経験し，それに勝利してカトリック教会の影響力を徹底的に剥奪することに成功した。しかも，この革命憲法に盛り込まれた反教権主義条項の骨格は，1992年の憲法改変にいたるまで変更されなかった。法律と実態との間に乖離があったものの，カトリック教会は公教育への関与を認められず，資産のすべてを接収され，法人格を否定された上に，公式には政治的発言はもとより貸与された教会敷地および礼拝堂以外での宗教活動を禁止され続けてきたのである。

　この状況を変えたのが，1992年の憲法改変である。この憲法改変によって，反教権主義条項として名高かった1917年憲法の第3条，第5条，第24条，第27条，第130条の大幅な改変が行なわれた。しかもこれを断行したのは，メキシコ革命の根幹をなす思想と理念を保持し続けた革命勢力の正統な後継者である，制度的革命党（Partido Revolucionario Institucional＝PRI）のサリナス政権であった。こうして，1992年の憲法改変によって宗教団体は法人格を認められ，資産の保有を許され，市民権を否定されていた聖職者に投票権が与えられ，さらに制限つきながら教会の教育への関与が認められた。さらに1859年から断絶していたヴァチカンとの外交関係が，133年ぶりに復活した。

　このように1世紀以上にわたって国家と教会が対立関係を続けてきたのち

の，1990年代におけるメキシコ国民のカトリック信仰とは，どのようなものなのだろうか。カトリック信仰に基づく価値観・社会規範・倫理・伝統などは，メキシコ人の日常生活にどのような形で保持されているのだろうか。本補論の目的は，このような関心と問題意識の上に立って，現代メキシコにおけるカトリック教会と国民および国家の関係を，刊行されている統計資料とアンケート調査の結果を利用して分析することにある。

メキシコ国民の精神文化と宗教観については，メキシコ社会における教会をめぐる環境が大きく変わろうとしていた1990年前後から今日にかけて実施された，さまざまな世論調査によって知ることができる[1]。それらの中で本補論が依拠するのは，主として次の3つの世論調査である。

1．Ronaldo Inglehart, et al.(eds.), *Human Beliefs and Values: A Cross-Cultural Sourcebook Based on the 1999-2002 Values Surveys* (México,D.F.: Siglo XXI Editores, 2004). 以下，本補論では「アンケート調査1」と略す。

2．"Encuesta: Estado, elites y creencia," *Este País*, no.38 (1994), pp.23-29. これはメキシコの世論調査および論評で定評のある『エステ・パイス』(*Este País*)誌が，1993年10-11月に458人を対象として実施した「国家，エリート，宗教」にテーマを絞った，アンケート調査である。以下，本補論では「アンケート調査2」と略す。

3．メキシコを代表する『エクセルシオール』(*Excelsior*)紙は，1990年4月に全国3,500人を対象としたアンケート調査を実施し，同年5月6日の同紙に「国家と教会に関する全国世論」として発表した。これは，ローマ教皇ヨハネ・パウロ2世が2回目のメキシコ訪問をする直前に実施されたものである。以下，本補論では「アンケート調査3」と略す。

なお，これらの調査のデータは同じ年の数値でないだけでなく，サンプル数も調査方法も異なるため，厳密な比較数値を引き出すことはできないが，大筋としてメキシコ国民の宗教心を理解できるものと考える。

1. 国際比較でみる現代メキシコ社会と宗教

「メキシコ的なもの、すなわちカトリック的なもの」という表現がある。日常生活の中でメキシコ人がとる何気ない立ち居振る舞いにカトリック信仰の深さを感じさせるだけでなく、カトリック信仰と一体化した人生観がメキシコ人の生き方であることを示す表現である。しかし本当にそうなのだろうか。メキシコ国民の88％（2000年国勢調査）がカトリック信徒であることを考えると、カトリック信仰はメキシコ人の国民性と伝統文化の根幹をなすといっても過言ではない。しかしのちに検証するように、メキシコ人のカトリック信仰には「脱カトリック教会」性が深く根づいている。

現代メキシコ社会と宗教に関する特徴を挙げると、次の3つに要約できる。第1の特徴は、統計数字からみてメキシコが人口規模および人口比において世界有数のカトリック大国であることである。総人口約1億の88％がカトリックで、11億に達する世界のカトリック信者の中でブラジルに次いで世界第2位の信者数を有するのがメキシコである。第2の特徴は、国民の信仰心の篤さである。これについては本補論で検証する。そして第3の特徴は、本論で考察したように、政教分離と脱カトリック化（世俗化）の理念が比較的普及していることである。

それではまず、この世界的にずばぬけて信仰心の篤いメキシコ人の姿を、世界79ヵ国を対象として行なわれた「アンケート調査1」における宗教に関するデータから描いてみよう。なお調査年は国により異なり、1999年から2002年の間に実施されている。

表1は、「あなたの人生で宗教はどのくらい重要ですか」という質問に対して、「非常に重要である」と答えた割合を示したものである。調査対象となった79ヵ国中の最上位は、インドネシアの98％で、90％台をイスラム圏の国々が占め、カトリック世界であるラテンアメリカの最上位はエルサルバドルの87％で、79ヵ国中第8位であった。同表でみるように、ウルグアイのような例外的な国もあるが、アメリカ合衆国を含めてアメリカ大陸諸国の国民の多く

補　論　現代メキシコ社会とカトリック教会　　295

表1　宗教の重要性についての国際比較（カッコ内は世界79ヵ国中の順位）

アメリカ大陸上位10ヵ国	割　合（％）	世界下位10ヵ国	割　合（％）
エルサルバドル	87　（8位）	フランス	11（70位）
メキシコ	68（18位）	ラトビア	11（70位）
ブラジル	65（20位）	スエーデン	11（70位）
ベネズエラ	64（21位）	ベトナム	10（73位）
アメリカ合衆国	57（22位）	ドイツ	9（74位）
ペルー	53（24位）	デンマーク	8（75位）
コロンビア	49（28位）	チェコ	7（76位）
チリ	47（47位）	日　本	7（76位）
アルゼンチン	47（47位）	エストニア	6（78位）
ウルグアイ	23（49位）	中　国	3（79位）

［出所］「アンケート調査1」より。

が宗教を非常に重視している。メキシコでは，68％が「宗教は自分の人生にとって非常に重要である」と答えており，アメリカ大陸諸国の中ではエルサルバドルに次いで第2位であった。同表に示された日本を含めた下位10ヵ国の数字と比較すると，メキシコ人の宗教心の篤さが分かる。

さらにこの**表1**を，ラテンアメリカ諸国におけるカトリック人口の割合の推移を示した**表2**とあわせて眺めると，興味深い事実が浮かび上がる。調査年が異なるので厳密な比較はできないが，1997年の人口に占めるカトリック信徒の割合がメキシコより高いアルゼンチン，エクアドル，エルサルバドル，ホンジュラス，ベネズエラ，ペルーの中で，エルサルバドル人を除くとメキシコ人ほど「人生で宗教は非常に重要である」とは答えていない。

メキシコはエルサルバドルと並んでカトリック人口の占める割合が高いだけでなく，カトリックが人生において非常に重要な意味をもつ数少ない国であるということが分かる。メキシコと対照的な国はアルゼンチンである。人口に占めるカトリック信徒の割合がラテンアメリカ諸国中もっとも高い国であるにもかかわらず，**表1**で示されているように，「宗教が人生において非常に重要だ」とする割合は47％である。以上のデータから，メキシコは，世界最大規模の

表2 ラテンアメリカ諸国の総人口に占めるカトリック人口の割合

国　名	1981年	1990年	1997年	増減傾向
アルゼンチン	92.1	93.0	93.8	↗
エクアドル	90.2	93.0	93.8	↗
エルサルバドル	90.4	93.6	93.5	⌒
ホンジュラス	95.8	93.5	92.7	↘
ベネズエラ	92.2	91.9	91.0	↘
ペルー	92.1	92.0	90.4	↘
メキシコ	92.8	95.4	90.0	⌒
コロンビア	95.5	92.7	89.8	↘
ドミニカ共和国	94.8	91.2	89.3	↘
ニカラグア	91.6	90.7	89.0	↘
ボリビア	93.7	92.6	88.6	↘
コスタリカ	93.5	90.3	88.0	↘
パラグアイ	91.2	92.9	87.0	⌒
ハイチ	83.4	89.5	87.0	⌒
パナマ	88.8	87.9	86.5	↘
ブラジル	90.1	88.0	86.0	↘
グアテマラ	83.6	80.7	85.0	⌣
チリ	85.5	81.7	78.2	↘
ウルグアイ	78.6	78.2	77.6	↘
キューバ	41.2	41.2	43.6	↗

［出所］　James W. Wilkie (ed.), *Statistical Abstract of Latin America. vol.38* (Los Angeles : University of California at Los Angeles, Latin American Studies Center Publications, 2002), pp.358-362.

カトリック信徒数を擁するラテンアメリカの中でも，カトリック信仰がとりわけ強い国のひとつであることが分かる。

また，**表2**から，「失われた10年」として歴史に刻まれた経済危機を経験した1980年代から90年代にかけて，ラテンアメリカ諸国20ヵ国中12ヵ国はカトリック信者の総人口に占める割合を漸減させながらも，安定したカトリック世界を保持してきたことが分かる。その中でメキシコは，エルサルバドル，パラグアイ，ハイチと共に信者の占める割合が1981年よりも経済危機を経験していた1990年に高くなり，1997年にはそれを低減させた。これは，1980年代に経

表3 ラテンアメリカ諸国のカトリック信仰度の比較

国　名	2000年人口 (単位1,000人)	カトリック人口 の割合（％） (1997年)	宗教の重要度 (％) (1999-2002年)	教会への出席度 (％) 1999-2002年
アルゼンチン	37,032	93.8	47	43
ペルー	25,662	90.4	53	71
メキシコ	98,881	90.0	68	75
チリ	15,211	78.2	47	45
ウルグアイ	3,337	77.6	23	23

［出所］「アンケート調査1」および表2より作成。

験した経済危機による社会不安が国民の宗教への依存度を強めたのかもしれないし，あるいはラテンアメリカの多くの地域に進出しているプロテスタント諸派への改宗が進んだ結果かもしれないが，本補論ではこれらの問題にまで考察を広げない。一方，アルゼンチンとエクアドルは，総人口に占めるカトリック信者の割合をこの間ずっと漸増させてきた。それに対して，グアテマラのみが1990年のカトリック信者の総人口に占める割合を1981年よりもかなり低下させたのちに，内戦終結後の1997年にその割合を1981年における数字より高くしている。キューバは，1997年にカトリック信者数の復活傾向を示している。

　表3は，表2から国民のカトリック人口の割合の高いアルゼンチンとペルーを，そしてカトリック人口の割合が低いチリとウルグアイを選び，メキシコにおける20世紀末のカトリック信者の実態と比較するために作成したものである。メキシコと類似したパターンを示したのはペルーで，「宗教が自分の人生にとって非常に重要である」とする割合と，実際に教会に出かける信者の割合に類似性がみられる。それに対して，カトリック信者の占める割合が比較的低いチリとウルグアイの場合，「宗教が自分の人生にとって非常に重要である」とする水準もかなり低く，当然ながら教会に出かける割合も低い。興味深いのはアルゼンチンで，先に指摘したようにカトリック人口の割合がラテンアメリカで最上位を占めるにもかかわらず，「宗教が自分の人生にとって非常に重要である」とする割合は極度に低く，教会へ出かける割合も低くなっている。こ

表4 1990年と2000年における宗教的信心に関するメキシコ，アメリカ，日本の比較

(単位　％)

項目	メキシコ 1990	メキシコ 2000		アメリカ 1990	アメリカ 2000		日本 1990	日本 2000	
1　神の存在を信じる	93	98	↗	96	96	→	65	53	↘
2　死後の世界を信じる	61	71	↗	78	81	↗	54	51	↘
3　人の魂を信じる	72	93	↗	93	96	↗	75	71	↘
4　地獄を信じる	48	75	↗	71	75	↗	32	30	↘
5　天国を信じる	70	88	↗	87	88	↗	43	38	↘
6　神の重要度*	82	94	↗	77	83	↗	20	28	↗
7　宗教の重要度**	77	89	↗	80	80	→	42	35	↘

注　*質問「あなたの人生にとって神はどのくらい重要ですか」に対する「非常に重要」と回答した割合
　　**質問「宗教から慰みと力を得られると思いますか」に対する回答の割合
[出所]　「アンケート調査1」より。

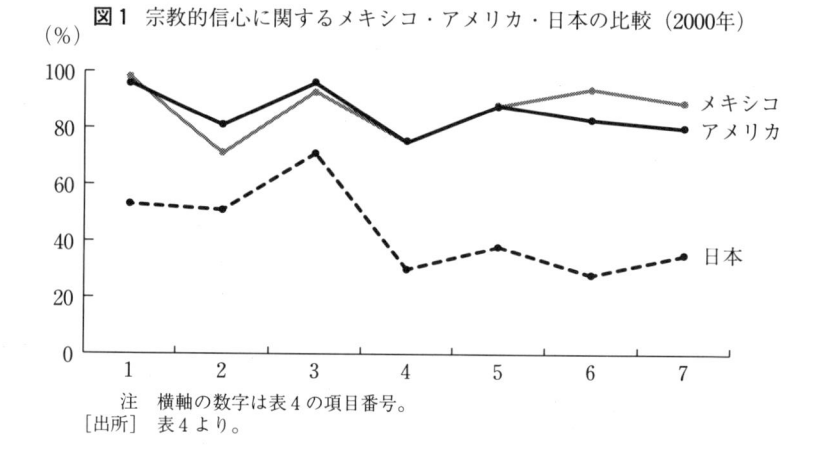

図1　宗教的信心に関するメキシコ・アメリカ・日本の比較（2000年）

注　横軸の数字は表4の項目番号。
[出所]　表4より。

のようなデータからみると，メキシコはカトリック世界であるラテンアメリカにおいて人口に占めるカトリック信者の割合が高いだけでなく，メキシコ人は篤いカトリック信者であるといえよう。

このメキシコ人の宗教心が，プロテスタントの伝統を保持する先進国アメリカ[2]の国民の宗教心と，非常に類似していることを示すデータを整理したのが，

表4と図1である。同表には，宗教に関する国際比較で極度に異質な特徴を示す日本のデータを，対比のために追加した。宗教心と実際の信仰に即した日常生活からみる限り，メキシコ人とアメリカ人は非常に類似した特徴を有していることが分かる。両国民とも神の存在を国民の90％以上が信じており，神の重要性は1990年よりも2000年の方が両国とも高まっている。ただし，1990年と2000年の間にメキシコ人の宗教心がかなり大幅に強まっているのに対して，アメリカ人のそれは微増であった。アメリカの場合，全体的に1990年の数値がもともと高く，10年間に2つの項目に変化がなかったことを除いて，他の5項目は微増しているにすぎないが，メキシコの場合1項目を除くほかの6項目はすべて10ポイントを上回る増加を示している。1990年代におけるアメリカ国民とメキシコ国民の宗教心に関しては，アメリカ国民の宗教観がメキシコ国民よりかなり安定的であったといえよう。それに対して日本の場合，神の存在の重要性が高まったことを例外として，他の項目ではいずれも低下している。

このような宗教に根ざす精神文化の強いメキシコ人とアメリカ人，それに対して非宗教的な日本人の幸福感を探ろうとまとめたのが，**表5**である。総合した幸福感では，メキシコは79ヵ国中第2位で，日本やアメリカよりはるかに高い幸福感を味わっている。メキシコ人の幸福感の中で意外な数値をみるのは，「友人」と「仕事」の項目である。友人をもつことに，あるいは友人と一緒に

表5 幸福感の国際比較

(単位％；カッコ内は世界79ヵ国中の順位)

項　　目	メキシコ	アメリカ	日　　本
家　　族	97 (10)	95 (17)	93 (27)
友　　人	38 (45)	43 (23)	48 (29)
レジャー	51 (10)	43 (23)	44 (19)
政　　治	46 (22)	57 (5)	68 (3)
仕　　事	87 (11)	54 (57)	49 (69)
宗　　教	68 (15)	57 (22)	7 (76)
他人への奉仕	64 (5)	51 (14)	9 (35)
総合幸福感	57 (2)	39 (39)	29 (35)

[出所]　「アンケート調査1」より。

いることにそれほど幸福を感じないメキシコ人というこの数値は、「アミーゴ（友人）の国」として一般的に知られているメキシコ人のイメージを覆すものであろう。仕事に関する傾向は先進国であるほどその重要性は低くなっているが、メキシコ人の仕事に幸福感を感じる強さは異常にみえる。仕事にありつけた幸福感なのか、やりたい仕事をしている幸福感なのか判別することはできないが、全般的に開発途上国並みのレベルである。一方、宗教に関して日本が世界でも極端に異質の国であることはすでに指摘したが、他人への奉仕を重要視する度合いの極端な低さにも日本人の特異性がうかがえよう。

2．メキシコ人にとってのカトリック信仰と教会

　第1節で、メキシコ人が強い宗教心と世界的にみても高い幸福感をもつ国民であることを国際比較で知りえた。しかしメキシコは、世界でも有数の格差の大きな社会でもある。このことを考慮して、「宗教は自分の人生にとって非常に重要である」と答えた68％のメキシコ人について、男女別、年齢層別、教育水準別、経済力別にその重要性の度合いの違いを探るために整理したのが、**表6**である。

　表6の数値は、男性よりも女性が、若い人よりは高齢者層が、教育水準が高い人より低い人が、収入の高い人より低い人ほど、宗教が人生において「非常に重要である」と考えており、これは一般的に容易に予測しうるデータである。しかし若年層（16-29歳）と高齢者層（50歳以上）および教育の高学歴層（高等教育）と低学歴層（初等教育）の間の差は等しく18ポイントで、格差はあるものの、極端な差異があるとまではいえない。とくに、経済面における上層と下層の差は9ポイントとなっており、経済的に豊かなメキシコ人も貧しいメキシコ人も、それほどの差なくおおむね宗教を重視していることが分かる。このようにメキシコ人は、性別や教育と経済力の格差に関係なく強い宗教心を抱いていることを示す、別の調査結果を次に取り上げよう。

　そのデータは、「国家と教会の関係」にテーマを絞ってメキシコのエリート層を対象にして1993年に行なわれた「アンケート調査2」である。対象の61％が

表6 メキシコにおける男女別・年齢層別・教育水準別・収入別にみる宗教の重要度

項　　目		非常に重要（％）
性　別	男	60
	女	75
年齢層別	16-29歳	59
	30-49歳	70
	50歳以上	77
教育水準	初等教育	75
	中等教育	60
	高等教育	57
収　入	下	70
	中	67
	上	61

［出所］「アンケート調査1」より。

大学卒，28％が大学院教育を受け，公共部門と民間企業で働く，収入として「最低賃金の10倍」[3]以上を得ている中間層中位に位置づけられる，まさにメキシコ社会の中間エリート層を対象としたアンケート調査の結果である。彼らの圧倒的多数（89％）は，カトリック教会がメキシコ社会に受け入れられた組織であるとし，メキシコ人の生活全般に影響を与えている（90％）と考えていた。歴史的にカトリック教会が果たした役割を肯定的に受け止める割合も高く（61％），否定的であったのは3人に1人であった（29％）。これらの数字から判断できることは，権力機構としてカトリック教会を否定したレフォルマ革命とメキシコ革命の理念を肯定的に受け止めているのはこの中間エリート層の3割にすぎないことである。

　しかし他方で，メキシコの中間エリート層は現代メキシコ社会とメキシコ人の精神文化にカトリック信仰が深く根づいていることを認識しながらも，必ずしも教会を全面的に評価しているわけではないということもできる。少なくとも3割近い中間エリート層は，次に紹介するように，教会のマイナスの側面を認識していた。彼らの58％はメキシコの政治体制は非民主的であると回答したが，それを上回る64％が教会組織を非民主的であるとした。69％が政治の腐敗を認めたが，教会が腐敗しているとする回答も29％あり，この数字は中

間エリート層の70％が宗教教育を受けたことがあり，かつ現在でも教会に通う人びとであることを考えると（同調査結果），教会組織にみられる腐敗が実体験として認識されていることを示している。実に回答者の83％は組織としての教会が，モラル，教義，組織，信徒への精神的支援などにおいて近代化すべきであると考えていた。そしてカトリック教会は他の宗教団体との共存にもさらに寛容であるべきだとしていた。

このようなカトリック教会が置かれている現状への認識が相当に客観的であると，筆者には思われるにもかかわらず，この中間エリート層が教会の教育に介入することを認める割合の高さは60％と驚くほど高かった。この矛盾はどこからくるのだろうか。公教育制度への不信からくるものであろうと一般論として推測できるが，このアンケート調査からはその答えを得ることはできない。いずれにしても，カトリック信仰の強い中間エリート層は，宗教としてのカトリックと，宗教団体としてのカトリック教会を明確に分けており，教会がメキシコの歴史において果たした役割を批判的に理解しつつ，カトリックの精神文化を支持しているといえよう。

以上では主としてメキシコ人の宗教心についてのデータを取り上げたが，次に宗教団体としてのカトリック教会と聖職者をメキシコ人はどのようにみているのかについて，メキシコを代表する新聞『エクセルシオール』紙が1990年に実施した「アンケート調査3」からみてみる。

『エクセルシオール』紙のアンケート調査が明らかにしたのは，メキシコ国民は全般的に教会の政治介入を断固として拒否する，政教分離の強固な支持者であることである（表7）。政治と教会に関して，教会は政治に干渉すべきでないとする回答者は72％にのぼった。その内容をもう少し詳しくみると，年齢層別では若者73％，成人層72％，高齢者層73％と，ほとんど差がなく教会の政治介入に反対していた。しかし性別では男性の76％に対して女性は69％と女性の方がやや寛容であり，地域別でみると北部の70％，中央部の72％に対して南部では77％が教会の政治介入に反対であった。

一方，参政権を否定されていた聖職者に選挙権を与えるべきであるとする意

表7 教会と政治に関するメキシコ人の意識

(単位：％)

項　目	否定	賛成	分からない
教会は政治に介入すべきか	72.3	23.3	6.8
聖職者に投票権を認めるべきか	64.8	29.6	5.9

［出所］「アンケート調査3」より。

見は，長年にわたる争点であったが，少なくとも投票権を認めるべきであるとする意見は全体で64.8％に達し，南部よりも北部で，収入の低い層よりも高い層で，高齢者よりも若者の方が，聖職者の投票権を支持する意見が強かった。教会の政治への介入は否定するが，聖職者個人の投票権は認めてもよいとするのが，メキシコ人の過半数の意見であると捉えることができる。

表8は，『エステ・パイス』誌が1999年に実施したアンケート調査における「メキシコ人は何を信頼しているか」に対する回答から，まとめたものである。なおこの調査は，先に利用した「アンケート調査2」とは別のものである。本補論が依拠する「アンケート調査3」の『エクセルシオール』紙の調査結果を示した**表9**と**表10**を補強する目的で，**表8**をここで引用する。複数回答で示された，もっとも信頼する対象が両親であることは理解し得るとしても，2位のイエス・キリストと3位の聖母グアダルーペが両親以外の対象と比較すると

表8　メキシコ人が信頼する対象ランキング（複数回答）

順位	対　象	％
1.	両　親	79.8
2.	イエス・キリスト	72.2
3.	聖母グアダルーペ	60.0
4.	両親以外の家族	40.6
5.	聖　職　者	24.2
6.	友　人	21.2
7.	教　師	14.4
8.	新聞記者	2.5
9.	警　官	2.2
10.	政　治　家	0.7

［出所］　*Este País*, no.97（1999年4月），p.32.

表9　政府と教会への信頼度比較

項　目	%
教会の方を信頼する	37.0
どちらも信頼しない	26.8
どちらも同じくらい信頼する	26.1
政府の方を信頼する	7.6
分からない	2.5

［出所］「アンケート調査3」より。

表10　教師と聖職者への信頼度比較

項　目	%
同じくらい信頼する	35.4
聖職者の方を信頼する	28.1
教師の方を信頼する	19.3
どちらも信頼しない	13.8
分からない	3.4

［出所］「アンケート調査3」より。

飛びぬけて高い数値を示していることは興味をそそる。何を根拠として信頼するに足るのか理解しにくいが，漠然とした日常生活における不安をかき消してくれる祈りの対象として，受け入れられているのだろうか。なお，両親とイエス・キリストと聖母グアダルーペ以外に信頼できる者があまりおらず，かろうじて両親以外の家族を40％ほどの人々が挙げている。一方，政治家への信頼度はゼロに近く，警官と新聞記者に対する信頼度も極端に低い。聖職者，友人，教師への信頼度はある程度は存在し，そのうちで聖職者に対する信頼度が一番高いことも分かる。

　一方，政府と教会への信頼度を質問した『エクセルシオール』紙の調査によると（**表9**）信頼度の極端に低い政府よりは高い信頼を受けている教会も，カトリック信者が国民の88％（2000年国勢調査，後出**表13**）を占めるという現実から考えるとかなり低い。しかし**表8**と**表9**をあわせて考察すると，公的権力（政府，政治家，警察）への不信の強さと比較するなら，教会と聖職者への信頼度はかなり高いといえる。また**表8**と**表10**で示されているように，教師への

表11 カトリックの公式教義と現代メキシコ人の価値観

(単位：％)

項　目	賛　成	場合による	反　対	分からない
家族計画	73.9	18.7	5.8	1.7
妊娠中絶	8.4	41.6	47.0	2.7
聖職者の妻帯	35.1	9.2	50.0	5.7
エイズ予防キャンペーン	70.6*		17.3**	12.2

注　* 回答肢「教会がエイズ予防キャンペーンに反対する理由はない」
　　** 回答肢「教会がエイズ予防キャンペーンに反対する理由あり」
[出所]　「アンケート調査3」より。

信頼度は聖職者に一歩譲るとしても、教師がかなり信頼されている存在であることが分かる。

それでは以上でみたように、カトリック信仰が深く根づきながらも組織としてのカトリック教会の政治干渉を強く拒否し、同時に一定の信頼を教会と聖職者に対してもつメキシコ人が、ローマ・カトリック教会の公式教義と対立するいくつかの問題との兼ね合いで、どのような意識をもっているかを次に検討する。**表11**は、ローマ教皇庁が公式に否定する家族計画、妊娠中絶、聖職者の妻帯、エイズ予防キャンペーンの4つの項目について、メキシコ人がどのように受け止めているかを調べた質問への回答をまとめたものである。家族計画は、人口増加率が3.3％台に達し、爆発的人口増加への対応が急務であったエチェベリア政権時代（1970-1976年）に、国家の人口政策として施行されたもので、ほぼ20年の時間的経過の中で完全にメキシコ社会に定着していることを示すデータである。「場合による」という選択肢を含めて90％以上のメキシコ人が家族計画を容認している。そして**表12**でみるように、1980年代以降その成果は着実に上がっていた。メキシコ人女性が一生に産む子供の数（合計特殊出生率）は1970年代前半の6.4人から30年後には2.5人にまで大幅に減っている。

一方、妊娠中絶に関しては、賛否相半ばしていることが分かる。「賛成」と「場合による」とをあわせると反対を上回るが、社会的に根強い反対が存在する。法律で認められている「強姦による妊娠の中絶」でさえ、地域社会の厳しい反対でその権利が認められていないという事態が各地で発生しているのが、

表12 メキシコ女性の合計特殊出生率の推移

期　間	子供の数
1950–55	6.8
1960–65	6.8
1970–75	6.4
1980–85	4.3
1990–95	3.2
1995–2000	2.8
2000–2005*	2.5

注　＊推定値
[出所]　México. Instituto Nacional de Estadística, Geografía e Informática, *Mujeres y hombres en México, 1999*; United Nations Development Program, *Human Development Report 2003*.

　21世紀初頭の現状である。聖職者の妻帯に同意する割合の35.1％という数字は，第7章の制憲議会の審議過程でみたように，メキシコ社会で古くから共有されてきた，カトリックの教義とは異なる現実主義的な聖職者観を示したものであるように思われる。公式には聖職者の妻帯は認められていないが，現実には多くの聖職者が妻帯していることを，メキシコ人は日常生活の中で認識している。反対が半数を占めるとはいえ，多くのメキシコ人は聖職者の現実の生き方に寛容であるといえよう。エイズ予防キャンペーンは，1990年代にはテレビを含めたマスメディアを通じて堂々と行なわれており，「教会がエイズ予防キャンペーンに反対する理由はない」とする回答は家族計画賛成にほぼ匹敵するレベルにまで到達しつつあることが分かる。
　以上のデータから，信仰としてのカトリックがメキシコ人の精神文化に根づいているとはいえ，宗教団体としてのカトリック教会に対するメキシコ人の視線は，レフォルマ革命とメキシコ革命が目指した「脱カトリック社会」が実現しつつあることを示しているように思われる。

3. 国勢調査にみるカトリック社会の変容

　メキシコ人が，国際的にみて非常に宗教心に篤い国民であると同時に，宗教団体としてのカトリック教会に対しては別の視線を有することを前節でみた。そのようなメキシコ社会におけるカトリック信仰が，どのように変容してきたかを探るのが本節の目的である。資料は，1895年より定期的に実施されてきた国勢調査における宗教に関するデータである。

　近代メキシコにおける最初の国勢調査は，1895年に実施されたが，その後1900年から，革命動乱直後に実施された1921年の調査を例外として，いずれも10年ごとに定期的に実施されている。それらの国勢調査から総人口に占めるカトリック信者の割合をまとめたものが**表13**である。第1回から第3回の国勢調査では，国民の99％以上，すなわちほとんどすべての国民がカトリック信者であった。1850年代から60年代にかけて血みどろの宗教戦争（レフォルマ戦争）を体験した歴史的経緯を踏まえてみると，この数字は驚愕すべきものであろう。本論で検証したように，すでに政教分離が憲法で謳われており，教会は不動産の多くを失い，宗教行事に関するさまざまな規制を受けて「19世紀

表13 国勢調査からみるメキシコ国民に占めるカトリック信者の割合

調査年		総人口	カトリック信者	割合（％）
第1回	1985	12,631,558	12,517,528	99.1
第2回	1900	13,607,272	13.519.668	99.4
第3回	1910	15,160,369	15.033,176	99.2
第4回	1921	14,334,780	13,921,226	97.1
第5回	1930	16,552,722	16,179,667	97.7
第6回	1940	19,653,552	19,005,585	96.7
第7回	1950	25,791,017	25,329,498	98.2
第8回	1960	34,923,129	33,692,503	96.5
第9回	1970	48,225,238	46,380,401	96.2
第10回	1980	66,846,833	61,919,757	92.6
第11回	1990	70,562,202	63,285,027	89.7
第12回	2000	84,794,454	74,612,373	88.0

［出所］　各国勢調査より。

半ばまで保った荘厳で神秘的な威厳をもつカトリック教会」という存在が消滅したにもかかわらず，カトリック信徒数は減少していなかった。

　4回目の1921年の調査はメキシコ革命の動乱直後のもので，信者数が人口に占める割合を若干下げていることが分かる。そして1930年の調査でやや数字が回復傾向をみせたが，1940年に再び信者の割合が低下した。この過程をメキシコ革命の推移の中でみると，革命動乱期（1910-1917年）を経て制定された，1917年の革命憲法の反教権主義条項に象徴されるように，メキシコ国民のカトリック信仰に若干の変化が起こったことを示唆するものであろう。しかし，1930年には信者数の回復がみられる。この数字は，メキシコ国民のカトリック信仰の強さを物語るものであろう。なぜならこれは，反教権主義条項を有する革命憲法が制定された後であるだけでなく，本論の第8章で取り上げた1926-1929年の全国を巻き込んだ，熱狂的なカトリック信者と革命政府が武力闘争を展開した「クリステーロの乱」を経験した直後の数値だからである。「キリストは王なり」と叫んで憲法の反教権主義条項の撤回を主張したカトリック信者と，それを支援したカトリック教会は，この時，国家と徹底的に対決した。カリェス政権（1924-1928年）は，1926年に「カリェス法」（第8章を参照）を施行し，やがて革命政府はカトリック教会の資産を徹底的に接収し，反教権主義的傾向の強い州政府を擁立していた地方では聖職者が追放され，礼拝堂が焼き討ちにされた。クリステーロの乱はアメリカ政府の仲介によって武力衝突を停止したが，1920年代から1930年代は，カトリック教会を擁護する狂信的ともいうべき信者と革命政府との間に険しい反目が続いていた時期である。このような情勢を考慮すると，信者数の回復傾向はメキシコ革命の理念を追求しようとする革命政府の意図と，国民の心情との間に大きな乖離があったことが分かる。

　しかし1940年の調査では，再び1ポイントの下落を示した。これは，1930年代にメキシコ革命政権が断行した農村社会の近代化に向けたさまざまな政策と，カルデナス政権（1934-1940年）が実施したいわゆる「社会主義教育」（第8章を参照）など，社会の近代化政策によるものであろう。しかし1950年の調査では，1.5ポイントの上昇を記録した。メキシコが再びカトリック社会へと戻

りつつあることをうかがわせる数字である。その背景には，1940年11月に大統領就任直前のアビラ=カマチョ（Manuel Ávila Camacho）が「自分はカトリック信者である」と述べたことで（第8章参照），1940年代にみられた教会に対する国家の寛容性がもたらした結果であったとも推察できる。また，この間の第2次世界大戦がメキシコ経済にとって大きな転換点を意味したことや，メキシコ経済が復興期に入ったことにも関係しているように思われる。

　1950年代と1960年代に，人口に占めるカトリック信者の割合が漸減した理由は，この時期に進行したメキシコ社会の都市化と高度経済成長による中間層の拡大にあったと推測できる。そして，10年単位でみる国勢調査の数字の中で，もっとも下落幅の大きかった1980年の数字からは，1970年代にメキシコ社会が経験した大きな変動を垣間みることができよう。とりわけ1970年に発足したエチェベリア政権（1970-1976年）が，農村社会の近代化に力を入れ，メキシコが直面していた人口の急増に対処すべく「家族計画」を導入し，1975年には国連主催の「国際女性年」第1回大会をメキシコ市で開催し，社会全体の近代化のみならずメキシコ女性の解放と社会進出を促したからであろう[4]。すでにみた**表12**で示されているように，1970年代前半から1990年代前半までのほぼ20年間にメキシコ女性が一生に産む子供の数（合計特殊出生率）は6.4人から3.2人へと半減している。

　1980年代と1990年代に起こった，人口に占めるカトリック信者の割合の低減傾向もまた，明らかにメキシコが経験した大きな社会変動と関係していよう。1982年に始まる未曾有の経済危機と治安の悪化，さらに1985年に首都メキシコ市を襲った大地震を通じて顕在化した政府に対する国民の信頼の急落，それと並行して国民自らが市民活動やボランティア活動を通じて身近な問題に取り組み，さらには選挙を通じて政治を動かそうとする市民社会が形成されはじめていたからであろう。このような過程でカトリック人口を漸減させた理由としては，次のようなことを指摘することができるように思える。

　この時期のメキシコが経験した未曾有の経済危機は，国民生活を直撃した。とりわけ，公共部門の民営化と資金配分の転換による緊縮財政政策は，中間層

以下の絶対的多数の国民の生活を直撃した。経済的に困窮した家庭では家族全員が稼ぎ手にならざるをえず，信仰生活の重要度が低下した。これは，第1節の表5でみた「幸福感の国際比較」でメキシコ人が仕事から幸福感を得る高さが87％と異常なほど高かったことと関連しているのではないだろうか。

第2の理由は，プロテスタントの進出によって，カトリック信徒の一部がプロテスタントへ改宗したことである。これについては，次にみる2000年の国勢調査結果と関連させて取り上げる。

2000年の国勢調査の結果は，非常に興味深い。なぜなら1990年5月と1991年11月の2回にわたるローマ教皇のメキシコ訪問と1992年の憲法改変による「カトリック教会の復権」という歴史的な経験にもかかわらず，カトリック人口が総人口に占める割合は1.7ポイント低減したからである(**表13**を参照)。2000年の国勢調査で示された国民の88％がカトリック信者であるという数字はメキシコが依然としてカトリック大国であるというイメージを与えるが，前節で検証したように伝統文化として定着したカトリックと現実の信仰の対象としてのカトリックの間に大きな乖離があることを忘れてはならないであろう。さらに人口に占めるカトリック信徒の割合は地域によってかなり大きな差があることから，メキシコを均質的にカトリック社会として捉えることが誤りであることを，**表14**にまとめた州別データから検証してみる。

表14は，1970年と2000年の国勢調査で示された州別カトリック人口の割合を，2000年の数値を基準にして，高い順から整理したものである。さらにその割合によって地図上で区別したのが**図2**である。まず第1に気づくことは，グアナファト州の96.4％からチアパス州の63.8％までカトリック人口の割合の幅が大きいことである。第2は，30年間にカトリック信者の占める割合が大幅に低減した地域の姿がみえてくることである。カトリック信仰が安定的に強い地域と大きな変化を経験した地域にはっきりと分かれている。2000年の国勢調査で住民の90％以上がカトリック信者であった14州とメキシコ特別区（首都メキシコ市）は，**図2**でみるように，国土の中央部と中西部にまとまっている。これらの州では，30年間のカトリック信者の逓減率は緩やかであった。とりわ

補　論　現代メキシコ社会とカトリック教会　*311*

表14　州別人口に占めるカトリック信者数と先住民人口の割合

州　名	カトリック人口の割合 2000年	1970年	2000年国勢調査における先住民の割合	GDP／人 2003年・千ペソ
1　グアナフアト	96.4	98.6	0.42	40.9
2　アグアスカリエンテス	95.6	99.1	0.10	2.8
3　ハリスコ	95.4	98.5	0.6	60.6
4　ケレタロ	95.3	99.0	5.1	70.1
5　サカテカス	95.1	98.1	0.09	34.1
6　ミチョアカン	94.8	97.9	7.6	34.4
7　トラスカラ	93.4	97.0	3.7	33.3
8　コリマ	93.0	98.2	0.43	57.9
9　サンルイスポトシ	92.0	96.5	14.5	45.0
10　ナヤリ	91.8	96.7	4.9	36.7
11　プエブラ	91.6	97.0	20.5	39.9
12　メキシコ	91.2	97.4	4.8	47.6
13　イダルゴ	90.8	96.3	27.2	36.9
14　メキシコ特別区	90.5	96.1	1.80	159.2
15　ドゥランゴ	90.4	97.4	2.1	50.6
16　ゲレーロ	89.2	97.1	17.8	32.0
17　南バハカリフォルニア	89.0	97.7	1.0	75.4
全国平均	88.0	96.2	11.1	60.0
18　ソノラ	87.9	96.6	12.1	73.2
19　ヌエボレオン	87.7	95.6	0.19	104.4
20　シナロア	86.8	93.4	4.1	48.2
21　コアウイラ	86.4	96.3	0.24	77.5
22　チワワ	86.4	95.2	4.4	82.6
23　オアハカ	84.8	97.0	56.9	25.5
24　モレロス	83.6	84.2	7.5	54.9
25　タマウリパス	82.9	95.1	0.5	60.5
26　ユカタン	82.9	94.2	53.0	48.5
27　ベラクルス	82.9	94.2	20.1	35.0
28　バハカリフォルニア	81.4	95.4	1.8	73.5
29　キンタナロー	73.2	88.0	29.7	85.7
30　カンペチェ	71.3	91.0	24.4	92.8
31　タバスコ	70.2	87.2	6.5	36.3
32　チアパス	63.8	91.2	42.5	25.1

［出所］　*Anuarios La Jornada 2003*（México, D. F. : La Jornada, 2003）．

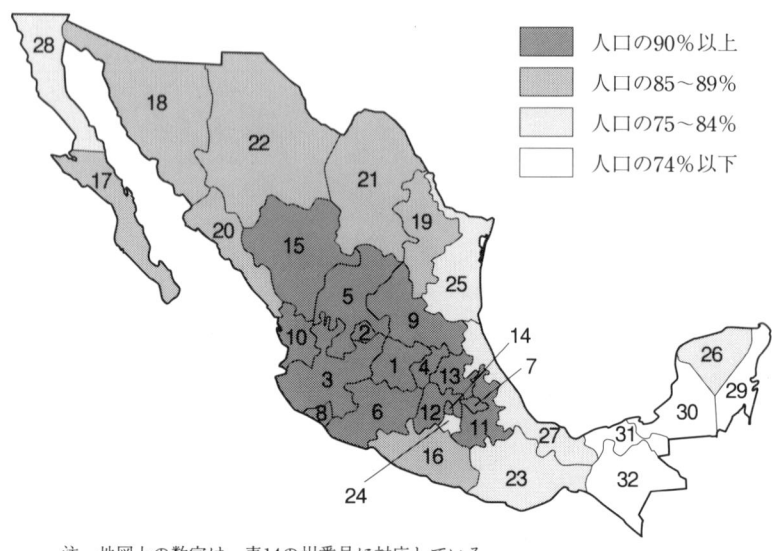

図2　カトリック信徒が人口に占める割合でみる州別状況（2000年国勢調査）

凡例：
- 人口の90％以上
- 人口の85〜89％
- 人口の75〜84％
- 人口の74％以下

注　地図上の数字は，表14の州番号に対応している。
［出所］　表14より作成。

けカトリック王国ともいうべき中西部（グアナファト州，アグアスカリエンテス州，ハリスコ州，ケレタロ州，サカテカス州，ミチョアカン州）では，2000年においても住民のほぼ95％以上がカトリック信者であり，30年間の信者数低減の割合も4％以下で，カトリック信仰と伝統の浸透の強さを示している。この地域はまた，1926-1929年のクリステーロの乱がもっとも激しかった地域でもあった。

一方，2000年の国勢調査におけるカトリック人口の割合が70％台以下のキンタナロー州，カンペチェ州，タバスコ州およびチアパス州は，メキシコ南部とユカタン半島に位置する州である。タバスコ州を除く3つの州は先住民人口の多いことを特徴としている。しかし先住民人口の多さがカトリック離れを必ずしも起こしているわけではない。その背景を探るには別の論考が必要である。

表14を図2とあせて考察すると，メキシコ中西部と中央部にカトリック人口の割合の高い州が集中しており，南部および東南部諸州がカトリック人口の

割合の低い地域になっている。もっともカトリック人口の割合が低いチアパス州は，人口に占める先住民の割合も42.5％と高く，1人あたりの国内総生産がもっとも低い最貧州であるが，先に指摘したように，先住民人口の割合が高いすべての州でカトリック人口が激減したわけではない。オアハカ州とユカタン州は州人口の半分以上が先住民人口で占められているが，カトリック人口の割合は全国平均を下回るものの，それぞれ84.8％と82.9％となっているからである。一方，チアパス州でも，1970年にはカトリック人口の割合が91.2％であったことを考えると，チアパス州における社会と宗教の変容は20世紀最後の30年間に起こったものであることが分かる。その間における地域社会の変容については，すでにさまざまな研究が発表されているが，本補論の目的外であるのでここでは追究しない。

表15は，現代メキシコにおける宗教の多様性を知るためにまとめたものである。先に指摘したように，1960年代までメキシコにおけるカトリックの存在は圧倒的であったが，同表で示されているように，1970年代にプロテスタントをはじめとする多様な宗教がメキシコに進出し始めた。プロテスタントの増加は1980年から2000年の間に約2.8倍になるほどの勢いであり，同時に1970年から無神論者の数が急増している。しかし21世紀初頭のメキシコが多宗教の社会であるというには，カトリック信者の占める割合が圧倒的に高く，ごく一部の州に大きな変化が生じているにすぎない。しかもこの間，メキシコのカトリック教会中枢部は，組織の弱体化を危惧してメキシコの社会における教会の

表15 宗教の多様化の推移

(単位：人)

年	総人口	カトリック	プロテスタント	その他	無神論者
1950	25,779,254	25,317,917	330,026	131,311	—
1960	34,923,129	33,692,503	578,515	237,956	192,963
1970	48,225,238	46,380,401	876,879	199,510	768,449
1980	66,846,833	61,916,757	2,201,609	639,928	2,088,453
1990	79,562,202	63,285,027	3,447,507	1,079,244	2,288,234
2000	84,794,454	74,612,373	6,160,059	306,453	2,982,926

［出所］ 各国勢調査より。

地位の回復に努め，本論第10章でみたように1992年には1917年憲法における反教権主義条項の大幅改変に成功した。それでも，カトリック人口に見合う聖職者を養成することができず，メキシコのカトリック教会は厳しい財政状況のもとにあり，一部の信者の厳しい監視の目に晒されている[5]。

むすび

キリストと聖母グアダルーペを敬愛し，カトリック信仰に根づいた伝統文化を強く保有しながら，メキシコ人はローマ教皇庁が世界のカトリック信者に伝授する公式教義を必ずしも忠実に守っていないことを，本補論では明らかにした。

とりわけ，教会の政治への介入に関して，メキシコ人の圧倒的多数が厳しい姿勢をもっており，教会と聖職者はほかの組織よりは信頼度が高いとはいえ，圧倒的な信頼関係を国民との間に有しているとはいい難いことも分かった。

また20世紀末のメキシコは，レフォルマ革命とメキシコ革命を通じて19世紀の独立以来目指してきた政教分離と「脱カトリック社会」の実現という目標をほぼ達成したと，これらのアンケート調査の結果からいえよう。しかし同時に，メキシコ社会に根づいているカトリックの伝統文化は，メキシコ人の心の中に超人的な神の存在を認めて，それを崇拝する心理と他人を思いやる優しさを植え付けていることも，本補論で取り上げたアンケート調査で理解できたと考えてもよいのではないかと思われる。

各章注（序章～補論）

序　章　メキシコ革命とカトリック教会

1) Ronald Inglehart, et al.(eds.), *Human Beliefs and Values: A Cross-Cultural Sourcebook Based on the 1999-2002 Values Surveys* (México, D.F.: Siglo XXI Editores, 2004).
2) ［1992年の革命終焉説］は，農地改革におけるエヒード制（一般的には村落を単位とした農地の所有形態）を見直して革命の成果である農地改革の理念を実質的に放棄すると同時に，宗教団体に法人格を与えて不動産の取得と保有を認め，従来の厳しい規制の多くを撤廃した1992年の憲法改変をもって，メキシコ革命は終焉したとする主張である。この解釈はさまざまな論文や論説で散見されるが，学説として多数の研究者たちに支持され，確立しているわけではない。しかし筆者は，将来的にはその論証に取り組みたいと考えており，本書でこの主張を提示した。
3) 植民地時代にカトリック教会が蓄積した不動産の規模については，正確な数値は存在せず，立証は不可能である。独立直後の教会所有の不動産規模は国土の20-75％に達していたとする，幅のある指摘がなされている。メキシコの憲法学者マルガダン（Guillermo F. Margadant）はその著書（邦語訳『メキシコ法発展論』，165-167頁）の「教会の経済力」と題した1節の中で，主要な著作で挙げられた教会所有の不動産の規模に関する数字を次のように指摘している。19世紀前半の自由主義者モーラ（José María Luis Mora）は都市部不動産の3分の1を教会が所有していたとし，モーラと同時代の保守勢力のリーダーであったアラマン（Lucas Alamán）はメキシコの不動産の半分を教会資産と推計した。メキシコの国家と教会の関係を研究したアメリカ人歴史学者キャルコット（W. H. Callcott）は国富の4分の1を教会の富としたとしている。一方，19世紀のメキシコ・リベラリズムの研究で古典的著作を残したヘイル（Charles A. Hale）はその著書 *Mexican Liberalism in the Age of Mora: 1821-1853* (New Haven: Yale University Press, 1968, p.13) で，教会が蓄積した不動産を国土の4分の3としている。このヘイルの推計値に対して，国土の3分の1という数字を提示したのは，Daniel C. Levy & Kathleen Bruhn, *Mexico: The Struggle for Democratic Development* (Berkeley: University of California Press, 2001; pp.55-56) である。なお21世紀初頭のメキシコで使用されている歴史教科書では，国土の可耕地の5分の1が教会所有地であったしている。その代表的な例として，大手サンティリャーナ社から出版された高校のメキシコ史教科書 *Historia de México* (2 tomos; México, D.F.: Santillana, 2004, tomo 2, p.22) は，独立直後の教会がメキシコの国土の5分の1を保有していたとしている。このようにカトリック教会が植民地時代を通じて蓄積した富に関する推計値はその基準も規模もばらばらであるが，いずれにしてもその蓄積した不動産が莫大な規模であったことを示唆している。
4) フランスの政教関係については，小泉洋一の2つの著書，『政教分離と宗教的自由―フランスのライシテ』（法律文化社，1998年）と『政教分離の法―フランスにおけるライシテと法律・憲法・条約』（法律文化社，2005年）が，詳しくその歴史と現状を分析している。また，工藤庸子『宗教 vs. 国家―フランス＜政教分離＞と

市民の誕生』(講談社現代新書 2007年) も, 具体的な事例を紹介している。
5) 小泉洋一によると (前掲『政教分離と宗教的自由』, 381頁), フランスの政教分離の形態はヨーロッパにおいては例外であり, アメリカの政教関係に近いとされる。
6) 国家と教会の関係の基本的類型をフランスの憲法学者の説を利用して解説した大石眞『憲法と宗教制度』(有斐閣, 1996年, 2-5頁) によると, 世界の政教関係は次のような3つの類型, すなわち融合型, 同盟型, 分離型に大別できるという。さらに, 最後の分離型をフランスに代表される徹底した政教分離型, 国教樹立禁止条項をもちながらもアメリカ合衆国憲法のように「国家が宗教的な事柄に対して同調的寛容性」を示す分離型, 旧共産主義諸国でみられた敵対的分離型に分けられるという。
7) 1967年にアメリカの社会学者ベラー (Robert N. Bellah) が論文「アメリカの市民宗教」のなかで提示した「市民宗教」の概念は, 現在においても確立しているわけではない。その「市民宗教」は, 一般的に国民が意識的あるいは無意識のうちに受容している自分たちの祖国の歴史と運命に関する宗教的で政治的な特徴を有し, 国家あるいはその民族にアイデンティティや存在の意味を与える特定の宗教体系, あるいは価値体系であるとされる。これは宗教と政治が厳しく分離しておらず, 政治に宗教的な国家儀礼が存在するアメリカ型の政教分離の姿を説明している。日本のアメリカ研究者であり宗教史学者でもある森幸一は, 「市民宗教」という用語は日本語では不自然であるとして, 「見えざる国教」と表現している (『宗教からよむ「アメリカ」』講談社選書メチエ, 1996年, 37頁)。
8) 工藤, 前掲書, 195-199頁。
9) 清水望『東欧革命と宗教―体制転換とキリスト教の復権』(信山社, 1997年), 同『平和革命と宗教―東ドイツ社会主義体制に対する福音主義教会』(冬至書房, 2005年)。
10) 注2に従い1992年を「革命の完全なる終焉」として捉えると, 1990年代以降のメキシコの急速に変貌する政治, 経済, 社会などの事象の解釈が明快となる。
11) Stanley R. Ross (ed.), *Is the Mexican Revolution Dead?* (New York: Alfred A. Knopf, 1966) の日本語版における「あとがき」で解説されている。メキシコ革命はいつ終焉したかという問題は, 1940年代から議論されてきた。1917年の革命憲法の制定をもって革命は終了したとする見方から, 1910-1920年を革命動乱期と捉えて, 1920年以降を現代史とした, 次のようなメキシコ史年表書も出版されている。Fernando Orozco Linares, *Fechas históricas de México: Las efemérides más destacadas desde la época prehispánica hasta nuestros días* (México, D.F.: Panorama Editorial 1984).
12) *Investigaciones contemporáneas sobre historia de México: Memorias de la tercera reunión de historiadores mexicanos y norteamericanos, Oaztepec, Morelos, 4-7 de noviembre de 1969* (México, D.F.: Universidad Nacional Autónoma de México, 1971).

第Ⅰ部　革命以前の政教関係
第1章　メキシコ建国期（1810-1854年）における国家とカトリック教会

1) この期間はマキシミリアン皇帝を擁立した保守派政権が統治した時代にあたるが，同時にフアレス大統領が率いる自由主義政府が存在していた。内戦（1858-1860年）後の1861年3月に，フアレスは選挙で立憲大統領となり，任期が満了した1865年にフランス干渉戦争が終結するまでその地位を議会で認められ，マキシミリアン帝政を崩壊させたのちの1867年10月の選挙で再選された。さらに1871年10月の選挙でも当選したが，同年12月1日に大統領に就任し，翌1872年7月18日に病死した。

2) 19世紀初頭のヌエバ・エスパーニャ副王領は，現在のメキシコ領土のほかに，アメリカ合衆国のミシシッピー川西方太平洋岸まで，また中央アメリカのコスタリカとパナマの国境までと，さらにカリブ海域と現在のフィリピン諸島を含んでいた。

3) クリオーリョは，新大陸で生まれたスペイン系白人を意味する。1810年のデータによると，メキシコの総人口約612万人のうち白人はわずか1万5,000人であった。そのうちクリオーリョ人口は約1万3,000人と推定されている。つまり人種別身分制の植民地社会において，特権階級に属したスペイン人はわずか2,000名ほどにすぎなかったことになる。しかしスペイン人を数で凌駕するクリオーリョは，官職および教会の位階で中位以上の地位に昇ることができなかった。他方，自治体の行政機関である市参事会はクリオーリョが活躍できる場所であった。Agustín Cue Canovas, *Historia social y económica de México* (México, D.F.: Editorial Trillas, 1963), pp.119-121.

4) イグアラ宣言は次の文献に収録されている。Felipe Tena Ramírez (ed.), *Leyes fundamentales de México, 1808-1998* (México, D.F.: Editorial Porrúa, 1998), pp.113-116.

5) コルドバ協定の全文は，*ibid*., pp.116-119に収録されている。

6) サンタアナを売国奴とする従来のイメージに対して，新たな英雄像がメキシコの歴史研究者によって提示されている。Enrique Krauze, *Siglo de caudillos: Biografía política de México (1810-1910)* (México, D.F.: Tusquets Editores, 1994)；邦語訳『メキシコの百年1810-1910―権力者の列伝』（大垣貴志郎訳，現代企画室，2004年），135-154頁。

7) スペイン植民地であったアメリカ大陸で生まれ育ったスペイン系住民は，アメリカ人（アメリカ大陸人）としてのアイデンティティをもっていた。モレロスの「国民の自覚」では，アメリカ（América）という言葉を使っており，1813年11月6日にチルパンシンゴで発せられた独立宣言では，「北アメリカの独立宣言」（Declaración de la Independencia de América Septentrional）という文言が使われている。イグアラ計画では，冒頭で「アメリカで生まれたもののみならず，アメリカに居住するヨーロッパ人，アメリカ人，アジア人を指す"アメリカ人"」という表現を使用している。Tena Ramírez (ed.), *op.cit*., p.113.

8) ファリス（Nancy. M. Farris）は正確な数字を算出することはできないとしながらも，その著書の巻末にあげた資料で在俗司祭244名，修道会士156名の計400名の聖職

者名を一覧表にまとめている。Nancy M. Farris, *La Corona y el clero en el México colonial, 1579-1821: La crisis del privilegio eclesiástico* (México, D.F.: Fondo de Cultura Económica, 1995), pp.235-243.
 9) David Alejandro Delgado Arroyo, *Hacia la modernización de las relaciones Iglesia-Estado: Génesis de la administración pública de los asuntos religiosos* (México, D.F.: Editorial Porrúa, 1997), p.33.
10) グアダルーペの聖母信仰に代表される、メキシコにおけるフォーク・カトリシズムは、スペイン人によるアメリカ大陸の征服と同時に強制的に導入されたローマ・カトリックの信仰が先住民の多神教の土着的・民俗的要素を受け入れて定着したもので、メキシコにおける先住民とメスティソの精神文化の基礎となったものとされる。グアダルーペ聖母信仰に象徴されるように、極端な聖人崇拝がフォーク・カトリシズムの特徴のひとつでもある。加藤隆浩「フォーク・カトリシズム」(『世界民族問題事典』、平凡社、1995年、975-976頁);落合一泰「フォーク・カトリシズム」(『ラテン・アメリカを知る事典』、平凡社、新訂増補、1999年、334-335頁)を参照。
11) Delgado Arroyo, *op.cit.*, p.25.
12) *Ibid.*, p.24.

ヌエバ・エスパーニャ副王を兼ねた高位聖職者の時期と身分

司　教　名	副王兼任期間	身　分
García Guerra	1611-1612	メキシコ大司教
Juan de Parafox y Mendoza	1642	プエブラ司教
Marcos Torres y Rueda	1648-1649	ユカタン司教
Diego de Osorio de Escobar y Llamas	1644	プエブラ司教
Payo Enríquez de Ribera	1673-1680	メキシコ大司教
Juan de Ortega Montañez	1696	ミチョアカン司教
Alonso Núñez de Haro	1787-1789	メキシコ大司教
Francisco Javier Lizana y Beaumont	1809-1810	メキシコ大司教

13) エンコミエンダ (encomienda) は、スペイン語で「寄託」を意味し、歴史用語としてはスペイン人征服者に一定地域に住む先住民の労働力を使用する権利と、彼らを保護し、キリスト教徒へ改宗させる義務を課した、権利と義務からなる、16世紀前半の新大陸征服の過程で先住民の労働力を収奪した制度である。公式には1542年のインディアス新法によって原則的に廃止されたが、地域によっては18世紀まで続いたことが知られている。エンコミエンダの一般的な定義については、『ラテン・アメリカを知る事典』(91頁)を参照。エンコミエンダ制とラスカサスの関係については、石原保徳『インディアスの発見―ラス・カサスを読む』(田畑書店1982年)および染田秀藤『ラス・カサス伝―新世界征服の審問者』(岩波書店1990年)を参照。
14) Alfonso Toro, *La Iglesia y el Estado en México: Estudios sobre los conflictos entre el clero católico y los gobiernos mexicanos desde la independencia hasta nuestros días* (México, D.F.: Secretaría de Gobernación, Archivo General de la Nación, 1927),

pp.27-29.
15) 広大な新大陸を征服し占拠していく過程で武力による征服と並行して行なわれたのが，さまざまな修道会が担ったカトリックの布教活動であった。伝道師たちは，未開の辺境で先住民を集住させる拠点をつくり，カトリックを伝道するだけでなく，ヨーロッパの農業や技術を伝授する役割を担った。このような辺境地における一定の地域を修道会が独占的に支配して活動することを王権は認めた。その理由は，スペイン人の入植者が定住しなかったからである。布教開拓地区（misión＝ミシオン）は，スペイン人の進出によって行政単位へと移行したが，高度な先住民文化が発達しておらず，人口も希薄であったヌエバ・エスパーニャ副王領の北方領土（現在のアメリカ合衆国のカリフォルニア州からミシシッピー川までの広大な地域とフロリダ半島）の征服と開発は，ほぼこの方法で行なわれた。
16) カディス憲法は，Tena Ramírez (ed.), *op.cit.*, pp.60-104 に収録されている。
17) Guillermo F. Margadant, *Introdución a la historia del derecho mexicano* (México, D.F.: Editorial Esfinge, 1971)；邦語訳『メキシコ法発展論』（中川和彦訳　アジア経済研究所　1993年），208頁。
18) 同上，207-208頁。
19) "Sentimientos de la Nación" Tena Ramírez (ed.), *op.cit.*, pp.29-31.
20) アパチンガン憲法の全文は，*ibid.*, pp.32-58 に収録されている。
21) Delgado Arroyo, *op.cit.*, p.31.
22) Jesús Reyes Heroles, *El liberalismo mexicano* (3 tomos; México, D.F.: Fondo de Cultura Económica, 1974), tomo 1, pp.275-278.
23) Delgado Arroyo, *op.cit.*, p.33.
24) 1824年憲法全文は，Tena Ramírez (ed.), *op.cit.*, pp.168-195 に収録されている。
25) 1836年七部憲法全文は，*ibid.*, pp.204-248 に収録されている。
26) 1843年の国家組織基本法の全文は，*ibid.*, pp.403-436 に収録されている。
27) Charles A. Hale, *Mexican Liberalism in the Age of Mora, 1821-1853* (New Haven: Yale University Press, 1968), p.162.
28) Jorge Padilla Dromundo, *El pensamiento económico del doctor José María Luis Mora* (México, D.F.: Instituto Tecnológico Autónomo de México, 1986); Mario Mena, *Un clérigo anticlerical: El doctor Mora* (México, D.F.: Editorial Jus, 1958).
29) Hale, *op.cit.*, p.162.
30) Francis E. Calderón de la Barca, *Life in Mexico: The Letters of Fanny Calderon de la Barca* (New York: Doubleday, 1966), p.284.
31) 皆川卓三『ラテン・アメリカ教育史　Ⅰ』（世界教育史研究会編　世界教育史体系19　講談社　1975年）は，メキシコにおける大衆教育とランカスター・システムについて取り上げている（180-190頁）。
32) Hale, *op.cit.*, pp.169-170.
33) モーラとランカスター式教育の関係については，皆川，前掲書，161-173頁。
34) ゴメス＝ファリアスについては，次の文献を参照。Elizabeth Mills, *Don Valentín Gómez Farías y el desarrollo de sus ideas políticas* (México, D.F.: Universidad Nacional

Autónoma de México, 1957) ; Michael P. Costeloe, *The Central Republic of Mexico, 1835-46: Hombres de bien in the Age of Santa Anna* (New York & Cambridge: Cambridge University Press, 1993) ; Michael S. Werner (ed.), *Encyclopedia of Mexico: History, Society & Culture* (2 vols.; Chicago: Fitzroy Dearborn Publications, 1997), vol.1, pp.600-601.
35) サバラについては，次の文献を参照。Margaret Swett Henson, *Lorenzo de Zavala: The Pragmatic Idealist* (Fort Worth: Texas Christian University Press, 1996); Alfonso Toro, *Biografía de Don Lorenzo de Zavala* (Toluca: Dirección del Patrimonio Cultural y Artístico del Estado de México, 1979).
36) オテロの思想については，次の著作を参照。Mariano Otero, *Ensayos políticos sobre el verdadero estado de la cuestión social y política que se agita en la República Mexicana* (México, D.F.: Imprenta del Comercio, 1842); Ibid., *Obras* (2 tomos: México, D.F.: Editorial Porrúa, 1967).

第2章　レフォルマ革命（1854～1876年）とカトリック教会

1) Daniel Cosío Villegas (ed.), *Historia moderna de México* (9 tomos. México, D.F.: Editorial Hermes, 1956-1965).
2) アユトラ計画の全文は，次の文献に収録されている。Felipe Tena Ramírez (ed.), *Leyes fundamentales de México, 1808-1998* (México, D.F.: Editorial Porrúa, 1998), pp.492-498.
3) Robert J. Knowlton, *Church Property and the Mexican Reform, 1856-1910* (DeKalb: Northern Illinois University Press, 1976), pp.19-20.
4) México, *Legislación mexicana : O, colección completa de las disposiciones legislativas expedidas desde la independencia de la República* (34 tomos; México, D.F.: Imprenta del Comercio a cargo de Dublán y Lozano, 1876-1912) tomo.7, pp.598-606. 以下，*Legislación mexicana* と略す。
5) プエブラ事件については，Emeterio Valverde y Tellez, *Bio-bibliografía eclesiásticas mexicanas, 1821-1943* (3 tomos; México, D.F.: Editorial Jus, 1949), tomo 2, pp.10-11.
6) *Ibid.*, tomo 2, pp.11-13. ラバスティーダ大司教は1867年2月にローマ教皇の招聘でメキシコを離れており，7月のマキシミリアン皇帝の処刑をローマで知った。彼がメキシコに帰国するのは1871年3月になってからである。
7) レルド法は，*Legislación mexicana*, vol.8, pp.197-201 に収録されている。
8) Knowlton, *op.cit.*, pp.24-25.
9) サンフランシスコ修道院事件については，次の文献が詳しく紹介している。*Legislación mexicana*, vol.8, pp.244-245. Antonio Garcia Cubas, *El libro de mis recuerdos: Narraciones históricas, anecdóticas y de costumbres mexicanas anteriores al actual estado social, ilustradas con más de trescientos fotograbados* (México, D.F.: Editorial Patria, 1950. 復刻版), pp.110-119. ただし4ブロックを占めていた広大な敷地と多くの建物が分譲されるのは1861年になってからである。

10) J. Lloyd Mecham, *Church and State in Latin America: A History of Politics-Ecclesiastical Relations* (Chapel Hill: University of North Carolina Press, 1966), pp.433-434.
11) Charles R. Berry, "The Fiction and Fact of the Reform: The Case of the Central District of Oaxaca, 1856-1857," *The Americas*, no.26 (1970), pp.277-290.
12) Jan Bazant, "The Division of Some Mexican Haciendas during the Liberal Revolution, 1856-1869," *Journal of Latin American Studies*, no.3 (1971), pp.25-37.
13) María Dolores Morales, "Estructura urbana y distribución de la propiedad en la Ciudad de México en 1813", *Historia Mexicana*, no.99 (1976), 363-402.
14) "Decreto del gobierno: Se convoca a la nación para la elección de un congreso constituyente", *Legislación mexicana*, tomo 7, pp.578-584.
15) Richard N. Sinkin, "The Mexican Constitutional Congress, 1856-1857: A Statistical Analysis", *Hispanic American Historical Review*, vol.53, no.3 (1973), pp.1-26. Ibid., *The Mexican Reform, 1855-1876: A Study in Liberal Nation-Building* (Austin: University of Texas, Institute of Latin American Studies, 1979).
16) Tena Ramírez (ed.), *op.cit.*, pp.554-629. 草案と成立した憲法条文の両方が掲載されている。
17) *Ibid.*, p.556. [ ] 内は筆者の加筆説明。
18) Francisco Zarco, *Crónica del congreso extraordinario constituyente (1856-1857)* (México, D.F.: El Colegio de México, 1957), pp.319-444.
19) *Ibid.*, pp.460-472.
20) *Ibid.*, pp.905-910.
21) 全文は, Tena Ramírez (ed.), *op.cit.*, pp.660-664 に収録されている。
22) Sinkin, *The Mexican Reform*, 1855-1876, p.35.
23) Guillermo Gatto Corona y Mario Ramírez Trejo, *Ley y religión en México: Un enfoque histórico jurídico* (Guadalajara: Instituto Tecnológico y de Estudios Superiores de Occidente, 1995), p.106.
24) *Legislación mexicana*, tomo 8, pp.287-288.
25) 保守派政権の大統領と就任期間

Félix Zuloaga	1858. 1.23	1858.12.23
Manuel Robles Pezuela	1858.12.23	1859. 1.21
José Mariano Salas	1859. 1.21	1859. 1.24
Félix Zuloaga	1859. 1.24	1859. 2.2
Miguel Miramón	1859. 2.2	1860. 8.13
José Ignacio Pavón	1860. 8.13	1860. 8.15
Miguel Miramón	1860. 8.15	1860.12.24
Félix Zuloaga	1860.12.28	1862 ?

26) Tena Ramírez (ed.), *op.cit.*, pp.642-647.

27) *Legislación mexicana*, tomo 8, pp.291-292.
28) Tena Ramírez (ed.), *op.cit.*, pp.638-641.
29) *Ibid.*, pp.642-647.
30) *Ibid.*, pp.647-648.
31) *Ibid.*, pp.656-659.
32) *Ibid.*, pp.659-660.
33) *Ibid.*, pp.660-664.
34) *Ibid.*, p.665.
35) *Ibid.*, pp.666-667.
36) Jan Bazant, "La desamortización de los bienes corporativos de 1856", *Historia Mexicana*, no.16 (1966); Ibid., *Los bienes de la iglesia en México (1856-1875): Aspectos económicos y sociales de la Revolución liberal* (México, D.F.: El Colegio de México, 1971); Morales, *op. cit.*
37) *Atlas de la Ciudad de México* (5 tomos; México, D.F.: Gobierno del Distrito Federal 1988), tomo 3, p.61.
38) *Ibid.*
39) Morales, op. cit., p.364.
40) *Ibid.*, p.363.
41) Knowlton, *op. cit.*, p.25.
42) Francisco Fernández del Castillo, *Apuntes para la historia de San Ángel y sus alrededores* (México, D.F.: Editorial Porrúa, 1987), pp.101-102.
43) Bazant, *Los bienes de la iglesia en México*, pp.217-218.
44) *Ibid.*, p.211.

第3章 ディアス時代 (1876-1911年) とカトリック教会

1) ディアス時代における教会の復活を概説した古典的研究の代表的著作として，次のようなものを挙げることができる。Helen Phipps, *Some Aspects of the Agrarian Question in Mexico: A Historical Study* (Austin: University of Texas Press, 1925); Alfonso Toro, *La Iglesia y el Estado en México: Estudios sobre los conflictos entre el clero católico y los gobiernos mexicanos desde la independencia hasta nuestros días* (México, D.F.: Secretaría de Gobernación, Archivo General de la Nación, 1927); Alicia Olivera Sedano, *Aspectos del conflicto religioso de 1926 a 1929: Sus antecedentes y consecuencias* (México, D.F.: Instituto Nacional de Antropología e Historia, 1966); Jean Meyer, *The Cristero Rebellion: The Mexican People between Church and State 1926-1929* (Cambridge: Cambridge University Press, 1976); José Gutiérrez Castillas, *Historia de la Iglesia en México* (México, D.F.: Editorial Porrúa, 1984), pp.384-385.
2) Jesús Romero Flores, *La Revolución como nosotros la vimos* (México, D.F.: Biblioteca del Instituto Nacional de Estudios Históricos de la Revolución Mexicana, 1963); Ibid., *Síntesis histórica de la Revolución Mexicana* (México, D.F.: Costa-Amic Editor, 1974).

3) Percy F. Martin, *Mexico of the Twentieth Century* (2 vols.: New York: Dobb, Mead & Co., 1908).
4) John Kenneth Turner, *Barbarous Mexico* (Austin: University of Texas Press, 1969), p.277.
5) J. Lloyd Mecham, *Church and State in Latin America: A History of Politics-Ecclesiastical Relations* (Chapel Hill: University of North Carolina Press, 1966), pp. 456-460.
6) Martin, *op.cit.*, vol. 1, pp.93-94.
7) Ralf Lee Woodward, Jr. (ed.), *Here and There in Mexico: The Travel Writing of Mary Asheley Townsend* (Tuscaloosa & London: University of Alabama Press, 2001), p.105; pp.114-115; p.181; p.282.
8) Gutiérrez Castillas, *op.cit.*, p.355. Plancarte Antonio Labastida (メキシコ司教), José Ignacio Arciga y Ruiz de Chávez (ミチョアカン司教), Vicente Ferman Márquez Carrizosa (オアハカ司教), Carlos María Colina y Rubio (プエブラ司教), Ambrocio Serrano y Rodríguez (チラパ司教), José María del Rufugio Guerra Alba (サカテカス司教) の6名である。
9) Cosío Villegas (ed.), *Historia moderna de México: El Porfiriato, vida social* (México, D.F.: Editorial Hermes, 1957), pp.348-349.
10) Mariano Cuevas, *Historia de la Iglesia en México* (5 tomos; El Paso, Texas: Editorial Revista Católica, 1928), tomo 5, p.409.
11) Luis Medina Ascencio, *Historia del Colegio Pío Latino Americano: Roma 1858-1978* (México, D.F.: Editorial Jus, 1979), pp.31-38.
12) Laura O'Dogherty, "El ascenso de una jerarquía eclesiástica intransigente, 1890-1914", Manuel Ramos Medina (compilador), *Memoria del I Coloquio: Historia de la Iglesia en el siglo XIX* (México, D.F.: Servicio Cóndumex, 1998), pp.179-198.
13) *Ibid.*, p.181.
14) Fernando Pérez Memen, *El episcopado y la independencia de México, 1810-1836* (México, D.F.: Editorial Jus, 1977), p.69.
15) Francisco Bulnes, *El verdadero Díaz y la Revolución* (México, D.F.: Edición COMA, 1982. 復刻版), pp.90-91.
16) *Ibid.*, p.91 & p.93.
17) Cosío Villegas (ed.), *Historia moderna de México: El Porfiriato, vida social*, p.480.
18) Jorge Fernando Iturribarría, "La política de conciliación del General Díaz y el arzobispo Gillow," *Historia Mexicana*, no.53 (1964), pp.80-101.
19) *Ibid.*, p.91.
20) Cosío Villegas (ed.), *Historia moderna de México: El Porfiriato, vida social*, p.480.
21) Cuevas, *op.cit.*, tomo 5, p.409.
22) Cosío Villegas (ed.), *Historia moderna de México: El Porfiriato, vida social*, p.481.
23) Iturribarría, *op.cit.*, p.89.
24) Martin, *op.cit.*, p.97.

25) *Ibid.*, p.98. アラルコンの生涯については, Emeterio Valverde y Telléz, *Biobibliografía eclesiástica mexicana 1821-1943* (3 tomos; México, D.F.: Editorial Jus, 1949), tomo 1, pp.80-86.
26) Eduardo J. Correa, *El Partido Católico Nacional y sus directores: Explicación de su fracaso y deslinde de responsabilidades* (México, D.F.: Fondo de Cultura Económica, 1991), p.61 & p.64.
27) Gutiérrez Castillas, *op.cit.*, p.362.
28) Cosío Villegas (ed.), *Historia moderna de México: El Porfiriato, vida social*, p.360.
29) Olivera Sedano, *op.cit.*, p.31.
30) Cosío Villegas (ed.), *Historia moderna de México: El Porfiriato, vida social*, pp.363-364.
31) J. Meyer, *op.cit.*, p.11.
32) Olivera Sedano, *op.cit.*, pp.34-40; Manuel Ceballo Ramírez, *El catolicismo social: Un tercero en discordia Rerum Novarum, la "cuestión social y la movilización de los católicos mexicanos, 1891-1911* (México, D.F.: El Colegio de México, 1991), pp.175-251.
33) ランカスター式教育が1869年の教育改革によって, 公立学校に取って代わられ, 姿を消した過程が次の文献で取り上げられている。Daniel Cosío Villegas (ed.), *Historia moderna de México: La República Restaurada, vida social* (México, D.F.: Editorial Hermes, 1956), p.643.
34) Eusebio Castro, *Centenario de la Escuela Nacional Preparatoria: La filosofía y su enseñanza, finalidades de la Preparatoria, plan de estudio, programas* (México, D.F.: 出版社不明 1968).
35) José Díaz Covarrubías, *La instrucción pública en México: Estado que guardan la instrucción primaria, la secundaria y la professional en la República. Progresos realizados y mejoras que deben introducirse* (México, D.F.: Imprenta del Gobierno de Palacio, 1875), p.1.
36) Correa, *op.cit.*, p.61.
37) ディアス時代のプロテスタントの全般的な活動については, Deborah J. Baldwin, *Protestants and the Mexican Revolution: Missionaries, Ministers, and Social Changes* (Urbana and Chicago: University of Illinois Press, 1990)の第2章 (pp.31-66)と第4章 (pp.87-115) が詳しい。

第II部　革命期の政教関係
第4章　革命勃発とカトリック教会
1) ディアス時代の経済活動と外国資本に関する詳細なデータを取り入れた記述として, 次の文献が有用である。Daniel Cosio Villegas (ed.), *Historia moderna de México: El Porfiriato; vida económica* (México, D.F.: Editorial Hermes, 1957).
2) 1900年と1910年に行なわれた国勢調査に基づく経済活動人口に占める中間層の割合は, それぞれ約10％と15％であった。México, Secretaría de Economía,

Estadísticas sociales del Porfiriato (México, D.F.: Talleres Gráficos de la Nación, 1956). 以下, *Estadísticas sociales del Porfiriato* と略す。

3) ベシンダー (vecindad) は，一般用語として「近隣」を意味するが，共同住宅やアパートを意味する場合もある。この時期のベシンダーには，接収された修道院などが転用されたものが多い。中庭を囲んだ部屋をそれぞれの家族が賃借して居住し，井戸および便所を共同で使い，煮炊きはもっぱら共有のスペースの中庭や回廊で行なう，庶民が暮らした都市部の生活様式であった。

4) フローレス=マゴン兄弟については，多くの書物が刊行されている。革命の先駆者としての兄弟の1人であるリカルドについては，拙論「メキシコ革命の思想——革命の先駆者リカルド・フローレス=マゴン」(今井圭子編『ラテンアメリカ——開発と思想』日本経済評論社　2004年, 73-89頁) を参照されたい。

5) メキシコ自由党については, James D. Cockcroft, *Intellectual Precursors of the Mexican Revolution, 1900-1913* (Austin: University of Texas Press, 1968) が詳しい。

6) Andrés Molina Enríquez, *Los grandes problemas nacionales* (México, D.F.: Imprenta de A. Carranza e Hijos, 1909).

7) Eduardo J. Correa, *El Partido Católico Nacional y sus directores: Explicación de su fracaso y deslinde de responsabilidades* (México, D.F.: Fondo de Cultura Económica, 1991), pp.29-32.

8) 数多く存在するマデロの生涯とメキシコ革命における役割に関する研究書の中でも，もっとも代表的な研究は次の2点である。Stanley R. Ross, *Franscisco I. Madero, Apostle of Mexican Democracy* (New York: Columbia University Press, 1955); Charles C. Cumberland, *Mexican Revolution: Genesis under Madero* (Austin: University of Texas Press, 1952).

9) Francisco I. Madero. *La sucesión presidencial en 1910* (Edición segunda; México, D.F.: Librería de Educación de B. de la Patria, 1909).

10) Cumberland, *op.cit.*, p.59.

11) Roque Estrada, *Revolución y Francisco I. Madero* (Edición segunda; México, D.F.: Comisión Nacional para la Celebración del 175 Aniversario de la Independencia Nacional y 75 Aniversario de la Revolución Mexicana, 1985), p.36.

12) サンルイスポトシ計画の全文は，次の文献に収録されている。Felipe Tena Ramírez (ed.), *Leyes fundamentales de México, 1808-1998* (México, D.F.: Editorial Porrúa, 1998), pp.732-739.

13) Jean Pierre Bastian, *Los disidentes: Sociedades protestantes y revolución en México, 1876-1919* (México, D.F.: Fondo de Cultura Económica y El Colegio de México, 1989); Michael C. Meyer, *Mexican Rebel: Pascual Orozco and the Mexican Revolution* (Lincoln: University of Nebraska Press, 1967); Michael S. Werner (ed.), *Encyclopedia of Mexico: History, Society & Culture* (2 vols.: Chicago & London: Fitzroy Dearborn Publishers, 1997), II, 1035-1036.

14) アヤラ計画の全文は，次の文献に収録されている。Tena Ramírez, *op.cit.*, pp.740-743.

15) Olivera Sedano, *op.cit.*, p.44.
16) Jean Meyer, *The Cristero Rebellion: The Mexican People between Church and State, 1926-1929* (Cambridge: Cambridge University Press, 1976), p.10.
17) Correa, *op.cit.*, p.68.
18) *Ibid.*, p.73.
19) *Ibid.*, p.75.
20) Miguel Palomar y Vizcarra, *Miguel Palomar y Vizcarra y su interpretación del conflicto religioso de 1926 entrevistado por Alicia Olivera de Bonfil* (Mexico, D.F.: Instituto Nacional de Antropología e Historia, 1970), p.15.
21) Correa, *op.cit.*, p.75.
22) 電報の全文は，次の書に収録されている。Francisco Banegas Galván, *El porque del Partido Católico Nacional* (México, D.F.: Editorial Jus, 1960), p.60.
23) Laura O'Dogherty, *De urnas y sotanas: El Partido Católico Nacional en Jalisco* (México, D.F.: CONACULTURA, 2001), p.99.
24) Gutiérrez Castillas, *op.cit.*, p.423. José Bravo Ugarte, *Historia de México* (4 tomos; México, D.F.: Editorial Jus, 1941), tomo 3-1, p.434.
25) Ramón del Llano Ibáñez, *El partido político y el primer gobernador de la Revolución en Querétaro* (Querétaro: Universidad Autónoma de Querétaro, 2005), p.35.
26) Partido Católico Nacional, *Programa y estatutos del Partido Católico Nacional* (México, D.F.: Imprenta A. Sánchez-Galz, 1912), pp.3-4.
27) Ceballo Ramírez, *op.cit.*, pp.175-251.
28) Antonio García Orozco, *Legislación electoral mexicana, 1812-1988* (México, D.F.: Talleres de Industrias Gráficas Unidas, 1989), p.33.
29) *Estadísticas sociales del Porfiriato*, pp.123-124.
30) Alan Knight, *The Mexican Revolution* (2 vols.: Cambridge: Cambridge University Press, 1986), vol.1, p.256.
31) Jorge Vera Estañol, *Historia de la Revolución Mexicana: Orígenes y resultados* (Tercera edición.; México, D.F.: Editorial Porrúa, 1976), p.247.
32) U.S. Department of State, Papers Relating to the Foreign Relations of the United States, Internal Affairs of Mexico, 1910-1929, File no.812.00/2149.
33) José Bravo Ugarte, *Historia de México* (4 tomos; México, D.F.: Editorial Jus, 1941), tomo 3-1, pp.434-435.
34) Leopoldo Ruiz y Flores, *Recuerdo de recuerdos: Autobiografía del Exemo. Ruiz y Flores, Arzobispo de Morelia y Asistente al Solio Pontificio* (México, D.F.: Buena Prensa), 1942, p.65.
35) Correa, *op.cit.*, pp.125-130.
36) O'Dogherty, *op.cit.*, pp.271-280.
37) México, Congreso, Cámara de Diputados 1912-1913, *Historia de la Cámara de Diputados de la XXVI legislatura federal: La Revolución tiene la palabra: Actos del "diario" de los debates de la Cámara de Diputados, del 14 de septiember de*

1912 al 19 de febrero de 1913 (5 tomos; México, D. F.: Comisión National para la Celebración del Sesquicentenario de la Independencia Nacional y del Cincuentenario de la Revolución, 1961-1962), tomo 4, p.343.
38) Michael C. Meyer, *Huerta: A Political Portrait* (Lincoln: University of Nebraska Press, 1972), p.62.
39) *Ibid.*, pp.51-56.
40) Alfonso Toro, *La Iglesia y el Estado en México: Estudios sobre los conflictos entre el clero católico y los gobiernos mexicanos desde la independencia hasta nuestros días* (México, D.F.: Secretaría de Gobernación, Archivo General de la Nación, 1927), p.360.
41) Olivera Sedano, *op.cit.*, p.59.
42) Bravo Ugarte, *op.cit.*, tomo 3-1, p.438.
43) Mario Ramírez Rancaño, *La reacción mexicana y su exilio durante la Revolución de 1910* (México, D.F.: Universidad Nacional Autónoma de México, 2002), p.68.
44) Correa, *op.cit.*, p.132 & p.163.
45) O'Dogherty, *op.cit.*, p.212.
46) México, Congreso, Cámara de Diputados 1912-1913, *op.cit.*, tomo 5, pp.105-109.
47) Correa, *op.cit.*, p.16.
48) Ramírez Rancaño, *op.cit.*, p.38.
49) Bravo Ugarte, *op.cit.*, tomo 3-1, p.458.
50) Ramírez Rancaño, *op.cit.*, pp.76-77.
51) M. Meyer, *op.cit.*, pp.167-170.
52) Ramírez Rancaño, *op.cit.*, pp.102-112.
53) *Ibid.*, p.410.
54) Luis Medina Ascencio, *Historia del Seminario de Montezuma: Sus precedentes, fundación y consolidación 1910-1953* (México, D.F.: Editorial Jus, 1962). 本書の第2章で，1915-1918年に亡命した聖職者たちの生活と神学校の開設にいたる経緯が紹介されている。

第5章　内戦期のカトリック教会
1) グアダルーペ計画の全文は，次の文献に収録されている。Felipe Tena Ramírez (ed.), *Leyes fundamentales de México* (México, D.F.: Editorial Porrúa, 1998), pp.744-745.
2) ベラクルス事件については，次の文献が詳しい。Robert E. Quirk, *An Affair of Honor: Woodrow Wilson and the Occupation of Veracruz* (New York: Norton & Company, 1962).
3) ビリャレアルの経歴については，Alberto Morales Jiménez, *Hombres de la Revolución Mexicana: 50 sembranzas biográficas* (México, D.F.: Biblioteca del Instituto Nacional de Estudios Históricos de la Revolución Mexicana, 1960), pp.19-23. ディアス=ソトイガマの経歴については，Michael S. Werner (ed.), *Encyclopedia of Mexico: History, Society & Culture* (2 vols; Chicago: Fitzroy Dearborn Publishers,

1997), vol. 1, pp.413-414.
4) アグアスカリエンテス会議については, Robert E. Quirk, *The Mexican Revolution, 1914-1915: The Convention of Aguascalientes* (Bloomington: Indiana University Press, 1960) が詳しく分析している。とくに p.9 および pp.18-34 を参照。
5) この時期にカランサ護憲派政府が公布した政令は次の文献に収録されている。México. Gobierno Provisional de la República Mexicana, *Codificación de los decretos del C. Venustiano Carranza* (México, D.F.: Imprenta de la Secretaría de Gobernación, 1915).
6) Jean Meyer, "Casa del Obrero Mundial y el Batallón Rojo," *Historia Mexicana*, no.81 (1971), pp.1-37.
7) México. Gobierno Provisional de la República Mexicana, *op.cit.*, pp.215-222.
8) David C. Bailey, "Álvaro Obregón and Anti-Clericalism in the 1910 Revolution," *The Americas*, no.26 (October 1969), p.185.
9) U.S. Department of State, Papers Relating to the Foreign Relations of the United States, Internal Affairs of Mexico, 1910-1929, File no.812. 404.
10) Francis C. Kelley, *The Book of Red and Yellow: Being a Story of Blood and a Yellow Streak* (Chicago: Catholic Church Extension Society of the United States of America, 1915).
11) Adolfo Menéndez Mena, *The Work of the Clergy and the Religious Persecution in Mexico* (New York: Latin American News Associations, 1916).
12) Hugo Brehme, *México, una nación persistente: Fotografías* (México, D.F.: Instituto Nacional de Bellas Artes, 1995); Anita Brenner, *The Wind that Swept Mexico: The History of the Mexican Revolution, 1910-1942, with 184 Historical Photographs Assembled by George R. Leighton* (New York and London: Harper & Brothers, 1943); Gustavo Casasola (ed.), *Historia gráfica de la Revolución Mexicana, 1900-1960* (14 tomos.: México, D.F.: Editorial F. Trillas, 1960-1970).
13) Ernest Gruening, *Mexico and Its Heritage* (New York: Appleton-Century Company, 1929), p.214.
14) Friedrich Katz, *The Life & Times of Pancho Villa* (Palo Alto: Stanford University Press, 1998), p.447.
15) Charles C. Cumberland, *Mexican Revolution: The Constitutional Years* (Austin: University of Texas Press, 1972), p.224.
16) Robert E. Quirk, *The Mexican Revolution and the Catholic Church, 1910-1929* (Bloomington: Indiana University Press, 1973), pp.12-13; pp.54-56.
17) J. Meyer, *op.cit.*, pp.12-13.
18) Quirk, *The Mexican Revolution and the Catholic Church, 1910-1929*, pp.42-43; pp.56-57.
19) *Outlook* (June 6, 1914), pp.5-7.
20) Katz, *op.cit.*, pp.446-448.
21) Quirk, *op.cit.*, p.57.

22) *Ibid.*, p.58.
23) David C. Bailey, *¡Viva Cristo Rey!: The Cristero Rebellion and the Church-State Conflict in Mexico* (Austin: University of Texas Press, 1974), pp.22-23.
24) Luis Medina Ascencio, *La Santa Sede y la emancipación mexicana* (México, D.F.: Editorial Jus, 1965).
25) この間の動きを次の文献が要約している。Bailey, *¡Viva Cristo Rey!*, pp.27-34; Antonio Rius Facius, *La juventud católica y la Revolución Mexicana, 1910 a 1925* (México, D.F.: Editorial Jus, 1963), pp.242-246.
26) カピストラン=ガルサと LNDLR については、Bailey, *ibid.*, pp.54-56 が詳しく取り上げている。

第6章　メキシコ革命憲法制定議会と代議員

1) México, Biblioteca del H. Congreso de la Unión. Sistema Integral de Información y Documentación, *Reformas a la Constitución política de los Estados Unidos Mexicanos, 1917-2000* (México, D.F.: Biblioteca del H. Congreso de la Unión, 2000).
2) Frank Tannenbaum, *Peace by Revolution: An Interpretation of Mexico* (New York: Columbia University Press, 1933), p.166. [　] 内は筆者の加筆。
3) Charles C. Cumberland, *Mexico: The Struggle for Modernity* (New York: Oxford University Press, 1968), p.357.
4) 山崎将文「憲法学の研究の対象としてのメキシコとメキシコ憲法について―メキシコ合衆国憲法研究序説―」(メキシコ調査研究会『南部メキシコ村落における宗教と法と現実―1987 年度メキシコ海外学術調査報告 V』久留米大学比較文化研究所　1989 年、150-178 頁）は、メキシコの 1917 年革命憲法がドイツのワイマール憲法、オーストリア憲法、チェコスロバキア憲法、スペイン憲法 (1931 年) に影響を与えたという諸学説を紹介している。また第一次世界大戦の講和条約であるベルサイユ条約にメキシコの革命憲法が影響を与えたことを論述した Alberto Trueba Urbina, *The Mexican Constitution of 1917 is Reflected in the Peace Treaty of Versailles of 1919* (New York: 出版社不明　1974) は、労働法、社会福祉法、農地改革法、経済法における弱者を救済する条項によって、自由主義社会福祉国家建設の基本法のモデルとなったとしている。
5) E.V. Niemeyer, *Revolution at Queretaro: The Mexican Constitutional Convention of 1916-1917* (Austin: University of Texas Press, 1974), p.21.
6) Emilio O. Rabasa, *El pensamiento político y social del constituyente de 1916-1917* (México, D.F.: Universidad Nacional Autónoma de México, 1996), p.57.
7) *Ibid.*, p.59.
8) Niemeyer, *op.cit.*, p.32.
9) 次の文献に全文が掲載されている。Juan de Díos Bojórquez [pseud. Djed Bórquez], *Crónica del constituyente* (México, D.F.: Gobierno del Estado de Querétaro y Instituto Nacional de Estudios Históricos de la Revolución Mexicana de la Secretaría de Gobernación, 1992), pp.95-111.

10) México, Congreso Constituyente, 1916-1917, *Diario de los debates del congreso constituyente: Querétaro 1916-1917* (2 tomos; México, D.F.: Imprenta de la Cámara de Diputados, 1989), I, pp.5-257. 以下, *Diario de los debates* と略す。
11) Gabriel Ferrer Mendiolea, *Historia del Congreso Constituyente de 1916-1917* (México, D.F.: Biblioteca del Instituto Nacional de Estudios Históricos de la Revolución Mexicana, 1957), pp.41-42.
12) Niemeyer, *op.cit.*, p.34.
13) Jesús Romero Flores, *La Revolución como nosotros la vimos* (México, D.F.: Biblioteca del Instituto Nacional de Estudios Históricos de la Revolución Mexicana, 1963), p.153.
14) Peter H. Smith, "La política dentro de la Revolución: El congreso constituyente de 1916-1917," *Historia Mexicana*, no.87 (1973), pp.363-395.
15) John Takanikos-Quinones, "The Men of Queretaro: A Group Biography of the Delegates to the Mexican Constitutional Congress of 1916-1917," Ph.D. dissertation, University of California at Davis, 1989.
16) Cosío Villegas (ed.), *Historia moderna de México. El Porfiriato: La vida social*, p.52.
17) México, Secretaría de la Economía Nacional, Dirección General de Estadísticas, *Quinto censo de población 15 de mayo de 1930: Resumen general* (México, D.F.: 1934), p.55. 以下, *Censo de 1930* と略す。
18) Niemeyer, *op.cit.*, p.263.
19) Smith, *op.cit.*, p.365.
20) Romero Flores, *op.cit.*, p.153.
21) Smith, *op.cit.*, p.364.
22) リカルド・フローレス=マゴンらのこの時期の活動に関しては，次の文献が詳しい。Ward S. Albo, *Always a Rebel: Ricardo Flores Magón and the Mexican Revolucion* (Fort Worth: Texas Christian University Press, 1992); W. Dirk Raat, *The Revolution: Mexico's Rebels in the United States, 1903-1934* (College Station: Texas A & M University Press, 1981).
23) *Diccionario histórico y biográfico de la Revolución Mexicana* (8 tomos.; México, D.F.: Instituto Nacional de Estudios Históricos de la Revolución Mexicana, 1990), IV, p.778. 以下, *DHBRM* と省略す。なお，同事典は，州別にまとめられて編纂されている。
24) *DHBRM*, VII, pp.436-437.
25) *Censo de 1930*, p.40.
26) Smith, *op.cit.*, p.373; Takanikos-Quinones, *op.cit.*, pp.57-58.
27) *DHBRM*, II, pp.1011-1012.
28) *Ibid.*, IV, pp.156-157.
29) *Ibid.*, VII, pp.386-387.
30) *Ibid.*, V, pp. 433-434.
31) *Ibid.*, III, pp.335-336.

32) *Ibid.*, I, pp.384-385.
33) *Ibid.*, V, pp.733-734.
34) *Ibid.*, VII, pp.555-556.
35) *Ibid.*, VI, pp.457-459.
36) *Ibid.*, VI, pp.454-455.
37) *Ibid.*, III, pp.337-338.
38) *Ibid.*, II, pp.883-884.
39) *Ibid.*, III, pp.310-311.
40) *Ibid.*, IV, p.236.
41) *Ibid.*, VI, pp.139-140.
42) *Ibid.*, VII, pp.765-767.
43) Félix F. Palavicini, *Historia de la Constitución de 1917* (2 tomos; México, D.F.: Imp. de J. Abadiano, 1938), I, p.163.
44) Niemeyer, *op.cit.*, p.64.
45) *DHBRM*, IV, p.118.
46) *Ibid.*, III, pp.341-342.
47) Niemeyer, *op.cit.*, pp.87-88.
48) *DHBRM*, V, pp.118-119.
49) Takanikos-Quinones, *op.cit.*, pp.122-199.

第7章　1917年革命憲法の反教権主義条項とその審議過程

1) 本章で使用するのは1989年の復刻版である。México, Congreso Constituyente, 1916-1917, *Diario de los debates del congreso constituyente: Querétaro 1916-1917* (2 tomos; México, D.F.: Imprenta de la Cámara de Diputados, 1989). 以下，*Diario de los debates* と略す。
2) ［　］内は，筆者による加筆説明を意味する。以下，同様。
3) *Ibid.*, I, pp.437-438.
4) *Ibid.*, pp.438-439.
5) ここでいう「チョコレート」は，日本で知られているココア風の飲み物で，メキシコでは伝統的な，非常に高価な飲み物であった。
6) *Diario de los debates*, I, pp.457-468.
7) *Ibid.*, pp.439-448.
8) *Ibid.*, pp.450-455.
9) *Ibid.*, p.458.
10) *Ibid.*, pp.522-524.
11) *Ibid.*, pp.470-474.
12) *Ibid.*, pp.477-480.
13) *Ibid.*, pp.474-477.
14) *Ibid.*, pp.481-486.
15) *Diario de los debates*, II, pp.744-745.

16) *Ibid.*, pp.745-746.
17) 離婚については，護憲派勢力がベラクルスで革命政権を樹立していた1915年に暫定離婚法が制定され，革命憲法が制定された1917年に家族関係法の中で制約つきながら離婚が正式に認められた。
18) *Ibid.*, pp.762-763. なお，ローマ・カトリック教会の秘蹟の1つである告解が社会問題となったフランスの例を紹介した工藤庸子の『宗教vs. 国家—フランス＜政教分離＞と市民の誕生』（講談社現代新書　2007年）における解釈は，非常に具体的で分かりやすい。モーパッサンの『女の一生』を題材にして解説した工藤によると，19世紀のフランスでは進歩的な思想を受け入れた男性たちは告解をすでに捨てており，教会に取り込まれた女たちが，頻繁に，そして親密に神父に告解をし，夫婦の寝室における問題にいたるまで悩みを相談していたという。工藤が解説した微妙な表現まではメキシコの制憲議会の議事録に残されていないが，行間からほとんどそれに近い状況が20世紀初頭のメキシコの女性たちの信仰と聖職者との関係にあったことが読み取れる。
19) *Diario de los debates*, II, pp.752-753.
20) *Ibid.*, pp.757-758.
21) *Ibid.*, p.753. 正確な投票数は賛成93票対反対63票であった。
22) *Ibid.*, p.756.
23) *Ibid.*, pp.760-763.
24) *Ibid.*, pp.765-766.
25) *Ibid.*, pp.759-760.
26) E.V.Niemeyer, *Revolution at Queretaro: The Mexican Constitutional Convention of 1916-1917* (Austin: University of Texas Press, 1974), p.233.
27) John Takanikos-Quinones, "The Men of Queretaro: A Group Biography of the Delegation to the Mexican Constitutional Congress of 1916-1917 (Ph.D. dissertation; University of California at Davis, 1989), pp.122-199.

第Ⅲ部　対決から協調へ
第8章　国家と教会の対決から協調への20年（1920-1940年）

1) 本書で使用する「宗教戦争」という用語は，異教徒間で戦われる戦闘という意味ではなく，個人の自由を至高のものとする19世紀のメキシコ・リベラリズムという思想・信条と，それとは対照的なカトリック教会の支配を当然とする思想・信条の対立と戦いを意味する。
2) アグラリスタとクリステーロの関係については，次の文献を参照。Jesús Silva Herzog, *El agrarismo mexicano y la reforma agraria: Exposición y crítica* (México, D.F.: Fondo de Cultura Económica, 1964); John Tutino, *From Insurrection to Revolution in Mexico: Social Bases of Agrarian Violence, 1750-1940* (Princeton: Princeton University Press, 1986).; Michael S. Werner (ed.), *Encyclopedia of Mexico: History, Society & Culture* (2 vols.: Chicago: Fitzroy Dearborn Publishers, 1997), I, pp.21-26.

3) アグア・プリエタ計画とは，1920年の大統領選挙をめぐってボニーリャ（Ignacio Bonilla）を擁立したカランサに対して，オブレゴンを擁立するソノラ勢力がカランサの辞任を要求して起こしたクーデターである。カランサ大統領はベラクルスへ逃避する途中で殺害された。ソノラ州知事のウエルタ（Adolfo de la Huerta）が暫定政権を継ぎ，実施された選挙でオブレゴンが大統領に選出された。

4) 1915年に護憲派勢力に加担して「赤色大隊」を組織し，革命に参加した労働者たちの全国規模での運動の本部「世界労働者の家」は，1916年から1917年にかけて展開したストライキ戦術によってカランサにより解散させられたが，カランサとオブレゴンの対立によって労働運動の若いリーダーの1人であるモロネス（Luis N. Morones）とCROMがオブレゴンを支持した結果，オブレゴン政権下で重要な地位を占めることになった。モロネスについては，Werner (ed.), *op.cit.*, vol.2, pp.953-956を参照。

5) オブレゴンのプロテスタント人材の登用については，大久保教宏『プロテスタンティズムとメキシコ革命―市民宗教からインディヘニスモへ』（新教出版社　2005年）を，プロテスタント系メノナイト信徒のメキシコ移住に同意し，農地改革が進展する中でチワワ州における土地取得を外国人セクトにオブレゴンが認めた経緯については，国本伊代「メキシコにおけるメノナイト信徒集団―キリスト教プロテスタント再洗礼派のメキシコ移住の経緯と現状」（『中央大学論集』19号，1998年）を参照されたい。

6) カリェスの教職歴と反教権主義思想については，*Documentos históricos sobre la Revolución Mexicana* (28 tomos; México, D.F.: Editorial Jus, 1965-1977), tomo 7, pp.508-513を参照。

7) Emilio Portes Gil, *Autobiografía de la Revolución Mexicana* (México, D.F.: Instituto Mexicano de Cultura, 1964), p.231.

8) カリェスの政治的影響力の行使は「院政」という捉え方で普通は紹介されている。メキシコの中学校および高校の歴史教科書においても同様の扱いをしており，最高権力者（jefe máximo）という表記を使用するのが一般的である。

9) 1940年9月21日号の週刊誌『オイ』（*Hoy*）に掲載された同誌記者バラデス（José C. Valadés）のインタビュー記事「アビラ・カマチョとの3時間」（Tres horas con Ávila Camacho）で紹介された次期大統領の「私はカトリック信者である」という発言は，19世紀のレフォルマ革命以来はじめて大統領格の要人が自らの信仰を語ったことで注目を集めた。*Hoy*, no.187（1940年9月21日），pp.8-10.

10) Robert E. Quirk, *The Mexican Revolution and the Catholic Church, 1910-1929*, (Bloomington: Indiana University Press, 1973), pp.99-100, p.106.

11) *Ibid.*, p.105. オロスコ=イ=ヒメネスの生涯については，Werner, *op.cit.*, vol.2, pp.1037-1038とVicente Camberos Vizcaíno, *Francisco el Grande: Mons. Francisco Orozco y Jiménez* (2 tomos; México, D.F.: Editorial Jus, 1966) を参照。

12) Quirk, *ibid.*, pp.109-111.

13) Alicia Olivera Sedano, *Aspectos del conflicto religioso de 1926 a 1929: Sus antecedentes y consecuencias* (México, D.F.: Instituto Nacional de Antropología e

Historia, 1966), pp.85-90. Quirk, *ibid.*, p.126.
14) Olivera Sedano, *op.cit.*, pp.81-83.
15) Peter L. Reich, *Mexico's Hidden Revolution: The Catholic Church in Law and Politics since 1929* (Notre Dame & London: University of Notre Dame Press, 1995), pp.98-101.
16) ラ・ソレダ教会事件については, David C. Bailey, *¡Viva Cristo Rey! The Cristero Rebellion and the Church-State Conflict in Mexico* (Austin: University of Texas Press, 1974), pp.50-53 が事件を概要している。
17) LNDLR の組織化については, Olivera Sedano, *op.cit.*, pp.110-118.
18) Quirk, *op.cit.*, p.142-143.
19) *El Universal*, 1926 年 1 月 2 日, p.1.
20) この間の *El Universal* に掲載された記事の概要については, Quirk, *op.cit.*, pp.150-153 を参照。
21) モーラ=イ=デルリーオの一連の対政府抗議行動については, Quirk, *ibid.*, pp.152-153 を参照。
22) マンリケ=サラテの挑発事件については, *ibid.*, pp.156-158 を参照。
23) *Ibid.*, p.156.
24) *Ibid.*, pp.159-161.
25) *Diario Oficial*, 1926 年 7 月 2 日。
26) Quirk, *op.cit.*, pp.170-173. 1926 年 7 月 24 日の司教団のストライキ声明文は *El Universal*（7 月 25 日, p.1, p.4）に掲載された。
27) Quirk, *op.cit.* pp.182-183.
28) *Ibid.*, pp.222-223.
29) *Ibid.*, pp.189-190.
30) モロウ大使の動向については, Stanley R. Ross, "Dwight Morrow and the Mexican Revolution," *Hispanic American Historical Review*, no.38 (1958), pp.509-515 を参照。
31) 最終調整の経緯については, Quirk, *ibid.*, pp.238-243 と Bailey, *op.cit.*, pp.246-283 が詳細に取り上げている。
32) アレグロに関するポルテス=ヒル大統領の 1929 年 6 月 21 日付声明文とレオポルト・ルイス大司教の声明文は, Bailey, *op. cit.*, pp.311-312 に示されている。
33) Portes Gil, *op.cit.*, p.235.
34) James W. Wilkie, "The Meaning of the Cristero Religious War against the Mexican Revolution," *Journal of Church and State*, vol.8, no.2 (1966), p.215.
35) 性教育と社会主義教育の概要については, 次の文献を参照。Victoria Lerner, "Historia de la reforma educativa: 1933-1945," *Historia Mexicana*, no.113 (1979), pp.91-132; Ibid., *La educación socialista* (México, D.F.: El Colegio de México, 1979).
36) Graham Greene, *The Power and the Glory* (New York: Viking Press, 1934). 邦語訳『権力と栄光』(斉藤数衛訳, 早川書房, 1988 年)。
37) Reich, *op.cit.*, pp.28-34.
38) Reich, *op.cit.*, pp.59-60.

第9章 「非公式の協調時代」と1979年のローマ教皇のメキシコ訪問

1) この間の具体的な数字および全般的動向については，Banco de Mexico, *Informe anual*（中央銀行年報）および Raymond Vernon, *The Dilemma of Mexico's Development: The Roles of the Private and Public Sectors*（Cambridge: Harvard University Press, 1963）を参照。
2) James W. Wilkie (ed.), *Society and Economy in Mexico*（Los Angeles: University of California at Los Angeles, Latin American Center, 1990), p.35.
3) Samuel Schmitt, James W. Wilkie & Manuel Esperanza (eds.), *Estudios Quantitativos sobre la historia de México*（México, D.F.: Universidad Nacional Autónoma de México, 1988), p.121.
4) David C. Bailey, "The Church since 1940," W. Dirk Raat & William H. Beezley (eds.), *Twentieth-Century Mexico*（Lincoln: University of Nebraska Press, 1986), p.238.
5) メキシコにおけるメデジン会議以降の進歩派聖職者たちの動向について，Roberto Blancarte, *Historia de la Iglesia católica en México*（México, D.F.: El Colegio Mexiquense y Fondo de Cultura Económica, 1992), pp.250-293 が詳しく取り上げている。
6) Guillermo F. Margadant, *La Iglesia mexicana y el derecho*（México, D.F.: Editorial Porrúa, 1984), p.35.
7) Blancarte, *op.cit.*, pp.232-236.
8) *Ibid.*, p.238. 事件の詳細については，ドキュメンタリーとしてまとめられた Elena Poniatowska, *La noche de Tlatelolco*（México, D.F.: Ediciones Era 1971; 邦語訳『トラテロルコの夜』(北條ゆかり訳, 藤原書店, 2005年) を参照。
9) Blancarte, *op.cit.*, p.253.
10) 合計特殊出生率の低下については，補論の表12を参照。
11) Blancarte, *op.cit.*, p.296.
12) Roderic Ai Camp, *Crossing Swords: Politics and Religion in Mexico*（New York & Oxford: Oxford University Press, 1997), pp.64-68.
13) *Excelsior*（Mexico City), 1978年12月7日, p.1-16A.
14) Blancarte, *op.cit.*, p.365.
15) Granados Chapa, Miguel Ángel, "Juan Pablo II en México," *Siempre*, no.1331（1978年12月27日号), p.14.
16) *Ibid.*
17) *Siempre*, no.1333（1979年1月10日号), p.16.
18) *Excelsior*, 1978年12月26日, p.4-A.
19) *Ibid.*, 1978年12月23日, p.1.
20) *Ibid.*, 1978年12月24日, p.1.
21) "Presidencia: México no quiere relaciones con el Vaticano," *Proceso*（1979年1月8日号), p.29.
22) Granados Chapa, *op.cit.*, pp.14-15.

23) *Excelsior*, 1978 年 12 月 11 日, p.13-A.
24) *Ibid.*, 1978 年 12 月 12 日, p.1.
25) *Ibid.*, 1978 年 12 月 14 日, p.2-A.
26) *Ibid.*, 1978 年 12 月 20 日, p.15-A.
27) *Ibid.*, 1978 年 12 月 22 日, p.4-A.
28) *Ibid.*, 1978 年 12 月 27 日, p.1, p.12-A.
29) *Ibid.*, 1978 年 12 月 28 日, p.1-A.
30) *Ibid.*, 1978 年 12 月 30 日, p.10-A.
31) *Ibid.*, 1978 年 12 月 30 日, p.1-A.
32) *Ibid.*, 1979 年 1 月 1 日, p.1-A.
33) *El Día*, 1979 年 1 月 2 日, p.9.
34) *Excelsior*, 1979 年 1 月 3 日, p.6-A.
35) Hector Ramírez Cuellar, "El clero progresista," *El Día*, 1979 年 1 月 6 日, p.4.
36) Villareal Cantú, "El mito del Estado laico," *El Norte*, 1979 年 1 月 11 日, p.2-A.
37) Gastón García Cantú, "Pero políticamente 1979 no será 1929: Juan Pablo y Carter: 2 visitantes," *Siempre*, no.1333 (1979 年 1 月 10 日号), pp.22-23.
38) Miguel Ángel Ramírez, "Oposición obrera a una vuelta atrás e asuntos de religión," *El Día*, 1979 年 1 月 9 日, p.1.
39) *Excelsior*, 1979 年 1 月 15 日, p.1-A, p.10-A.
40) *Ibid.*, 1979 年 1 月 16 日, p.17-A.
41) Blancarte, *op.cit.*, pp.369-381.
42) *Excelsior*, 1979 年 1 月 17 日, p.1-A.
43) *Ibid.*, p.20-A.
44) *Ibid.*, 1979 年 1 月 20 日, p.1-A.
45) *Iibd.*, 1979 年 1 月 21 日, p.1.
46) Antonio Isse Muñez, *Juan Pablo II: Seis días en México* (México, D.F.: Banamex. S.A., 1979).
47) Soledad Loaeza, "La Iglesia católica mexicana y el reformismo autoritario," *Foro Internacional*, vol.25, núm 2 (1984), pp.138-165.
48) 公式には存在しないが，現実には存在する「女子修道院」におけるような集団生活をして教会内部および教会関係の学校や各種事業で奉仕活動をする女性たちである。メキシコでは 1992 年まで，修道院は合法的には存在できなかった。
49) Alejandro Gómez Arias, "¿A qué vienes, hermano Juan Pablo? Ávila Camacho, Echeverría: 2 marcas en el camino," *Siempre*, no.1334 (1979 年 1 月 17 日号), pp.42-43.

第 10 章　サリナス政権による 1992 年の憲法改変とカトリック教会

1) Roberto Blancarte, *El poder salinismo e Iglesia católica: ¿Una nueva convivencia?* (México, D.F.: Grijalbo, 1991), p.184.
2) María Alicia Puente Lutteroth, "Opening to the Church," Laura Randall (ed.),

Changing Structure of Mexico: Political, Social, and Economic Prospects (Armonk, N.Y. : M. E. Sharpe, 1996), p.290.
3) 1979年1月の最初のメキシコ訪問以来教会の存在が目立ちはじめた様子については，Bernardo Barranco Villafán (compilador), *Más allá del carisma: Análisis de la visita de Juan Pablo II* (México, D.F.: Editorial Jus, 1990) が詳しい。
4) エチェベリア大統領と教会関係全般に関しては，Roberto Blancarte, *Historia de la Iglesia católica en México* (El Colegio de Mexiquense y Fondo de Cultura Económica, 1992), pp.296-332 を参照。
5) ロペス=ポルティリョ大統領と教会関係全般については，*Ibid.*, pp.394-412; Emilio Hernández, "Echeverría impuso a José López Portillo su plan de alianza con la Iglesia," *Proceso*, no.447 (1985年5月27日号)。
6) *Unomásuno*, 1982年11月17日，p.7。
7) デラマドリ大統領と教会関係全般については，Soledad Loaeza, "El fin de la ambigüedad: Las relaciones entre la Iglesia y el Estado en México, 1982-1989," Luis J. Molina Piñeiro (coordinador), *La partipicación política del clero en México* (México, D.F.: Universidad Nacional Autónoma de México, 1990)。
8) チワワ州の政治と選挙における腐敗・不正について，Roderic Ai Camp, *Crossing Swords: Politics and Religion in Mexico* (New York & Oxford: Oxford University Press, 1997), pp.64-66; Alberto Aziz Nassif, *Chihuahua: Historia de una alternativa* (México, D.F.: Centro de Investigaciones y Estudios en Antropología Social y La Jornada, 1994); Jorge Alonso y Silvia Gómez Tagle (compiladores), *Insurgencia democrática: Las elecciones locales* (Guadalajara: Universidad de Guadalajara, 1991)。なお Julia Preston and Samuel Dillon, *Opening Mexico: The Making of a Democracy* (New York: Farrar, Straus and Girouz, 2004) はメキシコを長年にわたって取材してきた2名のベテラン記者によってまとめられたドキュメンタリー風の現代メキシコ論で，その第5章でチワワ事件が詳細に記述されている。
9) Osacar Hinojosa, "Prigione, enlace de Bartlett para reprender a obispos críticos," *Proceso*, no.506 (1986年8月18日号), p.8.
10) *Diario Oficial*, 1987年2月12日, pp.23-73.
11) Miguel de la Madrid, *Cambio de rumbo* (México, D.F.: Fondo de Cultura Económica, 2004), p.699.
12) Camp, *Crossing Swords*, pp.218-219.
13) *Ibid.*, p.288.
14) "Proyesto de Decreto que reforma los artículos 1, 5, 24 y 27 fracciones II y III y 130 de la Constitución política de los Estados Unidos Mexicanos," María Elena Álvarez Bernal (compilación y sintesis), *Relaciones Iglesia-Estado: Cambio necesario: Tesis del Partido Acción Nacional* (México, D.F.: EPESSA, 1990), pp.180-182.
15) Gabriel Videla, *Sergio Méndez Arceo: Un señor Obispo* (Cuernavaca: Correo del Sur, 1982), p.11.
16) Michael Tangeman, *Mexico at the Crossroads: Politics, the Church, and the Poor*

(Maryknoll, N.Y.: Orbis Books, 1995), pp.69-70.
17) *La Jornada*, 1988年12月7日号, p.1, p.10.
18) Blancarte, *op.cit.*, p.184.
19) *La Jornada*, 1988年12月4日, p.12.
20) *Ibid.*, 1988年12月7日, p.1, p.10.
21) *Ibid.*, 1988年12月8日, p.8.
22) *Ibid.*, 1989年1月-6月のさまざまな日付に掲載。
23) *Ibid.*, 1989年6月1日, p.1, p.7.
24) Rodrigo Vera, "En secreto, negociaciones entre funcionarios políticos y herarcas católicas," *Proceso*, no.662 (1989年8月7日), p.8. [ ] 内は筆者の加筆。
25) *La Jornada*, 1989年8月4日, p.1, p.12.
26) *Ibid.*, 1989年8月7日, p.3.
27) "El Estado y las iglesias," *Nexos*, no.141 (1989年9月号).
28) Camp, *Crossing Swords*, pp.220-221.
29) 1990年のヨハネ・パウロ2世の2回目のメキシコ訪問については、Villafán, *op.cit.* を参照。
30) Carlos Salinas de Gortari, *México: un paso difícil a la modernidad* (Barcelona: Plaza y Janés Editores, 2000), pp.281-282.
31) 大統領教書全文は、*La Jornada*, 1991年11月2日の別刷I-XIIに掲載されている。
32) *La Jornada*, 1991年11月3日, p.5.
33) *Ibid.*, 1991年11月1日, p.3.
34) *Ibid.*, 1991年11月2日, p.7.
35) *Ibid.*, 1991年11月11日, p.5.
36) *Ibid.*, 1991年11月13日, p.1とp.8;11月14日, p.1とp.13;11月16日, p.1, p.2, pp.5-8.
37) *Ibid.*, 1991年11月13日, p.1, p.8;11月14日, p.17.
38) México, Biblioteca del H. Congreso de la Unión, Sistema Integral de Información, *Reformas a la Constitución polítiea de los Estados Unidos Mexicanos 1917-2000* (México, D. F.: Bibliotea del H. Congreso de la Unión, 2000), p.31, p.36, p.52, p.61, p.234.

補論　現代メキシコ社会とカトリック教会
1) 数多く実施されている各種世論調査に関する手引きとして、次の2点が有用である。Enrique Alduncin Abitia, "Los valores de los mexicanos en los últimos 25 años," *Este País*, no.170 (2005), pp.26-33; Mina Piekarewicz Sigal (coordinadora), *México: Diccionario de opinión pública* (México, D.F.: Grijalbo, 2000).
2) アメリカ社会の伝統を示す用語として、ワスプ (White Anglo-Saxon Protestant = WASP) がある。21世紀初頭の現代では、多民族・多元化社会としてのアメリカが紹介されるが、キリスト教プロテスタントの伝統と影響力は健在である。ワスプに

ついては,『アメリカを知るための事典』(平凡社　1988年), 578頁を参照。
3) メキシコでは, 最低賃金 (salario mínimo=SM) の倍数によって, 所属する社会階層を推測することができる。下層の未熟練労働者の賃金はだいたい2-3 SMであり, 10 SMは中間層の中でも中位に相当する。車を所有し, 子供を私立学校に通わせ, 通いの家事使用人を雇っている。エリート層と呼ばれる高級官僚や大企業の管理職の場合, 15-20 SMの所得を得ている。
4) 国本伊代「メキシコの新しい社会と女性―社会の民主化と平等をめざして」(国本伊代編『ラテンアメリカ　新しい社会と女性』新評論　2000年, 241-262頁)。
5) メキシコの有力紙 *La Jornada* が2003年6月15日-30日に実施したアンケート調査の結果より (2003年7月4日, 12頁)。

表一覧（　）内は本文頁

表1-1　独立運動がカトリック教会に与えた影響（29）
表1-2　独立時（1821年）のメキシコにおける司教区（30）
表2-1　植民地時代から1875年までのヌエバ・エスパーニャ副王領とメキシコにおける司教区形成の過程（68）
表2-2　レフォルマ革命における改革諸法一覧（69）
表2-3　メキシコ市内の所有者タイプ別所有者数と家屋数およびその評価額（76）
表3-1　レフォルマ革命期とディアス時代のローマ留学生と帰国後の経歴（92-93）
表3-2　レフォルマ革命期とディアス時代における神学校の接収・閉校・新設一覧（94）
表3-3　1895年と1910年の国勢調査にみる州・直轄領別人口と聖職者数（98）
表3-4　カトリック勢力による社会改革運動で実施された各種会議一覧（108）
表3-5　ディアス時代の州・直轄領別公立小学校数と生徒数が各総数に占める割合の推移（115）
表3-6　ディアス時代における運営体別小学校数と生徒数の推移（116）
表4-1　1911年10月15日の大統領・副大統領選挙2次投票の得票一覧（137）
表6-1　制憲議会代議員の年齢層別構成（169）
表6-2　制憲議会代議員の教育歴別構成（170）
表6-3　制憲議会代議員の職業別構成（171）
表6-4　制憲議会代議員の1911-1917年の公職歴（172）
表6-5　制憲議会代議員が参加した政治活動（173）
表6-6　制憲議会運営委員会メンバー（177）
表6-7　制憲議会第1作業委員会メンバー（179）
表6-8　制憲議会第2作業委員会メンバー（182）
表7-1　憲法第3条のカランサ原案・委員会案・成立した条文の比較（194）
表7-2　憲法第24条のカランサ原案・委員会案・成立した条文の比較（195）
表7-3　憲法第130条のカランサ原案と委員会案・成文化された条文の比較（200-201）
表7-4　憲法第27条第II項のカランサ原案・委員会案・成立した条文の比較（203）
表8-1　1917年連邦憲法第130条に基づく州別施行細則の制定と規定概要（216-217）
表8-2　年別宗教団体所有不動産の接収件数（1920-1940年）（236）
表8-3　州別宗教団体所有不動産の接収件数（1920-1940年）（236）
表9-1　国勢調査にみる人口・都市化率・識字率・カトリック人口の割合の推移（1940-1980年）（242）
表9-2　1950-1990年の間に分離・新設・名称変更された司教区（244）
補　論
表1　宗教の重要性についての国際比較（295）

表 2 　ラテンアメリカ諸国の総人口に占めるカトリック人口の割合（296）
表 3 　ラテンアメリカ諸国のカトリック信仰度の比較（297）
表 4 　1990 年と 2000 年における宗教的信心に関するメキシコ，アメリカ，日本の比較（298）
表 5 　幸福感の国際比較（299）
表 6 　メキシコにおける男女別・年齢層別・教育水準別・収入別にみる宗教の重要度（301）
表 7 　教会と政治に関するメキシコ人の意識（303）
表 8 　メキシコ人が信頼する対象ランキング（303）
表 9 　政府と教会への信頼度比較（304）
表 10 　教師と聖職者への信頼度比較（304）
表 11 　カトリックの公式教義と現代メキシコ人の価値観（305）
表 12 　メキシコ女性の合計特殊出生率の推移（306）
表 13 　国勢調査からみるメキシコ国民に占めるカトリック信者の割合（307）
表 14 　州別人口に占めるカトリック信者数と先住民人口の割合（311）
表 15 　宗教の多様化の推移（313）

図一覧 （　）内は本文頁

図 2-1 　19 世紀半ばにおけるメキシコ市の教会関係建造物の配置（74）
図 2-2 　レフォルマ革命後のメキシコ市街地中心部の教会敷地の接収と再開発（78-79）
図 3-1 　1900 年代（1900-1911 年）にローマ留学組が大司教ないし主任司教となった司教区（96）
図 3-2 　1910 年における聖職者 1 人あたりの信徒数でみる州別状況（99）
図 4-1 　1912 年における国民カトリック党（PCN）の選挙活動センターの設立状況（134）
図 6-1 　1916 年の制憲議会代議員選挙における州別実施状況（167）
図 8-1 　宗教の自由を守るための国民連合（LNDLR）が 1925-1927 年に組織した活動拠点からみるクリステーロ勢力の全国分布状況（229）

補　論
図 1 　宗教的信心に関するメキシコ・アメリカ・日本の比較（2000 年）（298）
図 2 　カトリック信徒が人口に占める割合でみる州別状況（2000 年国勢調査）（312）

アルファベット略字一覧

ACJM ＝ Asociación Católica de la Juventud Mexicana　メキシコ青年カトリック協会
CACM ＝ Confederación de Asociaciones Católicas de México
　　　　メキシコ・カトリック協会連合
CELAM ＝ Consejo Episcopal Latinoamericano　ラテンアメリカ司教協議会
CEM ＝ Consejo Episcopal Mexicano　メキシコ司教協議会
CNC ＝ Confederación Nacional de Campesinos　全国農民連合
COC ＝ Círculo de Obreros Católicos　カトリック労働者サークル
CROM ＝ Confederación Regional de Obreros Mexicanos　メキシコ労働者地域連合
CTM ＝ Confederación de Trabajadores Mexicanos　メキシコ労働者連合
D.F. ＝ Distrito Federal　連邦特別区
EZLN ＝ Ejército Zapatista de Liberación Nacional　ザパティスタ民族解放軍
INEHRM ＝ Instituto Nacional de Estudios Históricos de la Revolución Mexicana
　　　　国立メキシコ革命歴史研究所
LNDLR ＝ Liga Nacional Defensora para la Libertad Religiosa
　　　　宗教の自由を守るための国民連盟
LNEC ＝ Liga Nacional de Estudiantes Católicos　全国カトリック学生連盟
OG ＝ Operario Guadalupano　オペラリオ・グラダルパーノ
PAN ＝ Partido Acción Nacional　国民行動党
PARM ＝ Partido Auténtico Revolucionario Mexicano　メキシコ革命正真党
PCM ＝ Partido Comunista Mexicano　メキシコ共産党
PCN ＝ Partido Católico Nacional　国民カトリック党
PFCRN ＝ Partido Frente de Campesino Revolucionario Nacional　全国革命農民前線党
PLM ＝ Partido Liberal Mexicano　メキシコ自由党
PNR ＝ Partido Nacional Revolucionario　革命国民党
PPS ＝ Partido Popular Socialista　社会主義人民党
PRD ＝ Partido Revolucionario Democrático　民主革命党
PRI ＝ Partido Revolucionario Institucional　制度的革命党
PRM ＝ Partido Revolucionario Mexicano　メキシコ革命党
PST ＝ Partido Socialista de los Trabajadores　社会主義労働党
SSM ＝ Secretariado Social Mexiano　メキシコ社会事務局

資料1 レフォルマ革命からメキシコ革命にいたる時期の司教区別
主任司教名・大司教名とその在任期間

司　教　区	（大）司　教　名	在　任　期　間
メキシコ	Lazaro DE LA GARZA Y BALLESTEROS (1785-1862) Pelagio Antonio LABASTIDA Y DÁVALOS (1816-1891) Próspero María ALARCÓN Y SÁNCHES (1827-1908) José MORA Y DEL RÍO (1854-1928)	1850-1862 1863-1891 1891-1908 1908-1928
プエブラ	José María Luciano BECERRA Y JIMÉNEZ (1784-1854) Pelagio Antonio LABASTIDA Y DÁVALOS (1816-1891) Carlos María COLINA Y RUBIO (1813-1879) Francisco de P. VEREA Y GONZÁLES (1813-1884) José María MORA Y DAZA (1820-1887) Francisco VARGAS GUTIÉRREZ (1822-1896) Perfecto AMÉZQUITA GUTIÉRREZ (1835-1900) Ramón IBARRA Y GONZÁLEZ (1853-1917) 司教 Ramón IBARRA Y GONZÁLEZ (1853-1917) 大司教	1852-1854 1855-1863 1863-1879 1879-1884 1884-1887 1888-1896 1896-1900 1902-1903 1903-1917
オアハカ	José Agustín DOMÍNGUEZ Y DÍAZ (1796-1859) José María COVARRUBÍAS Y MEJÍA (1826-1867) Clemente de Jesús MUNGUÍA (1810-1868) Vicente MÁRQUEZ CARRIZOSA (1811-1887) Eulogio GILLOW Y ZABALZA (1841-1922) 司教 Eulogio GILLOW Y ZABALZA (1841-1922) 大司教	1854-1859 1861-1867 1867-1868 1868-1887 1887-1892 1892-1922
ミチョアカン ↓ モレリア (1924年名称変更)	Clemente de Jesús MUNGUÍA (1810-1868) 司教 Clemente de Jesús MUNGUÍA (1810-1868) 大司教 José Ignacio ARCIGAS Y RUIZ (1830-1900) Atenógenes SILVA Y ÁLVAREZ (1848-1911) Leopoldo RUIZ Y FLORES (1865-1941)	1850-1863 1863-1868 1868-1900 1900-1911 1911-1941
チアパス	Carlos María COLINA Y RUBIO (1813-1879) Carlos Manuel LADRÓN DE GUERRA (1804-1869) Germán Ascensión VILLARVAZO Y RODRÍGUEZ (1829-1879) Ramón María de San José MORENO CASTAÑEDA (1829-1884) Miguel Mariano LUQUE Y AYERDI (1838-1901) Francisco OROZCO Y JIMÉNEZ (1864-1936)	1854-1863 1863-1869 1869-1879 1879-1882 1884-1901 1902-1912
グアダラハラ	Pedro ESPINOSA Y DÁVALO (1793-1866) 司教 Pedro ESPINOSA Y DÁVALO (1793-1866) 大司教 Pedro LOZA Y PANDAVÉ (1815-1898) Jacinto LÓPEZ Y RAMO (1831-1900) José de Jesús ORIZ Y RODRÍGUEZ (1849-1912)	1853-1864 1864-1866 1866-1898 1899-1900 1901-1912
ユカタン	José María GUERRA RODRÍGUEZ (1793-1863) Leandro RODRÍGUEZ DE LA GALA (1814-1887) Crescencio CARRILLO Y AZCONA (1837-1897) José Guadalupe ALBA FRANCO (1841-1910) Martín TRITSCHLER Y CÓRDOBA (1868-1942)	1834-1863 1868-1887 1887-1897 1898-1899 1900-1942
ドゥランゴ	Antonio Laureano LÓPEZ DE ZUBIRÍA (1791-1863) Vicente SALINAS INFANZÓN (1819-1894) 司教 Vicente SALINAS INFANZÓN (1819-1894) 大司教 Santiago DE ZUBIRIA Y MANZANERA (1834-1909) Francisco MENDOZA Y HERRERA (1852-1923)	1831-1863 1868-1892 1892-1894 1895-1909 1909-1923

資料1   345

リナレス ↓ モンテレイ (1922年名称変更)	José María Luciano BECERRA Y JIMÉNEZ (1784-1854) 不明 Carlos María COLINA Y RUBIO (1813-1879) Francisco VEREA Y GONZÁLEZ (1813-1884) Ignacio MONTES DE OCA Y OBREGÓN (1840-1921) Jacinto LÓPEZ ROMO (1831-1900) Santiago DE LA GARZA ZAMBRANO (1837-1907) Leopoldo RUIZ Y FLORES (1865-1941) Francisco PLANCARTE Y NAVARRETE (1856-1920)	1852-1854 1855-1863 1864-1879 1879-1879 1879-1884 1886-1899 1900-1907 1907-1911 1911-1920
ソノラ ↓ エルモシーリョ (1883年名称変更)	Pedro LOZA Y PARDAVÉ (1815-1893) José María URIARTE Y PÉREZ (1825-1887) Jesús María RICO SANTOYA, (1831-1885) Herculano LÓPEZ DE LA MORA (1830-1902) Ignacio VALDESPINO Y DÍAZ (1861-1928)	1852-1868 1869-1883 1883-1884 1887-1902 1902-1913
サンルイスポトシ	Pedro BARAJAS MORENO (1795-1868) 初代 Manuel DEL CONDE Y BLANCO (1816-1872) Nicanor CORONA IZARRARAZ (1825-1883) Ignacio MONTES DE OCA Y OBREGÓN (1840-1921)	1854-1868 1869-1872 1873-1883 1884-1921
タマウリパス ↓ タンピコ (1922年名称変更)	Francisco de la Concepción RAMÍREZ Y GONZÁLEZ (1825-1869) 初代 Ignacio MONTES DE OCA Y OBREGÓN (1840-1921) Eduardo SÁNCHEZ CAMACHO (1838-1920) Filemón FIERRO TERÁN (1859-1905) José de Jesús GUZMAN SANCHEZ (1864-1914)	1861-1869 1871-1879 1880-1896 1897-1905 1909-1914
ケレタロ	Bernardo Garate LÓPEZ ARIZMENDI (1795-1866) 初代 Ramón CAMACHO GARCÍA (1818-1884) Rafael Sabás CAMACHO GARCÍA (1826-1908) Manuel RIVERA MUÑOZ (1859-1914)	1863-1866 1868-1884 1885-1908 1908-1914
チラパ	Ambrosio SERRANO Y RODRÍGUEZ (1818-1875) 初代 Tomás BARÓN MORALES (1828-1898) Buenaventura PORTILLA Y TEJEDA (1827-1899) Ramón IBARRA GONZÁLEZ (1853-1917) Homobono ANAYA Y GUTIÉRREZ (1836-1906) Francisco María CAMPOS ANGELES (1860-1945)	1863-1875 1876-1882 1882-1889 1889-1902 1902-1906 1907-1923
ハラパ	José María Luciano BECERRA Y JIMÉNEZ (1784-1854) Francisco de Paula SÁNCHEZ BEZARES (1823-1870) José María MORA Y DAZA (1820-1887) Ignacio SUÁREZ PREDO (1834-1894) Joaquín ARCADIO PAGAZA (1839-1918)	1852-1854 1863-1870 1870-1884 1887-1894 1895-1918
サモラ	Antonio DE LA PEÑA Y NAVARRO (1799-1877) 初代 José María CÁZARES MARTÍNEZ (1832-1909) José Otón NUÑEZ Y ZARATE (1867-1941)	1864-1877 1878-1909 1909-1922
レオン	José María DÍEZ DE SOLLANO (1820-1881) 初代 Tomás BARÓN MORALES (1828-1898) Santiago DE LA GARZA ZAMBRANO (1837-1907) Leopoldo RUIZ Y FLORES (1865-1941) José MORA Y DEL RÍO (1854-1928) Emeterio VALVERDE Y TÉLLEZ (1864-1948)	1863-1881 1882-1898 1898-1900 1900-1907 1907-1908 1909-1948

サカテカス	Ignacio Mateo GUERRA ALBA (1804-1871) 初代 José María DEL GUERRA ALBA (1827-1888) Buenaventura PORTILLO Y TEJEDA (1827-1899) José Guadalupe ALBA FRANCO (1841-1910) Miguel María MORA Y HORA (1874-1930)	1864-1871 1872-1888 1888-1899 1899-1910 1911-1922
トゥランシンゴ	Juan Bautista ORMAECHEA Y ERNAEZ (1812-1884) 初代 Agustín Jesús TORRES HERNÁNDEZ (1818-1889) José María ARMAS ROSALES (1843-1898) Maximiano REYNOSO DEL CORRAL (1841-1910) José MORA Y DEL RÍO (1854-1928) Juan de Jesús HERRERA Y PIÑA (1865-1927)	1863-1884 1885-1889 1891-1898 1898-1902 1901-1907 1907-1921
タバスコ	Agustín TORRES HERNÁNDEZ (1818-1889) Perfecto AMÉZQUITA GUTIÉRREZ (1835-1900) Francisco CAMPOS ANGELEZ (1860-1945) Leonardo CASTELLANOS Y CASTELANOS (1862-1912)	1881-1885 1886-1896 1897-1907 1908-1912
コリマ	Francisco Melitón VERGAS Y GUTIÉRREZ (1822-1896) 初代 Francisco de P. DÍAZ Y MONTES (1833-1891) Atenógenes SILVA Y ÁLVAREZ TOSTADO (1848-1911) Amador VELASCO Y PEÑA (1856-1949)	1883-1888 1889-1891 1892-1900 1903-1949
シナロア	Jesús María URIARTE PÉREZ (1825-1887) José María de Jesús PORTUGAL Y SERRATO (1838-1912) Homobono ANAYA GUTIÉRREZ (1836-1906) Francisco URANGA SÁENZ (1863-1930)	1883-1887 1888-1898 1898-1902 1903-1919
クエルナバカ	Fortino Hipólito VERA Y TOLONIA (1834-1898) 初代 Francisco PLANCARTE Y NAVARRETE (1856-1920) Manuel FULCHERI Y PIETRASANTA (1874-1922)	1894-1898 1898-1911 1912-1922
チワワ	José de Jesús ORTIZ Y RODRÍGUEZ (1844-1912) 初代 Nicolás PÉREZ GAVILÁN (1856-1919)	1893-1901 1902-1919
サルティリョ	Santiago DE LA GARZA ZAMBRANO (1837-1907) 初代 José María PORTUGAL Y SERRATO (1838-1912) Jesús María ECHAVERRÍA Y AQUIRRE (1858-1955)	1893-1898 1898-1902 1904-1955
テワンテペック	José MORA Y DEL RÍO (1854-1928) 初代 Carlos de MEJÍA LAGUNA (1869-1937) Ignacio PLACENCIA Y MOREIRA (1867-1951)	1893-1901 1902-1907 1907-1922
テピック	Ignacio DÍAZ MACEDO (1853-1905) Andrés SEGURA DOMÍNGUEZ (1850-1918)	1893-1905 1906-1918
カンペチェ	Francisco PLANCARTE Y NAVARRETE (1856-1920) Rómulo BETANCOURT Y TORRES (1856-1901) Francisco MENDOZA HERRERO (1852-1923) Jaime DE ANESAGASTI LLAMAS (1863-1910) Vicente CASTELLAN Y NUÑEZ (1870-1939)	1895-1898 1900-1901 1904-1909 1909-1910 1912-1921
アグアスカリエンテス	José María PORTUGAL Y SERRATO (1838-1912) 初代	1902-1912
ウアフアパン	Rafael AMADOR HERNADEZ (1857-1923) 初代	1903-1923

[出所] José Bravo Ugarte, *Diósesis y obispos de la Iglesia mexicana (1915-1965)* (México, D.F.: Editorial Jus, 1965) および Emeterio Valverde y Téllez, *Bio-bibliografía eclesiástica mexicana, 1821-1943* (3 tomos; México, D.F.: Editorial Jus, 1949) より作成。

資料2 1916–1917年制憲議会代議員名簿

州・直轄領		代議員名	年令	職業	思想
Aguascalientes 州	1区	Aurelio L. GONZÁLEZ	56	実業家	不明
	2区	Daniel CERVANTES	49	薬剤師	○
Baja California 直轄領		Ignacio ROEL	31	医師	△
Campeche 州	1区[1]				
	2区[1]				
Coahuila 州	1区[2]	Manuel AGUIRRE BERLANGA	30	弁護士	○
		*José RODRÍGUEZ GONZÁLEZ	36	教師	○
	2区	Ernesto MEADE FIERRO	28	ジャーナリスト	○
	3区	José María RODRÍGUEZ	46	医師	△
	4区	Jorge E.Von VERSEN	30代	労働者	○
	5区	Manuel CEPEDA MADRANO	30	教師	△
Colima 州		Francisco RAMÍREZ VILLARREAL	25	弁護士	○
Chiapas 州	1区	Enrique SUÁREZ	25	弁護士	○
	2区[3]	Lisandro LÓPEZ	43	弁護士	△
	3区[4]				
	4区[4]				
	5区	Cristóbal Liaca CASTILLO	60	技師	△
	6区	Amílar VIDAL SÁNCHEZ	26	技師	○
	7区	Daniel A. ZEPEDA	60	弁護士	△
Chihuahua 州	1区[4]				
	2区	Manuel M. PRIETO	28	技師	△
	3区[4]				
	4区[4]				
	5区[4]				
	6区[4]				
Distrito Federal	1区	Ignacio L. PESQUEIRA	59	軍人（階級不明）	△
	2区	Lauro LÓPEZ GUERRA	40	ジャーナリスト	○
	3区	Gerzain UGARTE	35	弁護士	△
	4区	Amador LOZANO	58	エコノミスト	△
	5区	Félix F. PALAVICINI	36	ジャーナリスト	△
	6区[2]	Rafael MARTÍNEZ	35	ジャーナリスト	△
		*Carlos DUPLÁN	26	技師	△
	7区[2]	Rafael L. de LOS RÍOS	26	弁護士	○
		*Román ROSAS Y REYES	26	弁護士	○
	8区	Arnulfo SILVA	44	会計士	○
	9区[3]	Francisco ESPINOSA	53	弁護士	△
	10区[1]				
	11区	Ciro B. CEBALLOS	44	作家	○
	12区	Alfonso HERRERA	46	教師	○
Durango 州	1区	Silvestre DORADOR	46	ジャーナリスト	○
	2区	Rafael ESPELETA	60	弁護士	○
	3区	Antonio GUTIÉRREZ	32	農民	○
	4区	Fernando CASTAÑOS	27	弁護士	△
	5区	Fernando GÓMEZ PALACIO	35	医師	△
	6区	Alberto TERRONES BENÍTEZ	29	弁護士	○

	7区	Jesús DE LA TORRE	不明	軍　人（将軍）	○
Guanajuato 州	1区	Ramón FRAUSTO	37	弁護士	△
	2区	Vicente M. VALTIERRA	37	弁護士	△
	3区	José Natividad MACÍAS	59	弁護士	△
	4区	Jesús LÓPEZ LIRA	28	歯科医	○
	5区[2]	David PEÑAFLOR	28	労働者	○
		*Luis M. ALCOCER	39	弁護士	△
	6区	José VILLASEÑOR LOMELÍ	40	労働者	○
	7区[2]	Antonio MADRAZO	41	技　師	○
		*Santiago MANRIQUE	36	技　師	△
	8区	Hilario MEDINA	25	弁護士	△
	9区[3]	Manuel G. ARANDA	47	技　師	○
	10区	Enrique COLUNGA	39	弁護士	○
	11区	Ignacio LÓPEZ	40	技　師	△
	12区[3]	Francisco DÍAZ BARRIAGA	37	医　師	○
	13区	Fernando LIZARDI	33	弁護士	△
	12区	Nicolás CANO	36	鉱　夫	○
	15区	Gilberto M. NAVARRO	39	販売員	△
	16区	Luis FERNÁNDEZ MARTÍNEZ	26	詩　人	○
	17区[1]				
	18区	Carlos RAMÍREZ LLACA	31	不　明	△
Guerrero 州	1区	Fidel JIMÉNEZ	46	不　明	△
	2区	Fidel R. GUILLÉN	26	医　師	△
	3区[4]				
	4区[4]				
	5区[4]				
	6区	Francisco FIEGUEROA	36	教　師	○
	7区[4]				
	8区[4]				
Hidalgo 州	1区	Antonio GUERRERO	30	医　師	△
	2区	Leopoldo RUÍZ	38	教　師	○
	3区	Alberto M. GONZÁLEZ	37	弁護士	○
	4区[4]				
	5区	Rafael VEGA SÁNCHEZ	28	ジャーナリスト	○
	6区[4]				
	7区	Alfonso CRAVIOTO	32	弁護士	△
	8区[2]	Matías RODRÍGUEZ	40	軍人（大佐）	○
		*Crisóforo AGUIRRE	56	弁護士	○
	9区	Ismael PINTADO SÁNCHEZ	27	弁護士	○
	10区	Refugio M. MERCADO	42	不　明	○
	11区	Alfonso MAYORGA	30	軍人（階級不明）	○
Jalisco 州	1区	Luis Manuel ROJAS	45	弁護士	△
	2区	Marcelino DÁVALOS	45	弁護士	△
	3区	Federico E. IBARRA	36	弁護士	△
	4区	Manuel DÁVALOS ORNELAS	36	教　師	○
	5区	Francisco MARTÍN DEL CAMPO	30	弁護士	△
	6区	Bruno MORENO	49	農　民	○
	7区	Gaspar BOLAÑOS V.	28	弁護士	○
	8区	Ramón CASTAÑEDA Y CASTAÑEDA	46	弁護士	△
	9区	Juan de Dios ROBLEDO	22	軍　人	○
	10区	Jorge VILLASEÑOR	32	技　師	○

資料2 349

	11 区	Amado AGUIRRE	53	技　師	○
	12 区	José T. SOLEORZANO	27	弁護士	△
	13 区	Ignacio RAMOS PRÁSLOW	31	ジャーナリスト	○
	14 区	Francisco LABASTIDA IZQUIERDO	42	技　師	○
	15 区	José MARZANO BRISEÑO	31	不　明	○
	16 区	Joaquín AGUIRRE BERLANGA	31	労働者	○
	17 区	Esteban B. CALDERÓN	40	教　師	○
	18 区	Paulino MACHORRO Y NARVÁREZ	29	弁護士	△
	19 区	Sebastián ALLENDE	36	弁護士	○
	20 区	Rafael OCHOA	39	弁護士	△
México 州	1 区	Aldegundo VILLASEÑOR	28	軍　人（大佐）	△
	2 区	Fernando MORENO	33	医　師	△
	3 区	Enrique O'FARRIL	30	弁護士	△
	4 区	Guillermo ORDORICA	38	弁護士	△
	5 区 [4]	———			
	6 区 [4]	———			
	7 区 [4]	———			
	8 区	José J. REYNOSO	48	技　師	△
	9 区	Jesús FUENTES DÁVILA	不明	不　明	不明
	10 区 [1]				
	11 区	Antonio AGUILAR	43	弁護士	○
	12 区	Juan MANUEL GIFFARD	27	弁護士	△
	13 区 [2]	José E. FRANCO	29	医　師	△
		Manuel A. HERNÁNDEZ	31	弁護士	○
	14 区	Enrique A. ENRÍQUEZ	29	弁護士	○
	15 区	Donato BRAVO IZQUIERDO	26	軍　人（将軍）	○
	16 区	Rubén MARTÍ	39	軍　人（少佐）	△
Michoacán 州	1 区 [3]	*José P. RUIZ	36	医　師	○
	2 区	Alberto PERALTA	26	軍　人（大佐）	○
	3 区	Cayetano ANDRADE	26	医　師	○
	4 区 [3]	*Uriel AVILÉS	31	ジャーナリスト	○
	5 区	Gabriel R. CERVERA	31	教　師	○
	6 区	Onésimo LÓPEZ COUTO	不明	ジャーナリスト	○
	7 区	Salvador ÁLVAREZ ROMERO	36	技　師	○
	8 区 [3]	*Manuel MARTÍNEZ SOLÓRZANO	35	医　師	○
	9 区	Martín CASTREJÓN	37	農　民	○
	10 区 [3]	*Alberto ALVARADO	38	弁護士	△
	11 区	José ÁLVAREZ	31	会計士	○
	12 区	José SILVA HERRERA	41	弁護士	△
	13 区	Rafael MÁRQUEZ	35	医　師	△
	14 区	Amadeo BETANCOURT	40	医　師	○
	15 区	Francisco J. MÚGICA	32	軍　人（将軍）	○
	16 区	Jesús ROMERO FLORES	31	教　師	○
	17 区 [1]				
Morelos 州	1 区	Antonio GARZA ZAMBRANO	36	医　師	△
	2 区	José L. GÓMEZ	28	弁護士	○
	3 区	Álvaro L. ALCÁZAR	29	軍人（階級不明）	○
Nuevo León 州	1 区	Manuel AMAYA	不明	労働者	△
	2 区 [2]	Nicéforo ZAMBRANO	54	労働者	△
		*José Lorenzo SEPÚLVEDA	48	医　師	△
	3 区	Luis ILIZALITURRI	30	弁護士	△

	4 区	Ramón GÓMEZ	35	弁護士	○
	5 区	Reynaldo GARZA	52	牧場主	○
	6 区 [3]	*Plutarco GONZÁLEZ	46	弁護士	不明
Oaxaca 州	1 区	Salvador GONZÁLEZ TORRES	31	技 師	○
	2 区 [3]	*Juan SÁNCHEZ	27	弁護士	○
	3 区	Leopoldo PAYÁN	44	不 明	○
	4 区	Luis ESPINOSA	31	会計士	○
	5 区 [4]				
	6 区 [4]				
	7 区 [4]				
	8 区 [4]				
	9 区	Manuel HERRERA	46	弁護士	△
	10 区 [4]				
	11 区 [1]				
	12 区	Porfirio SOSA	37	軍人（階級不明）	○
	13 区 [4]				
	14 区	Celestino PÉREZ	22	弁護士	○
	15 区	Crisóforo RIVERA CABRERA	36	弁護士	○
	16 区 [3]	José F. GÓMEZ	32	農 民	△
Puebla 州	1 区 [3]	Salvador R. GUZMÁN	28	医 師	△
	2 区	Rafael P. CAÑETE	59	弁護士	○
	3 区	Miguel ROSALES	46	出版者	△
	4 区	Gabriel ROJANO PALACIOS	28	労働者	○
	5 区	David PASTRANA JAIMES	32	弁護士	○
	6 区	Froilán C. MANJÁRREZ	22	作 家	○
	7 区	Antonio DE LA BARRERA	32	不 明	○
	8 区	José RIVERA HERNÁNDEZ	29	教 師	○
	9 区	Epigmenio A. MARTÍNEZ	不明	農 民	△
	10 区	Pastor ROUAIX	42	技 師	○
	11 区	Luis T. NAVARRO	35	技 師	○
	12 区	Porfirio del CASTILLO TOBÓN	32	教 師	○
	13 区	Federico DINORÍN RIVERA	34	農 民	○
	14 区	Gabino BANDERA Y MATA	28	軍 人（将軍）	○
	15 区	Leopoldo VÁZQUEZ MELLADO	35	実業家	△
	16 区	Gilberto DE LA FUENTE	45	医 師	○
	17 区	Alfonso CABRERA LOBATA	35	医 師	△
	18 区	José VERÁSTEGUI	34	ジャーナリスト	△
Querétaro 州	1 区	Juan N. FRÍAS	32	弁護士	△
	2 区	Ernesto PERUSQUÍA	39	エコノミスト	△
	3 区	José María TRUCHUELO	36	弁護士	○
San Luis Potosí	1 区	Samuel de LOS SANTOS	30	軍 人（将軍）	△
	2 区	Arturo MÉNDEZ	49	医 師	△
	3 区 [3]	*Rafael MARTÍNEZ MENDOZA	29	弁護士	○
	4 区 [3]	*Dionisio ZAVALA	43	製縫師	○
	5 区	Gregorio A. TELLO	40	鉱 夫	○
	6 区	Cosme DÁVILA	30	教 師	○
	7 区 [1]				
	8 区 [4]				
	9 区 [4]				
	10 区	Rafael CURIEL	33	技 師	○

州	区	氏名	年齢	職業	
Sinaloa 州	1 区	Pedro R. ZAVALA	40	技 師	△
	2 区	Andrés MAGALLÓN	34	弁護士	○
	3 区	Carlos M. EZQUERRO	51	労働者	○
	4 区	Cándido AVILÉS	35	軍人（階級不明）	○
	5 区	Emiliano C. GARCÍA	40	軍 人（少佐）	○
Sonora 州	1 区	Luis G. MONZÓN	44	教 師	○
	2 区	Flavio A. BÓRQUEZ	47	実業家	○
	3 区	Ramón ROSS	52	不 明	○
	4 区 [3]	*Juan de Dios BOJÓRQUEZ	24	技 師	○
Tabasco 州	1 区	Rafael MARTÍNEZ DE ESCOBAR	27	弁護士	○
	2 区 [3]	*Santiago C. OCAMPO	41	実業家	△
	3 区	Carmen SÁNCHEZ MAGALLANES	25	弁護士	△
Tamaulipas 州	1 区	Pedro A. CHAPA	26	軍人（大佐）	△
	2 区	Zeferino FAJARDO	32	弁護士	△
	3 区	Emiliano P. NAFARRATE	34	軍 人（大佐）	△
	4 区	Fortunato DE LEIJA	29	弁護士	△
Tepic 州	1 区	Cristóbal LIMÓN	33	軍 人（将軍）	○
	2 区 [3]	*Marcelino M. CEDANO	28	教 師	○
	3 区	Juan ESPINOSA BÁVARA	41	教 師	○
Tlaxcala 州	1 区	Antonio HIDALGO SANDOVAL	40	労働者	○
	2 区	Modesto GONZÁLEZ GALINDO	42	軍 人（少佐）	○
	3 区	Ascención TÉPAL	33	労働者	○
Veracruz 州	1 区 [4]				
	2 区	Saúl RODILES	32	教 師	△
	3 区 [3]	*Enrique MEZA	27	弁護士	○
	4 区	Benito RAMÍREZ	24	教 師	○
	5 区 [1]				
	6 区	Eliseo L. CÉSPEDES	24	弁護士	○
	7 区	Adolfo GARCÍA	28	軍 人（大佐）	○
	8 区	Josafat F. MÁRQUEZ	32	軍 人（大佐）	△
	9 区	Alfredo SOLARES	43	俳 優	△
	10 区	Alberto ROMÁN	44	医 師	○
	11 区	Silvestre AGUILAR	31	農 民	△
	12 区	Ángel JUARICO	60	労働者	○
	13 区	Heriberto JARA	36	エコノミスト	○
	14 区	Victorio E. GÓNGORA	42	教 師	○
	15 区 [2]	Cándido AGUILAR	27	農 民	△
		*Carlos L. GRACIDAS	28	職 人	○
	16 区	Marcelo TORRES	40	医 師	△
	17 区	Galdino H. CASADOS	38	不 明	○
	18 区	Juan de Dios PALMA	42	教 師	○
	19 区	Fernando A. PEREIRA	34	オペレーター	○
Yucatán 州	1 区	Antonio ANCONA ALBERTOS	33	ジャーナリスト	○
	2 区	Enrique RECIO	32	弁護士	○
	3 区	Héctor VICTORIA	30	労働者	○
	4 区	Manuel GONZÁLEZ	不明	不 明	不明
	5 区	Miguel ALONSO ROMERO	26	医 師	○
Zacatecas 州	1 区	Adolfo VILLASEÑOR	28	技 師	○
	2 区	Julián ADAME	35	技 師	○

3区	Jairo R. DYER	57	医　師	不明
4区[4]				
5区[3]	*Samuel CASTAÑÓN	32	労働者	○
6区[3]	*Andrés L. ARTEAGA	30	弁護士	○
7区	Antonio CERVANTES	31	農　民	○
8区	Juan AGUIRRE ESCOBAR	42	鉱　夫	不明

注　1. 選挙は実施されたが，代議員および補充代議員が制憲議会に一切出席しなかった。
　　2. 補充代議員（*印）が一部の審議に出席し，投票を行なった。
　　3. 当初より補充代議員に交替した。
　　4. 選挙そのものが実施されなかった。
　　5. 思想の欄の○印急進派、△印穏健派

[出所]　México, Congreso Constituyente, 1916-1917, *Diario de los debates del Congreso Constituyente, 1916-1917* (Ediciones de la Comisión Nacional para la Celebración del Sesquicentenario de la Proclamación de la Independencia Nacional y del Cincuentenario de la Revolución Mexicana, 2 tomos, México, D.F.: Talleres Gráficos de la Nación, 1960), tomo 2, pp. 1243-1250.

353

資料3 メキシコ革命（1920-1940年）で接収された宗教団体の不動産一覧

年	月日	国家に接収された教会建造物	州名（首都を含む）
1920	5.01	San Agustín 教会堂	メキシコ
	5.01	San Agustín 修道院と付属建物	メキシコ
1926	5.19	San Antonio 礼拝堂	メキシコ市（D. F.）
	5.19	San Pedro 礼拝堂	サカテカス
	5.19	La Punta 教会堂	タバスコ
	5.19	El Guapinol 教会堂	タバスコ
	5.19	Tecomagiaca 教会堂	タバスコ
	5.19	Esquipulas 教会堂	タバスコ
	5.19	Cuculteupan 教会堂	タバスコ
	5.19	Santiago 教会堂	タバスコ
	5.19	Jalpa 教会堂	タバスコ
	6.12	El Coyote 農園内礼拝堂	コアウイラ
	6.12	Colonia Carrilo Puerto 内の礼拝堂	ベラクルス
	6.12	イエスズ会教会堂（モレリア市）	ミチョアカン
	6.14	El Puerto de Frontera の教会堂	タバスコ
	6.16	Villa Hermosa 大聖堂と旧司教館	タバスコ
	8.11	San Andrés Tuxtía の教会敷地内の礼拝堂	ベラクルス
	12.07	イエスズ会教会堂と付属建物（グアダラハラ市）	ハリスコ
1927	1.07	*Robre 教会堂付属建物（モンテレイ市）	ヌエボレオン
	1.08	*Teotitlán 教会堂付属建物	オアハカ
	1.08	Tepehuanes 教会堂付属建物	ドゥランゴ
	1.08	*Tetecala 教会堂付属建物	モレロス
	1.10	*Cuautla 教区教会堂付属建物	モレロス
	1.11	*Santa Catalina 教会堂付属建物	メキシコ市（D. F.）
	1.14	*Mexicalzingo 教会堂	ハリスコ
	1.14	*Santa Mónica 教会堂	ハリスコ
	1.14	*Santario de Guadalupe 教会堂	ハリスコ
	1.14	*San Miguel Tlaxipan 村の教会堂付属建物	メキシコ
	1.14	*Guadalupe 教会堂付属建物	チワワ
	1.14	*San Francisco 教会堂付属建物	チアパス
	1.14	*San Francisco 教会堂付属建物	イダルゴ
	1.14	*San Bernardo 教会堂付属建物	ドゥランゴ
	1.15	Taxco de Alarcón 教会堂付属建物	ゲレロ
	1.15	Tlalnepantla 教会堂付属建物	メキシコ
	1.15	*Ziracuarétiro 教会堂付属建物	ミチョアカン
	1.15	*Ixtapalapa 教区教会堂付属建物	メキシコ市（D. F.）
	1.15	*Apan 教会堂付属建物	イダルゴ
	1.15	*Sisoguichic 教会堂付属建物	チワワ
	1.15	*Panalachic 教会堂付属建物	チワワ
	1.15	*Arareco 教会堂付属建物	チワワ
	1.15	*Guacayvo 教会堂付属建物	チワワ
	1.15	*Creel 教会堂付属建物	チワワ
	1.15	Tamazula de Gordiano の司祭館	ハリスコ
	1.15	Durango 神学校校舎	ドゥランゴ
	1.15	Predimiento 教会堂付属建物	ミチョアカン
	1.15	Coyotepec の司祭館	メキシコ
	1.18	*Manzanilla 教会堂付属建物	コリマ
	1.18	*Tlacolulan 教会堂付属建物	ベラクルス
	1.19	*Villa de Aldama 教会堂と付属建物	タマウリパス

1.20	*Rosario の司祭館	シナロア
1.22	*San Esteban Tepetlixpan の司祭館	メキシコ
1.22	Tacámbaro 旧司祭館	ミチョアカン
1.22	*Coatepec の司祭館	ベラクルス
1.22	*Putla の司祭館	オアハカ
1.25	*Chilpancingo 教区教会堂付属建物	ゲレロ
1.25	*Huiloapán 教会堂付属建物	ベラクルス
1.25	*Tuxtla Gutiérrez 教会堂付属司祭館	チアパス
1.25	*San Juan de la Punta 教会堂付属建物	ベラクルス
2.16	*Coeneo 地区教会堂付属建物	ミチョアカン
2.16	Jacona 旧司祭館	ミチョアカン
2.16	*Chiltota 教会堂付属建物	ミチョアカン
2.16	*Soledad de Doblado 教会堂付属建物	ベラクルス
2.18	*Tanlajas の司祭館	サンルイスポトシ
2.18	*San Bartolomé 教会堂付属建物	チアパス
2.23	*Sagrado Corazón de Jesús 教会堂付属建物	ヌエボレオン
2.23	*Coxcatlán カトリック教会堂付属建物	プエブラ
2.23	*Otatitlán 教会堂付属建物	ベラクルス
2.23	*Miacatlán 教会堂付属建物	モレロス
2.23	*San Pedro Chiantzing 教会堂付属司祭館	メキシコ
2.24	Uruapan 教会堂付属建物	ミチョアカン
2.24	*Tecozautla 教会堂付属果樹園	イダルゴ
2.24	*Vicentino 保護施設の建物	タマウリパス
2.24	*Indé の司祭館	ドゥランゴ
3.04	*Tlaltizapán 教会堂付属建物	モレロス
3.04	*El Diezmo の建物	ミチョアカン
3.04	*Carichic の El Asilo（保護施設）	チワワ
3.04	*Huitzuco の司祭館	ゲレロ
3.05	*Abasolo 教区教会付属建物	グアナフアト
3.11	*Pahuatlán 教会堂付属司祭館	プエブラ
3.11	*Zumpango 教区教会付属建物	メキシコ
3.11	*Calpán 教会堂付属建物	プエブラ
3.11	Apizaco 教会堂付属司祭館	トラスカラ
3.12	*Ciudad Bravos 教区教会堂付属建物	ゲレロ
3.12	*Cherán 教会堂付属建物	ミチョアカン
3.12	Apasco 教会堂付属司祭館	メキシコ
3.12	*El Chico 教区教会堂付属集会所	ベラクルス
3.14	*Tiquicheo 教会堂付属建物	ミチョアカン
3.15	*Tangancícuaro の教会堂付属建物	ミチョアカン
3.17	*Xochitlán の教会堂付属司祭館	プエブラ
3.24	*San Vicente 教区教会堂付属建物	オアハカ
3.24	*Zacualpan の教会堂付属司祭館	ベラクルス
3.24	Ciudad Victoria のカトリック教会堂付属建物	タマウリパス
3.24	*Coyoacán の教会堂付属建物	メキシコ市（D. F.）
3.25	*Comanja 村の教会堂付属建物	ミチョアカン
3.25	*Zipuajo 村の教会堂付属建物	ミチョアカン
3.26	*Santiago Parasquiaro の教会堂付属司祭館	ドゥランゴ
3.30	*Santa Isabel の教会堂付属建物	チワワ
3.31	*Rocheachic の礼拝堂	チワワ
4.02	*Naranjal の教会堂付属建物	ベラクルス
4.23	*Tlacoachiixtlahuaca の教会堂付属建物	ゲレロ
5.07	San Francisco 教会堂	モレロス
7.23	Manzanillo の教会堂	コリマ

資料3　355

	9.24	Villagrán の教会堂	タマウリパス
1928	10.04	Ciudad de Frontera 市内の教会堂	タバスコ
	10.26	Comalcalco のカトリック教会堂	タバスコ
1930	1.27	La Higuerita 教会堂	ミチョアカン
	4.23	*Tamulte 教会堂	タバスコ
	4.23	*Cunduacán 教区教会堂	タバスコ
	4.23	*Nacajuca 教区教会堂	タバスコ
	4.24	*Atasta de Serra の教会堂	タバスコ
	4.24	*Jonuta 教会堂	タバスコ
	7.02	Zumútaro 教会堂	ミチョアカン
	8.27	San Joaquín 教会堂	メキシコ市（D.F.）
	9.06	Corpus Christi 教会堂	メキシコ市（D.F.）
	9.06	La Cruz 礼拝堂	ベラクルス
	12.05	Ermita de Santa Cruz 教会堂	カンペチェ
1931	10.09	Alto Lucero 教会堂	ベラクルス
	10.30	Peribán 村礼拝堂と付属建物	ミチョアカン
	10.30	Santa María Actipan 教会堂	プエブラ
	11.11	El Sagrado Corazón 教会堂	ミチョアカン
	11.14	Guadalupe 礼拝堂と付属建物（Jiquilpan）	メキシコ市（D.F.）
	11.14	Milpillas de la Sierra の教会堂と付属建物	サカテカス
	11.14	Actopan 司祭館	ベラクルス
	11.24	Zopoco 教会堂と付属建物	ミチョアカン
	12.15	Paso de Ovejas 司祭館	ベラクルス
	12.21	Rosario 教会堂	シナロア
1932	1.15	Divino Rostro 教会堂	メキシコ市（D.F.）
	2.12	El Hospital 礼拝堂	ミチョアカン
	2.17	Agua Dulce 村の礼拝堂	ベラクルス
	3.10	Ciudad Camargo 礼拝堂	チワワ
	3.14	El Chico 教会堂	ベラクルス
	3.16	Apazco 司祭館	メキシコ
	4.27	Pichataro 礼拝堂	ミチョアカン
	4.27	Otatitlán の教会堂と付属建物	ベラクルス
	6.08	Totutla 教会堂	ベラクルス
	6.10	La Asunción 教会堂と付属建物	ベラクルス
	6.10	La Pastora 教会堂と付属建物	ベラクルス
	6.13	El Calvario 教会堂と付属建物	ベラクルス
	6.13	San Miguel 教会堂と付属建物	ベラクルス
	6.13	Las Vigas 教会堂と付属建物	ベラクルス
	6.13	El Paso de Piedra 村の礼拝堂	ハリスコ
	6.20	San Juan del Río 教会堂と付属建物	ベラクルス
	6.20	Misantla 教会堂と付属建物	ベラクルス
	6.20	San Agustín 教会堂と付属建物	チワワ
	6.20	Tierra Blanca 教会堂と付属建物	ベラクルス
	6.30	Santa María 教会堂と付属建物	ベラクルス
	7.16	Corpus Christi 教会堂	メキシコ市（D.F.）
	8.03	San José 教区司祭館	メキシコ市（D.F.）
	8.03	Tamazunchale 司祭館	サンルイスポトシ
	8.03	San Nicolás 礼拝堂	イダルゴ
	8.31	San José de los Obreros 教会堂	メキシコ市（D.F.）
	8.31	La Purísima 礼拝堂	ミチョアカン
	9.02	Santa Catalina de Sena 教会堂	メキシコ市（D.F.）
	9.02	Evangelista de Toluca 教会堂	メキシコ

	9.09	Santa Catalina 教会堂	ケレタロ
	9.09	La Congregación 教会堂	ケレタロ
	9.10	San José de los Obreros 教会堂	メキシコ市（D. F.）
	9.13	El Calvario 教会堂	ケレタロ
	9.13	Teresitas 教会堂	ケレタロ
	9.20	Santiago 教会堂	ケレタロ
	10.01	Santo Cristo 司祭館	コアウイラ
	10.01	El Sagrado Corazón 礼拝堂	ベラクルス
	11.02	San Juanico 教会堂	メキシコ市（D. F.）
	11.02	El Verbo Encarnado 教会堂	メキシコ市（D. F.）
	11.02	San Andrés Acahuacaltongo 教会堂	メキシコ市（D. F.）
	11.11	Ermita de Guadalupe 礼拝堂	メキシコ市（D. F.）
	11.11	Copándaro 礼拝堂	ミチョアカン
	11.12	Santa María de Guido 礼拝堂	ミチョアカン
	11.12	San Miguel Nonoalco 教会堂	メキシコ市（D. F.）
	11.12	San Salvador Xochimanca 教会堂	メキシコ市（D. F.）
	11.16	Calle de los Niños Héroes 教会堂	メキシコ市（D. F.）
	11.22	Nuestra Señora de Guadalupe 教会堂	メキシコ市（D. F.）
	11.29	San Antonio Xochimanca 教会堂	メキシコ市（D. F.）
	11.29	Monserrat 教会堂	メキシコ市（D. F.）
	11.29	Santa Anita 教会堂	メキシコ市（D. F.）
	12.15	Colonia Aldama 教会堂	メキシコ市（D. F.）
	12.23	La Magdalena Mixiuca 教会堂	メキシコ市（D. F.）
	12.24	La Concepción Tlaxcoaque 教会堂	メキシコ市（D. F.）
1933	1.25	Etúcuaro 教会堂	ミチョアカン
	1.25	Telchaquillo 村の教会堂	ユカタン
	2.27	Colipa 教会堂	ベラクルス
	2.27	Buenavista 礼拝堂	ベラクルス
	3.01	Cuichapa 礼拝堂	ベラクルス
	3.01	Boca del Río 教会堂	ベラクルス
	3.02	El Potrero de Santa Gertrudis 教会堂	サンルイスポトシ
	3.04	Acayucan 教会堂	ベラクルス
	3.04	Belén 教会堂	ハリスコ
	3.09	Los Dolores 教会堂	ハリスコ
	3.09	El Calvario 教会堂	ハリスコ
	3.10	La preciosa Sangre 教会堂	ハリスコ
	3.16	Santa María de Gracia 教会堂	ハリスコ
	3.30	El Sagrado Corazón 教会堂	ハリスコ
	3.31	El Refugio 教会堂	ハリスコ
	4.04	La Milagrosa 教会堂	ハリスコ
	4.04	Santa María Auxiliadora 教会堂	ハリスコ
	4.06	Cristo Rey 教会堂	ハリスコ
	4.27	Tamichua の教会堂	ベラクルス
	4.28	La Gualupita 礼拝堂	モレロス
	4.28	Coatzintla 礼拝堂	ベラクルス
	6.03	San Pedro 使徒教会の教会堂	ハリスコ
	7.06	Santa Brigida 教会堂	メキシコ市（D. F.）
	7.15	Jaltocan 教会堂	イダルゴ
	8.05	San Pedro y San Pablo 教会堂	メキシコ市（D. F.）
	10.03	Santa Catalina de Sena 教会堂	メキシコ市（D. F.）
	11.02	La Soledad 教会堂（Guadalajara）	ハリスコ
	11.02	Jesús María 教会堂	メキシコ市（D. F.）
	11.10	Los Yañez 礼拝堂と付属建物	ハリスコ

	11.15	El Divino Salvador 教会堂	メキシコ市（D. F.）
	11.24	Coltongo 礼拝堂	メキシコ市（D. F.）
	11.24	Parás の礼拝堂	ヌエボレオン
	12.13	Amatlán 教会堂と付属建物	ベラクルス
	12.13	Ayudantia Francisco Leyva の礼拝堂と果樹園	モレロス
	12.13	Nuestro Padre Jesús 礼拝堂	メキシコ市（D. F.）
	12.21	El Calvario 教会堂	オアハカ
	12.21	La Salud 礼拝堂	コリマ
1934	1.27	La Divina Infantita 教会堂	メキシコ市（D. F.）
	2.10	Dulce Nombre 礼拝堂	プエブラ
	2.21	Guelatova de Díaz 教会堂	オアハカ
	2.22	Hermosillo 大聖堂付属建物	ソノラ
	2.22	Santiago Tepehuacán 教区教会堂	イダルゴ
	4.17	El Tuita 教会堂	ハリスコ
	4.17	Templo Viejo 教会堂	ミチョアカン
	4.24	Congregación los Naranjos 礼拝堂	ベラクルス
	5.07	La Calle del Pino 礼拝堂	メキシコ市（D. F.）
	5.30	Juan Crispín 村の礼拝堂と付属建物	チワワ
	6.21	La Concordía 農園内の教会堂	コアウイラ
	6.22	San José de los Obreros 教会堂	メキシコ市（D. F.）
	6.22	Amatlán 教会堂	ベラクルス
	7.16	Nuestra Señora de la Piedad 教会堂	メキシコ市（D. F.）
	7.18	San Diego 教会堂	メキシコ市（D. F.）
	7.18	Nacozari de García 教区教会堂	ソノラ
	7.28	Santa Clara 教会堂	メキシコ市（D. F.）
	7.28	Porta Coeli 教会堂	メキシコ市（D. F.）
	9.05	Moctezuma 教会堂	ソノラ
	9.05	Caborca 礼拝堂	ソノラ
	9.06	Pitiquito 教会堂	ソノラ
	9.06	Caborta 教会堂	ソノラ
	9.06	Guadalupe 教会堂	ソノラ
	9.06	Comisaría de los Angeles 教会堂	ソノラ
	9.06	El Molinete 礼拝堂	ソノラ
	9.06	Etchojoa 教会堂	ソノラ
	9.06	Cumpas 教会堂	ソノラ
	9.06	Cumpas プロテスタント教会堂	ソノラ
	9.06	Ures 教会堂	ソノラ
	9.06	San Pedro 礼拝堂	ソノラ
	9.06	Altar 教会堂	ソノラ
	9.07	San Juan 教区教会堂と付属建物	ミチョアカン
	9.07	Cananea プロテスタント教会堂	ソノラ
	9.07	Cananea 教会堂	ソノラ
	9.07	Magdalena プロテスタント教会堂	ソノラ
	9.08	Sánchez Román の教会堂	サカテカス
	9.08	La Cruz 教会堂	グアナファト
	9.10	Huatabampo の教会堂	ソノラ
	9.10	Hermosillo のプロテスタント教会堂	ソノラ
	9.26	Coquimatlán の教会堂	コリマ
	9.26	Ixtlahuacán の教会堂	コリマ
	9.26	San José 教会堂（Colima）	コリマ
	9.27	Palizada の教会堂	カンペチェ
	9.27	El Sagrado Corazón 教会堂	コリマ
	9.28	San Juan de Díos 教会堂	ドゥランゴ

9.28	Sario の教会堂	ソノラ
9.28	La Morced 教会堂	コリマ
9.28	Oputo 教会堂	ソノラ
9.28	Nabojoa のプロテスタント教会堂	ソノラ
9.29	San Antonio 教会堂	チアパス
9.29	San Isidro 教会堂	チアパス
9.29	San José 教会堂	チアパス
9.29	Santiago 教会堂	チアパス
9.29	San Martín 教会堂	チアパス
9.29	San Pedro 教会堂	チアパス
9.29	Esquipulas 教会堂	チアパス
9.29	Motozintla 教会堂	チアパス
9.29	Villa de Seris の教会堂	ソノラ
9.29	Magdalena の教会堂	ソノラ
10.01	Santa Ana の教会堂	ソノラ
10.01	Navojoa の教会堂	ソノラ
10.01	La Cabecera de Tecomán の教会堂	コリマ
10.01	Tubutama 教会堂	ソノラ
10.02	Trincheras 教会堂	ソノラ
10.02	Oquitea 教会堂	ソノラ
10.02	Pitiquito プロテスタント教会堂	ソノラ
10.03	Banamichi 教会堂	ソノラ
10.03	Villa Alvarez 教会堂	コリマ
10.04	La Cabecera de Comalá の教会堂	コリマ
10.04	La Cabecera de Cuauhtemoc の教会堂	コリマ
10.05	Suchiapa の教会堂	チアパス
10.05	Jiquipillas の教会堂	チアパス
10.05	Jerusalem 教会堂	チアパス
10.05	San Diego 教会堂	チアパス
10.05	Santa Lucía 教会堂	チアパス
10.05	El Calvario 教会堂	チアパス
10.05	Santo Domingo 教会堂	チアパス
10.05	Capoya の教会堂	チアパス
10.05	San Pantepec の教会堂	チアパス
10.05	Francisco 教会堂	チアパス
10.05	Cintalapa の教会堂	チアパス
10.06	San Cristóbal 教会堂	チアパス
10.06	San Antonio 教会堂	チアパス
10.06	La Caridad 教会堂	チアパス
10.06	El Cerillo 教会堂	チアパス
10.06	Zinacantan の教会堂	チアパス
10.06	Bochil の教会堂	チアパス
10.06	Rayón の教会堂	チアパス
10.06	Tapilula の教会堂	チアパス
10.06	El Carmen 教会堂	チアパス
10.06	Ixtepandajoya の教会堂	チアパス
10.06	Coapilla の教会堂	チアパス
10.06	Ostuacáu の教会堂	チアパス
10.06	Caralampio 教会堂	チアパス
10.06	Nogales のプロテスタント教会堂	ソノラ
10.06	San Gabriel の教会堂	チアパス
10.06	Alcalá の教会堂	チアパス
10.06	Ixtapan の教会堂	チアパス

10.06	Simojovel の教会堂	チアパス
10.06	Solosuchiapa の教会堂	チアパス
10.06	Sahuaripa の教会堂	ソノラ
10.06	Nogales の教会堂	ソノラ
10.06	Hecelchacán 教会堂	カンペチェ
10.06	Teran の教会堂	チアパス
10.06	Villa Allede の教会堂	チアパス
10.06	Berriozábal の教会堂	チアパス
10.06	San Gregorio 教会堂	チアパス
10.06	San Ramón 教会堂	チアパス
10.06	La Merced 教会堂	チアパス
10.06	Ixhuatán の教会堂	チアパス
10.06	Comitán de Domínguez 大聖堂	チアパス
10.06	Guadalupe 教会堂	チアパス
10.06	El Calvario 教会堂	チアパス
10.06	San Roque 教会堂	チアパス
10.06	Chiapa de Corzo 教会堂	チアパス
10.06	Santo Domingo 教会堂	チアパス
10.06	San Sebastián 教会堂	チアパス
10.06	Ciudad las Casas 大聖堂	チアパス
10.06	San Jacinto 教会堂	チアパス
10.06	Naco の教会堂	ソノラ
10.06	Señor del pozo 教会堂	チアパス
10.06	San Roque 教会堂	チアパス
10.06	San Sebastián 教会堂	チアパス
10.06	La Santísima Trinidad 教会堂	チアパス
10.06	San Antonio 教会堂	チアパス
10.06	Ocozocuautla の教会堂	チアパス
10.06	Villa de Crozo の教会堂	チアパス
10.06	Villa Flores Chis の教会堂	チアパス
10.06	Tuxtla Gutiérrez の教会堂	チアパス
10.06	El Calvario 教会堂	チアパス
10.06	Guadalupe 教会堂	チアパス
10.06	Chapultenango の教会堂	チアパス
10.06	Ixtacomitán の教会堂	チアパス
10.06	Pichucalco の教会堂	チアパス
10.06	Ozumacinta の教会堂	チアパス
10.06	La Concordia の教会堂	チアパス
10.06	San Felipe Ecatepec の教会堂	チアパス
10.06	Chamula の教会堂	チアパス
10.06	San Andrés の教会堂	チアパス
10.06	Copainalá 教会堂	チアパス
10.06	Francisco León の教会堂	チアパス
10.06	Tecpatán の教会堂	チアパス
10.06	Solayó の教会堂	チアパス
10.06	Mazapa de Madero の教会堂	チアパス
10.06	Chenaló の教会堂	チアパス
10.06	Guadalupe 教会堂	チアパス
10.06	El Calvario 教会堂	チアパス
10.06	Mexicanos 教会堂	チアパス
10.19	Iglesia de Dîos プロテスタント教会堂	ソノラ
10.23	San Nicolás 教会堂	チアパス

360

1935	1.30	El Espíritu Santo 教会堂	メキシコ市 (D.F.)
	2.09	La Veracruz 教会堂付属建物	メキシコ
	2.11	La Concepción 教会堂付属建物	ハリスコ
	2.12	Carmen 教会礼拝堂	ソノラ
	2.13	Nuestra Señora de la Salud 教会堂	メキシコ市 (D.F.)
	3.07	El Calvario 教会堂	プエブラ
	3.07	San Dimas 教区教会堂	ドゥランゴ
	3.07	Rosas 修道院	ミチョアカン
	3.08	Santo Domingo 修道院	チアパス
	3.09	Seminario San José (神学校)	メキシコ市 (D.F.)
	3.09	Tercera Orden de San Francisco 礼拝堂	プエブラ
	3.09	Huajuapán de León 司教館	オアハカ
	3.12	Soledad de Doblado 教会所有の司祭館と土地	ベラクルス
	3.12	San Nicolás Tolentino 司祭館と土地	イダルゴ
	3.12	Jalamelco 教会	イダルゴ
	3.14	Mezquital del Oro 司祭館	サカテカス
	3.14	San Francisco 修道院	ハリスコ
	4.25	Tepetzalá 司祭館	アグアスカリエンテス
	4.29	Ixtlahuacán de Santiago 教会堂付属建物	ハリスコ
	5.06	Tepehuacán 教会堂	イダルゴ
	6.13	Tamítaro 教会堂付属建物	ミチョアカン
	12.06	San Joaquín 教会堂	メキシコ市 (D.F.)
	12.07	Taríacuri 農園内の礼拝堂	ミチョアカン
1936	3.25	Juchitán の職業訓練学校内の礼拝堂	オアハカ
	3.25	San Sebastián 教会堂	ハリスコ
	3.25	San Agustín 教会堂	ミチョアカン
	4.22	Xochimilco 教区教会内の礼拝堂	メキシコ市 (D.F.)
	6.03	Huehuetla 教会堂	プエブラ
	6.03	San Francisco 旧修道院	プエブラ
	6.03	Purépero 教区教会堂	ミチョアカン
	6.03	San José 教会堂	カンペチェ
	9.18	Tres Picos 教会堂	チアパス
	9.18	Godino 牧場内の礼拝堂	ミチョアカン
	9.19	San Francisco 教会堂	オアハカ
	10.06	San Calros 農園内 Sagrado Corazón de Jesús 教会堂	コアウイラ
	10.06	Jesús 教会堂	グアナファト
	12.30	Naranja の教会堂	ミチョアカン
1937	1.02	Morelia 市 Francisco I. Madero 通りの旧教会堂	ミチョアカン
	1.25	Valle de Guadalupe の教会堂	ミチョアカン
	8.18	La Exaltació 礼拝堂	オアハカ
1939	1.26	San Andrés Tuxtla の教会堂	ベラクルス

注 1. ＊印は、学校への転用が明記されている。
　　2. 「×××（固有名詞）の教会」は、固有名詞がその地区名を示す。「×××教会」の場合は教会名そのものを示している。

[出所] *Diario Oficial*, 1920-1940.

資料4 1992年の憲法改変による宗教関係条文（第3条，第5条，第24条，第27条第Ⅱ項と第Ⅲ項および第130条）の改変部分の旧条文との対比一覧

改変前の条文	改変後の条文
第3条 国家 ―連邦，州，市町村― が付与する教育は，人としてのすべての能力を調和的に発展させることを目的とし，同時に独立および正義のもとで祖国に対する愛と国際的連帯の自覚を促すものとする。 　Ⅰ．信教の自由は第24条により保障されていることから，上記の教育を主導する基準はいかなる宗教の教理からも独立が完全に維持されるものとし，科学的進歩の成果に基づいて，無知およびその影響，隷属，狂信，ならびに偏見に対して闘うものとする。さらに， 　a）民主主義を単に法体系および統治体制として捉えるのではなく，国民の経済的，社会的および文化的な不断の改善に根ざす生活体系として考え，民主的であるものとする。 　b）敵意も排他心もなく，わが国の諸問題の理解，わが国の資源の活用，わが国の政治的独立の防衛，わが国の経済的独立の確保，ならびにわが国の文化の存続と向上に留意するかぎりにおいて，教育は民族的であるものとする。 　c）人の尊厳と家族の保全に留意するとともに，社会の利益全般の確認を学ぶ人たちに強く植えつける目的に寄与する諸要素によると同様に，人種，セクト，グループ，性別もしくは個人の特権を回避することによって人類すべての友愛と権利の平等の理想を維持しようとする熱	**第3条** …………………………………… ………………………………………………… ………………………………………………… ………………………………………………… ………………………………………………… ……………。 　Ⅰ．信教の自由は第24条により保障されていることから，上記の教育は脱宗教的なものとし，したがっていかなる宗教の教理からも独立が完全に維持されるものとする。 　Ⅱ．そのような教育を主導する基準は，科学的進歩の成果に基づいて，無知およびその影響，隷属，狂信，ならびに偏見に対して闘うものとする。さらに 　a）…………………………………… ………………………………………………… ………………………………………………… ……………。 　b）…………………………………… ………………………………………………… ………………………………………………… ………………………………………………… ………………………………………………… ……………。 　c）…………………………………… ………………………………………………… ………………………………………………… ………………………………………………… ………………………………………………… …………………

意により，教育は人類の最良の共存に寄与するものとする。

　II. 人は，あらゆる種類および水準の教育を受けることができるものとする。しかし，初等，中等および師範学校に関するもの，ならびに種類もしくは水準のいずれを問わず，労働者および農民を対象とする教育については，事例ごとに，当局の明確な許可を事前に受けなければならない。この許可は拒否または取り消すことができ，このような決定に対する訴え，もしくは異議の申し立ては，許されない。

　III. 前項に定める種類および水準の教育を目的とする私立学校は，本条第I項および第II項の規定に，例外なく，従わなければならず，かつ国家の計画とプログラムを履行しなければならない。

　IV. 宗教団体，聖職者，教育活動に専念ないしは主に従事する株式組織の団体，ならびに，いずれかの宗教的信仰の普及に関わる協会もしくは団体は，形式のいかんを問わず，初等，中等および師範教育，ならびに労働者もしくは農民を対象とする教育を行なう学校に関与しないものとする。

［以下，V～IXは教育全般に関する内容となっているため省略。］

第5条　いかなる者であっても，適法である限り，その者に適合する職業，事業，商取引または労務に従事することを妨げられない。この自由の行使は，第三者の権利が侵害されるとき，裁判所の決定によってのみ，または社会の権利が侵害されるとき，法律の定める条件において発

……………………………………………
……………………。

　III. ……………………………………
……………………………………………
……………………………………………
……………………………………………
……………………………………………
……………………………………………
……………………………………………
……………………………………………
………。

　IV. 前項に定める種類および水準の教育を目的とする私立学校は，本条第I項および第II項が定めると同様の目的のために，教育を主導しなければならない。かつ国家の計画を遂行し，前項の条件に従うものとする。

［旧第IV項は削除］

［以下，V～IXは教育全般に関する内容となっているため省略。］

第5条……………………………………
……………………………………………
……………………………………………
……………………………………………
……………………………………………
……………………………………………
……………………………………………

せられる政府の決定によってのみ，阻止することができるものとする。何人も，裁判所の決定によることなくその労働の果実を奪われることはない。

　法律は，各州において，その職業を遂行するために免許を必要とする職業がいずれであるか，免許取得のために満たされるべき諸条件，およびそれを発給する政府機関を定めるものとする。

　裁判所が科す刑罰としての労働を除き，何人も，正当な報酬なしに，かつ，本人の明白な同意なしに，労働の提供を強制されない。裁判所が刑罰として科す労働は，第123条第Ⅰ項および第Ⅱ項に規定するところに整合するものとする。

　公役務に関して，当該法律が定める条件において，軍務および陪審員の役務，同じく地方議会の職務，および直接もしくは間接的普通選挙による職務の執行に限り，義務的とすることができる。選挙および人口調査の役割は義務的かつ無償の性格をもつものとする。しかし本憲法および関連の法律が定める条件において専門的に行なわれる職務は代償が払われるものとする。社会的性格の専門職務は，法律が定める条件において，かつ法律の定める例外を伴って，義務的かつ有償とする。

　国家は，労働，教育もしくは宗教上の誓願の事由のいずれによるとを問わず，人の自由の侵害，喪失もしくは回復不能な犠牲を目的とする契約，約定もしくは協約を結ぶことを許さない。<u>そのため，法律は，名称がどのようなものであれ，修道会の設立を許さないものとする。</u>

　また，人が自らの追放もしくは流刑を約束するような協約，あるいは特定の職業，事業もしくは商取引の執行を一時

………。

……。

………。

………。

　国家は，労働，教育もしくは宗教上の誓願の事由のいずれによるとを問わず，人の自由の侵害，喪失もしくは回復不能な犠牲を目的とする契約，約定もしくは協約を結ぶことを許さない。

　［旧条文下線部分削除］

………

的に，もしくは恒久的に，断念するような協約もまた，許されない。

　労働契約は，法律の定める期間，約定された役務を提供することのみを義務づけるものとし，労働者の不利益のまま1年を超えることはできず，かつ，いかなる場合も，政治上もしくは民事上の権利の放棄，喪失もしくは侵害に及ぶことはできないものとする。

　上記の契約の不履行は，労働者に関しては当該労働者に相当の民事責任のみを義務づけるものとし，いかなる場合においても，当該労働者に強制することはできない。

……………………………………
……………………………………
……………………………………
……………………………………
……………………………………
……………………………………
……………………………………
………………………………。
……………………………………
……………………………………
……………………………………
……………………………………
……………………………………
…………。

第24条　法律により罰せられる犯罪もしくは過失を構成しない限り，何人も，自己のもっとも気に入る宗教的信条を信じ，ならびに寺院ないし自己の住所において，儀式，祈禱，もしくは各宗教の礼拝行為をする自由を有する。

　公衆の礼拝に関するすべての宗教行為は，的確に，寺院内で挙行されなければならず，それらは常に当局の監視下にあるものとする。

第24条　法律により罰せられる犯罪もしくは過失を構成しない限り，何人も，自己のもっとも気に入る宗教的信条を信じ，ならびに儀式，祈禱，もしくは各宗教の礼拝行為をする自由を有する。
　　　　［旧条文下線部分削除］
　連邦議会は特定の宗教を創設ないし，もしくは禁止する法律を制定することはできない。
　　　［新条文上記下線部分追加］
　公衆の礼拝に関する宗教行為は，通常は寺院内で挙行されなければならない。例外的に行なわれるものは，実施細則に基づくものとする。

第27条　［前文およびⅠ項は宗教団体に関係がないため省略］

　Ⅱ．信条のいかんを問わず，教会と呼ばれる宗教団体は，いかなる場合であっても，不動産，または不動産に投下さ

第27条　［前文およびⅠ項は宗教団体に関係がないため省略］

　Ⅱ．第130条および施行のための法律に基づいた宗教団体は，その目的を遂行するために不可欠な不動産を，施行す

資料4　365

れる資本を取得し，保有し，もしくは管理することができない。現在，自らもしくは第三者を介して所有しているものは，国家の支配に移される。そのような状態にある財産を告発するための民衆訴権は許される。推定の証拠があれば，告発の根拠ありと宣告するに足るものとする。公衆の礼拝にあてられている寺院は，連邦政府により代表される国家の所有に属し，連邦政府は引き続きその用途にあてられるべき寺院を決定するものとする。司教館，司祭館，神学校，宗教団体の養育院もしくは学校，あるいは宗教上の礼拝を管理，宣伝，教育する目的でかつて建設されたその他の建物も，当然ながら，国家の直接的支配に移され，連邦もしくは州のそれぞれの管轄下におかれ，公役務に排他的に用いられるものとする。将来において公衆の礼拝のために建造される寺院は，国家の所有とする。

　III．公的もしくは私的な慈善施設で，生活困窮者への扶助，学術調査，教育の普及，会員の相互扶助，またはその他の何らかの適法な目的を有する公的もしくは私的な慈善施設は，その目的に間接的もしくは直接的にあてられる，当該目的に不可欠なもの以外の不動産を取得することはできない。しかし，投下の期間が10ヵ年を超えない場合に限り，不動産に投下される資本を取得し，保有し，および管理することができる。いかなる場合であっても，これらの施設は，宗教団体もしくは施設，または宗教活動をしていない聖職者あるいは同様の者の，保護，監督，管理もしくは責任下におかれることは許されない。

るための法律が定める条件と制限に従って，取得し，排他的に保有し，管理する能力を有するものとする。

　III．公的もしくは私的な慈善施設で，生活困窮者への扶助，学術調査，教育の普及，会員の相互扶助，またはその他の何らかの適法な目的を有する公的もしくは私的な慈善施設は，その目的に間接的もしくは直接的にあてられる，当該目的に不可欠なもの以外の不動産を取得することはできない。実施細則が定めるところに従うものとする。

[Ⅳ〜XXは，教会に関係が
ない項のため省略。]

第130条　宗教上の礼拝および外面上の規律について法律が定める干渉を遂行することは，連邦政府の諸権力に帰属する。その他の政府機関は，連邦政府の補助機関として機能するものとする。

　議会は，いかなる宗教であれ，それを創設し，もしくは禁止する法律を制定することはできない。

　婚姻は民事契約とする。婚姻およびその他の民事身分に関する行為は，法律の定める条件において，民事に関する公務員および政府機関の排他的所管とし，その法律が付与する効力および効果を有するものとする。

　真実を述べる，および契約した債務を履行する，単なる約束は，約束を履行しなかった場合，約束をした者は，そのために法律が定める罰則に服さなければならない。

　法律は，教会と呼ばれる宗教団体に対して，いかなる法人格も認めない。

　聖職者はひとつの職業を行なう者とみなされ，それに関して制定される法律に，直接服するものとする。

　州の立法府は，州内の必要に応じて，聖職者の最大人数を決定する権限を有する。

　メキシコ合衆国において聖職者の職務を行なうためには，出生によるメキシコ国民でなければならない。

　聖職者は，集団を構成する公的もしくは私的な集会において，または宗教儀式や宗教の布教活動において，国の基本的法律，とくに政府機関，もしくは政府全般を批判してはならず，さらに，投票

[Ⅳ〜XXは，教会に関係が
ない項のため省略。]

第130条　本条文に含まれる規定は，政教分離の歴史的原則に従うものである。教会およびその他の宗教団体は，法律に従うものとする。

　公衆の信仰および教会と宗教団体に関する法律を制定する権限は，連邦議会にのみ属する。

　公共の秩序に関する各施行細則が以下の諸事項の扱いを具体的に規定する。

　a）　教会および宗教集団は，しかるべき登録を済ませれば，宗教団体として法人格を取得することができる。法律によって宗教団体は規定され，当該宗教団体の登録に必要な条件と要件が定められる。

　b）　政府関係機関は，宗教団体の内面的活動に関与してはならない。

　c）　メキシコ人は，いかなる宗派であれ聖職者として活動することができる。メキシコ人も外国人も同様に，聖職者として活動をするためには，法律が定める要件を満たさねばならない。

　d）　施行細則の定めるところによって，聖職者は公益職務を遂行することができない。市民として投票権を有するが，被選挙権は有さない。事前に法律の定めるところに従って聖職者であることを辞めた場合，被選挙権は認められる。

　e）　聖職者は，政治的目的をもって団体をつくってはならない。また特定の候補者，政党あるいは政治団体に，有利なように，ないしは不利となるように勧誘してはならない。また公的集会，宗教儀式や宗教の布教活動，宗教的性格の出版物の中で，国の法律や制度またいかな

権，被選挙権および政治目的をもって結社する権利を有さない。

　公衆に開かれた新しい場所を礼拝にあてるためには，事前に州政府に諮問したのち，内務省の許可を得なければならない。すべての寺院は，当該寺院内における宗教活動および礼拝に必要な物具に関する諸法を履行する責任を当局に対して負う寺院の責任者をおかなければならない。

　各寺院の責任者は，住民10名以上とともに，当該寺院の責任者を市町村当局に，直ちに届け出るものとする。すべての変更は，退任する聖職者が新任の聖職者と10名以上の住民とともに届け出るものとする。市町村当局は，この規定の履行を監督し，違反した場合，各場合につき，解任および1,000ペソ以下の罰金の罰則を科すものとする。寺院登録簿および責任者登録簿の保管についても，同様の罰則が科されるものとする。新たな寺院を公衆に開設するための，あるいは責任者の変更に関するすべての許可について，市町村当局は州知事を通じて内務省に届け出るものとする。動産の寄付は寺院の内部において受理できるものとする。

　いかなる理由であれ，聖職者の専門教育を目的とする施設において行なわれる学習は認定されず，特別免除は与えられず，また国家が定める教育課程に振り替える有効性も認められない。この規定に違反する官憲は刑事罰を受けるものとし，特別免除もしくは上記の振り替え措置は無効とされ，この規定に違反して取得された職業上の資格は無効とされる。

　信仰に関する定期刊行物は，そのプログラムにおいてであれ，その名称によってであれ，あるいは単なる全般的な傾る手段であれ，国家のシンボルに反対してはならない。

　何らかの宗教上の信仰に関係する文言ないしは表象をその名称に含む，あらゆる種類の政治団体の結成は厳格に禁止される。政治的性格の集会を寺院で催すことはできない。

　真実を述べる，および契約した債務を履行する単なる約束は，約束を履行しなかった場合，約束をした者は，そのために法律が定める罰則に服する。

　いずれの宗派の聖職者，その血族，兄弟およびその配偶者であれ，それらが所属する宗教団体と同様に，当該聖職者が精神的に主導し助言したことのある人物ないしは4親等以内の血族を有しない個人の遺言による相続人となる法的能力をもたない。

　人の婚姻手続きは，法律が定めるところに従って行政府が排他的に行なうものとし，その法律が付与する効力および効果を有するものとする。

　連邦政府機関，州政府機関，市町村行政機関は，この件については，法律が定める権力と責任を有する。

注　中川和彦「メキシコ合衆国憲法概要」（参憲資料第20号，参議院憲法調査会事務局，2003年）を参照すると共に，著者の訳語を加筆した。

向によってであれ，メキシコの政治問題を論評してはならず，また，公的諸制度の運用と直接関連する国家機関ないしは個人の行為について報道してはならない。

　何らかの宗教上の信仰に関係する文言ないしは表象をその名称に含む，あらゆる種類の政治団体の結成は厳格に禁止される。政治的性格の集会を寺院で催すことはできない。

　いずれの宗派の聖職者であれ，聖職者は，宗教の布教，宗教上の目的もしくは慈善に関する何らかの団体が占有している不動産を，自ら，もしくは第三者を介して相続し，あるいはその目的を問わず受領することはできない。聖職者は，同じ宗派の聖職者ないしは4親等以内の血族を有しない個人の遺言による相続人となる法的能力をもたない。

　聖職者ないし宗教団体の動産もしくは不動産の，個人による取得に関しては，本憲法第27条が適用される。

　以上に挙げた諸原則の違反に関する手続きは陪審に付されないものとする。

　注　以上に訳出した条文は，中川和彦『メキシコ憲法の諸問題』（ラテン・アメリカ法研究会　1985年），41-138頁の訳出を参照したうえで，一部に筆者が加筆した。

Artículo 3 La educación que imparta el Estado—Federación, Estados, Municipios—, tendrá a desarrollar armónicamente todas las facultades del ser humano y fomentará en él, a la vez, el amor a la patria y la conciencia de la solidaridad internacional, en la independencia y en la justicia:

I. Garantizada por el Artículo 24 la libertad de creencias, el criterio que orientará a dicha educación se mantendrá por completo ajeno a cualquier doctrina religiosa y, basado en los resultados del progreso científico, luchará contra la ignorancia y sus efectos, las servidumbres, los fanatismos y los juicios. Además:

a) Será democrático, considerando a la democracia no solamente como una estrcutura jurídica y un régimen político, sino como un sistema de vida fundado en el constante mejoramiento económico, social y cultural del pueblo;

b) Será nacional, en cuanto — sin hostilidades ni exclusivismos — atenderá la comprensión de nuestros problemas, al aprovechamiento de nuestros recursos, a la defensa de nuestra independencia política, al aseguramiento de nuestra indenpendencia económica y a la continuidad y acrecentamiento de nuestra cultura;

c) Contribuirán a la major convivencia humana, tanto por los elementos que aporte a fin de robustecer en el educando, junto con el aprecio para la dignidad de la persona y la integridad de la familia, la convicción del interés general de la sociedad, cuanto por el cuidado que ponga

Artículo 3 ································
··
··
··
··
·····················;

I. Garantiza da por el Artículo 24 la libertad de creencias, dicha educación será laica y, por tanto, se mantendrá por completo ajena a cualquier doctrina religiosa.

II. El criterio que orienta a esa educación se basará en los resultados del progreso científico, luchará contra la ignorancia y sus efectos, las servidumbres, los fanatismos y los prejuicios. Ademas:

a) ································
··
··
··
··
·····················.

b) ································
··
··
··
··
··
·····················;

c) ································
··
··
··
··
··

en sustentar los ideales de fraternidad e igualdad de derechos de todos los hombres, evitando los priviligios de razas, de sectas, de grupos, de sexos o de individuos;

II. Los particulares podrán impartir educación en todos sus tipos y grados. Pero por lo que concierne a la educación primaria, secundaria y normal y la de cualquier tipo o grado, destinada a obreros y a campesinos deberán obtener previamente, en cada caso, la autorización expresa del poder público. Dicha autorización podrá ser negada o renovada, sin que contra tales resoluciones proceda juicio o recurso alguno;

III. Los planteles particulares dedicados a la educación en los tipos y grados que especifica la fracción anterior, deberán ajustarse, sin excepción, a lo dispuesto en los párrafos iniciales I y II del presente artículo y, además, deberán cumplir lor planes y los programas oficiales;

IV. Las corporaciones religiosas, los ministros de los cultos, las sociedades por acciones que exclusiva o predominantemente realicen actividades educativas, y las asociaciones o sociedades ligadas con la propaganda de cualquier credo religioso no intervendrán en forma alguna en planteles en que se imparta educación primaria, secundaria y normal, y la destinada a obreros o a campasinos.

[以下，V～IXは教育全般に関する内容となっているため省略。]

――――

III. ....

IV. Los planteles particulares dedicados a la educación en los tipos y grados que especifica la fracción en los tipos y grados que especifica la fracción anterior, deberán impartir la educación con apego a los mismos fines y criterios que establecen el primer párrafo y la fracción II del presente Artículo; además cumplirán los planes y programas oficiales y se ajustarán a lo dispuesto en la fracción anterior;

[旧第IV項は削除]

[以下，V～IXは教育全般に関する内容となっているため省略。]

Artículo 5 A ninguna persona podrá impedirse que se dedique a la profesión, industria, comercio, o trabajo que le acomode, siendo lícitos. El ejercicio de esta libertad sólo podrá vedarse por determinación judicial, cuando se ataquen los derechos de tercero, o por resolución gubernativa, dictada en los términos que marque la ley, cuando se ofendan los derechos de la sociedad. Nadie puede ser privado del producto de su trabajo, sino por resolución judicial.

La ley determinará en cada Estado, cuáles son las profesiones que necesitan título para su ejercicio, las condiciones que deban llenarse para obtenerlo y las autoridades que han de expedirlo.

Nadie podrá ser obligado a prestar trabajos personales sin la justa retribución y sin su pleno consentimiento, salvo el trabajo impuesto como pena por la autoridad judicial, el cual se ajustará a lo dispuesto en las fracciones I y II del artículo 123.

En cuanto a los servicios públicos, sólo podrán ser obligatorios, en los términos que establezcan las leyes respectivas, el de las armas y los de jurados, así como el desempeño de los cargos concejeles y los de elección popular, directa o indirecta. Las funciones electorales y censales tendrán carácter obligatorio y gratuito, pero serán retribuidas aquellas que se realicen profesionalmente en los términos de esta Constitución y las leyes correspondientes. Los servicios profesionales de índole social serán obligatorio y retribuidos en los términos de la ley y con las excepciones que ésta señale.

El Estado no puede permitir que se lleve a efecto ningún contrato, pacto o convenio

Artículo 5 ·····························
···
···
···
···
···
···
···
···
···
·································.

···
···
···
·································.

···
···
···
···
·································.

···
···
···
···
···
···
···
···
···
···
···································

El Estado no puede permitir que se lleve a efecto ningun contrato, pacto o que tenga por objeto el menoscabo, la pérdida o el irrevocable sacrificio de la libertad de la persona, ya sea por causa de trabajo, de educación o de voto religioso. La ley, en consecuencia, no permite el establecimiento de órdenes monásticas, cualquiera que sea la denominación con que pretendan erigirse.

Tampoco puede admitirse convenio en que la persona pacte su proscripción o destierro, o en que renuncie temporal o permanentemente a ejercer determinada profesión, industria o comercio.

El contrato de trabajo sólo obligará a prestar el servicio convenido por el tiempo que fije la ley, sin poder exceder de un año en perjuicio del trabajador, y no podrá extenderse, en ningún caso, a la renuncia, pérdida o menoscabo de cualquiera de los derechos políticos o civiles.

La falta de cumplimiento de dicho contrato, por lo que respecta al trabajador, sólo obligará a éste a la correspondiente responsabilidad civil, sin que en ningún caso pueda hacerse coacción sobre su persona.

convenio que tenga por objeto el menoscabo, la pérdida o el irrevocable sacrificio de la libertad de la persona por cualquier causa.
[旧条文下線部分
変更と削除   ]

Artículo 24 Todo hombre es libre para profesar la creencia religiosa que más le agrade y para practicar las ceremonias, devociones o actos de culto respectivo, en los templos o en su domicilio particular, siempre que no constituyan un delito o falta penados por la ley.

Todo acto religioso de culto público deberá celebrarse precisamente dentro de

Artículo 24 Todo hombre es libre para profesar la creencia religiosa que más le agrade y para practicar las ceremonias, devociones o actos de culto respectivo, siempre que no constituyan un delito o falta penados por la ley. [旧条文下線部分削除]

El Congreso no puede dictar leyes que establezcan o prohiban religión alguna.

Los actos religiosos de culto público se celebrarán ordinariamente en los templos.

los templos, los cuales estarán siempre bajo la vigilancia de la autoridad.

Artículo 27 $\begin{bmatrix} 前文およびⅠ項は宗教団 \\ 体に関係がないため省略 \end{bmatrix}$

　Ⅱ．Las asociaciones religiosas denominadas Iglesias, cualquiera que sea su credo, no podrán, en ningún caso, tener capacidad para adquirir, poseer o administrar bienes raíces, ni capitales impuestos sobre ellos; los que tuvieren actualmente, por sí o por interpósita persona, entrarán al dominio de la Nación, concediéndose acción popular para denunciar los bienes que se hallaren en tal caso. La prueba de presunciones será bastante para declarar fundada la denuncia. Los templos destinados al culto público son de la propiedad de la Nación, representada por el Gobierno Federal, quien determinará los que deben continuar destinados a su objeto. Los obispados, casas curales, seminarios, asilos o colegios de asociaciones religiosas, conventos, o cualquier otro edificio que hubiese sido construido o destinado a la administración, propaganda o enseñanza de un culto religioso, pasarán desde luego, de pleno derecho, al dominio directo de la Nación, para destinarse exclusivamente a los servicios públicos de la Federación o de los Estados en sus respectivas jurisdicciones. Los templos que en lo sucesivo se erigieren para el culto público serán propiedad de la Nación;
　Ⅲ．Las instituciones de beneficencia, pública o privada, que tengan por objeto el

Los que extraordinariamente se celebren fuera de éstos se sujetarán a la ley reglamentaria.

Artículo 27 $\begin{bmatrix} 前文およびⅠ項は宗教団 \\ 体に関係がないため省略 \end{bmatrix}$

　Ⅱ．Las asociaciones religiosas que se constituyan en los terminos del Artículo 130 y su ley reglamentaria tendrán capacidad para adquirir, poseer o administrar, exlusivamente, los bienes que sean indispensables para su objeto, con los requisitos y limitaciones que establezca la propia ley;

　Ⅲ．Las instituciones de beneficencia, pública o privada, que tengan por objeto el auxilio de los necesitados, la investigación científica, la difusión de la enseñanza, la ayuda recíproca de los asociados o cualquier otro objeto lícito, no podrán adquirir más bienes raíces que los indispensables para su objeto, inmediata o directamente destinados a él; pero podrán adquirir, tener y administrar capitales impuestos sobre bienes raíces, siempre que los plazos de imposición no excedan de diez años. En ningún caso las instituciones de esta índole podrán estar bajo el patronato, dirección, administración, cargo o vigilancia de corporaciones o instituciones religiosas, ni de ministros de los cultos o de sus asimilados, aunque éstos o aquéllos no estuvieren en ejercicio;

$$\left[\begin{array}{l}\text{IV}\sim\text{XXは，教会に関係が}\\ \text{ない項のため省略。}\end{array}\right]$$

Artículo 130 Corresponde a los Poderes Federales ejercer en material de culto religioso y disciplina externa la intervención que designen las leyes. Las demás autoridades obrarán como auxiliares de la Federación.

El Congreso no puede dictar leyes estableciendo o prohibiendo religión cualquiera.

El matrimonio es un contrato civil. Este y los demás actos del estado civil de las personas son de la exclusiva competencia de los funcionarios y autoridades del orden civil, en los términos prevenidos por las leyes, y tendrán la fuerza y validez que las mismas les atribuyan.

La simple promesa de decir verdad y de cumplir las obligaciones que se contraen,

auxilio a los necesitados, la investigación científica, la difusión de la enseñanza, la ayuda recíproca de los asociados, o cualquier otro objeto lícito, no podrán adquirir más bienes raíces que los indispensables para su objeto, inmediata o directamente destinados a él, con sujeción a lo que determine la ley;

$$\left[\begin{array}{l}\text{IV}\sim\text{XXは，教会に関係が}\\ \text{ない項のため省略。}\end{array}\right]$$

Artículo 130 El principio histótico de la separación del Estado y las Iglesias orienta las normas contenidas en el presente Artículo. Las Iglesias y demás agrupaciones religiosas se sujetarán a la ley.

Corresponde exclusivamente al Congreso de la Unión legislar en materia de culto público y de Iglesias y agrupaciones religiosas. La ley reglamentaria respectiva, que será de orden público, desarrollará y concretará las disposiciones siguientes:

a) Las Iglesias y las agrupaciones religiosas tendrán personalidad jurídica como asociaciones religiosas una vez que obtengan su correspondiente registro. La ley regulará dichas asociaciones y sujeta al que la hace, en caso de que faltare a ella, a las penas que con tal motivo establece la ley.

La ley no reconoce personalidad alguna a las agrupaciones religiosas denominadas Iglesias.

Los ministros de los cultos serán considerados como personas que ejercen una profesión y estarán directamente sujetos a las leyes que sobre la materia se dicten.

La legislatura de los Estados únicamente tendrá facultad de determinar, según las necesidades locales, el número máximo de ministros de los cultos.

Para ejercer en los Estado Unidos Mexicanos el ministerio de cualquier culto se necesita ser mexicano por nacimiento.

Los ministros de los cultos nunca podrán en reunión pública o privada constituida en junta, ni en actos de culto o de propaganda religiosa, hacer crítica de las leyes fundamentales del país, de las autoridades en particular o en general del Gobierno; no tendrán voto activo ni pasivo, ni derecho para asociarse con fines políticos.

Para dedicar al culto nuevos locales abiertos al público se necesita permiso de la Secretaría de Gobernación, oyendo previamente al gobierno del Estado. Debe haber en todo templo un encargado de él, responsable ante la autoridad del cumplimiento de las leyes sobre disciplina religiosa, en dicho templo y de los objetos pertenecientes al culto.

El encargado de cada templo, en unión de diez vecinos más, avisará desde luego a la autoridad municipal quién es la persona que está a cargo del referido templo. Todo cambio determinará las condiciones y requisitos para el registro constitutivo de las mismas;

b) Las autoridades no intervendrán en la vida interna de las asociaciones religiosas;

c) Los mexicanos podrán ejercer el ministerio de cualquier culto. Los mexicanos así como los extranjeros deberán, para ello, satisfacer los requisitos que señale la ley;

d) En los términos de la ley reglamentaria, los ministros de cultos no podrán desempeñar cargos públicos. Como ciudadanos tendrán derecho a votar, pero no a ser votados. Quienes hubieren dejado de ser ministros de cultos con la anticipación y en la forma que establezca la ley, podrán ser votados;

e) Los ministros no podrán asociarse con fines políticos ni realizar proselitismo a favor o en contra de candidato, partido o asociación polútica alguna. Tampoco podrán en reunión pública, en actos de culto o de propaganda religiosa, ni en publicaciones de carácter religioso, oponerse a las leyes del país o a sus instituciones, ni agraviar, de cualquier forma, los símbolos patrios.

Queda estrictamente prohibida la formación de toda clase de agrupaciones políticas cuyo título tenga alguna palabra o indicación cualquiera que la relacione con alguna confesión religiosa. No podrán celebrarse en los templos reuniones de carácter político.

La simple promesa de decir verdad y de cumplir las obligaciones que se se avisará por el ministro que cese, acompañado del entrante y diez vecinos más. La autoridad municipal, bajo pena de destitución y multa hasta de mil pesos por cada caso, cuidará del cumplimiento de esta disposición; bajo la misma pena llevará un libro de registro de los templos, y otro, de los encargados. De todo permiso para abrir al público un nuevo templo, o del relativo al cambio de un encargado, la autoridad municipal dará noticia a la Secretaría de Gobernación, por conducto del gobernador del Estado. En el interior de los templos podrán recaudarse donativos en objetos muebles.

Por ningún motivo se revalidará, otorgará dispensa, o se determinará cualquier otro trámite que tenga por fin dar validez en los cursos oficiales a estudios hechos en los establcimientos destinados, a la enseñanza profesional de los ministros de los cultos. La autoridad que infrinja esta disposición será penalmente responsable; y la dispensa o trámite referido será nulo y traerá consigo la nulidad del título profesional para cuya obtención haya sido parte la infracción de este precepto.

Las publicaciones periódicas de carácter confesional, ya sean por su programa, por su título o simplemente por sus tendencias ordinarias, no podrán comentar asuntos políticos nacionales, ni informar sobre actos de las autoridades del país o de particulares, que se relacionen directamente con el funcionamiento de las instituciones públicas.

Queda estrictamente prohibida la formación de toda clase de agrupaciones políticas cuyo título tenga alguna palabra o indicación cualquiera que la relacione con contraen, sujeta al que la hace, en caso de que faltare a ella, a las penas que con tal motivo establece la ley.

Los ministros de cultos, sus ascendientes, descendientes, hermanos y cónyuges, así como las asociaciones religiosas a que aquellos pertenezcan, serán incapaces para heredar por testamento, de las personas a quienes los propios ministros hayan dirigido o auxiliado espiritualmente y no tengan parentesco dentro del cuarto grado.

Los actos del estado civil de las personas son de la exclusiva competencia de las autoridades adminstrativas en los términos que establezcan las leyes, y tendrán la fuerza y validez que las mismas le atribuyan.

Las autoridades federales, de los estados y municipios tendrán en esta materia las facultades y responsabilidades que determine la ley.

alguna confesión religiosa. No podrán celebrarse en los templos reuniones de carácter político.

No podrá heredar pos sí, no por interpósita persona, ni recibir por ningún título, un ministro de cualquier culto, un inmueble ocupado por cualquier asociación de propaganda religiosa, o de fines religiosos, o de beneficencia. Los ministros de los cultos tienen incapacidad legal para ser herederos, por testamento, de los ministros del mismo culto, o de un particular con quien no tengan parentesco dentro del cuarto grado.

Los bienes muebles o inmuebles del clero o de asociaciones religiosas se regirán para su adquisición por particulares, conforme al Artículo 27 de esta Constitución.

Los procesos por infracción a las anteriores bases nunca serán vistos en jurado.

参考文献

[未刊行資料]

Congar, Robert. "Porfirio Díaz and the Church Hierarchy, 1876–1911." Ph.D. dissertation, University of New Mexico, 1985.

Ignasias, C. Dennis. "Reluctant Recognition: The United States and the Recognition of Álvaro Obregón of Mexico, 1920–1924." Ph.D. dissertation, Michigan State University, 1967.

Juárez, Joseph Roberto. "Conflict and Cooperation between Church and State: The Archbishopric of Guadalajara during the Porfiriato, 1876–1911." Ph.D. dissertation, University of Texas at Austin,1967.

Kelly, María Ann. "A Chapter in Mexican Church–State Relations: Socialist Education, 1934–1940." Ph.D. dissertation, Georgetown University, 1975.

Multerer, Raymond T. "The Socialist Education Movement and Its Impact on Mexican Education, 1930–1948." Ph.D. dissertation, State University of New York at Baffalo, 1974.

Ramon, Richard. "Ideology and Class in the Mexican Revolution: A Study of the Convention and the Constitutional Congress." Ph.D. dissertation, University of California at Berkeley. 1973.

Takanikos-Quinones, John. "The Men of Queretaro: A Group Biography of the Delegates to the Mexican Constitutional Congress of 1916–1917." Ph.D. dissertation, University of California at Davis. 1989.

U. S. Department of State. Papers Relating to the Foreign Affairs of the United States, Internal Affairs of Mexico, 1910–1929. Files 812. 404（宗教関係）および Files 812. 00（政治関係）.

[刊行文献]

Abascal, Salvador. *La reconquista espiritual de Tabasco en 1938.* México, D.F.: Editorial Tradición, 1972.

Acevedo, Carlos Alvear. *La Iglesia en la historia de México.* México, D.F.: Editorial Jus, 1975.

Adame Goddard, Jorge. *El pensamiento político y social de los católicos mexicanos, 1867–1914.* México, D.F.: Universidad Nacional Autónoma de México, 1981.

―――. "La crítica a la constitución mexicana de 1857 hecha por los católicos conservadores durante los años de la República Restaurada (1867–1876)." *Revista de Investigaciones Jurídicas.* Año 4, núm. 4 (1980), 353–370.

―――. "La encíclica Rerum Novarum y los trabajadores católicos en la Ciudad de México (1891–1913)." *Historia Mexicana,* no. 129 (1983), 3–38.

Aguilar Camin, Hector. *La frontera nómada: Sonora y la Revolución Mexicana.* México, D.F.: Siglo XXI, 1977.

———. *Saldos de la Revolución: Cultura y política de México. 1910-1980.* México, D.F.: Editorial Nueva Imagen, 1982.

——— y Lorenzo Meyer. *A la sombra de la Revolución Mexicana.* México. D.F.: Cal y Arena, 1989.

Aguirre Belganga, Manuel. *Génesis legal de la revolución constitucionalista.* México, D.F.: Imprenta Nacional, 1918.

Alamán, Lucas. *Historia de México desde los primeros movimientos que prepararon su independencia en el año de 1808, hasta la época presente.* 5 tomos. México : Imp. de J.M. Lara, 1849-1852.

Alberto, Solonge. *Inquisición y sociedad en México (1571-1700).* México, D.F.: Fondo de Cultura Económica, 1988.

Albo, Ward S. *Always a Rebel: Ricardo Flores Magón and the Mexican Revolution.* Fort Worth: Texas Christian University Press, 1992.

Alduncin Abitia, Enrique. "Los valores de los mexicanos en los últimos 25 años," *Este País*, no.170 (2005), 26-33.

Almada, Francisco R. *La revolución en el estado de Sonora.* México, D.F.: Biblioteca del Instituto Nacional de Estudios Históricos de la Revolución Mexicana, 1972.

Alonso, Jorge y Silvia Gómez Tagle (compiladores). *Insurgencia democrática: Las elecciones locales.* Guadalajara: Universidad de Guadalajara, 1991.

Álvarez Bernal, María Elena (compilación y sintesis). *Relaciones Iglesia-Estado: Cambios necesarios: Tesis del Partido Acción Nacional.* México, D.F.: EPESSA, 1990.

Alvear Acevedo, Carlos. *La educación y la ley.* México, D.F.: Editorial Jus, 1978.

———. *La Iglesia de México en el período 1900-1962.* México, D.F. Editorial Sigueme y Paulinas,1984.

———. *La Iglesia en la historia de México.* México, D.F.: Editorial Jus, 1975.

Andrés Gallego, José. *Agrarian Warlord: Saturnino Cedillo and the Mexican Revolution in San Luis Potosí.* Dekalb: Northern Illinois University Press, 1984.

Arenas Guzmán, Diego. *Guanajuato en el Congreso Constituyente.* México, D.F.: Biblioteca del Instituto Nacional de Estudios Históricos de la Revolución Mexicana, 1972.

Arias, Patricia, Alfonso Castillo y Cecilia López. *Radiografía de la Iglesia en México.* México, D.F.: Universidad Nacional Autónoma de México, 1988.

Arrom, Silvia M. *La mujer mexicana ante el divorcio eclesiástico.* México, D.F.: SepSetentas, 1976.

Atlas de la Ciudad de México. 5 tomos. México, D.F.: Gobierno del Distrito Federal, 1981.

Anuarios La Jornada 2003. México, D.F.: La Jornada, 2003.

Aziz Nassif, Alberto. *Chihuahua: Historia de una alternativa.* México, D.F.: Centro de Investigaciones y Estudios en Antropología Social y La Jornada, 1994.

Bailey, David C. "Álvaro Obregón and Anti-Clericalism in the 1910 Revolution." *The Americas*, 26 (October 1969), 183-198.

———. "Revisionism and the Recent Historiography of the Mexican Revolution." *Hispanic*

American Historical Review, vol.58, no.1 (1978), 62-79.

―――. "The Church since 1940." W. Dirk Raat and William H. Beezley (eds.), *Twentieth-Century Mexico* (Lincoln: University of Nebrask Press, 1986), pp.236-242.

―――. *¡Viva Cristo Rey! The Cristero Rebellion and the Church-State Conflict in Mexico*. Austin: University of Texas Press, 1974.

Baldwin, Deborah J. *Protestants and the Mexican Revolution: Missionaries, Ministers, and Social Change*. Urbana and Chicago: University of Illinois Press, 1990.

Banco de México. Informe anual（メキシコ中央銀行年報）.

Banegas Galván, Francisco. *El porqué del Partido Católico Nacional*. México, D.F.: Editorial Jus, 1960.

Barabas, Alicia. *Utopías indias: Movimientos sociorreligiosos en México*. México, D.F.: Grijalbo, 1987.

Barba González, Silvano. *Ponciano Arriaga, Andrés Molina Enríquez, Luis Cabrera y Pastor Rouaix*. México, D.F.: Editorial del Magisterio, 1953.

Barquín y Ruíz, Andrés. *José María González Valencia : Arzobispo de Durango*. México, D.F.: Editorial Jus, 1967.

Barranco Villafín, Bernardo (compilador). *Más allá del carisma: Análisis de la vista de Juan Pablo II*. México, D.F.: Editorial Jus, 1990.

―――― y Raquel Pastor Escobar. *Jerarquía católica y modernización política en México*. México, D.F.: Centro de Antonio de Montesinos Ediciones, 1989.

Barrera Lavalle, Francisco. *En defensa del Partido Católico Nacional: Colección de artículos publicados en la prensa de México*. México, D.F.: Imprenta dirigida por Juan Aguilar Vera, 1911.

Bartlett Díaz, Manuel. *Las reformas a la Constitución de 1917: Fuentes para sus estudios*. 3 tomos. México, D.F.: Editorial Porrúa, 2004.

Bastian, Jean Pierre. *Breve historia del protestantismo en América Latina*. México, D.F.: Editorial CUPSA, 1990.

―――. *Los disidentes: Sociedades protestantes y revolución en México, 1876-1919*. México, D.F.: Fondo de Cultura Económica y El Colegio de México, 1989.

―――. *Protestantismo y sociedad en México*. México, D.F.: Casa Unida de Publicaciones, 1983.

Bauer, Arnold J. "The Church in the Economy of Spanish America: Censos and Depositos in the Eighteenth and Nineteenth Centuries." *Hispanic American Historical Review*, vol.63, no.4 (1983), 707-733.

Bazant, Jan. "La desamortización de los bienes corporativos de 1856." *Historia Mexicana*, no. 16 (1966), 193-212.

―――. *Los bienes de la iglesia en México (1856-1857): Aspectos económicos y sociales de la Revolución liberal*. México, D.F.: El Colegio de México, 1971.

―――. "The Division of Some Mexican Haciendas during the Liberal Revolution, 1856-1862." *Journal of Latin American Studies*, vol.3, part 1 (1971), 25-37.

Bazant, Mílada. *Historia de la educación durante el Porfiriato*. El Colegio de México, 1993.

―――. *La desamortización de los bienes del la Iglesia en Toluca durante la Reforma, 1856-1875.* Toluca: Patrimonio Cultural y Artístico del Estado de México, 1979.

Beezley, William H. *Insurgent Governor: Abraham González and the Mexican Revolution in Chihuahua*. Lincoln: University of Nebraska Press, 1973.

Beltrán del Río, Pascal. "Entretelones de los coqueteos de Díaz Ordaz, Echeverréa y López Portillo con la jerarquía católica." *Proceso*, no.632 (1988), 9-10.

Benjamin, Thomas and Mark Wasserman (eds.). *Provinces of the Revolution: Essays on Regional Mexican History 1910-1929*. Albuquerque: University of New Mexico Press, 1990.

――― and William MeNellie (eds.). *Other Mexicos: Essays on Regional Mexican History, 1876-1911*. Albuquerque: University of New Mexico Press, 1984.

Bennett, Charles. *Tinder in Tabasco*. Grand Rapids, Michigan: Eardmans Publishing Co., 1968.

Benson, Nettie Lee (ed.). *Mexico and the Spanish Cortes, 1810-1812: Eight Essays*. Austin: University of Texas Press, 1966.

Bergquist, Charles W. "Recent United States Studies in Latin American History: Trends since 1965." *Latin American Research Review*, no.9 (1974), 3-35.

Berry, Charles R. "The Fiction and Fact of the Reform: The Case of the Central District of Oaxaca, 1856-1867." *The Americas*, no.26 (1970), 277-290.

―――. *The Reform in Oaxaca, 1856-76: A Microhistory of the Liberal Revolution*. Lincoln and London: University of Nebraska Press, 1981.

Berryman, Phillip. *Liberation Theology: The Essential Facts about the Revolutionary Movement in Latin America and Beyond*. Philadelphia: Temple University Press, 1987. 邦語訳『解放の神学とラテンアメリカ』(後藤政子訳、同文舘、1989年).

Blancarte, Roberto. *El poder salinismo e Iglesia católica: ¿Una nueva convivencia?* México, D.F.: Grijalbo, 1991.

―――. *Historia de la Iglesia católica en México*. México, D.F.: El Colegio Mexiquense y Fondo de Cultura Económica, 1992.

―――. *Iglesia y Estado en México, seis décadas de acomodo y de conciliación imposible*. México, D.F.: Instituto Mexicano de Doctrina Social Cristiana, 1990.

―――. "Religion and Constitutional Change in Mexico, 1988-1992." *Social Compass*, vol.40, no.4 (1993), 555-569.

――― (coordinador). *La democracia en México: Religión, iglesias y democracia*. México, D.F. La Jornada Ediciones y Universidad Nacional Autónoma de México, 1995.

――― (compilador). *Laicidad y valores en un Estado democrático*. México, D.F.: El Colegio de México, 2000.

Blanco, Mónica. *Revolución y contienda política en Guanajuato, 1908-1913*. México, D.F.: El Colegio de México, 1995.

――――, Alma Parra y Ethelia Ruiz Medrano. *Breve historia de Guanajuato*. México, D.F.: El Colegio de México y Fondo de Cultura Económica, 2000.
Blumberg, Arnald. "The Mexican Empire and the Vatican, 1863-1867." *The Americas*, no.2 (1971), 1-19.
Bojórquez, Juan de Díos [pseud. Djed Bórquez]. *Crónica del Constituyente*. México, D.F.: Gobierno del Estado de Querétaro y Instituto Nacional de Estudios Históricos de la Revolución Mexicana de la Secretaría de Gobernación, 1992.
――――. *Hombres de México en el tercer etapa de la Revolución*. México: Biblioteca del Instituto Nacional de Estudios Históricos de la Revolución Mexicana, 1963.
――――. *Monzón : Semblanza de un revolucionario*. México, D.F.: A. Artís, 1942.
Bolio, Edmundo. *Yucatán en la dictadura y la Revolución*. México, D.F.: Biblioteca del Instituto Nacional de Estudios Históricos de la Revolución Mexicana, 1967.
Boni, Felix G. and Mitchell A. Seligson, "Applying Quantitative Techniques to Quantitative History: Poverty and Federal Expenditure in Mexico." *Latin American Research Review*, no.8 (1975), 105-110.
Borra Mexicana-Colegio de Abogados. *El Constituyente de 1856 y el pensamiento liberal mexicano*. México, D.F.: Librería de Manuel Porrúa, 1960.
Brading, David A. "El clero mexicano." *Realidades*, núm.2 (1981), 5-26.
――――. *Los orígenes del nacionalismo mexicano*. México, D.F.: El Colegio de México, 1973.
―――― (ed.). *Caudillo and Peasant in the Mexican Revolution*. Cambridge: Cambridge University Press, 1980.
Brandenburg, Frank. *The Making of Modern Mexico*. Englewood Cliff, N.J.: Prentice-Hall, 1964.
Bravo Ugarte, José. *Diócesis y obispos de la Iglesia mexicana* (1519-1965). México, D.F.: Editorial Jus, 1965.
――――. *Historia de México*. 4 tomos. México, D.F.: Editorial Jus, 1941.
Brehme, Hugo. *México, una nación persistente: Fotografías*. México, D.F.: Instituto Nacional de Bellas Artes, 1995.
Bremauntz, Alberto. *La educación socialista en México*. México, D.F.: Imprenta Rivadeneyra, 1976.
――――. *Panorama social de las revoluciones de México*. México, D.F.: Ediciones Jurídico-Sociales, 1960.
Brenner, Anita. *The Wind that Swept Mexico: The History of the Mexican Revolution, 1910-1942, with 184 Historical Photographs Assembled by George R. Leighton*. New York & London: Harper & Brothers, 1943.
Brintton, John A. *Educación y radicalismo en México*. 2 tomos. México, D.F.: SepSetentas, 1976.
――――. "Mexican Church-State Relations, 1933-1940." *Journal of Church and State*, vol.6, no.2 (1964), 202-222.

───. "The Politics of Armed Struggle in the Mexican Revolution, 1913-1915." James W. Wilkie and Albert L. Michaels (eds.), *Revolution in Mexico: Years of Upheaval, 1910-1940* (New York: Alfred A. Knopf, 1969), pp.60-72.

Brown, Lyle C. "Mexican Church-State Relations, 1933-40." *Journal of Church and State*, vol.6, no.2 (1964), 202-222.

───. "The Politics of Armed Struggle in the Mexican Revolution, 1913-1915." James W. Wilkie and Albert L. Michaels (eds.), *Revolution in Mexico: Years of Upheaval, 1910-1940* (New York: Alfred A. Knopf, 1969), pp.60-72.

─── and William F. Cooper. *Religion in Latin American Life and Literature*. Waco, Texas: Baylor University Press, 1980.

Bulnes, Francisco. *El verdadero Díaz y la Revolución*, México, D.F.: Ediciónes COMA, 1982.

───. *Juárez y las revoluciones de Ayutla y de Reforma*. México, D.F.: Editora Nacional, 1972 (復刻版).

Buve, Raymond. *El movimiento revolucionario en Tlaxcala*. México, D.F.: Universidad Autónoma de Tlaxcala y Universidad Iberoamericana, 1994.

Cabrera, Luis. *The Religious Question in Mexico*. New York: Las Novedades, 1915.

Calderón de la Barca, Francis E. *Life in Mexico; The Letters of Fanny Calderón de la Barca*. New York: Doubleday, 1966.

Callcott, Wilfrid Hardy. *Church and State in Mexico 1822-1857*. Durham, North Carolina: Duke University Press, 1926.

───. *Liberalism in Mexico 1857-1929*. Palo Alto: Stanford University Press, 1931.

Calvert, Peter. *The Mexican Revolution, 1910-1914: The Diplomacy of Anglo-American Conflict*. Cambridge: Cambridge University Press, 1968.

Camberos Vizcaíno, Vicente. *Francisco el Grande: Mons. Francisco Orozco y Jiménes*. 2 tomos. México, D.F.: Editorial Jus, 1966.

Camp, Roderic Ai. "The Cross in the Polling Booth: Religion, Politics, and the Laity in Mexico." *Latin American Research Review*, no.29 (1994), 69-100.

───. *Crossing Swords: Politics and Religion in Mexico*. New York & Oxford: Oxford University Press, 1997.

───. "Democracy through Mexican Lenses." *The Washington Quarterly*, vol.22, no.3 (1999), 229-242.

───. *Mexican Mandarins: Crafting a Power Elite for the Twenty-First* Century. Berkeley: University of California Press, 2002.

───. *Mexican Political Biographies, 1884-1935*. Austin: University of Texas Press, 1991.

───. *Mexican Political Biographies, 1935-1993*. Austin: University of Texas Press, 1995.

───. *Politics in Mexico: The Democratic Transformation*. 4th Edition. New York & Oxford: Oxford University Press, 2003.

―――― (ed.). *Polling for Democracy: Public Opinion and Political Liberalization in Mexico*. Wilmington, Del.: Scholarly Resources Inc., 1996.

Candelaria, Michael R. *Popular Religion and Liberation: The Dilemma of Liberation Theology*. Albany, N.Y.: State University of New York Press, 1990.

Canto Chac, Manuel y Raquel Pastor Escobar. *¿Ha vuelto Díos a México? : La transformación de las relaciones Iglesia–Estado*. Mexico, D.F.: Universidad Autónoma Metropolitana, 1997.

Carey, James Charles. *The Mexican Revolution in Yucatan 1915–1924*. Boulder, Colorado: Westview Press, 1984.

Carpizo, Jorge. *La Constitución Mexicana de 1917*. México, D.F.: Universidad Nacional Autónoma de México, Coordinación de Humanidades, 1969.

Carrasco, Pedro. *El catolicismo popular de los tarascos (1952)*. México, D.F.: Secretaría de Educación Pública, 1967.

Casasola, Gustavo (ed.). *Historia gráfica de la Revolución Mexicana, 1900–1960*. 14 tomos. México, D.F.: Editorial F. Trillas, 1960–1970.

Castillo, Porfirio del. *Puebla y Tlaxcala en los días de la Revolución*. México, D.F.: Nacional, 1953.

Castillón, J. A. *Informes y manifestos de los poderes ejecutivos y legislativos de 1821–1904*. 3 tomos. México, D.F.: Biblioteca del Instituto Nacional de Estudios Históricos de la Revolución Mexicana, 1967.

Castro, Eusebio. *Centenario de la Escuela Nacional Preparatoria: La filosofía y su enseñanza, finalidades de la Preparatoria, planes de estudio, programas*. México, D.F.: 出版社不明, 1968.

Castro, Pedro (coordinador). *Las políticas salinistas: Balance a mitad de sexenio (1988–1991)*. México, D.F.: Universidad Autónoma Metropolitana, Unidad Iztapalapa, 1993.

Ceballos Ramírez, Manuel. *El catolicismo social: Un tercero en discordia Rerum Novarum, la "cuestión social" y la movilización de los católicos mexicanos, 1891–1911*. México, D.F.: El Colegio de México, 1991.

――――. *Política, trabajo y religión: La alternativa católica en el mundo y la Iglesia de Rerum Novarum*. México, D.F: Instituto Mexicano de Doctrina Social Cristiano, 1990.

―――― y José Miguel Romero de Soles. *Cien años de presencia y ausencia cristiana, 1891–1991*. México: IMDOSCO, Comisión Organizadora para la Celebración del Centenario de Rerum Novarum, 1992.

Chávez Sánchez, Eduardo. *Historia del Seminario Conciliar de México*. México, D.F.: Editorial Porrúa, 1996.

――――. *La Iglesia de México entre dictaduras, revoluciones y persecuciones*. México, D.F.: Editorial Porrúa, 1998.

Cincuenta años de historia en México. 2 tomos. El Colegio de México, 1991.

Cisnero Farías, Germán. *El artículo tercero constitucional: Análisis histórico, jurídico y pedagógico*. México, D.F.: Editorial Trillas, 1970.

Cleary, Edward L. and Hannah Stewart Gambino (eds.). *Conflict and Competition: The Latin American Church in a Changing Environment.* Boulder, Colorado & London: Lynne Rienner Publishers, 1992.

Cline, Howard F. *Mexico: Revolution to Evolution, 1940–1960.* Oxford: Oxford University Press, 1960.

———. *The United States and Mexico.* New York: Athenaeum, 1963.

Cockcroft, James D. *Intellectual Precursors of the Mexican Revolution, 1900–1913.* Austin: University of Texas Press, 1968.

———. *México: Class Formation, Capital Accumulation, and the State.* New York: Monthly Review Press, 1983.

Colemen, Kenneth M. and John Wanat. "On Measuring Mexican Presidential Ideology through Budgets: A Reappraisal of the Wilkie Approach." *Latin American Research Review,* no.10 (1975), 77–88.

Comisión de Investigaciones Históricas de la Revolución Mexicana. *Documentos históricos de la Revolución Mexicana.* 28 tomos. México, D.F.: Fondo de Cultura Económica, 1971–1973.

Connaughton, Brian F. y Andrés Lira González (coordinadores). *Las fuentes eclesiásticas para la historia social de México.* México, D.F.: Universidad Nacional Autónoma de México, 1996.

Contreras, Ariel José. *México 1940: Industrialización y crisis política.* México, D.F.: Siglo XXI, 1977.

Coordinación de la Investigación Científica, Deparatamento de Historia. *La Revolución en Michoacán 1900–1926.* Morelia: Universidad Michoacana de San Nicolás de Hidalgo, 1987.

Córdova, Arnaldo. *En una época de crisis (1928–1934).* México, D.F.: Instituto de Investigaciones Sociales, 1980.

———. *La formación del poder político en México.* México, D.F.: Editorial Era, 1972.

———. *La ideología de la Revolución Mexicana: La formación del nuevo régimen.* México, D.F.: Editorial Era, 1973.

———. *La política de masas del Cardenismo.* México, D.F.: Editorial Era, 1974.

Cornelius, Wayne A. *Mexican Politics in Transition: The Breakdown of a One-Party-Dominant Regime.* San Diego: Center for U.S.–Mexican Studies, University of California at San Diego, 1996.

———. "The Politics and Economics of Reforming the Ejido Sector in Mexico: An Overview and Research Agenda." *LASA Forum,* vol.23, no.2. (1992), 19–20.

———, Ann L. Craig, and Jonathan Fox (eds.). *Tranforming State–Society Relations in Mexico: The National Solidarity Strategy.* San Diego: Center for U.S.–Mexican Studies, University of California at San Diego, 1994.

———, Judith Gentleman and Peter H. Smith (eds.). *Mexico's Alternative Political Futures.* San Diego, California: Center for U.S.–Mexican Studies, 1989.

Correa, Eduardo J. *El Partido Católico Nacional y sus directores: Explicación de su fracaso y deslinde de responsabilidades*. México, D.F.: Fondo de Cultura Económica, 1991.
Cosío Villegas, Daniel. *El sistema político mexicano*. México, D.F.: Joaquín Mortíz, 1972.
―――. *La Constitución de 1857 y sus críticos*. México, D.F.: Editorial Hermes, 1957.
―――. "La crisis de México." *Cuadernos Americanos*, XXXII (1947), 29-51.
――― (ed.). *Historia moderna de México*. 9 tomos. México, D.F.: Editorial Hermes, 1955-1965 (9巻は次のような副題がついているが、巻番号がない。La República Restaurada, vida política; La República Restaurada, vida económica; La República Restaurada, vida social; El Porfiriato, vida social; El Porfiriato, vida política exterior, primera parte; El Porfiriato, vida política exterior, segunda parte; El Porfiriato, vida económica; El Porfiriato, vida política interior, primera parte; El Porfiriato, vida política interior, segunda parte).
Costeloe, Michael P. *Church and State in Independent Mexico: A Study of the Patronage Debate 1821-1857*. London: Royal Historical Society, 1978.
―――. "Church-State Financial Negotiations in Mexico during the American War, 1846-1848." *Revista de Historia de América*, no.60 (1965), 91-123.
―――. *Church Wealth in Mexico: A Study of the 'Juzgado de Capellanías' in the Archbishopric of Mexico, 1800-1856*. Cambridge: Cambridge University Press, 1967.
―――. *The Central Republic of Mexico, 1835-46: Hombres de bien in the Age of Santa Anna*. New York and Cambridge: Cambridge University Press, 1993.
Cronon, E. David. *Josephus Daniels in Mexico*. Madison: University of Wisconsin Press, 1960.
Cue Canovas, Agustín. *Historia social y económica de México*. México, D.F.: Editorial Trillas, 1963.
Cuellar Abaroa, Crisante. *La Revolución en el estado de Tlaxcala*. 2 tomos. México, D.F.: Biblioteca del Instituto Nacional de Estudios Históricos de la Revolución Mexicana, 1975.
Cuenca Toribio, José Manuel. "Iglesia-Estado en la España del siglo XX (1931-1979)." *Estudios Eclesiásticos*, tomo 55, núm. 2 (1980), 89-110.
Cuevas, Mariano. *Historia de la Iglesia en México*. 5 tomos. El Paso, Texas: Editorial Revista Católica., 1928.
Cumberland, Charles C. *Mexican Revolution: Genesis under Madero*. Austin: University of Texas Press, 1952.
―――. *Mexican Revolution: The Constitutional Years*. Austin: University of Texas Press, 1972.
―――. *Mexico: The Struggle for Modernity*. New York: Oxford University Press, 1968.
―――. *The Meaning of the Mexican Revolution*. Lexington, Massachusetts: D.C. Press, 1967.
Cummins, Virginia. "Imperial Policy and Church Income: The Sixteenth Century Mexican Church." *The Americas*, vol.43, no.1 (1986), 87-103.

Daniel, Josephus. *Shirt-sleeve Diplomat*. Chapel Hill: University of North Carolina Press, 1947.

D'Antonio, William V. and Fredrick B. Pike (eds.). *Religion, Revolution, and Reform: New Forces for Change in Latin America*. New York: Frederick A. Praeger, Publishers, 1964.

De la Madrid, Miguel. *Cambio de rumbo*. Méxco, D.F.: Fondo de Cultura Económica, 2004.

De la Rosa, Martín y Charles A. Reilly (coordinadores). *Religión y política en México*. México, D.F.: Siglo XXI y Centro de Estudios México-Estados Unidos, Universidad de California en San Diego, 1985.

Delgado Arroyo, David Alejandro. *Hacia la modernización de las relaciones Iglesia-Estado: Génesis de la administración pública de los asuntos religiosos*. México, D.F.: Editorial Porrúa, 1997.

Díaz Covarrubías, José. *La instrucción pública en México: Estado que guardan la instrucción primaria, la secundaria y la profesional en la República: Progresos realizados y mejoras gue deben introducirse*. México. D.F.: Imprenta del Gobierno en Palacio, 1875.

Díaz Zermeño, Hector. "La escuela nacional primaria en la Ciudad de México, 1876-1910." *Historia Mexicana*, no.113 (1979), 59-90.

Diccionario histórico y biográfico de la Revolución Mexicana. 8 tomos. México, D.F.: Biblioteca del Instituto Nacional de Estudios Históricos de la Revolución Mexicana, 1990.

Diccionario jurídico mexicano: Leyes Reformas, separación de la Iglesia y el Estado. México, D.F.: Universidad Nacional Autónoma de México, 1983.

Diccionario Porrúa: Historia, biografía y geografía de México. 4 tomos. México, D.F.: Editorial Porrúa, 1995.

Documentos históricos de la Revolución Mexicana. 28 tomos. México, D.F. Editorial Jus, 1965-1977.

Duarte, Raul (ed.). *Libertad religiosa y autoridad civil en México: Elementos para el análisis de las relaciones Iglesia-Estado. Simposio universirario, marzo 14-16 de 1989*. México, D.F. : Universidad Pontificia de México, 1989.

Dulles, John W.F. *Yesterday in Mexico: A Chronicle of the Revolution, 1919-1936*. Austin: University of Texas Press, 1977.

Eckstein, Susan. *The Poverty of Revolution: The State and the Urban Poor in Mexico*. Princeton, N.J.: Princeton University Press, 1977.

El Universal. *Las relaciones Iglesia-Estado en México 1916-1992*. 3 tomos. México, D.F.: El Universal, 1992.

Ellis, L. Ethan. "Dwight Morrow and the Church-State Controversy." *Hispanic American Historical Review*, no.38 (1985), 482-505.

Escobar, Raquel P. "La presencia de la iglesia católica en el proceso de suseción presidencial 1988." *Análisis Sociales*, tomo 2 (1988), 42-61.

Esparza, Manuel. *Gillow durante el porfiriato y la revolución en Oaxaca (1887-1922)*. Oaxaca: Talleres Gráficos de Tlaxcala, 1985.

Estrada, Roque. *Revolución y Francisco I. Madero*. Mexico, D.F.: Comisión Nacional para la Celebración del 175 Aniversario de la Independencia Nacional y 75 Aniversario de la Revolución Mexicana, 1985 (1912年の復刻版).

Falcon, Romana. *El agrarismo en Veracruz: La etapa radical (1928-1935)*. México, D.F.: El Colegio de México, 1977.

―――. *Revolución y caciquismo: San Luis Potosí, 1910-1938*. México, D.F.: El Colegio de México, 1984.

――― y Raymond Buve (compiladores). *Don Porfirio Presidente..., nunca omnipotente: Hallazgos, reflecciones y debates; 1876-1911*. México, D.F.: Universidad Iberoamericana, 1998.

Farris, Nancy M. *La Corona y el clero en el México colonial, 1579-1821: La crisis del privilegio eclesiástica*. México, D.F.: Fondo de Cultura Económica, 1995.

Fernández de Lara, José. *Cuadro geográfico, estadístico, e histórico de los Estados Unidos Mexicanos*. México: Oficina de la Secretaría de Fomento, 1884.

―――. *El libro de mis recuerdos: Narraciones históricas, anecdotas y de costumbres mexicanas anteriores al actual estado social*. Sexta edición. México, D.F.: Editorial Patria, 1969.

Fernández del Castillo, Francisco. *Apuntes para la historia de San Ángel y sus alrededores*. México, D.F.: Editorial Porrúa, 1987.

Fernández Naranjo, Nicolás. *La política religiosa en México 1917-1937: Un studio de historia sobre las relaciones entre el Estado y la Iglesia en México*. La Paz, Bolivia: Imprenta Apostolical, 1937.

Ferraro, José. *Teología de la liberación, ¿revolucionaria o reformista?* México, D.F.: Universidad Autónoma Metropolitana y Ediciones Quinto Sol, 1991.

Ferrer Mendiolea, *Gabriel. Historia del Congreso Constituyente de 1916-1917*. México, D.F.: Biblioteca del Instituto Nacional de Estudios Históricos de la Revolución Mexicana, 1957.

Fitzgibbon, Russell H. (ed.). *The Constitution of the America (as of January 1, 1948)*. Chicago: University of Chicago Press, 1948.

Foweraker, Joe and Ann Craig (eds.). *Historia de la Revolución de 1910 en Oaxaca*. México, D.F.: Biblioteca del Instituto Nacional de Estudios Históricos de la Revolución Mexicana, 1970.

Fowler-Salamini, Heather. *Agrarian radicalism in Veracruz, 1920-38*. Lincoln: University of Nebraska Press, 1978.

―――. "Los orígenes de las organizaciones campesinas en Veracruz: Raíces políticas y sociales." *Historia Mexicana*, no. 22 (1972), 52-57.

―――. *Popular Movements and Political Change in Mexico*. Boulder & London: Lynne Riernner, 1990.

Francisco Ramírez, Alfonso. *Historia de la Revolución de 1910 en Oaxaca*. México,D.F.: Biblioteca del Instituto Nacional de Estudios Históricos de la Revolución Mexicana, 1970.

Fuentes, Carlos. *Tiempo mexicano*. México, D.F.: Editorial Joaquín Mortia, 1980.

Fuentes Díaz, Vicente. *La clase obrera: Entre el anarquismo y la religión*. México, D.F.: Universidad Nacional Autónoma de México, 1994.

———. *La Revolución de 1910 en el estado de Guerrero*. México, D.F: Ediciones Conmemorativas de Cincuentenario de la Revolución Mexicana, 1960.

Fuentes para la historia de la Revolución Mexicana. 4 tomos. México, D.F.: Fondo de Cultura Económica, 1957-1965.

Galeana de Valadés, Patricia. *Las relaciones Iglesia-Estado durante el Segundo Imperio*. México, D.F.: Universidad Nacional Autónoma de México, Instituto de Investigaciones Históricas, 1991.

Galindo Mendoza, P. Alfredo. *Apuntes geográficos y estadísticos de la Iglesia Católica en México*. México, D.F.: Revista "La Cruz", 1945.

Gallegos C., José Ignacio. *Apuntes para la historia de la persecución religiosa en Durango de 1926 a 1929*. México, D.F.: Editorial Jus, 1965.

Games, Atenedoro. *Monografía histórica sobre la génesis de la revolución en el estado de Puebla*. México, D.F.: Biblioteca del Instituto Nacional de Estudios Históricos de la Revolución Mexicana, 1960.

García Cubas, Antonio. *Atlas geográfico, estadístico e histórico*. México: Imprenta de J.M., 1858.

———. *El libro de mis recueredos: Narraciones históricas, anecdóticas y de costumbres mexicanas anteriores al actual estado social, ilustradas con más de trescientos fotograbados*. México, D.F.: Editorial Patria, 1950.

García Granado, Ricardo. *Historia de México desde la restauración de la república en 1867 hasta la caída de Huerta*. 2 tomos. México: D.F., Editorial Jus., 1956.

García Gutiérrez, Jesús. *La persecución religiosa en Méjico desde el punto de vista jurídico: Colección de leyes y decretos relativos a la reducción de sacerdotes precedida de un estudio histórico por el Lic. Félix Navarrete y de otro jurídico por el Lic. Eduardo Pallares*. México, D.F.: 出版社不明 1939.

García Gutiérrez, Jorge. *Apuntes para la historia del origen y desenvolmiento del Regio Patronato Indiano hasta 1857*. México, D.F.: Editorial Jus, 1941.

García Orozco, Antonio. *Legislación electoral mexicana, 1812-1988*. México, D.F.: Talleres de Industrias Gráficas Unidas, 1989.

García Ugarte, Marta Eugenia. *La nueva relación Iglesia-Estado en México: Un análisis de la problemática actual*. México. D.F.: Nueva Imagen, 1993.

———. *Liberalismo e Iglesia católica en México 1824-1855*. México, D.F.: Instituto Mexicano de Doctrina Social Cristina, 1999.

Garza Treviño, Ciro R. de la. *La Revolución Mexicana en el estado de Tamaulipas*

(*cronología*) *1885-1913*. México, D.F.: Librería de Manuel Porrúa, 1949.
Gatt Corona, Guillermo y Mario Ramírez Trejo. *Ley y religión en México: Un enfoque histórico jurídico*. Guadalajara: Instituto Tecnológico y de Estudios Superiores de Occidente, 1995.
Gentleman, Judith (ed.). *Mexican Politics in Transition*. Boulder and London: Westview Press, 1987.
Gilly, Adolfo. *El cardenismo, una utopía mexicana*. México, D.F.: Cal y Arena, 1994.
———. *The Mexican Revolution* (Translated by Patrick Gamiller). London: NLB, 1983.
———, et al. *Interpretaciones de la Revolución Mexicana*. México, D.F.: Universidad Nacional Autónoma de México y Editorial Nueva Imagen, 1980.
Gilson, Etienne (ed.). *The Church Speaks to the Modern World: The Social Teachings of Leo XIII*. New York: Doubleday, 1954.
Gómez Ciriza, Roberto. *México ante la diplomacia vaticana: El período triangular, 1821-1836*. México, D.F.: Fondo de Cultura Económica, 1977.
Gómez Hoyos, Rafael. *La Iglesia de América en las Leyes de Indias*. Madrid: Instituto Gonzalo Fernández de Oviedo y Instituto de Cultura Hispánica de Bogotá, 1961.
Gomezjara, Francisco y Arturo Guillemaud Rodríguez. *La cruz sobre el cetro: La política de la Iglesia en México*. Xalapa, Veracruz: Ediciones Teseo, 1997.
González, Luis. *Los artífices del cardenismo*. México, D.F.: El Colegio de México, 1979.
———. Pueblo en vilo: *Microhistoria de San José de Gracia*. México, D.F.: El Colegio de México, 1968.
——— y Stanley R. Ross (eds.). *Fuentes de la historia contemporánea de México*. 5 tomos. México, D.F.: El Colegio de México, 1961-1967.
González Calzada, Manuel. *Los debates sobre la libertad de creencias*. México, D.F.: Universidad Nacional Autónoma de México, 1994.
González Casanova, Pablo. *La democracia en México*. México, D.F.: Editorial Era, 1965.
González Fernández, José Antonio, José Francisco Ruiz Massieu y José Luiz Soberanes Fernández. *Derecho eclesiástico mexicano*. México, D.F.: Universidad Nacional Autónoma de México y Editorial Porrúa, 1993.
González Martín, Silvia. *Heriberto Jara, un luchador obrero en la Revolución Mexicana (1879-1917)*. México, D.F.: Sociedad Cooperativa de Publicaciones Mexicanas, 1984.
González Navarro, Moisés. *Estadísticas sociales del Porfiriato, 1877-1910*. México, D.F: Secretaría de Economía, 1959.
———. "La Iglesia y el Estado en Jalisco en visperas de la rebelión cristera." *Historia Mexicana*, no.130 (1983), 303-317.
———. *México: El capitalismo nacionalista*. México, D.F.: Costa-Amic, 1970. 227-252.
———. *Población y sociedad en México (1900-1979)*. 2 tomos. México, D.F.: Universidad Nacional Autónoma de México, 1972.
González Ramírez, Manuel R. *Aspectos estructurales de la Iglesia Católica Mexicana*. México, D.F.: Estudios Sociales, 1972.

―――. *La iglesia mexicana en cifras*. México, D.F.: Centro de Investigación y Acción Social, 1960.

―――(ed.). *Planes políticos y otros documentos: Fuentes para la historia de la Revolución Mexicana*. México, D.F.: Fondo de Cultura Económica, 1954.

Granados Roldan, Otto. *La iglesia católica mexicana como grupo de presión*. México, D.F.: Universidad Nacional Autónoma de México, 1981.

Grayson, George W. *The Church in Contemporary Mexico*. Washington, D.C.: The Center for Strategic and International Studies, 1992.

Greene, Graham. *Another Mexico*. New York: Viking Press, 1939.

―――. *The Power and the Glory*. New York: Viking Press, 1944. 邦語訳『権力と栄光』（斉藤数衛訳，早川書房，1988年）。

Greenleaf, Richard E. and Michael C. Meyer (eds.). *Research in Mexican History: Topics, Methodology, Sources, and a Practical Guide to Field Research*. Lincoln: University of Nebraska Press, 1973.

Grieb, Kenneth J. "The Causes of the Carranza Rebellion, A Reinterpretation." *The Americas*, vols. 25 (July 1968), 25-32.

―――. *The United States and Huerta*. Lincoln: Univeresity of Nebraska Press, 1969.

Gruening, Ernest. *Mexico and Its Heritage*. New York: Appleton-Century Company, 1929.

Guzmán, Martín Luis (ed.). *Escuelas laicas: Textos y documentos*. México, D.F.: Empresas Editoriales, 1948.

Gusmán Galarza, Mario V. *Documentos básicos de la Reforma, 1854-1875: Investigación histórica, introducción, compilación y registro bibliográfico*. 4 tomos. México, D.F.: Federación Editorial, 1982.

Gusmán García, Luis. *Tendencias eclesiásticas y crisis en los años ochenta: La iglesia católica en las coyunturas políticas nacionales y alternas*. México, D.F.: Centro de Investigaciones y Estudios Superiores en Antropología Social, 1990.

Gutiérrez, Blas José. *Leyes de reformas, 1855-1868*. México, D.F.: Imprenta del Constitucional, 1868.

Gutiérrez Casillas, José. *Historia de la Iglesia en México*. México, D.F.: Editorial Porrúa, 1984.

―――. *Jesuitas en México durante el siglo XX*. México, D.F.: Editorial Porrúa, 1972.

Hackett, Charles W. *The Mexican Revolution and the United States*. Boston: World Peace Foundation, 1926.

Hale, Charles A. *Mexican Liberalism in the Age of Mora, 1821-1853*. New Haven: Yale University Press, 1968.

―――. "The Liberal Impulse: Daniel Cosío Villegas and the Historia moderna de México." *Hispanic American Historical Review*, no.54 (1974), 479-498.

Hall, Linda B. *Álvaro Obregón: Power and Revolution in Mexico, 1911-1920*. College Station: Texas A. & M. University Press, 1981.

Hamilton, Nora. *The Limits of State Autonomy: Post-Revolutionary Mexico*. Princeton, N.J.: Princeton University Press, 1982.
Hamnet, Brian R. *Roots of Insurgency: Mexican Regions, 1750-1824*. Cambridge: Cambridge University Press. 1986.
Hanratty, Dennis M. "The Political Role of the Mexican Catholic Church: Contemporary Issues." *Thought*, no.59 (1984), 164-182.
Hansen, Roger D. *The Politics of Mexican Development*. Baltimore & London: John Hopkins University Press, 1971.
Hart, John M. *Anarchism and the Mexican Working Class 1860-1931*. Austin: University of Texas Press, 1978.
―――. *Revolutionary Mexico: The Coming and Process of the Mexican Revolution*. Berkeley: University of California Press, 1987.
Henson, Margaret Swett. *Lorenzo de Zavala: The Pragmatic Idealist*. Fort Worth: Texas Christian University Press, 1996.
Hernández, Miguel J. "La Ley estatal de educación en Michoacán y la movilización de los católicos en 1986." *Nueva Antropología*, núm.45 (1994), 119-128.
Hernández Medina, Alberto, et al. *Cómo somos los mexicanos*. Centro de Estudios Educativos, 1987.
Herrera Ángeles, Manuel. *El pensamiento de Ponciano Arriaga y la reforma agraria mexicana*. México, D.F.: Secretaría de Educación Pública, 1966.
Hilton, Stanley E. "The Church-State Dispute over Education in Mexico from Carranza to Cardenas." *The Americas*, vol.21, no.2 (1964), 163-183.
Hinojosa, Oscar. "Creyentes en casa, anticlericales en la calle. Dejarán de ser en la noche los encuentros con los funcionarios mexicanos: Prigione." *Proceso*, núm. 632 (1988), 6-12.
―――. "Relaciones plenas con el estado, meta de los obispos. La misión evangélica ordena dejar la sacristía, afirma Sergio Obeso." *Proceso*, núm.514 (1986), 10-13.
Historia de México. 2 tomos. México, D.F.: Santillana, 2004.
Inglehart, Ronald, Miguel Sabanez y Neil Nevitte. *Convergencia en Norteamericana: Comercio, política y cultura*. México, D.F.: Siglo XXI Editores, 1994.
―――, et al. (eds.)*Human Beliefs and Values: A Cross-Cultural Sourcebook Based on the 1999-2002 Values Surveys*. México, D.F. Siglo XXI Ediciones, 2004.
Investigacones contemporáneas sobre la historia de México: Memorias de la tercera reunión de historiadores mexicanos y norteamericanos, Oaxtepec, Morelos, 4-7 de noviembre de 1969. México, D.F.: Universidad Nacional Autónoma de México, 1971.
Iturribarría, Jorge Fernando. "La política de conciliación del General Díaz y el Arzobispo Gillow." *Historia Mexicana*, no. 53 (1964), 81-101.
Jackson, Robert H. (ed.). *Liberals, the Church and Indian Peasants: Corporate Lands and the Challenge of Reform in Nineteenth-Century Spanish America*. Albuquerque: University of New Mexico Press, 1997.

Jiménez Urresti, Teodoro Ignacio. *Reestreno de relaciones entre el Estado mexicano y las iglesias: Colección ensayos y jurídicos.* (México, D.F.: Editorial Themis, 1996).
Katz, Friedrich. *Imágenes de Pancho Villa.* México, D.F.: Instituto Nacional de Antropología e Historia, 1999.
———. *La servidumbre agraria en México en la época porfiriana.* México, D.F.: Era, 1980.
———. *Pancho Villa, la revolución y la ciudad de Chihuahua.* Chihuahua: Ayuntamiento Chihuahua: Doble Helice, 2000.
———. *Secret War in Mexico: Europe, the United States, and the Mexican Revolution.* Chicago: University of Chicago Press, 1981.
———. *The Life and Times of Pancho Villa.* Palo Alto: Stanford University Press, 1998.
———. *Villa, el gobernador revolucionario de Chihuahua.* México, D.F.: Gobierno del Estado de Chihuahua, 2005.
——— (ed.). *Riot, Rebellion, and Revolution: Rural Social Conflict in Mexico.* Princeton, N.J.: Princeton University Press, 1988.
Kelley, Francis C. *The Book of Red and Yellow: Being a Story of Blood and a Yellow Streak.* Chicago: Catholic Church Extension Society of the United States of America, 1915.
———. *The Mexican Question: Some Plain Facts.* New York: Paulist Press, 1926.
Knight, Alan. "Interpretaciones recientes de la Revolución Mexicana." *Secuencia*, núm. 13 (1989), 23-44.
———. *The Mexican Revolution.* 2 vols. Cambridge: Cambridge University Press, 1986.
Knowlton, Robert J. *Church Property and the Mexican Reform, 1856-1910.* DeKalb: Northern Illinois University Press, 1976.
Krauze, Enrique. *Siglo de caudillos: Biografía política de México (1810-1910).* México, D.F.: Tusquets Editores, 1994. 邦語訳『メキシコの百年 1810-1910―権力者の列伝』(大垣貴志郎訳, 現代企画室, 2004年)。
Lafrance, David G. *The Mexican Revolution in Puebla, 1908-1913.* Wilmington, Delaware: Scholarly Resources Imprint, 1984.
Lajous, Alejandra. *Los orígenes del partido único en México.* México, D.F.: Universidad Nacional Autónoma de México, 1979.
Lamadrid Sauza, José Luis. *La larga marcha a la modernidad en material religiosa.* México, D.F.: Fondo de Cultura Económica, 1994.
Lara y Torres, Leoplodo. *Documentos para la historia de la persecución religiosa en México.* México, D.F.: Editorial Jus, 1972.
Larin, Nicolás. *La rebellión de los cristeros.* México, D.F.: Ediciones Era, 1969.
León de Palacios, Ana María. *Plutarco Elías Calles: Creador de instituciones.* México, D.F.: Instituto Nacional de Administración Puebla, 1975.
Lerner, Victoria. "Historia de la reforma educativa, 1933-1945." *Historia Mexicana*, no.113 (1979), 91-132.

―――. *La educación socialista*. México, D.F.: El Colegio de México, 1979.
Levine, Daniel H. *Religion and Political Conflict in Latin America*. Chapel Hill: University of North Carolina Press, 1986.
――― (ed.). *Churches and Politics in Latin America*. Beverly Hills, California: SAGE Publications, 1979.
Levy, Daniel C. & Kathleen Bruhn. *Mexico: The Struggle for Democratic Development*. Berkeley: University of California Press, 2001.
Lippman, Walter. "The Church and State in Mexico: American Mediation." *Foreign Affairs*, no.8 (January, 1930): 186-207.
Llano Ibañez, Ramón del. *El partido político y el primer gobernador de la Revolución en Querétaro*. Querétaro: Universidad Autónoma de Querétaro, 2005.
Loaeza, Soledad. "El fin de la ambigüedad: Las relaciones entre la Iglesia y el Estado en Méxco, 1982-1989." Luis J. Molino Pinero (coordinador), *La participación política del clero en México*. México, D.F.: Universidad Nacional Autónoma de México, 1990.
―――. "La Iglesia católica mexicana y el reformismo autoritario." *Foro Internacional*, vol. 25, núm 2 (1984), 138-165.
―――. "La Iglesia y la democracia en México." *Revista Mexicana de Sociología*, año 47, núm.1 (1985), 161-168.
―――. "Notas para el studio de la iglesia en el México contemporáneo." Martín de la Rosa y Charles A. Reilly (coordinadores), *Religión y política en México*. México, D.F.: Siglo XXI y Centro de Estudios Mexicano-Estados Unidos, Universidad de California en San Diego, 1985.
―――. "La rebellión de la Iglesia." *Nexos*, no.78 (1984), 11-17.
López Cámara, Francisco. *La génesis de la conciencia liberal en México*. México, D.F.: Universidad National Autónoma de México, 1988.
López, Baltazar (ed.). *Cuernavaca: Fuentes para el estudio de una diósecis*. 2 tomos. Cuernavaca, Morelos: Centro Intercultural de Documentación, 1986.
López Gallo, Pedro. *Relaciones diplomáticas entre México y la Santa Sede*. México, D.F.: Ediciones El Caballito, 1990.
López Moreno, Javier. *Reformas constitucionales para la modernización*. México, D.F.: Fondo de Cultura Económica, 1993.
López Velarde, Ramón. *Correspondencia con Eduardo J. Correa y otros escritos juveniles (1905-1913)*. México, D.F.: Fondo de Cultura Económica, 1991.
Losa Macías, Manuel. *El pensamiento económico y la Constitución de 1857*. México: Editorial Juz, 1959.
Mabry, Donald J. *Mexico's Acción Nacional: A Catholic Alternative to Revolution*. Syracuse, New York: Syracuse University Press, 1973.
MacBride, George M. *Land System of Mexico*. New York: American Geographical Society, 1923.
Madero, Francisco I. *La sucesión presidential en 1910*. Edición segunda. México, D.F.:

Librería de Educación de B. de la Patria, 1909.
Maduro, Otto. *Religión y conflicto social*. México, D.F.: Centro de Estudios Ecuménicos, 1978.
Margadant, Guillermo F. *Introducción a la historia del derecho mexicano*. México, D.F.: Editorial Esfinge, 1971. 邦語訳『メキシコ法発展論』(中川和彦訳, アジア経済研究所, 1993 年)。
―――. *La Iglesia mexicana y el derecho*. México, D.F.: Editorial Porrúa, 1984.
―――. *La Iglesia ante el derecho mexicano: Esboso histórico jurídico*. México, D.F.: Miguel Ángel Porrúa, 1991.
María y Campos, Armando de. *Múgica: Crónica biográfica*. México, D.F.: Compañía de Ediciones Populares, 1939.
Martin, Percy F. *Mexico of the Twentieth Century*. 2 vols; New York: Dobb, Mead & Co., 1908.
Martínez Assad, Carlos. *El laboratorio de la Revolución: El Tabasco garridista*. México, D.F.: Siglo XXI, 1979.
―――（ed.). *Religiosidad y política en México*. México, D.F.: Universidad Iberoamericana, 1992.
Martínez García, Carlos. *Intolerancia clerical y minorías religiosas en México*. México, D.F.: Ediciones Casa Unida de Publicaciones, S. A., 1993.
Martínez López Cano, María del Pilar. *Iglesia, Estado y economía siglos XVI al XIX*. México, D.F.: Universidad Nacional Autónoma de México y Instituto de Investigaciones Dr. José María Luis Mora, 1995.
Matute, Álvaro, Evelia Trejos y Bria Connaughton (coordinadores). *Estado, Iglesia y sociedad en México, siglo XIX*. México, D.F.: Miguel Ángel Porrúa, 1995.
Maza, Francisco P. (compilador). *Código de colonización y terrenos baldíos de la República Mexicana*. México, D.F.: Secretaría de Fomento, 1893.
Mecham, J. Lloyd. *Church and State in Latin America: A History of Politics–Ecclesiastical Relations*. Chapel Hill: University of North Carolina Press, 1966.
―――. "The Jefe Político México." *Southwestern Social Science Quarterly*, vol.13, no.4 (1933), 333–353.
Medin, Tzvi. *El minimato presidencial: Historia política del maximato (1928–1935)*. México, D.F.: Ediciones Era, 1982.
―――. *Ideología y praxis política de Lázaro Cárdenas*. México, D.F.: Siglo XXI, 1972.
Medina, Luis. *Del Cardenismo al Avilacamachismo*. México, D.F.: El Colegio de México, 1978.
Medina Ascencio, Luis. *Historia del Colegio Pío Latino Americano: Roma 1858–1978*. México, D.F.: Editorial Jus, 1979.
―――. *Historia del Seminario de Montezuma: Sus precedentes, fundación y consolidación 1910–1953*. México, D.F.: Editorial Jus, 1962.
―――. *La Santa Sede y la emancipación mexicana*. México, D.F.: Editorial Jus, 1965.

———. *México y el Vaticano: La Iglesia y el Estado liberal.* 2 tomos. México, D.F.: Editorial Jus, 1983.

———. *Resumen histórico de la persecución religiosa en México, 1910-1937.* Guadalajara: Guadalajara S.C., 1978.

Mena, Mario. *Un clérigo anticlerical: El doctor Mora.* México, D.F.: Editorial Jus, 1958.

Méndez Gutiérrez, Armando (coordinador). *Una ley para la libertad religiosa.* México, D.F.: Editorial Diana, 1992.

Menéndez Mena, Adolfo. *The Work of the Clergy and the Religious Persecution in Mexico.* New York: Latin American News Associations, 1916.

Metz, Allan. "Church–State Relations in Contemporary Mexico, 1968-1988." Matter C. Moen and Lowell S. Gustafson (eds.), *The Religions Challenge to the State.* Philadelphia: Temple University Press, 1992, 102-128.

México: Cincuenta años de Revolución. 4 tomos. México, D.F.: Fondo de Cultura Económica, 1961.

México. Biblioteca del H. Congreso de la Unión. Sistema Integral de Información Documentación. *Reformas a la Constitución política de los Estados Unidos Mexicanos, 1917-2000.* México, D.F.: Biblioteca del H. Congreso de la Unión, 2000.

———. Congreso. Cámara de Diputados. *Crónica: Ley de Asociaciones Religiosas y Culto Público.* México, D.F.: Comisión de Régimen Interno y Concertación Política y Instituto de Investigaciones Legislativas, 1992.

———. Congreso. Cámara de Diputados 1912-1913. *Historia de la Cámara de Diputados de la XXVI legislatura federal: La Revolución tiene la palabra: Actos del "diario" de los debates de la Cámara de Diputados, del 14 de septiembre de 1912 al 19 de febrero de 1913.* 5 tomos. México, D.F.: Comisión Nacional para la Celebración del Sesquicentenario de la Independencia Nacional y del Cincuentenario de la Revolución, 1961-1962.

———. Congreso Constituyente, 1916-1917. *50 discursos doctrinales en el Congreso Constituyente de la Revolución Mexicana 1916-1917.* México, D.F.: Talleres Gráficos de la Nación, 1969.

———. Congreso Constituyente, 1916-1917. *Diario de los debates del Congreso Constituyente: 1916-1917.* Ediciones de la Comisión Nacional para la Celebración del Sesquicentenario de la Proclamación de la Independencia Nacional y del Cincuentenario de la Revolución Méxicana. 2 tomos. México, D.F.: Talleres Gráficas de la Nación, 1960.

———. Departamento de la Estadística Nacional. *Resumen del censo general de habitantes de 30 de noviembre de 1921.* México, D.F.: Talleres Gráficos de la Nación, 1928.

———. Gobierno Provisional de la República Mexicana. *Codificación de los decretos del C. Venustiano Carranza.* México, D.F.: Imprenta de la Secretaría de Gobernación, 1915.

―――. Instituto Nacional de Estadística, Geografía e Informática（以下，INEGI と省略）. *X censo general de población y vivienda, 1980. Resumen general.* México, D.F.: INEGI, 1986.

―――. INEGI. *XI censo general de población y vivienda, 1990. Resumen general.* México, D.F.: INEGI, 1991.

―――. INEGI. *XII censo general de población y vivienda, 2000. Resumen general.* México, D.F.: INEGI, 2001.

―――. INEGI. *Estadísticas históricas de México.* 2 tomos. México, D.F.: INEGI, 1999.

―――. INEGI. *Mujeres y hombres en México, 1999.* México, D.F.: INEGI, 1999.

―――. *Legislación mexicana: O, colección completa de las disposiciones legislativas expedidas desde la independencia de la República.* 34 tomos. México, D.F.: Imprenta del Comercio a cargo de Dublán y Lozano, 1876-1912.

―――. Secretaría de Agricultura y Fomento. Dirección de Estadística. *Tercer censo de población de los Estados Unidos Mexicanos: Verificado el 27 de octubre de 1910.* México, D.F.: Dirección de Estadística, 1918.

―――. Secretaría de Economía. *Estadísticas sociales del Porfiriato.* México, D.F.: Talleres Gráficos de la Nación, 1956.

―――. Secretaría de Economía. Dirección General de Estadística. *Séptimo censo general de población, 6 de junio de 1950. Resumen general.* Mexico, D.F.: Talleres Gráficos de la Nación, 1953.

―――. Secretaría de la Economía Nacional. Dirección General de Estadísticas. *Quinto censo de población, 15 de mayo de 1930. Resumen general.* Mexico, D.F.: Adeo, 1934.

―――. Secretaría de Fomento. *Censo de 1900 : Resultado del censo de habitantes que se verificó el 28 de octubre de 1900 según los primeros datos recibidos con expresión del sexo y por cada uno de los distritos, partidos, cantones, etc., que forman los estadaos, Distrito Federal y territorios de la República, y resumen camparativo por estados, del presente censo con el de 1895.* México, D.F.: Oficina Tip. de la Secretaría de Fomento, 1901.

―――. Secretaría de la Economía Nacional. Dirección General de Estadística. *Sexto censo general de población de los Estados Unidos Mexicanos,* 6 de marzo de 1940. México, D.F.: Talleres Gráficos de la Nación, 1942.

―――. Secretaría de Fomento. Dirección General de Estadística. *Censo general de la República Mexicana verificado el 29 de octubre de 1895.* México, D.F.: Oficina Tip. de la Secretaría de Fomento, 1899.

―――. Secretaría de Gobernación. *Legislación electoral mexicana 1812-1988.* México, D.F.: Adeo, 1989.

―――. Secretaría de Industria y Comercio. Dirección General de Estadística. *VIII censo general de población, 8 de junio de 1960. Resumen general.* México, D.F.: Talleres Gráficos de la Nación, 1962.

―――. Secretaría de Industria y Comercio. Dirección General de Estadística. *IX censo general de población, 28 de enero de 1970. Resumen general*. México, D.F.: Talleres Gráficos de la Nación, 1972.

Meyer, Jean. *Cardenismo y la iglesia*. Edición segunda. México, D.F: Tusquets Editores, 2003.

―――. "Casa del Obrero Mundial y el Batallón Rojo." *Historia Mexicana*, no.81, 1971, 1 – 37.

―――. *The Cristero Rebellion: The Mexican People between Church and State, 1926 – 1929*. Cambridge: Cambridge University Press, 1976.

―――. *El sinarquismo: ¿Un fascismo mexicano? 1937 – 1947*. México D.F.: Editorial Joaquín Mortíz, 1979.

―――. *La Christiade: L'Église, l'État et le peuple dans la Revolution mexicaine: 1926 – 1929*. Paris: Payot, 1975.

―――. *La cristiada, el conflicto entre la Iglesia y el Estado (1926 – 1929)*. México, D.F.: Siglo XXI, 1989.

―――. *La cristiada: La guerra de los cristeros*. 3 tomos. Traducido por Aurelia García del Camino. México, D.F.: Siglo XXI, 1990.

―――. *La revolución mejicana, 1910 – 1940*. Barcelona: Editorial Dopesa, 1973.

―――."Los obreros en la Revolución Mexicana: Los Batallones Rojos." *Historia Mexicana*, no. 81 (1971), 1 – 37.

―――. *Problemas campesinos y revueltas agrarias, 1821 – 1910*. México: Secretaría de Educación Pública, 1973.

―――. *Samuel Ruiz en San Cristóbal 1960 – 2000*. México, D.F.: Tusquets Editores, 2000.

Meyer, Lorenzo. *El conflicto social y los gobiernos del Maximato*. México, D.F.: El Colegio de México, 1978.

―――. *In the Shadow of the Mexican Revolution: Contemporary Mexican History, 1910 – 1989*. Austin: University of Texas Press, 1993.

―――. *La segunda muerte de la Revolución Mexicana*. México, D.F.: Cal y Arena, 1992.

―――. *Los inicios de la institucionalización*. México, D.F.: El Colegio de México, 1978.

―――. *México y Estados Unidos en el conflicto petrólero*. México, D.F.: El Colegio de México, 1968.

Meyer, Michael C. *Mexican Rebel: Pascual Orozco and the Mexican Revolution*. Lincoln: University of Nebraska Press, 1967.

―――. *Huerta: A Political Portrait*. Lincoln: University of Nebraska Press, 1972.

―――. "Perspectives of Mexican Revolutionary Historiography." *New Mexico Historical Review*, no. 44 (1969), 167 – 180.

Middlebrook, Kevin J. *Dilemmas of Political Change in Mexico*. London: Institute of Latin American Studies, 2004.

———. *Paradox of Revolution: Labor, the State, and Authoritarianism in Mexico.* Baltimore, Md.: Johns Hopkins University Press, 1995.
Mills, Elizabeth. *Don Valentín Gómez Farías y el desarrollo de sus ideas políticas.* México, D.F.: Universidad Nacional Autónoma de México, 1957.
Miranda, José. "El liberalismo mexicano y el liberalismo europeo." *Historia Mexicana*, no. 32 (1959), 512–523.
Moctezuma, Aguiles P. *El conflicto religioso de 1926: Sus orígenes, su desarrollo, su solución.* 2 tomos. México, D.F.: Editorial Jus, 1960.
Moen, Matter C. and Lowell S. Gustafson (eds.). *The Religious Challenge to the State.* Philadelphia: Temple University Press, 1992.
Molina Enríquez, Andrés. *Los grandes problemas nacionales.* México, D.F.: Imprenta de A. Carranza e Hijos, 1909.
Molina Piñeiro, Luis J. (coordinador). *La participación política del clero en México.* México, D.F.: Universidad Nacional Autónoma de México, 1990.
Monroy Castillo, María Isabel y Tomas Calvillo Unna. *Breve historia de San Luis Potosí.* México, D.F.: El Colegio de México, Fideicomiso Historia de las Américas y Fondo de Cultura Económica, 1997.
Monzón Luis G. *Detalles de la educación socialista implantable en México.* México, D.F.: Comisión Editora Popular, 1936.
Mora, José María Luis. *Disertación sobre la naturaleza y aplicación de las rentas y bienes eclesiásticas, y sobre la autoridad a que se hallan sujetos en cuanto a su creación, aumento, subsistencia o supresión.* Facsimilar. México, D.F.: N.D. 1957 (初版, 1833 年).
———. *El clero, el Estado y la economía en México.* México, D.F.: Empresas Editoriales, 1982.
———. *Obras sueltas.* México, D.F.: Editorial Porrúa, 1963.
Mora Forero, Jorge. "Los maestros y la práctica de la educación socialista." *Historia Mexicana*, no.113 (1979), 133–162.
Morales, Francisco. *Clero y política en México (1767–1834): Algunas ideas sobre la autoridad, la independencia y la reforma eclesiástica.* México, D.F.: Secretaría de Educación Pública, 1975.
Morales Jiménez, Alberto. *Hombres de la Revolución Mexicana: 50 semblanzas biográficas.* México, D.F.: Biblioteca del Instituto Nacional de Estudios Históricos de la Revolución Mexicana, 1960.
Morales, María Dolores. "Estructura urbana y distribución de la propiedad en la Ciudad de México en 1813." *Historia Mexicana*, no.99 (1976), 363–402.
Morán Quíroz, Rodolfo (compilador). *La política y el cielo: Movimientos religiosos en el México contemporáneo.* Guadalajara: Editorial Universidad de Guadalajara, 1990.
Moreno Toscano, Alejandra (compiradora). *Ciudad de México: Ensayos de construcción de una historia.* México, D.F.: Instituto Nacional de Antropología e Historia, 1978.

Morton, Ward M. "The Mexican Constitutional Congress of 1916-1917." *Southwestern Social Science Quarterly*, vol. 33, no.1 (1952), 7-27.

―――. *Woman Suffrage in Mexico*. Gainsville: University of Florida Press, 1962.

Mounce, Virginia N. *An Archivist's Guide to the Catholic Church in Mexico*. Palo Alto: R & E Research Associates, 1979.

Moyser, Goerge (ed.). *Politics and Religion in the Modern World*. London & New York: Rourtledge, 1991.

Muñez, Antonio Isse. *Juan Pablo II: Seis días en México*. México, D.F.: Banamex, 1979.

Navarrete, Heriberto. *Por Dios y por la Patria: Memorias de mi participación en la defensa de la libertad de conciencia y culto durante la persecución religiosa en México de 1926 a 1929*. México, D.F.: Editorial Jus, 1961.

Niemeyer, E.V. "Anticlericalism in the Mexican Constitutional Convention of 1916-1917." *The Americas*, vol.11, no.1 (1954), 31-49.

―――. *Revolution at Queretaro: The Mexican Constitutional Convention of 1916-1917*. Austin: University of Texas Press, 1974.

Noriega, Alfonso. *El pensamiento conservador y el conservadurismo mexicano*. 2 tomos. México, D.F.: Universidad Nacional Autónoma de México, 1972.

Norris, Pippa & Ronald Inglehart. *Sacred and Secular: Religion and Politics Worldwide*. Cambridge: Cambridge University Press, 2004.

O'Dogherty, Laura. *De urnas y sotanas: El Partido Católico Nacional en Jalisco*. México, D.F: CONACULTURA, 2001.

―――. "El ascenso de una jerarquía eclesiástica intransigente, 1890-1914." Manuel Ramos Medina (compilador), *Memoria del I Coloquio: Historia de la Iglesia en el siglo XIX* (México, D.F.: Servicio Cóndumex, 1998), 179-198.

Olavarría y Ferrai, Enrique de. *La sociedad mexicana de geografía y estadística*. México: Oficina Tip. de la Secretaria de Fomento, 1901.

Olimón Nolasco, Manuel. *Iglesia y política en el México actual: Presencias e interpretaciones*. México, D.F.: Instituto Mexicano de Doctrina Social Cristiana, 1989.

―――. *Tensiones y Acercamientos: La Iglesia y el Estado en la historia del pueblo mexicano*. México, D.F.: Instituto Mexicano de Doctrina Social Católica, 1990.

Olivera Sedano, Alicia. *Aspectos del conflicto religioso de 1926 a 1929: Sus antecedentes y consecuencias*. México, D.F.: Instituto Nacional de Antropología e Historia, 1966.

―――. "La Iglesia en México, 1926-1970." James W. Wilkie, Michael C. Meyer, and Edna M. De Wilkie (eds.), *Contemporary Mexico: Papers of the IV International Congress of Mexican History* (Berkeley & Los Angeles: University of California Press, 1976), 295-316.

Olmos Velázquez, Evaristo. *El conflicto religioso en México*. México, D.F.: Ediciones Don Bosco, 1991.

Orozco Linares, Fernando. *Fechas históricas de México: Las efemérides más destacadas desde la época prehispánica hasta nuestros días*. México, D.F.: Panorama Editorial,

1984.

Orozco y Jiménez, Francisco. *Memorandum*. East Chicago: Contreras Printing Company, 1929.

Otero, Mariano. *Ensayos políticos sobre el verdadero estado de la cuestión social y política que se agita en la República Mexicana*. México, D.F.: Imprenta del Comercio, 1842.

———. *Obras*. 2 tomos. México, D.F.: Editorial Porrúa, 1967.

Pacheco Hinojosa, María Martha. *La Iglesia Católica en la sociedad mexicana (1958–1973): Secretariado Social Mexicano Conferencia de Organizaciones Nacionales*. México, D.F.: Instituto Mexicano de Doctrina Social Cristiana, 2005.

Padilla Dromundo, Jorge. *El pensamiento económico del doctor José María Luis Mora*. México, D.F.: Instituto Tecnológico Autónomo de México, 1986.

Palavicini, Félix, F. *Historia de la Constitución de 1917*. 2 tomos. México, D.F.: Imp. de J. Abadiano, 1938.

———. *Mi vida revolucionaria*. México, D.F.: Ediciones Botas, 1937.

———. *Los diputados*. México, D.F.: Fondo para la Historia de las Ideas Revolucionarias en México, 1976.

———. *Política constitusional: Artículos y discursos*. México, D.F.: Beatriz de Silva Ediciones e Impresores, 1950.

——— and Alfonso Cravioto. *Carranza and Public instruction in Mexico: Sixty Mexican Teachers are commissioned to study in Boston*. New York City: n.d. 1915.

Palomar y Vizcarra, Miguel. *Miguel Palomar y Vizcarra y su interpretación del conflicto religioso de 1926 entrevistado por Alicia Olivera de Bonfil*. México, D.F.: Instituto Nacional de Antropología e Historia, 1970.

Parkes, Henry. *A History of Mexico*. Boston: Houghton Mifflin Co., 1950.

Partido Católico Nacional. *Programa y estatutos del Partido Católico Nacional*. México, D.F.: Imprenta A. Sánchez-Galz, 1912.

Partido Revolucionario Institucional. *Documentos básicos de la Reforma 1854–1875*. 4 tomos. México, D.F.: Edición y presentación Humberto Hiriart Urdanivia, 1982.

Pattee, Richard. *The Catholic Revival in Mexico*. Washington, D.C.: Catholic Association for International Peace, 1944.

Payno, Manuel (ed.). *Colección de las leyes, decretos, circulares y providencias relativos a la desamortización eclesiástica, a la nacionalización de los bienes de corporaciones, y a la reforma de la legislación civil que tenía relación con el culto y con la iglesia*. 2 tomos. México, D.F.: Imp. de J. Abadiano, 1861 (復刻版 Secretaria de Hacienda, 1979).

Pérez Memen, Fernando. *El episcopado y la independencia de México, 1810–1836*. México, D.F.: Editorial Jus,1977.

Phipps, Helen. *Some Aspects of the Agrarian Question in Mexico: A Historical Study*. Austin: University of Texas Press, 1925.

Phodes, Anthony. *The Vatican in the Age of the Dictators (1922-1945)*. New York: Olt, Rihart & Winston, 1973.
Piekarewicz Sigal, Mina (coordinadora). *México: Diccionario de opinión pública*. México, D.F.: Editorial Grijalbo, 2000.
Plenn, James. *México Marches*. Indianapolis: Bobbs-Merril, 1939.
Pomerleau, Claude. "Cambios en el liderazgo y las crisis de autoridad en el catolicismo mexicano." Martín de la Rosa, et al., *Religión y política en México*. México, D.F.: Ediciones Siglo XXI, 1985, 240-259.
Poniatowska, Elena. *La noche de Tlateloco*. México, D.F.: Ediciones Era, 1971. 邦語訳『トラテロルコの夜』(北條ゆかり訳, 藤原書店, 2005年)。
Porras Muñoz, Guillermo. *Iglesia y Estado en Nueva Vizcaya (1562-1821)*. México, D.F.: Universidad Nacional Autónoma de México, 1980.
Portes Gil, Emilio. *Autobiografía de la Revolución Mexicana*. México, D.F.: Instituto Mexicano de Cultura, 1964.
―――. *La lucha entre el poder civil y el clero*. México, D.F.: Talleres Gráficos de la Nación, 1934.
―――. *The Conflict between the Civil Power and the Clergy: Historical and Legal Essay*. Mexico, D.F.: Press of the Ministry of Foreign Affairs, 1935.
Portugal, Ana María (ed.). *Mujeres e iglesia: Sexualidad y aborto en América Latina*. Washington, D.C.: Catholics for a Free Choice, USA, 1989.
Preston, Julia and Samuel Dillon. *Opening Mexico: The Making of a Democracy*. New York: Farrar, Straus and Girouz, 2004.
Priestly, Herbert I. *The Mexican Nation: A History*. New York: Macmillan, 1923.
Proceso, Equipo de Escritores y Reporteros de. *Juan Pablo II en México: Una iglesia entre dos cristos*. México, D.F.: CISA, 1979.
Puente Lutteroth, María Alicia (compiladora). *Hacia una historia mínima de la iglesia en México*. México, D.F.: Editorial Jus y Comisión de Estudios de la Iglesia en Latinoamérica, 1993.
―――. "Opening to the Church." Laura Randall (ed.), *Changing Structure of Mexico: Political, Social, and Economic Prospects*. Armonk, N.Y.: M. E. Sharpe, 1996, 289-297.
Quesada, Noemí (ed.). *Religiosidad popular en México y Cuba*. México, D.F.: Universidad Nacional Autónoma de México, 2004.
Quirk, Robert E. *An Affair of Honor: Woodrow Wilson and the Occupation of Veracruz*. New York: Norton and Company, 1962.
―――. "Iglesia católica y reformismo autoritario." *Foro International*, vol.25, no. 2 (1984).
―――. "Religion and the Mexican Social Revolution." William V. D'Anton and Fredrick B. Pike (eds.) *Religion, Revolution, and Reform*. New York: Frederick A. Praeger, 1964.

――. *The Mexican Revolution and the Catholic Church, 1910-1929*. Bloomington: Indiana University Press, 1973.
――. *The Mexican Revolution, 1914-15: The Convention of Aguascalientes*. Bloomington: Indiana University Press, 1960.
Raat, W. Dirk. *The Mexican Revolution: An Annotated Guide to Recent Scholarship*. Boston: G.K. Hall, 1982.
――. *The Revolution: Mexico's Rebels in the United States, 1903-1934*. College Station: Texas A & M University Press, 1981.
―― & William H. Beezley (eds.). *Twentieth Century Mexico*. Lincoln: University of Nebraska Press, 1986.
Rabasa, Emilio O. *El pensamiento político del constituyente de 1824*. México, D.F.: Universidad Nacional Autónoma de México, 1986.
――. *El pensamiento político del constituyente de 1856-1857*. México, D.F.: Universidad Nacional Autónoma de México, 1991.
――. *El pensamiento político y social del constituyente de 1916-1917*. México, D.F.: Universidad Nacional Autónoma de México, 1996.
――. *Historia de las constituciones mexicanas*. México, D.F.: Universidad Nacional Autónoma de México, 1994.
Raby, David L. "Los maestros rurales y los conflictos sociales en México (1931-1940)." *Historia Mexicana*, no.70 (1968), 190-226.
Ramírez Rancaño, Mario. *La reacción mexicana y su exilio durante la Revolución de 1910*. México, D.F.: Universidad Nacional Autónoma de México, 2002.
Ramírez Saénz, Juan Manuel (coordinador). *D.F.: Gobierno y sociedad civil*. México, D.F.: Ediciones El Caballito, 1987.
Ramos, Luis. *Del archivo secreto vaticano: La Iglesia y el Estado mexicano en el siglo XIX*. México, D.F.: Universidad Nacional Autónoma de México y Secretaría de Relaciones Exteriores, 1997.
Ramos, Rutillo, Isidro Alonso y Domingo Garre. *La Iglesia en México: Estructuras eclesiásticas*. Friburg, Suiza: Oficina Internacional de Investigaciones Sociales de FERES, 1963.
Ramos Medina, Manuel (compilador). *Memoria del I Coloquio: Historia de la Iglesia en el siglo XIX*. México, D.F.: Servicio Cóndumex, 1998.
Randall, Laura (ed.). *Changing Structure of Mexico: Political, Social, and Economic Prospects*. Armonk, N.Y.: M.E. Sharpe, 1996.
―― (ed.). *Reforming Mexico's Agrarian Reform*. Armonk, N.Y.: M. E. Sharpe, 1996.
Reed, John. *Insurgent Mexico*. (1916). Reprint. New York: Simon & Schuster, Carion Books, 1969. 邦語訳『反乱するメキシコ』(野田隆ほか訳, 筑摩書房, 1985年)。
Reed, Nelso. *The Caste War of Yucatan*. Palo Alto: Stanford University Press, 1964.
Reich, Peter L. *Mexico's Hidden Revolution: The Catholic Church in Law and Politics since 1929*. Notre Dame & London: University of Notre Dame Press, 1995.

Reyes Heroles, Federico (compilador). *Los partidos políticos mexicanos en 1991.* México, D.F.: Fondo de Cultura Económica, 1991.
Reyes Heroles, Jesús. *El liberalismo mexicano.* 3 tomos. México, D.F.: Fondo de Cultura Económica, 1974.
Reynolds, Clark Winton. *The Mexican Economy: Twentieth-Century Structure and Growth.* New Haven: Yale University Press, 1970.
Rice, Elizabeth Ann. *The Diplomatic Relations between the United States and Mexico, as Affected by the Struggle for Religious Liberty in Mexico, 1925-1929.* Washington, D.C.: Catholic University of America Press, 1959.
Richmond, Douglas W. *Venustiano Carranza's Nationalista Struggle, 1893-1920.* Lincoln: University of Nebraska Press, 1983.
―――. "The Venustiano Carranza Archive." *Hispanic American Historical Review*, vol. 56, no. 2 (1976), 290-294.
Riding, Alan. *Distant Neighbors: A Portrait of the Mexicans.* Reprint. New York: Vintage Book, 1984.
Rius Facius, Antonio. *La juventud católica y la revolución mejicana, 1910 a 1925.* México, D.F.: Editorial Jus, 1963.
―――. *Méjico Cristero.: Historia de la ACJM, 1925 a 1931.* México. D.F.: Editorial Patria, 1960.
Rivera G. José Antonio. *Reminiscencias del Ilmo. Y Rmo. Sr. D. Eulogio Gillow y Zabalza, arzobispo de Antequera (Oaxaca).* Puebla: Escuela Linotipográfica Salesiana, 1921.
Rivera, Pedro. *Instituciones Protestantes en México.* México, D.F.: Editorial Jus, 1962.
Rodríguez Araujo, Octavio. *La reforma política y los partidos en México.* México, D.F.: Siglo XXI, 1989.
Rodríguez O., Jaime E. (ed.). *The Revolutionary Process in Mexico: Essays on Political and Social Change (1880-1940).* Los Angeles: University of California Press, 1990.
Roeder, Ralph. *Juárez and His Mexico.* New York: Viking, 1947.
Romero de Solis, José Miguel. *El aguijón del espiritu: Historia contemporónea de la Iglesia en México (1892-1992).* México, D.F.: Instituto Mexicano de Doctrina Social Cristiana, 1994.
Romero Flores, Jesús. *La Revolución como nosotros la vimos.* México, D.F.: Biblioteca del Instituto Nacional de Estudios Históricos de la Revolución Mexicana, 1963.
―――. *Sintesis histórica de la Revolución Mexicana.* México, D.F.: Costa-Amic Editor, 1974.
Rosa, Martín de la y Charles A. Reilly (coordinadores). *Religión y política en México.* México, D.F.: Siglo XXI, 1985.
Ross, Stanley R. "Dwinght Morrow and the Mexican Revolution." *Hispanic American Historical Review,* no.38(1958), pp.509-515.
―――. *Francisco I. Madero: Apostle of Mexican Democracy.* New York: Colombia

University Press, 1955.
―. "Mexico: The Preferred Revolution." Joseph Maier and Richard W. Weatherhead (eds.), *Politics of Change in Latin America*. New York: F.A. Praeger, 1964, 140-154.
―(ed.). *Is the Mexican Revolution Dead?* New York: Alfred A. Knopf, 1966. 邦語訳『メキシコ革命は死んだか』(中川文雄・清水透訳, 新世界社, 1980年)。
Rouaix, Pastor. *Génesis de los artículos 27 y 123 de la constitución política de 1917*. México, D.F.: Biblioteca del Instituto Nacional de Estudios Históricos de la Revolución Mexicana, 1959.
Ruíz, Ramon Eduardo. *The Great Rebellion: Mexico, 1905-1924*. New York: Norton, 1980.
Ruíz Giménez, Joaquín. *Iglesia, Estado y sociedad en España, 1930-1982*. Madrid: Editorial Argos Vergara, 1984.
Ruíz Massieu, José Francisco, et al. *Relaciones del Estado con las iglesias*. México, D.F.: Editorial Porrúa y Universidad Nacional Autónoma de México, 1992.
Ruíz y Flores, Leopoldo. *Instrucción pastoral sobre los deberes de los católicos en política, 20 de febrero de 1912*. Morelia: Tipografía de Agustín Martínez Mien, 1912.
―. *Recuerdo de recuerdos: Autobiografía del Exemo. Ruiz y Flores, Arzobispo de Morelia y Asistente al Solio Pontificio*. México, D.F.: Buena Prensa, 1942.
Rutherford, John. *Mexican Society during the Revolution: A Literacy Approach*. Oxford: Clarendon Press, 1971.
Salazar, Rosendo. *La Casa del Obrero Mundial*. México, D.F.: Costa-Amic, 1962.
Salinas de Gortari, Carlos. *México: Un paso difícil a la modernidad*. Barcelona: Plaza and Janés Editores, 2000.
Sánchez Arteche, Alfonso. *Molina Enríquez: La herencia de un reformador*. Toluca: Instituto Mexiquense de Cultura, 1990.
Sánchez, José M. *Anticlericalism: A Brief History*. Notre Dame: University of Notre Dame Press, 1972.
Sánchez Medal, Ramoó. *El derecho de educar en la escuela*. México, D.F.: Editorial Jus, 1963.
―. *La nueva legislación sobre libertad religiosa : Textos, antecedentes*, comentarios. México, D.F.: Editorial Porrúa, 1993.
Schmitt, Karl M. "Catholic Adjustment to the Secular State: The Case of Mexico, 1867-1911." *Catholic Historical Review*, vol.67, no.2 (1962), 182-191.
―. "Church and State in Mexico: A Corporatist Relationship." *The Americas*, vol.40, no.3 (1984), 349-376.
―. "The Clergy and Independence of New Spain." *Hispanic American Historical Review*, vol.34, no. 3 (1954), 289-312.
―. "The Díaz Conciliation Policy on State and Local Levels 1876-1911." *Hispanic American Historical Review*, vol. 40, no.4 (1960), 513-532.

―――. "The Mexican Positivists and the Church-State Question, 1887-1911." *Journal of Church and State*, vol.8 (1966), no.2, 200-213.
Schmitt, Samuel, James W. Wilkie and Manuel Esperanza (eds.). *Estudios cuantitativos sobre la historia de México*. México, D.F.: Universidad Nacional Autónoma de México, 1988.
Schwaller, John Frederick. *Origins of Church Wealth in Mexico: Ecclesiastical Revenues and Church Finances 1523-1600*. Albuquerque: University of New Mexico Press, 1985.
―――. "The Ordenanza del Patronazgo in New Spain, 1574-1600." *The Americas*, vol.52, no.3 (1986), 253-274.
―――. *The Church and Clergy in Sixteenth-century Mexico*. Albuquerque: University of New Mexico Press, 1987.
Silva Herzog, Jesús. *Breve historia de la Revolución Mexicana*. 2 tomos. México, D.F.: Fondo de Cultura Económica, 1960.
―――. *El agrarismo mexicano y la reforma agraria: Exposición y crítica*. México, D.F.: Fondo de Cultura Económica, 1964.
―――. "La Revolución Mexicana es ya un hecho histórico." *Cuaderno Americano*, LVII (1949), 7-16.
Simposio Universitario : Libertad religiosa y autoridad civil en México: Elementos para el análisis de las relaciones Iglesia-Estado. México, D.F.: Universidad Pontificia de México, 1989.
Simpson, Eyler N. *The Ejido, Mexico's Way Out*. Chapel Hill: University of North Carolina Press, 1937.
Sinkin, Richard N. "The Mexican Constitutional Congress, 1856-1857: A Statistical Analysis." *Hispanic American Historical Review*, vol. 53, no.3 (1973), 1-26.
―――. *The Mexican Reform, 1855-1876: A Study in Liberal Nation-Building*. Austin: University of Texas, Institute of Latin American Studies, 1979.
Smith, Peter H. "La política dentro de la Revolución: El congreso constituyente de 1916-1917." *Historia Mexicana*, no. 87 (1973), 363-395.
―――. *Labyrinths of power: Political Recruitment in Twentieth-Century Mexico*. Princeton, N.J.: Princeton University Press, 1979.
Smith, Robert Freeman. *The United States and Revolutionary Nationalism in Mexico, 1916-1932*. Chicago: Universiry of Chicago Press, 1972.
Soberanes Fernández, José Luis. *Los bienes eclesiásticos en la historia constitucional de México*. México, D.F.: Universidad Nacional Autónoma de México, 2000.
Solano, Fernando, Raul Cardiel Reyes y Raul Bolanos. *Historia de la educación pública en México*. Secretaría de Educación Pública y Fondo de Cultura Económica, 1981.
Staples, Anne. *La Iglesia en la primera república federal mexicana, 1823-1834*. México, D.F.: Secretaría de Educación Pública, 1976.
Suárez, Luis. *Cuernavaca ante el Vaticano*. México, D.F.: Grijalbo, 1970.

Tank de Estrada, Dorothy. *La educación ilustrada, 1786–1836. Educación primaria en la ciudad de México.* México, D.F.: El Colegio de México, 1977.

Tangeman, Michael. *Mexico at the Crossroads: Politics, the Church, and the Poor.* Maryknoll, N.Y.: Orbis Books, 1995.

Tannenbaum, Frank. *Mexico: The Struggle for Peace and Bread.* New York: Alfred A. Knopf, 1950.

———. *Peace by Revolution: An Interpretation of Mexico.* New York: Columbia University Press, 1933.

———. *The Mexican Agrarian Revolution.* New York: Macmillan Company, 1929.

Tapia Méndez, Aureliano. *Don Guillermo Tritschler y Córdova: Siervo de Dios, sexto obispo de San Luis Potosí, séptimo arzobispo de Monterrey.* Monterrey: Edición Talleres Gráficos de Cultura, 1997.

———. *José Antonio Plancarte y Labastida, profeta y mártir.* México, D.F.: Editorial Jus, 1973.

Tapia Santamaría, Jesús. *Campo religioso y evolucción política en el bajíozamorano.* Zamora: El Colegio de Michoacán, 1986.

Taracena, Alfonso. *La verdadera Revolución Mexicana.* 19 tomos. México, D.F.: Editorial Jus, 1960–65.

———. *La vida en México bajo Avila Camacho.* México, D.F.: Editorial Jus, 1976.

Tena Ramírez, Felipe (ed.). *Leyes fundamentales de México, 1808–1998.* México, D.F.: Editorial Porrúa, 1998.

Toro, Alfonso. *Biografía de Don Lorenzo de Zavala.* Toluca: Dirección del Patrimonio Cultural y Artístico del Estado de México, 1979.

———. *La Iglesia y el Estado en México: Estudios sobre los conflictos entre el clero católico y los gobiernos mexicanos desde la independencia hasta nuestros días.* México, D.F.: Secretaría de Gobernación, Archivo General de la Nación, 1927.

Torres Ramírez, Blanca. *México en la Segunda Guerra Mundial.* México, D.F.: El Colegio de México, 1979.

Tovar de Teresa, Guillermo. *The City of Palaces: Chronicle of a Lost Heritage.* 2 vols.; Mexico, D.F.: Fundación Cultural Televisa., A.C., 1990.

Trejo Delarbre, Raúl (compilador). *Chiapas, la guerra de las ideas.* México, D.F.: Diana, 1994.

Trueba Urbina, Alberto. *The Mexican Constitution of 1917 is Reflected in the Peace Treaty of Versailles of 1919.* New York: 出版社不明, 1974.

Tuck, Jim. *The Holy War in Los Altos: A Regional Analysis of Mexico's Cristero Rebellion.* Tucson: University of Arizona Press, 1982.

Turner, Frederick C. *Catholicism and Political Development in Latin America.* Chapel Hill: University of North Carolina Press, 1971.

———. *Responsible Parenthood: The Politics of Mexico's New Population Policies.* Washington, D.C.: American Enterprise Institute, 1974.

Turner, John Kenneth. *Barbarous Mexico.* 復刻版. Austin: University of Texas Press, 1969.
Tutino, John. *From Insurrection to Revolution in Mexico: Social Bases of Agrarian Violence, 1750-1940.* Princeton: Princeton University Press, 1986.
Ulloa, Berta. *La revolución escondida: La constitución de 1917.* México, D.F.: El Colegio de México, 1983.
―――. *La Revolución intervenida: Relaciones diplomáticas entre México y Estados Unidos (1914-1915).* México, D.F.: El Colegio de México, 1971.
―――. *Veracruz, capital de la nación (1914-1915).* Jalapa: Gobierno del Estado de Veracruz, 1986.
Ulloa Ortiz, Manuel. *El estado educador.* México, D.F.: Editorial Jus, 1976.
United Nations Development Program. *Human Development Report 2003.* New York and Oxford: Oxford University Press, 2003.
Valadés, José C. "Tres horas con Ávila Camacho." *Hoy,* 21 de septiembre de 1940.
Valdez Abascal, Rubén. *La modernización jurídica nacional dentro del liberalismo social.* México, D.F.: Fondo de Cultura Económica, 1994.
Valverde y Telléz, Emeterio. *Bio-bibliografía eclesiástica mexicana,* 1821-1943. 3 tomos. México, D.F.: Editorial Jus, 1949.
Vanderwood, Paul J. "Explicando la Revolución Mexicana." *Secuencia,* no.13 (1989), 5-22.
―――. *Los rurales mexicanos.* México, D.F.: Fondo de Cultura Económica, 1982.
Varios Autores. *Estudios jurídicos en torno a la constitución mexicana de 1917, en su septuagésimo quinto aniversario.* México, D.F.: Universidad Nacional Autónoma de México-Instituto de Investigaciones Jurídicas, 1992.
―――. *El pensamiento mexicano sobre la Constitución de 1917: Antología.* México, D.F.: Gobierno de Estado de Querétaro y Instituto Nacional de Estudios Históricos de la Revolución Mexicana de la Secretaría de Gobernación, 1987.
Vasconcelos, José. *La caída de Carranza: De la dictadura a la libertad.* México, D.F.: Imprenta de Murguia, 1920.
Vázquez, Josefina Zoraida. *Nacionalismo y educación en México.* 2ª edición México, D.F.: El Colegio de México, 1975.
Vernon, Raymond. *The Dilemma of Mexico's Development: The Roles of the Private and Public Sectors.* Cambridge: Harvard University Press, 1963.
Vera Estañol, Jorge. *Carranza and His Bolshevik Regime.* Los Angeles: Wayside Press, 1920.
―――. *Historia de la Revolución Mexicana: Orígenes y resultados.* Tercera edición. México, D.F.: Editorial Porrúa, 1976.
Vera Soto, Carlos Francisco. *La formación del clero diocesano durante la persecución religiosa en México, 1910-1940.* México, D.F.: Universidad pontificia de México, 2005.
Verázquez, Pedro. *El Secretariado Social Mexicano.* México, D.F.: Secretariado Social

Mexicano, 1945.
Videla, Gabriel. *Sergio Méndez Arceo: Un señor Obispo*. Cuernavaca: Correo del Sur, 1982.
Villa Lever, Lorenza. *Los libros texto gratuitos: Las disputas por la educación en México*. Guadalajara: Gráfica Nueva, 1988.
Villafán, Bernardo Barranco (compilador). *Mas allá del carismo: Análisis de la visita de Juan Pablo II*. México, D.F.: Editorial Jus, 1990.
——— y Raquel Pastor Escobar. *Jerarquía católica y modernización política en México*. México, D.F.: Palabra Ediciones, 1989.
Villanello Vélez, Ildefonso. *Historia de la revolución mexicana en Coahuila*. México, D.F.: Biblioteca del Instituto Nacional de Estudios Históricos de la Revolución Mexicana, 1970.
Villaseñor, Guillermo. *Estado e iglesia: El caso de la educación*. México, D.F.: Edicol, 1978.
Wasserman, Mark. *Capitalists, Caciques, and Revolution: The Native Elite and Foreign Enterprise in Chihuahua, Mexico, 1854–1911*. Chapel Hill: University of North Carolina Press, 1984.
Werner, Michael S. (ed.). *Encyclopedia of México: History, Society & Culture*. 2 vols. Chicago: Fitzroy Dearborn Publications, 1997.
Whetten, Nathan. *Rural Mexico*. Chicago: University of Chicago Press, 1948.
Wilkie, James W. "The Meaning of the Cristero Religious War against the Mexican Revolution." *Journal of Church and State*, vol.8, no.2 (1966), 214–233.
———. *The Mexican Revolution: Federal Expenditure and Social Change since 1910*. Berkeley and Los Angeles: University of California Press, 1970.
———. "Statistical Indicators of the Impact of National Revolution on the Catholic Church in Mexico, 1910–1967." *Journal of Church and State*, vol.12, no.1 (1970), 89–106.
———. "On Quantitative History: The Poverty Index for Mexico." *Latin American Research Review*, no.10 (1975), 63–75.
——— (ed.). *Society and Economy in Mexico*. Los Angeles: University of California at Los Angeles, Latin American Studies Center, 1990.
——— (ed.). *Statistical Abstract of Latin America*. Vol.38. Los Angeles: University of California at Los Angeles, Latin American Studies Center, 2002.
——— and Albert L. Michaels (ed.). *Revolution in Mexico: Years of Upheaval, 1910–1940*. New York: Alfred A. Knopf, 1969.
———, Michael C. Meyer and Eda Monzon de Wilkie (eds.). *Contemporary Mexico: Papers of the IV International Congress of Mexican History*. Berkeley and Los Angeles: University of California Press, 1976.
William, John B. "Adalberto Tejeda and the Third Phase of the Anticlerical Conflict in Twentieth Century Mexico." *Journal of Church and State*, vol.15, no.3 (1973),

437-454.
―――. *La Iglesia y el Estado en Veracruz, 1840-1940*. México, D.F.: SepSetentas, 1976.
Williams, Michael. *The Catholic Church in Action*. New York: Kennedy and Sons, 1958.
Wolfskill, George and W. Douglas (eds.). *Essays on the Mexican Revolution: Revisionist Views of the Leaders*. Austin: University of Texas Press, 1979.
Womack, John, Jr. *Zapata and the Mexican Revolution*. New York: Random House, 1968.
Woodward, Ralf Lee, Jr. (ed.). *Here and There in Mexico: The Travel Writing of Mary Asheley Townsend*. Tuscaloosa and London: University of Alabama Press, 2001.
Zahino Penafort, Luisa. *Iglesia y sociedad en México 1765-1800: Tradición, reforma y recreaciones*. México, D.F.: Universidad Nacional Autónoma de México, 1996.
Zarco, Francisco. *Crónica del congreso extraordinario constituyente (1856-1857)*. México, D.F.: El Colegio de México, 1957.
―――. *Historia del congreso constituyente de 1857*. México, D.F.: Instituto Nacional de Estudios Históricos de la Revolución Mexicana, 1987（1916年初版の復刻版）.
Zuno, José G. *Historia de la revolución en el estado de Jalisco*. México, D.F.: Biblioteca del Instituto Nacional de Estudios Históricos de la Revolución Mexicana, 1969.

[新聞・雑誌]
Diario Oficial（官報）
El Día（日刊紙）
El Imparcial（日刊紙）
El Norte（日刊紙）
El Universal（日刊紙）
Este País（月刊誌）
Excelsior（日刊紙）
Hoy（週刊誌）
La Jornada（日刊紙）
La Reforma（日刊紙）
Nexos（月刊紙）
Proceso（週刊誌）
Siempre（週刊誌）
Unomásuno（日刊紙）

[邦語文献]
『アメリカを知るための事典』，平凡社，1988年。
アンドラーデ，G.・中牧弘允編『ラテンアメリカ　宗教と社会』，新評論，1994年。
江原武一『世界の公教育と宗教』，東信堂，2003年。
藤田富雄『ラテンアメリカの宗教』，大明堂，1982年。

福澤信彦『国家と宗教の分離——アメリカにおける宗教分離の法理の形成』，早稲田大学出版部，1985年．
樋口陽一『個人と国家』，集英社新書，2000年．
石原保徳『インディアスの発見——ラス・カサスを読む』，田畑書店，1982年．
石井　章「メキシコ農地改革と農業政策の歴史的展開」，『中部大学国際関係学部紀要』30号（2003年），1-21頁．
———『メキシコの農業構造と農業政策』，アジア経済研究所，1986年．
———編『ラテンアメリカの土地制度と農業構造』，アジア経済研究所，1983年．
伊藤峰司「1917年メキシコ憲法序説(1) 比較憲法史のために」，『愛知大学国際問題研究所紀要』71号（1982年），1-37頁．
———「1917年メキシコ憲法序説(2) 比較憲法史のために」，『愛知大学国際問題研究所紀要』73号（1983年），93-138頁．
小林珍雄『法王庁』，岩波書店，1966年．
小泉洋一『政教分離の法——フランスにおけるライシテと法律・憲法・条約』，法律文化社，2005年．
———『政教分離と宗教的自由——フランスのライシテ』，法律文化社，1998年．
工藤庸子『宗教 vs. 国家——フランス＜政教分離＞と市民の誕生』，講談社現代新書，2007年．
国本伊代「現代メキシコ社会とカトリック教会——1990年代のアンケート調査が描くメキシコ人と宗教」，『中央大学論集』27号（2006年），1-14頁．
———「メキシコ革命——カウディリョ」，『国家と革命』，岩波書店，1991年，25-49頁．
———「メキシコ革命の思想——革命の先駆者リカルド・フローレス＝マゴン」，今井圭子編『ラテンアメリカ——開発の思想』（日本経済評論社，2004年），73-89頁．
———「"メキシコ革命"の終焉とカトリック教会の再登場——1917年憲法における教会条項の改正に関する一考察」，『海外事情研究所報告』（拓殖大学）27号（1993年），127-138頁．
———「メキシコ革命とカトリック教会——19世紀自由主義改革の遺産」，『中央大学論集』16号（1995年），67-84頁．
———「メキシコ革命とカランサ——革命憲法第27条にみるメキシコ民族主義とその実践」，『中央大学論集』13号（1992年），45-60頁．
———「メキシコ革命と日本——革命動乱期における日米墨関係」，時野谷滋博士還暦記念論集刊行会編『時野谷滋博士還暦記念制度史論集』（大日本法令，1986年），199-219頁．
———「メキシコ革命と日本——カランサ政権の対日政策」，『歴史学研究』455号（1978年），15-27頁．
———「メキシコ革命と日本，1913-14年——安達公使とウエルタ政権」，『歴史学研究』434号（1976年），1-14頁．
———「メキシコ革命とウイルソン外交」，『国際関係学研究』（津田塾大学）4号（1978年），7-18頁．

―――「メキシコ・モレロス州における糖業アシエンダの形成と発展―19世紀の変容過程を中心にして」，石井章編『ラテンアメリカの土地制度と農業構造』（アジア経済研究所，1983年），49-74頁。
―――「メキシコ・モレロス州糖業地帯の農地改革による変貌―アシエンダからエヒードへ　転換と実態」，石井章編『ラテンアメリカの土地制度と農業構造』（アジア経済研究所，1983年），75-102頁。
―――「メキシコにおけるメノナイト信徒集団―キリスト教プロテスタント再洗礼派のメキシコ移住の経緯と現状」，『中央大学論集』19号（1998年），31-47頁。
―――「メキシコの新しい社会と女性」，国本伊代編『ラテンアメリカ　新しい社会と女性』，新評論，2000年，241-262頁。
―――『メキシコの歴史』，新評論，2002年。
黒田了一『比較憲法論序説』，有斐閣，1964年。
皆川卓三『ラテンアメリカ教育史Ⅰ』，世界教育史研究会編，世界教育史体系19，講談社，1975年。
森　幸一『宗教からよむ「アメリカ」』，講談社選書メチエ，1996年。
中川和彦「メキシコ合衆国憲法概要」，参憲資料第20号，参議院憲法調査会事務局，2003年。
―――『メキシコ憲法の諸問題』，ラテン・アメリカ法研究会，1985年。
並木芳治『メキシコ・サリナス革命―北米自由貿易協定に賭けた大統領』，日本図書刊行会，1999年。
成瀬　治『近代市民社会の成立―社会思想史的考察』，東京大学出版会，1984年。
西川知一『近代政治とカトリシズム』，神戸大学研究双書刊行会，1977年。
大石　眞『憲法と宗教制度』，有斐閣，1996年。
岡田与好編『近代革命の研究』，2巻，東京大学出版会，1973年。
大久保教宏『プロテスタンティズムとメキシコ革命―市民宗教からインディヘニスモへ』，新教出版社，2005年。
大阪経済法科大学比較憲法研究所『メキシコ合州国憲法　1917年』，大阪経済法科大学法学研究所，1989年。
『ラテン・アメリカを知る事典』，平凡社，新訂増補，1999年。
『世界民族問題事典』，平凡社，1995年。
清水　望『平和革命と宗教―東ドイツ社会主義体制に対する福音主義教会』，冬至書房，2005年。
―――『東欧革命と宗教―体制転換とキリスト教の復権』，信山社，1997年。
清水　透『エル・チチョンの怒り―メキシコにおける近代とアイデンティティ』，東京大学出版会，1988年。
染田秀藤『ラス・カサス伝―新世界征服の審問者』，岩波書店，1990年。
杉守慶太「メキシコ知識人の体制擁護と変革の思想―フスト・シエラとフランシスコ・ブルネスの場合」，『成蹊大学法学政治学研究』29号（2003年），25-46頁。
恒川恵市『従属の政治経済学―メキシコ』，東京大学出版会，1988年。
―――「メキシコPRI体制の危機と再編―1917～90年」，『アジア経済』（アジア経済

研究所）31 巻 11 号（1989 年），2-14 頁。
山崎将文「憲法学の研究の対象としてのメキシコとメキシコ憲法について―メキシコ合衆国憲法研究序説―」，メキシコ調査委員会『南部メキシコ村落における宗教と法と現実― 1987 年度メキシコ海外学術調査報告　V』，久留米大学比較文化研究所，1989 年，150-178 頁。
乗　浩子『宗教と政治変動―ラテンアメリカのカトリック教会を中心に』，有信堂，1998 年。
善家幸敏『国家と宗教―政教関係を中心として』，成文堂，1994 年。

あとがき

　本書は，2008年に筆者が東京大学（大学院総合文化研究科国際社会科学専攻）に提出した学位論文に，審査の過程で指摘を受けた，誤り，問題点，不明な箇所に手を加え，修正したもので，全体の構成は変更されていない。

　メキシコ近現代史を専門として研究活動を続けてきた筆者が学位論文のテーマをメキシコ革命とカトリック教会の関係に絞ったのは，長年のメキシコ人の親友レティシア・エルナンデス=ガーリョ（Leticia Hernández Gallo）の影響である。敬虔なカトリック信者で，研究者ではないが広い知識と教養を身につけた彼女との出会は，筆者がメキシコ市に滞在したときにはほとんど参加した国立人類学・歴史学研究所が主催するカルチャー教室とも呼ぶべき小旅行であった。修道院や教会めぐりのプログラムではほとんど彼女と一緒になり，彼女を通じて神学生や教会関係者との出会いをもつことができた。

　筆者は大学院生時代にフルブライト留学生としてアメリカのテキサス大学に留学し，そこで学位論文を書いたが，そのときとは異なり通常の勤務を続けながら学位論文に取り組むことの難しさから，たびたび挫折しそうになった。その筆者を励ましてくれたのは，高校時代の恩師である故時野谷滋先生の「研究者たるもの学位を取得せずしてどうする」という言葉であった。先生はアメリカの学位を信用しなかった。日本古代史の専門家で，筆者の高校時代の日本史担当教師であった先生は，その後は大学教授，さらに学長にまで転身した真摯な歴史研究者であった。本書を読んでいただけないのは残念であるが，もし読んでいただけたとしても，その感想とご批判を受けることを考えると，身が縮む思いがする。日本の学位に挑戦してみようと決心してからほぼ6年を要したが，その間に先生はお亡くなりになってしまった。

　留学時代だけでなく日本に戻ってからもよくお世話になったテキサス大学の

ラテンアメリカ専門図書館（Nettie Lee Benson Collection）の専門司書の方々および東京大学の学位論文審査委員会の先生方に心からお礼を申し上げたい。残念なのは，筆者のテキサス大学の指導教授で学位論文の主査であった故ベンソン博士に日本の学位取得を報告できないことである。ベンソン博士はメキシコ19世紀史研究の著名な専門家で，テキサス大学のラテンアメリカ専門図書館を世界的な専門図書館にまで発展させた貢献者でもあったため，筆者がベンソン博士の弟子であったということだけでメキシコにおいていろいろな厚遇を受ける機会を得たことに，改めて感謝の意を表したい。

　最後に，提出前の原稿を辛抱強く読んでくれた夫の和孝と，校正の過程で丁寧に眼を通してくださった中央大学出版部編集部の大澤雅範氏に謝意を表す。

2009年1月

国　本　伊　代

事項索引

あ行

アグアスカリエンテス会議　148, 167
アグアスカリエンテス会議派政府　145, 149, 150, 172, 175
アグア・プリエタ計画　210, 211, 333
アグラリスタ　208, 332
アパチンガン憲法　26, 27, 31, 36, 37, 60, 319
アメリカ（合衆国）　4, 6, 10, 13, 14, 15, 25, 28, 40, 41, 46, 47, 58, 64, 104, 124, 126, 128, 140, 143, 145, 146, 147, 150, 151, 154, 173, 189, 191, 192, 199, 213, 214, 218, 223, 225, 227, 228, 230, 231, 245, 251, 255, 270, 287, 294, 295, 298, 299, 316
　――のカトリック教会　145, 151, 213, 225
アヤラ計画　129, 148, 150, 325
アユトラ計画　15, 49-52, 59, 320
アルカバーラ　55
アレグロ → 和平協定
イエズス会　34, 41, 46, 54, 112, 158, 159
イギリス　9, 35, 42, 43, 44, 100
イギリス海外聖書教会　44
イグアラ宣言　27, 28, 37, 317
イタリア　34, 87, 95, 106, 130, 230, 272
異端審問所　36
イベロアメリカ大学　17
インド　43
ヴァチカン → ローマ教皇庁
ヴァチカン公会議
　――第1回　89
　――第2回　245, 248, 253, 256
ヴァチカン市国　9
エイズ予防キャンペーン　288, 305, 306
エルサルバドル　259, 294-296
エンコミエンダ　33, 318
オペラリオ・グアダルパーノ（OG）　132, 133, 135
穏健派（1917年制憲議会）　175, 176, 181, 182, 183, 188, 190, 191, 199

か行

改革諸法　8, 50, 66, 67, 72, 82, 130, 138, 155, 185, 195, 198, 220, 224, 261
外国資本　6, 7, 83, 100, 122, 123, 124, 127, 212, 324
　――の国有化　207, 276
解放の神学　20, 245, 247, 248, 259, 264, 267, 268, 279
革命憲法 → 憲法1917年
革命国民党（PNR）　4, 211, 212, 233, 234, 238
家族計画　246, 247, 253, 288, 305, 309
カディス憲法　27, 35, 36, 60, 319
カディス国民議会　27, 35, 45, 47
カトリシスモ・ソシアル → 社会活動
カトリック労働者サークル　110, 132, 135
カナダ　104, 270
カナネア銅山ストライキ　124, 171, 173
カリェス法　211, 225-227, 262, 308
貴族教会アカデミー　91, 100
教育改革法　149
教会資産国有化法　57-59, 65, 66, 69, 77
教会資産の接収（国有化）　34, 207, 219, 235, 285, 292
急進派 → ジャコバン派
キューバ　10, 64, 104, 143, 154, 230, 245, 291, 296, 297
グアダルーペ騎士団　221
グアダルーペ計画　146, 149, 165, 172, 180, 213, 327

グアダルーペ寺院 259
グアダルーペの聖母　31, 71, 103, 104, 105,
　　　　　　　　　303, 304, 314
クリオーリョ　26, 27, 30, 40, 41, 44, 317
クリステーロ　207, 228, 229, 232, 233, 234,
　　　　　　　237, 332
　──の乱　2, 4, 11, 19, 117, 156, 207, 208,
　　　　　209, 211, 212, 220, 230-233,
　　　　　235, 237, 241, 252, 255, 261,
　　　　　262, 266, 286, 292, 308, 312
グレゴリオ大学 91, 93, 101
啓蒙思想 35, 110
憲法
　──1824年　　26, 31, 37, 38, 39, 45, 47,
　　　　　　　　60, 291, 319
　──1836年 　　26, 31, 38, 39, 60, 319
　──1843年 　　26, 31, 39, 60, 319
　──1857年 　　8, 19, 50, 52, 58, 60, 61,
　　　　　　　63, 64, 65, 66, 71, 102, 111,
　　　　　　　113, 127, 135, 145, 146, 155,
　　　　　　　164-166, 174, 179, 183, 185,
　　　　　　　189-191, 193, 195, 209, 261,
　　　　　　　262, 285, 291, 292
　──1917年　　82, 85, 113, 124, 153, 159,
　　　　　　　　163, 164, 168, 180, 207-209,
　　　　　　　　224, 261
　──1917年　第3条　2, 11, 12, 185, 186,
　　　　　　　187, 190, 193, 194, 207, 208,
　　　　　　　209, 213, 221, 223, 224, 234,
　　　　　　　254, 261, 262, 267, 270, 274,
　　　　　　　275, 283, 292
　──1917年　第5条　2, 11, 185, 213,
　　　　　　　221, 223, 254, 261, 262, 267,
　　　　　　　274, 275, 283, 292
　──1917年　第24条　2, 11, 163, 164,
　　　　　　　185, 186, 194-198, 251, 252,
　　　　　　　254, 255, 261, 262, 267,
　　　　　　　273-275, 283, 292
　──1917年　第27条　2, 12, 148, 163,
　　　　　　　164, 185, 186, 202-203, 213,
　　　　　　　221, 223, 254, 261, 262, 267,
　　　　　　　274, 276, 283, 292
　──1917年　第55条 185
　──1917年　第58条 185
　──1917年　第82条 185
　──1917年　第123条　164, 173, 202
　──1917年　第130条　2, 12, 163, 164,
　　　　　　　185, 186, 196, 198, 200-201,
　　　　　　　209, 213, 215, 216-217, 221,
　　　　　　　223, 234, 251-255, 261-263,
　　　　　　　265, 267, 270, 271, 273, 274,
　　　　　　　277, 283, 292
公教育（制度）　3, 9, 11, 110, 150, 189, 243,
　　　　　　　275, 292, 302
公教育組織法 112, 113
合計特殊出生率　247, 305, 306, 309, 335
国際女性年 309
国民カトリック党（PCN）　3, 8, 104, 106,
　　　　　107, 110, 121, 122, 126, 132-144, 155,
　　　　　159, 190, 191, 199, 213-215, 233, 285
国民行動党（PAN） 233, 250, 267
国民へのマニフェスト 150, 155
国有化　銀行 265
　　　　石油 212, 242
　　　　鉄道 212, 242
　　　　電力 242
国立公文書館 16
国立人類学・歴史学研究所 17, 133
国立メキシコ革命歴史研究所 16, 17
国立予科高等学校 112
護憲派勢力　3, 4, 5, 7, 8, 121, 122, 124,
　　　　　130, 142-146, 148-153, 156, 159,
　　　　　163, 164, 165, 166, 169-172, 174,
　　　　　176-179, 182, 191, 207, 209-211,
　　　　　215, 285, 292
国家組織法 → 憲法1843年
コルドバ協定 28, 37, 317
コロンブス騎士団　159, 221, 226, 228, 253
婚姻世俗化法 69, 70
コンドゥメックス文化財団 16

索　引　419

さ行

『再生』　124, 180
再選反対運動　131, 132, 171, 173, 176-178, 182, 191
再選反対国民党　127, 128
再選反対党　126
サパティスタ民族解放軍（EZLN）　268
サンアグスティン（男子）修道院　75, 77, 79, 89
サンイルデフォンソ学院　41
サンイルデフォンソ神学校　112
サントドミンゴ（男子）修道院　34, 75, 77, 79
サンフアン・デ・ウルア（監獄・刑務所）　47, 142, 173
サンフランシスコ（男子）修道院　56, 57, 75, 77, 78, 320
サンルイスポトシ計画　128, 131, 325
シウダー・フアレス協定　128
識字率　242, 243
社会活動　3, 83, 95, 96, 106, 108, 109, 117, 118, 131, 132, 135, 158, 215, 218, 247
社会主義教育　12, 234, 262, 275, 283, 308, 334
社会主義人民党（PPS）　249, 253, 254, 256, 258, 266, 269, 273
社会主義労働党（PST）　266
ジャコンバン派　175, 176, 178, 180, 181, 182, 183, 187-190, 192, 199, 210
宗教教育　11, 112-114, 116, 185, 186, 189, 190, 224, 226, 232, 246, 270, 273-275, 302
宗教祝祭日削減令　69, 71
宗教戦争　2, 4, 11, 53, 64, 117, 159, 207, 208, 210, 228, 232, 233, 286, 307, 332
宗教団体および公衆の信仰に関する法律　275
宗教難民　145, 151, 152, 154, 214
宗教保護権　26, 29, 31, 34, 37, 38, 45, 48, 62, 63, 66, 284
十分の一税　32, 34, 45, 69, 86
住民登録法　69, 70
女子修道院廃止令　69, 72
辛亥革命　7
信教の自由　8-11, 41, 44, 46, 48, 51, 61, 63, 66, 82, 85, 102, 104, 113, 117, 131, 144, 150, 155, 164, 185, 190, 192, 195, 196, 232, 270, 273, 275, 276, 284, 291
信教の自由に関する法　63, 69, 71, 195, 196
信教の自由を守るための国民連盟（LNDLR）　159, 160, 221, 222, 225-230, 235, 237, 334
スペイン　25, 26, 27, 28, 30, 31, 34, 35, 36, 38, 44, 47, 48, 87, 189, 291
聖家族教会　223
性教育　234, 334
政教分離　7, 8, 10, 11, 26, 35, 38-40, 49, 66, 67, 70, 71, 84, 85, 100, 102, 104, 135, 144, 150, 155, 159, 164, 185, 198, 248, 250, 257, 262, 264, 270, 273, 277, 283, 284, 286-288, 291, 292, 294, 302, 307, 314, 316
制度的革命党（PRI）　4, 20, 233-234, 256, 257, 261-262, 263-267, 274, 278, 279, 286, 288, 292
青年キリスト教教会　192
聖母グアダルーペ → グアダルーペの聖母
世界労働者の家　149, 333
赤色部隊　149, 333
全国革命農民前線党　269
全国カトリック学生連盟（LNEC）　159, 160
全国カトリック婦人会　159
全国農民連合（CNC）　263
全米カトリック福祉教会　230, 231
ソ連邦　245, 272, 279

た行

タクバヤ計画　64

男子普通選挙権　　　　　121, 136, 172
チェコ　　　　　　　　　　　　272
中産階級（中間層）　80, 113, 116, 122, 123, 127-130, 154, 166, 171, 183, 189, 228, 242, 243, 301, 309, 324
チワワ事件　　　　　　　　266, 337
ディアス体制　　84, 121, 124-127, 132, 136, 180
テキサス　　　　　　　　47, 128, 213
ドイツ　　　　34, 106, 109, 110, 130, 147, 272, 295, 329
トゥステペック計画　　　　　　99
トラテロルコ事件　　　　　　　246

な行

七部憲法 → 憲法1836年
日本　　　　　　　　　295, 298, 299
ヌエバ・エスパーニャ副王領　26, 33, 35, 68, 317, 319
農地改革　1, 6, 8, 16, 18, 109, 122, 125, 129, 131, 148, 150, 163, 175, 177, 180, 202, 207, 208, 211, 212, 219, 228, 233, 242, 276, 285
農地改革法　　　　　　　　　　149
ノルウェー　　　　　　　　　　　9

は行

パナマ　　　　　　　　　　　　104
ハリスコ州法1913号　　　　214, 215
病院福祉施設世俗化令　　　　69, 71
ピオ学院　　　　90, 91, 93, 95, 102, 105
悲劇の10日間　　　　　138, 140, 166
フアレス法　　　　49, 52-53, 58, 60, 61, 63, 64, 69, 102
プエブラ会議　　247, 248, 252, 254, 256, 259, 264
プエブラ事件　　　　　　　　53, 320
フエロ　　　　　　36, 51, 52, 53, 61, 84
布教開拓地区　　　　　34, 36, 45, 319
ブラジル　　　　　　　　　259, 295
フランス　7, 8, 10, 11, 25, 26, 28, 31, 34, 35, 44, 58, 59, 67, 72, 80, 81, 106, 112, 126, 131, 191, 230, 292, 295, 315, 316
フランス革命　　　　6, 7, 10, 40, 188, 189
フランス干渉戦争　　67, 84, 89, 97, 112, 292, 317
PRI体制　　　20, 260, 268, 269, 272, 279
ブルボン改革　　　　　　　34-35, 73
プロテスタント　41, 43, 44, 46, 63, 111, 117, 118, 128, 159, 192, 199, 210, 274, 279, 297, 298, 310, 313, 324, 338
ベラクルス事件　　　　　　　147, 327
墓地管理世俗化令　　　　　　69, 70

ま行

マキシミリアン帝政　　54, 81, 84, 89, 90, 102, 112
マデロ運動　5, 124, 128, 129, 131, 132, 169, 173, 176, 179, 181, 285
民主革命党（PRD）　　　　　　273
メキシコ・アメリカ戦争　　28, 68, 111
メキシコ・カトリック教会連合（CACM）　215
メキシコ・カトリック使徒正教会　221
メキシコ革命正真党（PARM）　269
メキシコ革命党（PRM）　　212, 233
メキシコ共産党（PCM）　175, 181, 250
メキシコ共和国カトリック労働者連合　110
メキシコ国立自治大学　　　　　　16
メキシコ司教協議会（CEM）　227, 235, 246, 265-267, 269, 271, 273, 279
メキシコ社会事務局（SSM）　　218
メキシコ自由党（PLM）　13, 124, 125, 128, 135, 148, 173, 174, 180, 325
メキシコ青年カトリック教会（ACJM）　159, 160, 214, 215, 221, 226, 228, 235
メキシコ大学　　　　　　　　　　45
メキシコ大学院大学　　　　15, 16, 50
メキシコ南東部社会主義党　　　181
メキシコ歴史研究センター　　　　16

メキシコ労働者地域連合（CROM）　210,
　　　211, 219, 221, 333
メキシコ労働者連合（CTM）　256, 260,
　　　263, 265
メスティソ　30, 40, 318
メデジン会議　245, 247, 248, 259, 260, 335
メトロポリタン自治大学　22
メノナイト　210

や行

ヤキ族　231
輸入代替工業　241

ら行

ラ・ソレダ教会事件　221, 334
ラテンアメリカ口述史センター
　（オハイオ大学）　17
ラテンアメリカ司教協議会（CELAM）
　　　251, 252, 256
ラテンアメリカ司教協議会
　——第1回 → メデジン会議
　——第2回 → プエブラ会議
ラテンアメリカ・ピオ学院 → ピオ学院
ラフラグア法　54, 69
ランカスター協会　44, 111
ランカスター式教授法（学校教育）　42-44,
　　　100, 319, 324
リオブランコ紡績工場ストライキ　124,
　　　171, 173
離婚法　149, 155, 197
立憲進歩党　128, 136
歴史教科書事件　246
労働者サークル　109
レフォルマ改革諸法 → 改革諸法
レフォルマ革命　1, 2, 3, 7, 8, 9, 11, 15, 19,
　　　45-50, 54, 65, 72, 73, 81, 82, 84-87,
　　　89, 90, 100, 102-107, 110, 117, 118,
　　　122, 130, 136, 138, 144, 150, 155, 159,
　　　185, 188, 192, 198, 220, 224, 239, 248,
　　　257, 268, 269, 274, 283, 284, 287, 291,
　　　301, 306, 314, 333
レフォルマ戦争　11, 15, 50, 58, 64-67, 72,
　　　73, 80, 84, 89, 97, 111, 144, 307
レヘネラシオン → 『再生』
レルド法　49, 52, 54-58, 59, 60, 61, 64,
　　　65, 69, 73, 77, 320
レールム・ノヴァールム　96, 106, 107, 108
ロシア革命　7
ローマ教皇庁　1, 22, 32, 34, 38, 63, 66, 67,
　　　81, 86, 89, 91, 95, 100, 102-105, 107,
　　　132, 140, 208, 222, 227, 230, 232,
　　　248-254, 257-260, 263, 264, 267,
　　　268, 271, 272, 278, 279, 286, 292,
　　　305, 314

わ行

和平協定　2, 207-209, 211, 212,
　　　233-235, 237, 238, 241, 262, 334

人名索引

あ行

アヴェラルデ, N. 105
アギラール, C. 149, 170, 171, 176, 177
アスペ, P. 270
アビラ=カマチョ, M. 212, 239, 309, 333
アマドール=イ=エルナンデス, R. 92
アモール, E. 133
アラマン, L. 315
アラミリャ=アルテアガ, G. 273
アラルコン, P. M. 103, 130, 324
アリアーガ, P. 52, 60, 62
アルシーガ, J. I. 102
アルバラード, I. 112
アルバラード, S. 146, 154, 178
アルバレス, J.（フアン） 50-53, 59
アルバレス, J.（ホセ） 199
アルメイダ=メリーノ, A. 248, 265, 266
アレドンド, E. 164
アンク=ゴンサレス, C. 256
アンコーナ, A. 177, 178
イダルゴ, M. 27, 31, 36, 254
イトゥルガライ, 26
イトゥルビデ, 27, 28, 37
イバーラ, R. 92, 93
イル, B. 146
イングルハート, R. 5
ウィルキー, J. W. 17, 233
ウィルソン, H. L. 136, 139
ウィルソン, T. W. 141, 147
ウエルタ, A. de la 333
ウエルタ, V. 121, 122, 138-140, 142, 144, 146, 147, 155, 165, 166, 172, 176, 213
ウォーマック Jr., J. 14
エイサギーレ, J. I. V. 91
エストラーダ, R. 127
エスピノサ, F. 165
エチェベリーア, L. 246, 264, 337
エルゲーロ, F. 140
エルゲーロ, J. 143
エレーラ=イ=ピーニャ, J. de J. 92, 93
大石眞 316
オカンポ, M. 52
オテロ, M. 26, 47-48, 55, 320
オドノフー, J. 28, 44
オドヘルティ, L. 22, 95, 140
オブレゴン. A. 146-149, 153, 154, 157, 158, 160, 177, 180, 181, 207, 209-212, 219, 220, 333
オリベーラ=セダーノ, A. 107, 131
オルティス=ピンチェティ, F. 266
オルティス=マルティス, G. 270
オルティス=ルビオ, P. 209, 211, 212, 234
オルテガ, E. 112
オルテガ, R. 222
オロスコ, P. 128, 138,
オロスコ=イ=ヒメネス, F. 92, 143, 158, 213, 214, 218, 219, 223, 224, 230, 231, 238, 333

か行

カスタニョス, F. 177, 179
カーター, J. E. 255
カッツ, F. 155, 157
カピストラン=ガルサ, R. 160, 221, 329
カブレラ, L. 148, 164
カランサ, V. 4, 7, 8, 9, 16, 130, 143, 145-150, 152-156, 158, 163, 164, 165, 170, 171, 172, 174, 175, 176, 179, 180, 183, 189, 199, 204, 207,

	209, 210, 213, 214, 333	ゲレロ, V.	27
カリェス, P. E.	14, 178, 209-212, 220-222, 223-225, 227, 230, 231, 238, 286, 333	小泉洋一	315, 316
		コシオ=ビリェガス, D.	15, 16, 50
		コステロー, M. P.	20
カリーリョ, H.	103	コドルニウ, M.	49
カルアーナ, G. J.	225	ゴメス=アリアス, A.	259, 319
ガルサ=ゴンサレス, A.	182	ゴメス=デルカンポ, J.	253, 254
ガルサ=サンブラノ, S.	130	ゴメス=ファリアス, V.	8, 38, 39, 42, 44-46, 291, 319
ガルシア=カントゥー, G.	255		
ガルシア=クーバス, A.	76	コモンフォルト, I.	51-54, 56, 63, 64, 65, 90
ガルシア=コンデ, D.	73		
カルデナス, C.	269	コリピオ=アウマーダ, E.	250, 253, 265, 269
カルデナス, L.	207, 209, 211, 212, 237, 238	コルテス, H.	2
カルデロン=デ=ラバルカ, A.	43	コルンガ, E.	179
カルバハル, I. S.	146, 147	コレア, E. J.	104, 116, 126, 132, 135, 138-144
カルバハル, J.	146		
ガルベス, J. de	35	コロンブス	32, 291
カルロス3世	40, 73	ゴンサレス, A.	128, 146
カルロス4世	26, 29, 31	ゴンサレス, M.	113
カンバーランド, C. C.	14, 163	ゴンサレス, P.	147, 149
ガンボア, F.	141	ゴンサレス=イ=バレンシア, J. M.	93
キャルコット, W. H.	14, 19, 315	ゴンサレス=ガルサ, R.	150
キャンプ, R. A.	21	ゴンサレス=トーレス, S.	177
ギロウ, E.	93, 95, 96, 100-102, 109, 213	ゴンサレス=ナバロ, J.	106, 108
クァーク, R. E.	14, 20, 156, 157, 158	コント. A.	112
クエバス, M.	90, 102	コントレーラス, P.	112
グティエレス, E.	149, 150		
グティエレス=バリオス, F.	270, 271	さ行	
工藤庸子	315	サパタ, E.	129, 145, 148, 150, 154, 157, 167, 172
クノールトン, R. J.	55, 57-59, 65, 73, 77		
クライン, H. F.	14	サバラ, L.	26, 41, 42, 46-47, 48, 320
グラナードス=チャパ, M. A.	251	サリナス, C.	241, 261-263, 268-273, 278, 279
クラビオート, A.	175, 187, 189, 190, 191		
グリューニング, E.	14, 154	サルコ, F.	62
クリールマン, J.	125	サンソーレス=ペレス, C.	257
グリーン, G.	235	サンタアナ, A. L. de	28, 29, 45, 50, 51, 317
グリーンリーフ, R. E.	18	サンチェス=イ=パレデス, E.	218
クーリッジ, J. C.	231	サンチェス=カマチョ, E.	103, 105
クレスピ, T.	226, 227	サンチェス=サントス, T.	107, 108, 133, 137
ケリー, F. C.	151, 154, 213		

サンチェス=リベーラ, A.	269
シエラ, J.	114
シュミット. K. M.	19
シューレンブルグ, G.	269, 271
シルバ=エルソク, J.	15, 16
シンキン, R. N.	60
シンプソン, E. N.	14
スミス, A.	40
スミス, P. H.	17, 168, 171, 175
スロアガ, F. M.	64, 65
セニセロス=ビリャレアル, R.	221, 222, 235

た行

タウンゼンド, M. A.	88, 89
タカニコス=キノネス, J. N.	168, 169, 171, 175, 182
ターナー, J. K.	13, 85, 86, 125,
タマリス, E.	140-142
タラマス, M.	248
タンネンバウム, F.	14, 163
チャパ, P. A.	190, 191
ディアス, E.	232, 235, 238
ディアス, F.	138, 140
ディアス, P. (パスクアル)	227, 230, 232, 235, 238
ディアス, P. (ポルフィリオ)	5, 7, 50, 83, 84, 85, 87, 89, 90, 99, 100-106, 110, 113, 118, 124, 125, 126, 127, 128, 129, 131, 132, 173, 188, 284
ディアス=オルダス, G.	264
ディアス=コバルビーアス, J.	112, 113
ディアス=コバルビーアス, F.	112
ディアス=ソトイガーマ, A.	148, 327
ディエゲス, M.	149, 158, 214, 215
テヘーダ, A.	222, 226, 227
デラウエルタ=オリオル, A.	256
デラオス, M. F.	133
デラガルサ=イ=バリェスラーロス, L.	54, 63, 128
デラベーラ, F. L.	128
デラマドリ, M.	241, 265-268, 337
デラモーラ, M. M.	235
テリェス=クルス, A.	271, 272
トゥルチュエロ, J. M.	177
ドミンゲス, B.	141
トリトシュレール=イ=コルドバ, G.	92
トリトシュレール=イ=コルドバ, M.	92, 213
トーロ, A.	14, 19
トンプソン, J.	44

な行

ナバレテ=イ=ゲレーロ, J. M.	231
ナポレオン	26, 27, 29, 31, 35
ナポレオン3世	90, 102, 292
ニィーマイヤー, E. V.	164-166, 168, 171, 203, 204
ヌニェス=イ=サラテ, J.	92

は行

ハイメ, P.	196, 197
バーカ=カルデロン, E.	173, 175
バーク, J. J.	230, 231
パークス, H.	14
ハケット, C. W.	14, 30
バサン, J.	20, 57, 73, 77, 81
バスケス, P. F.	38
バスケス=ゴメス, P.	132, 137
バッソルス, N.	234
ハーラ, H.	173, 175, 182
バラデス, J. C.	333
パラビシーニ, F. F.	175, 181, 189-193, 199, 204
バランダ, J.	113, 114
バルデスピノ=イ=ディアス, I.	132
バルトレット, M.	266
バレーダ, G.	112
バレンスエラ, G.	222
パローマ=イ=ビスカーラ, M.	109, 133, 159, 214, 221, 222

ピーノ=スアレス, J. M.	128, 129, 137, 138, 166, 178, 181	ベラー, R. N.	316
ビリャ, F.	128, 145, 146, 147, 148, 150, 154, 156-158, 161, 167, 172	ベラスケス, F.	256, 260, 265
		ベリー, C. R.	57, 81
		ベルゴーン, B.	159
ビリャセニョール, E.	92, 93	ペレス, C.	190, 191
ビリャレアル, A. I.	124, 148, 149, 154, 156, 327	ペレス=ヒル, M.	269
		ペレス=メーメン, F.	29
ファリス, N. M.	30, 317	ベンサム, J.	40
フアレス, B.	52, 53, 64-66, 84, 85, 90, 100, 111, 112, 113, 118, 188, 257, 291, 292, 317	ポサーダ=カンポス, J. J.	269
		ボニーリャ, I.	333
		ボホルケス, J. de D.	169, 177, 178
プイグ, J. M.	224	ボルケス, F. A.	177, 178
フィリピ, E.	220	ポルテス=ヒル, E.	207, 209, 211, 212, 231-233, 334
フェリペ5世	34		
フェルナンデス=ソメリェーラ, G.	132, 133, 140, 142, 143	**ま行**	
フェルナンド7世	26, 27, 29, 31	マイトレーナ, J. M.	146
プエンテ, M. A.	263	マイヤー, M.	18, 142
ブスタマンテ, A.	38	マウンス, V. N.	21
ブストス, L. G.	221	マキシミリアン(皇帝)	54, 67, 90, 102, 107, 292, 317, 320
ブラボ, N.	39		
ブランカルテ, R.	21, 247, 248, 263, 270, 274	マシアス, J. N.	164, 165, 175, 187, 188
ブランカルテ=イ=ナバレテ, F.	92, 93, 156, 213	マチョロ, P.	181, 182
		マッソン, G.	157
ブランカルテ=ラバスティーダ, A.	91, 93, 95, 96	マーティン, P. F.	85, 87, 88, 89, 103
		マデロ, F. I.	5, 6, 7, 8, 9, 14, 16, 121, 122, 126-133, 135, 137, 138, 142, 145-149, 155, 166, 169, 171, 172, 173, 176, 178, 180, 182, 191, 283, 285, 325
プリエート, G.	52		
ブリジオーネ, G.	249, 252, 264, 266, 269, 272, 273, 279		
プリーストリー, H.	14		
フルチェリ=ピエトラサンタ, M.	92, 157, 218	マリスカル, I.	101, 103
		マルガダン, G. F.	20, 246, 315
ブルネス, F.	99, 100	マルティネス=ロドリゲス, L. M.	238
フローレス=マゴン, E.	123, 124	マンリケ=サラテ, J. de J.	93, 224, 334
フローレス=マゴン, J.	123, 124	ミーチャム, J. L.	19, 57, 86, 87
フローレス=マゴン, R.	13, 123, 124, 128, 173, 174, 330	ミランダ, F. J.	53
		ムヒカ, F. J.	173, 174, 175, 179-181, 187-189, 193, 199, 219
ベイリー, D. C.	150, 158, 245		
ヘイル, C. H.	43, 315	ムンギーア, C. de J.	53
ベーラ=エスタニョール, J.	14	メアデ, E.	177

メイェール, J.　20, 109, 131, 139, 156, 157
メイャー, M. C.　18
メディーナ, H.　169, 181, 182
メディーナ=アスセンシオ, L.　158
メネンデス=メーナ, A.　152, 153, 219
メンデス, A.　182
メンデス=アルセオ, S.　246, 248, 259, 264, 268
メンドサ=イ=エレーナ, F.　213
モーラ, J. M. L.　26, 41–46, 48, 188, 315
モーラ=イ=デルリーオ, J.　92, 94, 109, 110, 130, 132, 133, 139, 140, 213, 218, 220, 223, 224, 226, 227, 230, 235, 334
モラレス, M. D.　57, 73
森幸一　316
モリーナ=エンリケス, A.　125
モレノ, F.　165
モレロス, J. M.　27, 31, 36, 37, 255
モロウ, D. W.　231, 232, 334
モロネス, L. N.　10, 210, 211, 221, 333
モンソン, L. G.　173–175, 179, 180, 187, 188
モンテス, E.　63
モンテス=デ=オーカ, I.　89–92

や行

ヨハネ・パウロ 2 世　4, 241, 248, 249, 255–258, 260, 264, 265, 271, 272, 286, 293, 338

ら行

ラゴス=チャサロ, F.　150
ラスカサス, B. de.　33, 318
ラスクライン, P.　138
ラスコン, E.　141
ラート, W. D.　18
ラバスティーダ, P. A.　53, 54, 67, 89–91, 101–103, 105, 320

ラフラグア, J. M.　52
ラミレス=クエリャル, H.　254
ラーラ=イ=トーレス, L.　224
リサルディ, F. M.　165, 177, 187, 190, 196, 197
リード, J.　13
リマントゥール, J. I.　80
ルイス. L.　232, 334
ルイス=イ=フローレス, L.　92, 130, 137, 213, 222, 224, 230, 232, 239
ルイス=ガルシア, S.　268
レイエス=エローレス, J.　252, 260, 264
レオン=デラバーラ, F.　128, 135–137
レシオ, E.　179, 181, 196, 197
レルド (=デ=テハーダ), S.　50, 52, 84, 85, 90, 100, 118
ロアイクス, P.　175, 179
ロアイサ, S.　258
ロエル=ガルシア, S.　265
ローサ=イ=パンダベ, P.　102
ロサス=イ=レイエス, R.　190, 191
ロス, S. R.　14, 15
ロック, J.　40
ロドリゲス, A.　209, 211, 212
ロハス, L. M.　164, 165, 175, 176, 177, 179, 181, 187–189, 191
ロペス=ウラガ, J.　53
ロペス=ポルティーリョ, J.　250, 253, 254, 256–258, 260, 264, 265, 268, 337
ロペス=マテオス, A.　246
ロペス=リーラ, J.　177, 178, 187, 190
ローマ=イ=パンダベ, P.　102
ロマン, A.　179, 181, 182, 187
ロメロ, A.　196, 197
ロメロ=フローレス, J.　85, 169, 171
ロメロ=ベラスコ, F.　256
ロメロ=ルビオ, M.　103
ロンバルド, S.　73

著者紹介

国 本 伊 代（くにもと・いよ）

1965年3月	東京外国語大学スペイン語科卒業（文学士）
1967年3月	東京大学大学院社会科学研究科国際関係論専攻修士課程修了（国際学修士）
1975年1月	テキサス大学大学院史学科博士課程修了（Ph. D. 歴史学博士）
1975年3月	東京大学大学院社会科学研究科国際関係論専攻博士課程退学
1978年4月	中央大学商学部専任講師，助教授（1980年4月），教授（1986年4月）
1998年6月	日本ラテンアメリカ学会理事長（至2000年5月）
2008年2月	博士（学術）東京大学

主要著書

著　書　『ボリビアの「日本人村」——サンタクルス州サンフアン移住地の研究』（中央大学出版部，1989年）
　　　　『概説ラテンアメリカ史』（新評論，1992年）
　　　　『メキシコ　1994年』（近代文芸社，1995年）
　　　　『改定新版　概説ラテンアメリカ史』（新評論，2001年）
　　　　『メキシコの歴史』（新評論，2002年）
　　　　『メキシコ革命』（山川出版社　世界史リブレット，2008年）
共　著　『移民　近代ヨーロッパの探求　1』（ミネルヴァ書房，1998年）
　　　　『パナマを知るための55章』（明石書店，2004年）
編　著　『ラテンアメリカ　新しい社会と女性』（新評論，2000年）
　　　　『コスタリカを知るための55章』（明石書店，2004年）
共編著　『ラテンアメリカ　社会と女性』（新評論，1985年）
　　　　『ラテンアメリカ　都市と社会』（新評論，1991年）
　　　　『ラテンアメリカ研究への招待』（新評論，1991年）
　　　　『改定新版　ラテンアメリカ研究への招待』（新評論，2005年）

メキシコ革命とカトリック教会
——近代国家形成過程における国家と宗教の対立と宥和——

2009年3月30日　初版第1刷発行

著　者　　国　本　伊　代
発行者　　玉　造　竹　彦

郵便番号 192-0393
東京都八王子市東中野742-1

発行所　中央大学出版部

電話 0426 (74) 2351　FAX 0426 (74) 2354
http://www2.chuo-u.ac.jp/up/

印刷・ニシキ印刷／製本・三栄社製本

ISBN978-4-8057-4144-3